수학학습장애아동 교육

김용욱, 우정한, 이성완, 이창섭 공저

대구대학교출판부

□ 저자 소개

- 김용욱
  미국 유타주립대학교 대학원 특수교육학 박사
  현재 대구대학교 사범대학 특수교육과 교수

- 우정한
  대구대학교 대학원 문학 박사
  현재 대구사이버대학교 특수교육학과 교수

- 이성환
  대구대학교 대학원 문학 박사
  현재 부산주례초등학교 교사, 대구대학교 특수교육과 겸임교수

- 이창섭
  대구대학교 대학원 특수교육과 박사과정 수료
  현재 대구효성초등학교 교사

1판1쇄 | 2010년 4월 30일
1판2쇄 | 2013년 2월 20일
지은이 | 김용욱, 우정한, 이성환, 이창섭
펴낸이 | 홍덕률
펴낸곳 | 대구대학교출판부
경북 경산시 진량읍 내리리 15
전화 053) 850-5661~3 | 팩스 053) 850-5669
http://press.daegu.ac.kr/
찍은곳 | 동아문화사
ISBN 978-89-7794-548-7-93370
정가 | 13,000원

머리말 Preface

"수학학습장애 학생이란 어떤 학생이고 어떻게 지도해야 하는가?"라는 물음이 이 책의 출발점이다. 우리나라에서 학습장애 영역은 1994년 특수교육진흥법의 개정 이후 특수교육서비스 대상 영역으로 선정되어 지금까지 오고 있다. 그 결과 학습장애에 대한 인식은 많이 확대되었으나, 학습장애는 다른 장애 영역에 비해 비교적 짧은 역사와 학습장애를 가진 학생들의 다양한 특성으로 인해 정의와 진단 및 교수 등의 여러 측면에서 어려움이 있었다.

최근 학습장애 분야에서는 학습장애 정의가 보다 구체화되었고, 진단에서도 중재-반응모형이 논의되는 등 관련 연구가 이루어지고 있으나, 아직도 정의, 진단 및 출현율에서는 명확한 대답을 제공하지 못하고 있다. 특히 학습장애 학생들이 현저한 어려움을 보이는 읽기, 쓰기, 수학 등 학업 성취 영역에서는 아직도 초보적인 수준이고, 이 가운데서도 수학 교과는 읽기에 비해 이제 시작에 불과하다고 할 수 있다. 따라서 교육현장에서는 학습장애 학생들의 지도에 여러 가지 어려움을 겪고 있으며, 교사를 양성하는 대학에서도 학습장애 관련 과목 지도에 어려움을 겪고 있다.

「수학학습장애아교육의 이론과 실제」라는 이 책은 대학 및 대학원에서 학습장애 관련 강좌를 수강하는 학생들 그리고 교육현장에서 학습장애를 지도하는 교사들을 위해 집필되었다. 따라서 이 책은 수학학습장애 학생은 누구인지, 이들의 특성과 이들이 요구하는 것은 무엇인지, 그리고 이들을 효과적으로 가르치기 위해서는 무엇을 어떻게 해야 하는지 등에 대해 설명하고 있다. 따라서 수학학습장애에 대해 궁금증을 가지고 있는 이들에게는 교재 및 참고서적으로 작은 도움이나마 줄 수 있을 것으로 사료된다.

이 책은 수학학습장애에 대한 기본적인 이해를 바탕으로, 수학 교과의 하위 영역에서 실제적인 지도를 위해 활용할 수 있도록 구성하였다. 이러한 목적으로 이 책은 전체를 8개의 장으로 구성하였다. 먼저 1장은 학습장애와 수학학습장애의 정의,

특성, 진단 등에 대해 다루었고, 2장은 수학학습장애 학생들을 지도하기 위한 수학학습심리와 교수원리를 다루었다. 3장에서 8장까지는 수학 교과의 하위 영역별로 수학학습장애 학생의 어려움 및 실제 지도방안에 대해 다루었는데, 3장은 수 감각지도, 4장은 사칙연산 지도, 5장은 화폐 지도, 6장은 시간 지도, 7장은 분수 지도 그리고 8장은 소수 지도에 대한 내용을 다루었다.

이 책을 내기에 앞서 의도대로 되지 못해 부족한 내용으로 책을 구성하게 되어 많이 망설였다. 그러나 수학학습장애 분야에서도 누군가는 첫 발을 내디뎌야 하기 때문에 감히 이 책을 내 놓는다. 그러므로 우리나라의 학습장애아 교육 관련 발전을 위해 여러 선배님들과 후학들의 아낌없는 비판과 지도를 부탁드리며, 학습장애아 교육을 위해 애쓰시는 분들에게 감사를 드린다.

2010년 3월

저자 일동

차례 Contents

제3장 수 감각 지도 ·· 77

제4장 사칙연산 지도 ·· 129

제5장 화폐 지도 ·· 207

제8장 소수 지도 ·· 315

제 1 장

수학학습장애의 이해

학습장애는 학습에 장애 또는 어려움을 가지는 특수교육대상 영역으로, 이러한 학습의 어려움은 기본적인 학업적 영역 또는 특정한 학업적 영역에서 나타난다. 학습장애를 이해하기 위해 먼저 1절에서는 학습장애의 정의에 대해 알아보고, 다음으로 학습장애의 원인과 학습장애의 진단·판별에 대해 알아보고자 한다. 그리고 2절에서는 수학학습의 어려움으로 인해 현저히 낮은 수학 성취를 보이는 수학학습장애를 이해하기 위해 수학학습장애의 정의와 출현율 및 수학학습장애의 특성과 진단·평가에 대해 알아보고자 한다.

1절. 학습장애의 이해

1. 학습장애의 정의

학습장애(learning disabilities)라는 용어는 1963년 미국의 Samuel Kirk에 의해 소개되어 현재까지 사용되고 있다. 특수교육대상 영역에서 학습장애가 차지하는 비율은 나라마다 차이가 있는데 미국의 경우 특수교육대상 영역에서 가장 많은 비율(약 50%)을 차지하고 있다. 이것은 학습장애의 정의와 관련되는 것으로 여기에서는 우리나라와 미국의 학습장애의 정의와 학습장애 정의의 주요 요소 그리고 출현율에 대해 살펴보겠다.

가. 우리나라의 학습장애 정의

우리나라에서 학습장애는 1994년 「특수교육진흥법」이 개정되면서 특수교육대상 영역으로 포함되었는데, 「장애인 등에 대한 특수교육법」과 「한국특수교육학회」의 정의를 중심으로 살펴보면 다음과 같다.

1) 장애인 등에 대한 특수교육법

2007년 제정된 「장애인 등에 대한 특수교육법(시행령)」의 학습장애를 지닌 특수교육대상자의 정의는 다음과 같다.

“개인의 내적 요인으로 인하여 듣기, 말하기, 주의집중, 지각(知覺), 기억, 문제 해결 등의 학습기능이나 읽기, 쓰기, 수학 등 학업 성취 영역에서 현저하게 어려움이 있는 사람”

이 정의는 2가지의 요소로 구성되어 있는데, 첫째, 학습장애의 원인으로 개인 내적 요인을 들고 있고, 둘째, 어려움의 영역으로 학습기능이나 학업성취 영역을 들고 있다.

2) 한국특수교육학회

한국특수교육학회(2008)에서 제안하고 있는 학습장애 특수교육대상자의 정의는 다음과 같다.

“학습장애란 개인 내적 원인으로 인하여 일생동안 발달적 학습(듣기, 말하기, 주의집중, 지각, 기억, 문제해결 등)이나 학업적 학습(읽기, 쓰기, 수학 등) 영역들 중 하나 이상에서 심각한 어려움을 겪는 것을 말한다. 이 장애는 다른 장애조건(감각장애, 정신지체, 정서장애 등)이나 환경실조(문화적 요인, 경제적 요인, 교수적 요인 등)와 함께 나타날 수 있으나 이러한 조건이 직접적인 원인이 되어 나타난 것은 아니다.”

그리고 학습장애를 발현 시점에 따라 다음과 같이 분류하고 있다.

첫째, 발달적 학습장애(developmental learning disabilities)는 학령 전기 아동들 중 학습과 관련된 기본적 심리과정에 현저한 어려움이 보이는 아동으로 구어장애, 주의집중장애, 지각장애, 기억장애, 사고장애로 나뉜다.

둘째, 학업적 학습장애(academic learning disabilities)는 학령기 이후 학업과 관련된 영역에서 현저한 어려움을 보이는 경우로 읽기장애, 쓰기장애, 수학장애로 나뉜다.

셋째, 기타: 비언어적 학습장애는 언어능력에는 강점을 보이나 공간지각능력, 운동능력, 사회성 기술과 같은 비언어적 능력에서 결함을 보인다.

한국특수교육학회의 정의는 3가지로 구성되어 있는데, 첫째, 학습장애의 원인으로 개인 내적 원인을 들고 있고, 둘째, 어려움의 영역으로 발달적 학습이나 학업적 학습을 들고 있으며, 셋째, 배제요인으로 다른 장애조건이나 환경실조를 들고 있다.

나. 미국의 학습장애 정의

미국에서의 학습장애 정의는 크게 특수교육 분야와 정신의학 분야로 나누어 볼 수 있는데, 미국 교육부와 미국 정신의학회의 정의를 중심으로 살펴보도록 하자.

1) 미국 교육부

특수교육에서의 가장 대표적인 정의는 미국 교육부(United States Office of Education, 1977년)의 학습장애 정의로 다음과 같다.

"특정 학습장애(specific learning disabilities)는 언어, 즉 구어와 문어의 이해와 사용에 포함된 기본적인 심리 과정에서 한 가지 또는 그 이상의 장애를 의미하며, 듣기, 말하기, 읽기, 쓰기, 철자 또는 수학계산을 하는데 불완전한 능력을 보일 수 있다. 이 장애는 지각장애, 뇌손상, 미세뇌기능장애, 난독증, 발달적 실어증과 같은 조건들을 포함한다. 이 개념은 시각적, 청각적, 운동장애, 정신지체, 정서장애, 환경적, 문화적, 경제적 실조의 주된 결과로 인한 학습장애 아동은 포함하지 않는다."

이 정의는 가장 보편적으로 사용되고 있으나 다음과 같은 점에서 비판을 받고 있다. 첫째는 '기본적인 심리과정'이란 용어가 모호하며, 둘째는 '불완전한 능력'은 어느 정도의 차이를 의미하며, 이것을 측정하는 방법 즉 능력(기대되는 성취수준)과 성취(현재 성취수준)의 차이는 너무 단순화된 개념이고 측정하기에 쉽지 않다는 점 등이다.

이러한 정의의 문제점을 인식하여 미국 장애인교육법(IDEA, 2004)은 학습장애 아동을 결정함에 있어 더 이상 성취-지적능력의 불일치 사용을 요구하지 않아도 되며, 특정학습장애 판별조항(IDEA, 2006)에 중재반응(Responsiveness to Intervention) 접근을 반영하였다. 미국 장애인교육법(IDEA, 2006)의 특정학습장애 존재의 결정에 대한 조항(300.309)은 다음과 같다.

§300.309 특정학습장애 존재의 결정

a. §300.308에 기술된 집단들은 아동이 특정학습장애를 갖고 있는지를 결정할 수 있다.

1. 아동의 연령에게 적절한 학습 경험을 제공했음에도, 다음에 제시된 영역들 중 하나 또는 그 이상에서 또래들과 같은 정도의 성취도를 보여주지 못할 때;

(i) 구어 표현

(ii) 듣기 이해

(iii) 쓰기 표현

(iv) 기본적인 읽기 기술

(ⅴ) 읽기 유창성 기술

(ⅵ) 독해

(ⅶ) 수학 계산

(ⅷ) 수학 문제해결

2. (ⅰ) 과학적이며, 연구-기반 중재과정을 통해 사정했을 때, 학업 성취도, 충분한 진보, 본 조항의 (a)(1)에서 확인할 수 있는 하나 또는 그 이상의 영역에서 주-승인 결과의 획득에 실패한 아동; 또는

(ⅱ) 수행과 성취 또는 두 가지 모두에서 강점과 약점을 보이는 아동 또는 지적 발달과 관련한 수행과 성취 또는 두 가지 모두에서 강점과 약점을 보이는 아동. 이와 같은 사항들은 §§300.304 그리고 300.305와 일치하는 적절한 사정을 이용하는 특별한 학습장애 판별 관련 팀에 의해 결정된다.

3. 아동이 특정학습장애를 가지고 있는 것으로 의심되는지에 대해 결정하는 집단은 본 조항의 (a)(1)항과 (2)항의 결과들이 다음의 주된 결과가 아님을 결정해야 한다.

(ⅰ) 시각, 청각, 또는 운동장애

(ⅱ) 정신지체

(ⅲ) 정서장애

(ⅳ) 문화적 요소 또는

(ⅴ) 환경적 또는 경제적 불리

2) 미국 정신의학회

정신의학 분야의 정의로는 미국 정신의학회(American Psychiatric Association)의 「정신장애 진단 및 통계편람(DSM-Ⅳ, 1994)」의 정의이다. DSM-Ⅳ에서는 학습장애를 임상적 장애에서 유아기·소아기·청소년기에 흔히 처음으로 진단되는 장애의 하위장애로 분류하고 있으며, 읽기장애, 산술장애, 쓰기장애 및 달리 분류되지 않는 학습장애 등으로 세분화하고 있는데 정의는 다음과 같다.

"학습장애는 읽기, 산술, 쓰기를 평가하기 위해 개별적으로 시행된 표준화 검사에서 나이, 학교교육, 그리고 지능에 비해 기대되는 수준보다 성적이 현저하게 낮게 나올 때 진단된다. 학습문제는 읽고, 계산하고, 쓰기를 요구하는 학업의 성취나 일상생활의 활동을 현저하게 방해한다. 점수의 차이가 유의미함을 밝히기 위해 다양

한 통계적 접근이 이용될 수 있다. 현저하게 낮다는 것은 표준화 검사 성적과 지능지수 사이에 2표준편차 이상 차이가 날 때로 보통 정의된다. 때로는 성적과 지능지수 사이이의 작은 점수 차이(즉, 1표준편차와 2표준편차 사이)가 판단의 근거가 되기도 하는데, 특히 개인의 지능검사 결과가 인지 과정과 연관되는 장애로 인하여 영향을 받았거나 개인의 정신장애, 일반적인 의학적 상태, 또는 개인의 인종적, 문화적 배경에 의해 영향을 받았을 경우에 그러한 기준이 적용된다. 만약 감각 결함이 있다면, 학습장애는 통상적으로 감각 결함에 동반되는 정도를 초과해서 심할 정도로 나타나야 한다. 학습장애는 성인기에도 지속될 수 있다."

다. 학습장애 정의의 주요 요소

위에서 살펴본 여러 학습장애의 정의를 중심으로 공통적으로 포함되는 학습장애 정의의 주요 요소에 대해 살펴보자.

첫째, 학교 학습에 어려움을 나타낸다. 즉 학습장애는 기본적으로 읽기, 쓰기, 수학 등 하나 이상의 교과 학습 영역에서 심각한 어려움을 나타낸다는 것이다. 교과 학습의 어려움은 먼저 교과 학습의 기본이 되는 듣기, 말하기, 주의집중, 지각, 기억, 문제해결 등의 학습기능에 어려움이 있고 나아가 교과 학습의 어려움으로 발전된다. 그리고 이러한 교과 학습의 어려움은 또래 아동에 비해 심각한 또는 현저하게 학업성취가 저조하게 나타난다.

둘째, 학습장애는 학습상 어려움의 원인으로 개인 내적 또는 기본적인 심리과정 등 뇌의 중추신경계 기능장애를 가정한다. 이러한 원인으로 인해 학습장애는 학습부진이나 학습지진과는 구별된다고 할 수 있다.

셋째, 능력과 성취도의 불일치를 나타낸다. 학습장애는 학업성취 영역에서 심각한 또는 현저한 어려움이 있는 경우를 말하는데, 이러한 심각한 어려움을 결정하는 기준이 능력과 성취도의 불일치이다. 물론 능력과 성취도를 어떻게 정의하고 측정할지에 대해서는 논란이 있지만, 현재의 경우 능력은 학생의 잠재적 능력으로 대개 지능검사를 통해 측정하고, 성취도는 표준화된 학업성취검사를 통해 측정한다. 따라서 학습장애는 지능검사에서 최소한 평균 이상(예: -1표준편차인 85 또는 80이상)의 지적능력을 가지고 있어야 하며, 학업성취검사에서 동일 학년/연령집단에 비해 예를 들면 -2표준편차 이하에 속해야 한다.

넷째, 다른 장애나 영향으로 인한 학습상 어려움은 제외한다. 즉 다른 장애조건(감각장애, 정신지체, 정서장애 등)이나 영향(환경적, 문화적, 경제적 요인 등)으로 인해 학습상 어려움을 나타낼 수 있으나, 학습장애는 이러한 것들이 직접적인 원인이 되어 나타나는 학습상 어려움은 제외한다는 것이다.

지금까지 살펴본 학습장애 정의의 주요 요소들을 잘 이해한다면 학습장애의 이해와 진단 및 판별 과정에서 보다 도움이 되리라고 생각된다.

라. 학습장애의 출현율

학습장애 학생의 출현율은 학습장애의 정의 및 진단·판별에서 특수교육서비스의 적합성을 결정하기 위한 준거에 따라 차이가 있다. 미국 정신의학회의 정신장애 진단 및 통계편람(DSM-Ⅳ, 1994)에서는 학습장애의 출현율을 정의와 확인방법에 따라서 2~10% 범위에 있으나, 대략 미국에 있는 공립학교 학생의 5% 정도가 학습장애를 지닌다고 밝히고 있다.

국내 학습장애 출현율에 관련된 대표적인 조사 사례를 살펴보면, 먼저 국립특수교육원(2001)에서 전국 16개 시·도교육청의 180개 지역교육청에서 군락 표본추출법으로 각 1개씩의 초등학교 학구를 선정하여 144,917명을 대상으로 '특수교육 요구아동 출현율 조사'를 실시한 결과 장애범주별 전체 특수교육 요구아동의 출현율은 2.71%였다. 이 중 학습장애 출현율 조사 대상 집단은 초등학교 4학년(9세) 아동 24,864명을 대상으로 한 결과 1.17%로 나타나 전체 장애 범주별 특수교육 요구아동 중 가장 많은 구성 비율인 43.17%를 보였다.

다음으로 국립특수교육원(2006)에서 실시한 특수교육요구학생 실태조사 결과 전체 특수교육 대상학생수 62,903명 중에서 학습장애 학생수는 6,733명으로 약 10.7%를 차지하였다. 그리고 교육과학기술부(2009)에서 실시한 특수교육 연차보고서의 장애영역별 특수교육 대상학생수는 표 1.1과 같다.

<표 1.1> 장애영역별 특수교육 대상학생수(2009)

(단위: 명)

장애영역	특수학교	일 반 학 교		특수교육 지원센터	계
		특수학급	일반학급		
시각장애	1,470	292	348	3	2,113
청각장애	1,257	849	1,255	24	3,385
정신지체	15,353	21,973	3,245	30	40,601
지체장애	3,206	3,729	2,609	115	9,659
정서・행동장애	860	2,035	642	-	3,537
자폐성장애	983	3,256	408	-	4,647
의사소통장애	92	599	632	1	1,324
학습장애	13	5,390	1,123	-	6,526
건강장애	16	538	1,391	-	1,945
발달지체	356	719	353	22	1,450
계	23,606	39,380	12,006	195	75,187

출처: 2009 특수교육연차보고서, 교육과학기술부.

학습장애 학생수는 6,526명(특수학교 13명, 특수학급 5,390명, 일반학급 1,123명)으로 전체 특수교육 대상학생수 75,187명 중에 약 8.7%를 차지하고 있다. 많은 학습장애 학생들이 특수학급에서 교육서비스를 받고 있다.

미국의 경우 공법(PL 94-142)이 시행된 첫 해(1977-78)는 학령아동의 약 1.8%가 학습장애의 범주 하에 특수교육서비스를 받았으나, 그 수는 계속 증가하여 90년 중반부터는 약 5% 정도의 학생이 학습장애로 특수교육서비스를 받고 있다.

미국 교육부의 2007~2008년 특수교육대상학생 출현율 조사(3~21세, IDEA)에 의하면 학습장애 특수교육대상학생의 출현율은 전체 교육대상학생의 약 5.2%이고, 전체 특수교육대상학생의 약 39.0%를 차지하여 가장 많은 구성 비율을 보였다. 미국 장애영역별 특수교육대상학생의 출현율은 표 1.2와 같다.

<표 1.2> 2007-2008 미국 장애영역별 특수교육대상학생 출현율(3-21세)

장애영역	장애학생 수(천명)	출현율(%)	구성 비율(%)
학습장애	2,573	5.2	39.0
의사소통장애	1,456	3.0	22.0
정신지체	500	1.0	7.6
정서장애	442	0.9	6.7
청각장애	79	0.2	1.2
지체장애	67	0.1	1.0
다른 건강장애	641	1.3	9.7
시각장애	29	0.1	0.4
중복장애	138	0.3	2.1
자폐성장애	296	0.6	4.5
외상성 뇌손상	25	0.1	0.4
발달지체	358	0.7	5.4
농-맹	2	-	-
전체	6,606	13.4	100.0

출처: U.S. Department of Education, 2009.

이와 같이 우리나라의 경우 학습장애의 출현율은 미국의 경우와 크게 차이가 나고 있는데, 이러한 이유 중의 하나는 학습장애 진단 및 판별 과정에서의 구체적인 준거, 진단·평가도구 및 전문인력 부족 등의 어려움으로 인하여 학습장애아동과 학습부진 및 학습지진아동을 신뢰롭게 구별하지 못하기 때문일 것이다. 따라서 앞으로 우리나라의 학습장애 출현율 관련 연구 및 논의가 보다 활성화될 필요가 있다.

2. 학습장애의 원인

학습장애의 원인은 뇌 기능상의 미세한 결함으로 인한 신경학적 기능장애이다. 이렇게 학습장애의 원인이 신경학적 기능장애라고 가정되는 한 가지 이유는 특정 영역(예: 읽기, 수학 등)의 학습에서 아동의 실패에 대한 그럴듯한 설명이 없다는 것이다. 또 다른 이유는 뇌의 특정 영역 손상을 가진 사람들과 학습장애를 지닌 사람들의 증상이 비슷하다는 것이다.

학습장애의 원인으로 뇌의 신경학적 기능장애에 대한 초기 연구는 의사들이 주도했다(Lerner & Johns, 2009). Pierre Paul Broca와 Carl Wernicke는 말하기와 구어의 이해를 통제하는 뇌의 특정영역을 확인하여 실어증(aphasia)이라 불리는 말과 언어 문제들을 이해하는데 기초를 제공했다. Kurt Goldstein(신경학자)은 제1차 세계대전 중 머리 부상을 입은 군인들의 행동을 통하여 뇌손상 부위와 지각 및 운동기능의 결함과의 관계를 연구하였고, 1937년과 1945년 사이에 Heinz Werner(발달심리학자)와 Alfred Strauss(신경정신의학자)는 뇌손상 아동의 인지능력에 대한 연구를 하였다. Samuel Orton(신경학자)은 읽기 및 언어장애는 지각-운동 능력의 손상을 야기한 대뇌 반구의 지배력 부족의 결과라고 믿었고, 1963년 학습장애라는 용어를 소개한 Samuel Kirk(심리학자, 특수교육자)는 학습장애를 극복하기 위한 지각-운동 문제와 훈련방법을 강조하였다. 이후 컴퓨터 공학의 발달로 1980년대 후반 신경학적 기능 진단을 위한 뇌전도(EEG), 컴퓨터단층촬영(CAT-scan), 양전자방출단층촬영(PET-scan), 자기공명영상(MRI), 기능적 자기공명영상(fMRI) 등의 신경진단검사로 인하여 학습장애의 신경학적 기능장애 원인은 현재까지 수용되고 있다.

그렇다면 뇌의 신경학적 기능장애를 유발할 수 있는 요인은 무엇인가? 이 물음에 대해 현재까지 알려진 가능한 요인들은 다음과 같다: 유전적 요인, 의학적 요인, 기형발생물질적 요인, 환경적 요인.

가. 유전적 요인

학습장애가 유전적 요인과 관련 있다는 증거는 가계 연구와 쌍둥이 연구를 통해 알 수 있다. 먼저 가계 연구에서 만약 부모가 읽기장애를 가지고 있다면 자녀가 읽기장애를 가질 확률은 30~50%이고, 이 비율은 남자아동들이 더 높아 가족력을 보여준다(Smith, 2004). 다음으로 쌍둥이 연구에서 같은 유전적 조직을 가지고 있는 일란성 쌍둥이(54%)가 그렇지 않은 이란성 쌍둥이(32%)보다 학습장애를 가질 확률이 더 높다고 알려져 있다(DeFries, Gillis, & Wadsworth, 1993; Smith, 2004).

나. 의학적 요인

아동의 뇌 신경학적 기능장애에 영향을 줄 수 있는 의학적 요인들은 많이 있다. 먼저 출생 전에 임산부의 각종 질병이나 감염을 들 수 있고, 출생 과정에서 발생하는 문제로는 무산소증, 장시간 출산 및 의학적 기구로부터의 손상 등이 있다

(Mercer & Pullen, 2005). 미숙 또한 가능한 요인인데 심한 저체중으로 태어난 미숙한 아동의 19%는 학습장애를 가졌음이 밝혀졌다(Lerner & Johns, 2009; Ross, Lipper, & Auld, 1991). 그리고 출생 후 당뇨병이나 뇌막염 등은 신경심리학적 문제나 뇌손상을 초래할 수 있다(Rovet, Ehrlich, Czuchta, & Akler, 1993; Taylor & Schatschneider, 1992).

다. 기형발생물질적 요인

기형발생물질은 태아 또는 소아에게서 비정상적 성장이나 기형 및 신경학적 손상을 유발하는 원인이 된다. 미국 국가연구위원회(National Research Council)와 의학연구소(Institute Medicine, 2000)는 초기 아동기 발달에 대한 보고서에서 미래 학습에 대한 어려움과 태아 합병증의 가장 공통적인 원인으로 알코올, 마약 그리고 흡연을 지적했다(McNamara, 2007). 알코올은 정신발달에 영향을 주는 가장 보편적인 약물로 임신 중의 알코올 섭취는 태아알콜증후군의 위험성이 높다. 흡연 또한 학습장애의 위험에 놓이게 하는데 미국 국가연구위원회와 의학연구소(2000)는 경도 주의집중 문제, 인지적 영향, 기억 과제에 대한 열등한 수행을 인용하면서 어머니의 흡연과 학습 문제 사이의 관계에 대한 자료를 제공했다(McNamara, 2007). 이 외에 납의 섭취, 임산부의 부주의한 약물 복용 및 독성 물질에 노출 등도 기형발생물질적 요인이 될 수 있다.

라. 환경적 요인

학습장애의 정의에서 환경적, 문화적, 경제적 실조의 주된 결과로 인한 학습장애는 제외하고 있다. 그러나 환경적 요인은 간접적 요인으로 신경학적 기능장애를 유발하는데 기여할 수 있고 학습에 부정적인 영향을 미칠 수 있다. 예를 들면 경제적인 이유로 인한 임산부의 영양 부족은 태아의 성장에 심각한 문제를 초래할 수 있고, 출생 후의 영양실조 및 열등한 건강보호는 아동의 성장·발달에 영향을 미친다. 또한 10대 임신, 약물의 오·남용 및 아동 학대 등도 환경적 요인에 포함될 수 있다.

3. 학습장애 진단과 판별

학습장애로 특수교육서비스를 제공받기 위해서는 진단·평가 및 선정을 통해 "학습장애를 지닌 특수교육대상자"로 선정되어야 한다. 이러한 학습장애 특수교육대상자의 진단·평가 및 선정은 학습장애의 정의와 밀접한 관련이 있는데, 왜냐하면 학습장애의 정의에 따라 선정 기준과 방법 및 진단·평가의 도구 등이 영향을 받기 때문이다. 여기에서는 먼저 학습장애 특수교육대상자의 진단 및 판별 과정에 대해 알아보고, 다음으로 진단 및 판별 방법에 대해 알아보기로 하자.

가. 학습장애 진단 및 판별 과정

학습장애 특수교육대상자로 선정되기 위해서는 선별, 의뢰, 진단·평가 그리고 선정의 과정을 거치게 되는데, 이러한 과정의 세부 내용을 알아보면 다음과 같다.

1) 선별

선별(screening)은 장애 및 장애의 가능성을 미리 발견하기 위한 것으로, 학습장애의 경우 학습장애 위험학생(at risk)을 미리 발견하는 것이다. 이러한 선별 과정은 대개 학교에서 이루어지는데, 학습장애 선별의 경우 주로 교과 성적과 KISE 학습장애 선별척도(국립특수교육원, 1996)와 같은 진단도구를 활용할 수 있다. 교과 성적의 경우 특히 국어와 수학 교과에서 또래에 비해 심각하게 저성취(대개 하위 25%)를 보이는 학생을 선별한다. 그리고 KISE 학습장애 선별척도는 5가지 영역(언어수용, 언어표현, 방향정위, 운동협응, 개인행동과 사회적 행동)에서 아동의 행동특성을 평가한다.

2) 의뢰

의뢰(referral)란 선별된 학생이 특수교육대상자인지를 알기 위해 보다 전문적이고 자세한 정보를 수집하기 위한 진단·평가를 요청하는 과정이다. 학습장애 위험학생으로 선별된 경우 각급 학교에서는 보호자의 동의를 얻어 "특수교육대상자 진단·평가 의뢰서"를 작성하여 교육장 또는 교육감에게 특수교육대상자의 진단·평가를 의뢰한다.

3) 진단·평가

진단·평가(diagnosis·evaluation)란 의뢰된 학생이 학습장애를 지닌 특수교육대상자로 적합한지를 알기 위해 다양한 영역의 전문가(예: 학습장애 전문가, 말-언어병리학자, 특수교사, 보건교사, 상담 전문가 등)들이 의심되는 장애와 관련되는 영역의 학업수행과 행동 등에 대해 진단하고 평가하여 관련된 정보를 획득하는 과정이다. 이러한 진단·평가 과정은 지역교육청의 특수교육지원센터에서 이루어지는데, 특수교육지원센터는 진단·평가에 회부된 후 30일 이내에 진단·평가를 시행하여야 하고, 진단·평가를 통하여 특수교육대상자로의 선정 여부 및 필요한 교육지원 내용에 대한 최종의견을 작성하여 교육장 또는 교육감에게 보고하여야 한다(장애인 등에 대한 특수교육법, 2007).

4) 선정

선정(identification)이란 의뢰된 학생을 학습장애를 지닌 특수교육대상자로 결정하는 과정이다. 즉 의뢰된 학생에 대한 진단·평가 결과를 기초로 교육장(교육감)이 특수교육운영위원회(중학교 과정 이하-시·군·구 특수교육운영위원회/고등학교 과정-시·도 특수교육운영위원회)의 심사를 거쳐 특수교육대상자로 결정한다. 교육장 또는 교육감은 특수교육지원센터로부터 최종의견을 통지받은 때부터 2주일 이내에 특수교육대상자로의 선정 여부 및 제공할 교육지원 내용을 결정하여 부모 등 보호자에게 서면으로 통지하여야 한다(장애인 등에 대한 특수교육법, 2007).

이렇게 특수교육대상자로 선정되면 교육장 또는 교육감은 특수교육대상자의 장애정도·능력·보호자의 의견 등을 종합적으로 판단하여 일반학교의 일반학급, 일반학교의 특수학급 또는 특수학교 중 어느 하나에 배치하여 특수교육서비스가 제공된다.

나. 학습장애 진단 및 판별 방법

학습장애의 유무를 결정하는 진단 및 판별은 결코 쉬운 일이 아니다. 여기에서는 대표적인 학습장애 진단 및 판별 방법인 능력-성취 불일치 접근과 중재-반응 접근법에 대해 구체적으로 알아보고자 한다.

1) 능력-성취 불일치 접근법

능력-성취 불일치 접근법은 현재까지 학습장애 진단과 판별의 가장 대표적인 기준으로 사용되어 오고 있는 방법으로, 학생의 능력(학업성취 가능성)과 성취(실제 학습수행 정도)간의 불일치 정도로 학습장애를 판단하게 된다. 즉 학생의 지적능력이 보통 이상이면 보통 이상의 학업성취를 보여야 하는데도 불구하고, 실제 학업성취(가령, 읽기, 수학 등) 정도가 기대되는 수준에 도달하지 못하여 불일치가 발생되면 학습장애로 판별되는 것이다. 이 접근법은 학습장애를 보통 수준의 지능을 지녔으나 뇌 신경계통상의 결함이나 문제(예: 구어나 문어의 이해나 사용에 관련된 기본적인 심리과정에서의 장애)로 인해 심각한 학업 저성취를 보인다는 관점에 기초한 학습장애 진단·판별 방법이다. 이 방법에서 지적능력은 대개 표준화된 지능검사 도구를 사용하여 측정하고, 학업성취 수준은 주로 또래집단을 대상으로 표준화된 학업성취검사를 사용한다. 지적능력과 학업성취 수준의 불일치 정도를 결정하기 위한 방법으로는 대개 양적인 방법을 통해 측정되는데, 대표적인 방법으로는 첫째, 또래 학년수준으로부터의 학업성취 지체 정도, 둘째, 표준점수에 기초한 지적능력과 학업성취간의 불일치, 셋째, 회귀분석에 기초한 지적능력과 학업성취간의 불일치 등이 있다.

가) 또래 학년수준으로부터의 학업성취 지체 정도

이 방법은 또래 학년수준으로부터 학업성취 지체 정도를 학년수준으로 표현하는 방법으로, 지체정도가 학년에 따라 기준에 차이가 있는데 이것은 저학년일수록 누적된 학습량이 적고 도구적인 학습이 이루어지는 중요한 시기이기 때문이다. 학습장애 서비스의 적합성 여부를 결정하기 위한 학년 수준에서의 지체정도는 다음과 같다(Richek, Caldwell, Jennings, & Lerner, 1996).

- 저학년: 현재 학년수준보다 1년 이상 지체
- 중학년: 현재 학년수준보다 1.5년 이상 지체
- 고학년, 중학교: 현재 학년수준보다 2년 이상 지체
- 고등학교: 현재 학년수준보다 2.5년 이상 지체

나) 표준점수에 기초한 지적능력과 학업성취간의 불일치

이 방법은 지적능력과 학업성취 점수를 모두 표준점수로 변환하여 쉽게 비교할 수 있도록 하는 방법으로, 보통 불일치의 판단 기준은 표준점수간 차이가 1 표준편차 이상이라면, 학생은 학습장애 서비스를 받기에 적합한 것으로 간주한다. 이 방

법은 평균으로의 회귀로 알려진 통계적 속성을 고려하지 않았다는 단점이 있다(Reynolds, 1985; Cone & Wilson, 1981).

다) 회귀분석에 기초한 지적능력과 학업성취간의 불일치

이 방법은 회귀방정식을 사용하여 특정한 지능지수 점수에 대한 통계적으로 결정된 기대 성취범위를 계산한 다음, 실제 성취수준과의 차이를 비교하는 방법으로, 평균으로의 회귀현상을 조정할 수 있다(Reynolds, 1985; Cone & Wilson, 1981).

이상과 같은 능력-성취 불일치 접근은 다음과 같은 점에서 문제점이 제기되고 있다.

첫째, 능력을 측정하는 지능검사 자체에 대한 문제점으로, 어떤 연구자들은 지능검사를 지적인 잠재능력의 측정보다는 성취검사의 일종으로 본다는 것이다. 즉 지능검사 자체가 피험자의 언어능력 및 문화와 개인적 경험에 의해 상당히 영향을 받을 수 있기 때문에 지능검사에 의해 측정된 잠재능력에 전적으로 의존하기에는 문제가 있다는 것이다(Mather & Healey, 1990; Swanson, 1993).

둘째, 능력-성취 불일치 접근은 지능검사 점수와 학업성취 수준 간에 완벽에 가까운 상관관계가 가정되어야 하나, 많은 연구들에서 그렇지 않다는 것이다. 예를 들면 Siegel(1999)에 의하면 읽기장애 아동들은 지능지수의 정도에 상관없이 읽기의 다양한 영역에서 결함을 보였다는 것이다. 또는 Fletcher 등(2002)에 의하면 IQ-성취 불일치를 보인 학습장애 학생들과 IQ-성취 불일치를 보이지 않은 열등한 독자들을 비교한 결과 두 집단 모두 초기 읽기에서 유사한 기술이 부족하였다.

셋째, 불일치 모형 접근에서 학습장애 진단의 일관성이 부족하다. 즉 지역마다 사용되는 불일치 공식이 다양하고(Mather & Roberts, 1994), 사용되는 검사도구 또한 다양하며, 불일치 모형 적용과정에서 엄격성이 지켜지지 않기 때문에 일관성이 부족하다는 것이다(Kavale, Holdnack, & Mostert, 2005).

넷째, 불일치 접근은 저학년 아동들의 학습장애는 판별하지 못한다. 불일치 접근은 또래학년보다 학업성취에서의 일정한 지체가 있어야 하는데, 저학년의 경우 지체가 나타나기에는 학년이 너무 낮다. 따라서 이 접근법에 의해 학습장애 서비스로 적합하기 위해서는 기대된 학업성취수준보다 낮게 성취할 때까지 기다려야 하는 "기다림-실패(wait-to-fail)"를 수반하게 된다.

이에 따라 불일치 접근은 학습장애 진단의 유일한 요소가 아닌 여러 요소 중 하나의 요소로 보아야 한다는 주장이 제기되고 있다.

2) 중재-반응 접근법

학습장애 진단·판별에 있어서 미국 장애인교육법(IDEA) 2004의 규정이 더 이상 능력-성취 불일치 접근법을 요구하지 않게 되자, 불일치 모델을 대신하기 위해 가장 크게 제안되고 있는 것이 중재-반응 접근법이다.

중재-반응(responsiveness to intervention: RTI) 모형은 단계적으로 제공되는 효과적인 교수(중재)에 대한 학생의 반응을 연속적으로 점검하여 준거 이상에 도달하지 않을 때 학습장애 여부를 판단하여 특수교육을 고려하는 접근법으로(Fuchs et al., 2003), 중재-반응 모형의 목적은 선별과 예방, 조기중재 및 장애를 결정하는 것이다(Mellard & Johnson, 2008).

이러한 중재-반응 접근의 핵심 개념은 첫째, 다단계 중재이다(vaughn & Fuchs, 2003). 이것은 특정 시점에서 지능-성취 불일치의 차이에 근거하여 학습장애를 선정하는 것이 아니라, 여러 단계의 교육 제공과 이에 대한 학생의 반응 결과에 기초하여 학습장애를 선별하는 방법이다. 이 때 단계가 올라갈수록 교육의 강도와 지속기간은 강화된다. 둘째는 효과적인 교수이다. 즉 학생에게 제공되는 교수는 과학적이고 연구-검증된 질 높은 수업이어야 한다는 것이다. 셋째, 학생의 반응에 대한 연속적인 점검으로, 효과적인 교수에 대한 학생의 진보를 결정하기 위해 교육과정중심측정을 사용하여 학생의 반응을 연속적(예: 매월, 매주, 매일 등)으로 측정하여 평가 자료를 수집한다. 넷째, 이중불일치 준거로, 다른 학생들에 비해 상대적으로 낮은 성취수준과 더불어 학습 진전도가 낮을 때 학습장애로 고려한다(Fuchs et al., 2003; Speece, Case, & Molloy, 2003).

중재-반응 모형의 단계는 학자들에 따라 3단계 또는 4단계 등으로 차이가 있다. 예를 들면 중재-반음 모형을 학습장애로의 위험을 예방하고, 학업적 어려움을 극복하기 위한 예방적 관점을 견지하는 연구자들은 보다 많은 단계로 구성할 것을 주장한다(Grimes, 2002). 이에 비해 중재-반응 모형을 판별과 분류 과정으로 간주하는 이들은 적은 수의 중재 단계를 주장한다(Telzrow et al., 2000). 그러나 기본적으로 다단계의 중재-반응 모형으로, 이러한 단계는 제공되는 교수 수준에 대한 학습자들의 반응을 토대로 역동적이고 탄력적으로 고려된다. 우리나라에서 적용할 수 있는 학교기반 중재-반응 모형의 과정을 예로 들면 1단계는 보편적 선별 단계이고, 2단계는 보충적 교수 단계이며, 3단계는 집중적 교수 단계로 요약하면 표 1.3과 같다.

<표 1.3> 중재-반응 접근법의 단계

단계(교수적 수준)	내용	특징
Ⅰ단계 : 일반적 교수 (80~90%)	교과영역(주로 국어와 수학)에서 연구기반의 기본적 교수를 제공하고 학생의 반응을 교육과정중심측정(또는 표준화된 학력평가)으로 평가하여 또래에 비해 성취수준이 심각하게 낮은 위험 학생 선별함	· 성격: 보편적 선별 · 일반학급 대집단교수 · 교수제공: 일반교사 · 선별 준거(하위 25% 또는 16%) · 평가시기: 연 3회 정도
Ⅱ단계: 보충적 교수 (전체 학생의 약 15~20%)	1단계의 위험 학생을 대상으로 소집단 중심(약 2~5명)의 보충적 교수를 2~3주 동안 주 3~4회(회당 30분 이상) 제공하고 학생의 반응을 교육과정중심측정으로 평가함	· 성격: 비반응자 확인 · 소집단 교수 · 교수제공: 일반교사, 특수교사, 읽기전문가 등 · 반응 준거(성취도와 진전도) · 평가시기: 주 2~3회 정도
Ⅲ단계: 집중적 교수 (전체 학생의 약1~5%)	2단계의 비반응 학생을 대상으로 2단계보다 집중적인 교수(개별적 또는 소그룹 상황)를 3~4주 동일. 주 3~4회(회당 30분 이상)제공하고 학생의 반응을 교육과정중심측정으로 평가함.	비반응자 및 학습장애 진단 · 의뢰자 확인 · 개별화교수 · 교수제공: 특수교사, 읽기전문가 등 · 반응준거(성취도와 진전도) · 평가시기: 주3~4호 정도

※ 3단계에서 반응하지 않은 학생은 학습장애 적격성 여부를 결정하기 위해 특수교육지원센터에 진단·평가를 의뢰함

이러한 중재-반응 접근법 또한 장점과 문제점을 지니고 있다. 중재-반응 접근법의 장점은 첫째, 능력-성취 불일치 접근법보다는 학생들이 실패할 때까지 기다리는 것을 최소화하여 조기에 학습장애 학생들을 판별하고 중재할 수 있다. 둘째, 특수교육에 의뢰되는 학생의 수를 줄일 수 있고, 학생의 결함보다는 위험 요소에 관심을 둔다. 셋째, 연구기반의 질 높은 수업을 제공함으로 교사의 책무성이 증가되어 학생의 성과에 초점을 맞추게 된다. 넷째, 판별·사정을 교수계획 및 진보점검과 연결시킬 수 있고, 교수와 관련된 자료를 최대화할 수 있다. 다섯째, 일반교사와 특수교사의 책임감과 협력의 공유가 촉진된다. 여섯째, 학생의 결함이나 장애에 초점을 맞추는 것이 아니라 위험성이 있는 개인을 확인하고, 학생을 보다 더 성공할 수 있도록 하

는 방법을 찾는데 초점을 둘 수 있다(김윤옥, 2006; McNamara, 2007; Sousa, 2006).

중재-반응 접근법의 문제점으로는 첫째, 전통적으로 학습장애의 일차적인 원인으로 지목되는 중추신계통상의 결함으로 인한 심리과정상의 기능 결함에 대한 어떠한 정보도 제공할 수 없다. 둘째, 과학적으로 검증된 교수와 최적의 질 높은 교육이 무엇인지 불분명하다. 셋째, 성취수준 및 진전도를 타당하고 신뢰롭게 평가할 수 있는 측정도구가 부족하다. 넷째, 학습장애를 진단함에 있어서 유치원부터 고등학교에 이르는 모든 연령에 걸쳐 사용하기가 어렵다. 다섯째, 현재 우리나라의 학교 상황에 적합한 중재-반응모형의 부재 및 적용이 쉽지 않다는 것이다(양민화 & Landrum, 2005; 허승준, 2005; McNamara, 2007).

따라서 중재-반응 접근법이 학습장애 진단·평가 방법으로 보다 활성화되기 위해서는 이러한 문제점을 보완하기 위한 지속적인 연구와 논의가 이루어져야 할 것이다.

다. 학습장애 진단·평가 유형

학생이 학습장애를 가지고 있는지 결정하기 위해서는 학생에 대한 정보수집이 먼저 이루어지고 이에 기초하여 적합한 의사결정이 이루어져야 한다. 그리고 이를 위해서는 다양한 평가 유형들이 필요한데, 그 이유는 하나의 방법 및 평가도구로는 학생에 대한 다양한 정보를 수집하기 어렵고 또한 학생을 완전하게 평가할 수 없으므로 다양한 자원과 다양한 방법을 통한 평가가 필요하다. 학습장애 진단 및 선별을 위한 평가의 유형으로는 표준화 검사, 면접, 관찰, 비형식적 검사 및 대안적인 평가 등이 있다. 여기에서는 각 진단·평가의 유형 및 특징 등에 대해 알아보고자 한다.

1) 표준화 검사

표준화된 검사란 인간의 지식, 기능, 성격 및 행동 등을 표준화된 절차와 방법에 의하여 측정하고 그것을 일정한 규칙에 따라 수량화시키기 위한 측정도구로, 검사의 실시와 채점 및 규준적용 등이 동일하도록 만들어 놓은 검사이다.

표준화 검사의 특징으로는 첫째, 실시, 채점 및 해석을 하기 위해 주어진 실시요강의 지시에 따라야 한다. 둘째, 실시요강에는 타당도와 신뢰도 및 학년규준, 연령규준, 백분위 등급 또는 척도화된 점수형태가 나타나 있다. 셋째, 검사자는 실시 및 해석하는데 숙달된 지식을 갖고 있어야 한다.

표준화 검사의 가장 중요한 장점으로는 객관적이고 짧은 시간에 많은 정보를 얻을 수 있다는 것이고, 이에 비해 단점으로는 검사대상이 유기체이기 때문에 정확하게 측정하는 것이 어렵다는 것이다.

현재 우리나라에서 학습장애 특수교육대상자 선별 및 진단·평가를 위해 사용되고 있는 검사도구로, 「장애인 등에 대한 특수교육법-시행규칙」에 제시되어 있는 것은 '지능검사, 기초학습기능검사, 학습준비도검사, 시지각발달검사, 지각운동발달검사, 시각·운동통합발달검사' 등이다. 이를 중심으로 학습장애 선별 및 진단·평가에 사용되고 있는 대표적인 표준화된 검사도구에 대해 살펴보면 다음과 같다.

먼저 학습장애 선별을 위한 도구로는 국립특수교육원의 학습장애 선별척도가 있다. 이 도구는 초등학생을 대상으로 학습장애 선별을 위한 도구로, 언어수용(듣고 이해하기와 기억하기), 언어표현(구어), 방향정위, 운동협응, 개인행동과 사회적 행동 등의 영역에서 총 24문항으로 구성되어 있다.

지능검사를 위한 대표적인 도구로는 첫째, K-WISC-Ⅲ로 일반적인 지적능력에 대한 개인용 지능검사로, 실시연령은 6세~16세 11개월이고, 구성은 언어성과 동작성의 2개 영역에 13개의 소검사로 되어있다. 둘째, K-WPPSI가 있는데, 이는 유아용(3세~7세 3개월) 지능검사도구로 2개 영역에서 11개의 소검사로 구성되어 있다. 셋째, K-ABC로 지능과 습득도 사정을 위한 개인용 종합지능검사이고, 실시연령은 2세 6개월~12세 5개월이며, 4개 하위척도의 16개 하위검사로 구성되어 있다.

개별학력검사 도구로는 첫째, 기초학습기능검사로 선수학습능력이나 학습결손 파악하기 위한 검사로, 실시연령은 유치원~초등 6학년이고, 구성은 5개 영역으로 되어있다. 둘째, 국립특수교육원의 기초학력검사로 기초학력 부진아동 선별·진단을 위한 도구로, 실시연령은 만 5세~15세이고, 구성은 읽기, 쓰기, 수학의 3개 영역으로 이루어져 있다. 셋째, 기초학습수행평가체제(BASA)로 교육과정중심측정에 의한 검사도구인데, 읽기검사, 쓰기검사 및 수학검사의 3가지가 있다. 넷째, 학습준비도검사로 학습상 문제를 나타내는 아동을 선별하기 위한 검사도구로, 실시연령은 초등학교 취학 전 아동이고 8개 영역으로 구성되어 있다.

지각 및 운동발달검사로는 첫째, 시지각발달검사로 시지각 발달 및 결함을 파악하기 위한 검사도구로, 실시연령은 3~8세이고, 구성은 5개의 하위검사로 되어있다. 둘째, 지각운동발달검사로 지각 및 운동발달을 진단하기 위한 검사도구로, 실시연령은 3~11세이고, 구성은 3개의 하위검사로 되어있다. 셋째, 시각·운동통합발달검사로 시지각과 소근육운동 협응능력을 평가하기 위한 도구이고, 실시연령은 2~15세이며, 구성은 24개의 기하도형으로 되어있다. 각 검사도구에 대한 보다 자세한 정보들은 표 1.4와 같다.

<표 1.4> 학습장애 선별 및 진단 · 평가를 위한 표준화된 검사도구

검사명	평가도구명	저자(출판연도)·출판사	구성 및 특징
선별척도	KISE 학습장애 선별척도	정대영 · 정동영(1996).국립특수교육원	· 성격: 학습장애 선별도구 · 실시연령: 초등학생 · 구성: 5개 영역-언어수용(듣고 이해하기와 기억하기), 언어표현(구어), 방향정위, 운동협응, 개인행동과 사회적 행동 · 문항수: 24문항(언어성 9문항, 비언어성 15문항). 평가: 문항별 5단계 평정(평균점수 3점) · 절취점: 언어성 점수 21점 이하, 비언어성 점수 42점 이하, 총 64점 이하
지능검사	K-WISC-Ⅲ	곽금주·박혜원·김청택(2001).특수교육	· 성격: 일반적인 지적능력에 대한 개인용 지능검사 · 실시연령: 6세~16세 11개월 · 구성: 2개 영역 13개 소검사(언어성-상식, 공통성, 산수, 어휘, 이해, 숫자. 동작성-빠진곳 찾기, 기호쓰기, 차례맞추기, 토막짜기, 모양맞추기, 동형찾기, 미로)
	K-WPPSI	박혜원·곽금주·박광배(1996).특수교육	· 실시연령: 3세~7세 3개월 · 구성: 2개 영역 11개 소검사(동작성 검사, 언어성 검사)
	K-ABC	한국판: 문수백·변창진(1997).학지사	· 성격: 지능과 습득도 사정 위한 개인용 종합지능검사 · 실시연령: 2세 6개월~12세 5개월 · 구성: 4개 하위척도-16개 하위검사(순차처리척도, 동시처리척도, 인지처리과정종합척도, 습득도척도)

개별학력검사	기초학습기능검사	박경숙·윤점룡·박효정(1989).한국교육개발원	· 성격: 선수학습능력이나 학습결손 파악 · 실시연령: 유치원~초등 6학년 · 구성: 5개 영역-정보처리, 문자와 낱말 재인, 철자 재인, 독해력, 수
	KISE 기초학력검사도구(BAAT)	박경숙·김계옥·송영준·정동영·정인숙(2005).국립특수교육원	· 성격: 기초학력 부진 아동 선별/진단 · 실시연령: 만 5세~15세 · 구성: 읽기, 쓰기, 수학
	기초학습수행평가체제(BASA)	김동일(2007·2008).학지사	· 읽기검사(2008): 읽기부진아동 선별 및 읽기장애 진단을 위한 읽기유창성검사. 초등1년~성인 · 수학검사(2007): 수학 학습의 발달수준 진단 및 평가. 초등1년~성인 · 쓰기검사(2008): 쓰기능력 발달수준 진단 및 평가. 초등1년~성인
	학습준비도검사	김정권·여광응(1987).특수교육	· 성격: 학습상 문제 나타내는 아동 선별 · 실시연령: 초등학교 취학 전 아동 · 구성: 8개 영역-축적된 지식, 신체개념 발달, 정서적 성숙에 대한 지각, 부모상에 대한 지각의 정확성, 적절한 놀이에 대한 지각, 시각-운동 협응, 지시 따르는 능력, 기억
지각 및 운동발달검사	시지각발달검사	저자: Marianne Frostig (1966) 편역: 여광응(1989).특수교육	· 성격: 시지각 및 시각-운동장애 수준 파악, 시지각 기관 결함 가능성 증거 제공 · 실시연령: 3세~8세 · 실시형태: 개별 및 집단검사 · 구성: 5개 하위검사(시각-운동협응검사, 도형-배경지각검사, 형의 항상성지각검사, 공간위치지각검사, 공간관계지각검사)
	지각운동발달검사	역자: 박화문·구본권(1989). 특수교육	· 성격: 지각 및 운동발달 진단검사 · 실시연령: 3세~11세 정도 · 구성: 3개 하위검사-지각검사, 운동검사, 시각-운동통합검사
	시각·운동통합발달검사	저자: Keith E.Beery(1982) 역자: 박화문·구본권(1989). 특수교육	· 목적: 시지각과 소근육운동 협응능력 평가 · 실시연령: 2세~15세 · 실시형태: 개별 및 집단검사 · 검사시간: 10-15분 · 검사의 구성: 24개 기하도형(기하도형 모사)

2) 면접

면접은 면접자가 상대방에게 질문을 통하여 정보나 의견을 알아내는 방법으로, 평가대상에 대해 많은 정보를 얻을 수 있어 교육 분야에서는 많이 사용되는 방법이다. 면접자는 학생 자신, 부모, 교사 및 친구 등에 대한 면접을 통해 학생의 정보 및 출생과 발달 관련 역사(임신, 출생 상태, 신체적·인지적·정서적·운동적 발달 등), 개인적·사회적 요소(형제, 취미, 가정과 부모의 태도 및 친구관계 등), 그리고 교육적 요소(취학전 교육, 학교 경험, 교사의 보고, 학교에 대한 학생의 태도 등)에 대한 정보를 얻을 수 있다.

면접에서 가장 중요한 요소는 면접자인데, 왜냐하면 면접자에 의해 얻을 수 있는 정보의 양과 질이 달라지기 때문이다. 따라서 면접자는 면접대상으로부터 신뢰감을 얻을 수 있어야 하고, 협조적이고 수용적인 동시에 객관성과 공정성을 유지하도록 노력하여 면접자가 질문한 질문 이상의 정보를 수집하여야 한다.

면접을 통한 평가의 장점으로는 면접대상자 및 면접 상황에 따라 유연하게 실시할 수 있고, 능숙한 면접자는 보다 많은 정보를 도출할 수 있다. 이에 비해 단점으로는 면접 도구 자체에 내적 준거가 부족하고, 면접자에 의해 정보가 왜곡될 수 있으며, 유능한 면접자가 되기 위해서는 많은 훈련이 필요하다는 것이다. 이와 같이 면접을 통해 얻은 정보는 형식적 검사와 임상적 관찰 등을 통해 얻어진 정보와 결부시키는 것이 보다 효율적이다.

3) 관찰

관찰이란 대상이나 현상을 주의 깊게 조직적으로 살펴봄으로써 평가대상의 행동을 기술해내는 방법으로, 관찰을 통해 얻은 정보는 다른 진단·평가 유형을 통해 얻은 정보를 확실하게 한다. 관찰을 통해 얻을 수 있는 정보로는 운동협응과 발달(뛰기, 공던지기, 필기 등), 언어사용(발음, 어휘, 문장 사용 등), 개인적 적응(신변자립, 친구관계 형성 등) 및 교실행동(학습상황에서 학생의 반응, 수업시간 행동 등)에 대한 관찰 등이 있다.

관찰의 종류에는 관찰자(교사)가 학습자와 같은 공간에 들어가서 함께 활동을 하며 학습자를 관찰하는 참여관찰, 관찰자가 학습자의 공간 일부에만 참여하여 관찰하는 준참여관찰, 그리고 수업시간에 교사가 학습자들을 관찰하는 비참여관찰 등이 있다.

관찰을 통한 평가의 장점으로는 자료 수집을 위해 비교적 쉽게 사용할 수 있고, 현장성이 있어 오류를 최소화할 수 있으며, 대상자의 일상적인 무의식적 행동도 측정할 수 있다. 이에 비해 단점으로는 자연적 상황에서 관찰이 가능하기 때문에 사용이 제한적이고, 관찰자의 주관이나 편견이 개입될 수 있다. 따라서 이 방법도 올바른 의사결정을 위해서는 다른 평가유형에서 얻은 정보와 통합시키는 것이 필요하다.

4) 비형식적 검사

비형식적 검사는 검사의 실시와 규준 적용 등에 있어 표준화된 검사에 비해 덜 구조화된 검사로, 학생이 현재 생활하는 교실에서의 자료와 활동들에 의해 학생의 현재 수준이나 진보 및 교육프로그램 결정 등을 위해 사용되는 실용적인 사정절차이다. 이러한 비형식적 검사를 통해 표준화된 규준지향검사에 대한 보완적인 정보를 얻을 수 있다. 교사가 사용할 수 있는 비형식적 검사의 예로는 교육과정중심측정, 준거참조검사, 교사제작검사 등이 있다.

교육과정중심측정(curriculum-based measurement)은 학생에게 친숙한 교육과정을 평가에 이용하는 것으로 학습목표에 비추어 학습내용의 학습정도를 평가하는 방법이다. 교육과정중심측정을 활용하기 위해서 교사는 먼저 학생이 학습해야 하는 교육과정이나 개별화교육계획 영역 및 교육목표를 설정하고, 측정할 내용이나 기능을 선정한 다음, 학생은 학습과제에 대해 자주, 체계적이고, 반복적인 측정을 통하여 사정된다.

준거참조검사는 특정한 영역에서 미리 정한 숙달 수준에 대해 학생의 숙달된 정도를 측정하는 검사 방법으로, 학생의 점수를 이미 결정된 준거 또는 숙련도와 비교하는 것이다.

교사제작검사는 교육내용에 기초하여 평가의 목적에 맞게 교사가 평가를 구성하여 실시한다. 평가의 문항은 선택형(진위형, 선다형, 배열형, 조합형)과 서답형(단답형, 완성형, 논문형)으로 구성할 수 있고 목적에 맞게 활용할 수 있다.

비형식적 검사의 장점으로는 아동이 학습하고 생활하는 환경에서 이루어질 수 있고, 실시와 해석이 비교적 자유로우며, 형식적인 평가보다 더 자주 실시할 수 있으며, 비용이 적게 들고, 평가의 결과가 수업과 직접적으로 관련될 수 있다. 이에 비해 단점으로는 신뢰도와 타당도 등 기술적 정확성이 표준화된 검사보다는 결여

되어 있고, 평가도구의 적절성에 대한 정보가 부족하기 때문에 검사의 이용과 해석에 주의가 필요하다.

5) 대안적 평가

대안적 평가는 표준화 검사 또는 선다형 중심의 지필평가 등과 같은 전통적 평가방법을 지양하는 일련의 새로운 평가방법으로, 대표적인 예는 수행평가와 포트폴리오 평가 등이 있다.

수행평가(performance assessment)는 행위를 수행하거나 결과를 산출하는 아동의 기술을 관찰하여 판단하는 평가방법이다. 수행평가의 취지는 구체적인 상황에서 학생이 실제로 행동하는 과정이나 결과를 평가함으로써 학습결과나 성취중심의 평가에서 벗어나 학습과정 중심의 평가를 지향하며, 또한 교사와 학생, 학생과 학생간의 역동적 관계를 중시하는 것이 특징이다.

포트폴리오 평가(portfolio evaluation)는 해당 연도의 교육과정 전반에 걸쳐 교사와 학생이 함께 학생의 진보를 관찰하는 형성적 평가로, 문제해결 과정에 초점을 두어 수행 결과물을 통하여 학습자의 학습 진행 정도를 지속적으로 평가하는 방법이다. 포트폴리오 평가는 포트폴리오의 구조 결정하기, 포트폴리오의 유형 결정하기, 품목의 선정 과정 결정하기, 포트폴리오의 채점 방법 결정하기, 포트폴리오 평가 결과의 사정 방법 결정하기로 구별된다(특수교육학용어사전, 2009). 포트폴리오 평가의 특징으로는 첫째, 개별화 수업목표에 적용시키기가 용이하다. 둘째, 학생들이 만든 결과물로 평가를 한다. 셋째, 학생의 장점을 명확하게 드러내준다. 넷째, 평가과정에 학생을 참여시킨다(Oosterhof, 2000).

포트폴리오 평가의 장점으로는 다양한 방법으로 학생의 능력을 평가할 기회를 제공하고, 역동적으로 학생의 성장과 변화를 포착할 수 있으며, 학생이 주도권을 갖고 있으며, 평가결과를 다양하게 활용할 수 있다. 이에 비하여 단점으로는 평가자간의 신뢰도를 높이기 어려우며, 평가에 많은 시간이 필요하며 결과물의 보관 장소와 방법 등에 문제가 있을 수 있다. 따라서 포트폴리오 평가 결과를 일반화하기 위하여 일반적인 과제에 대한 학생의 능력 수준을 보여줄 수 있는 내용이 포함되어야 한다.

지금까지 학습장애 진단·평가를 위한 여러 가지 방법 및 평가도구에 대해 살펴보았는데, 합리적이고 현명한 결정을 위해서는 여러 상황에서 다양한 방법으로 정보를 수집하여야 할 것이다.

2절. 수학학습장애의 이해

1. 수학학습장애의 정의와 출현율

가. 수학학습장애의 정의

> 민수는 다른 교과에서도 문제를 겪었지만 수학은 특히 어려웠다. 그는 5학년임에도 불구하고 기본적인 연산을 할 수 없었고, 시간에 대한 개념형성이 어려웠다. 그리고 수학 문장제 문제의 경우 문제를 잘 이해하지 못했을 뿐만 아니라 해결하기가 어려웠다. 또한 수학시간에 수업에 집중하기가 어려웠고 칠판에 제시된 수학문제를 공책에 잘 옮겨 쓰지 못했다. 민수는 학교에서 보충지도를 받고 있지만 수학과의 힘든 싸움은 계속 되었다. 민수의 수학 어려움에 대해 선생님과 부모님은 “많은 학생들이 수학에 어려움을 가지고 있어.”라고 말하면서 수학보다는 오히려 읽기와 쓰기를 더 걱정하셨다. 민수는 선생님과 부모님의 이러한 태도를 이해하기 어려웠다. 그러면서 민수는 “수학을 못해도 괜찮은가?” 또는 “좀 더 지나면 수학을 잘 할 수 있을까?”라는 의문을 가지게 되었다.

위의 예는 수학에 어려움을 겪는 수학학습장애 학생의 한 예이다. 수학학습장애 학생들은 수학 학습과정 및 일상생활에서 또래학생들과는 다른 다음과 같은 다양한 어려움을 나타낸다(Bley & Thornton, 2001; NCLD, 2006).

· 수를 순서대로 말하지 못하거나, 56을 65와 같이 수의 위치를 바꾸어 말함

· 계산에 자주 어려움을 보이고, 계산 기호를 혼동함(+, -, ×, ÷)

· 덧셈표, 뺄셈표, 곱셈표, 나눗셈표 계산 어려움 및 암산의 어려움

· 자주 수학적 개념, 규칙, 공식과 절차를 이해하고 기억하는데 어려움

· 아날로그 시계 보기와 같은 일상생활의 과제 수행에 어려움

· 시간 개념 형성이 미흡하고, 시간의 흐름에 대한 판단 및 방학까지 며칠 남았는지 세기 등의 어려움

· 쇼핑에서 바구니의 물건값 어림하기 또는 계산하기, 거스름돈 확인하기 등과 같은 돈 계산의 어려움

· 금융계획 또는 예산에 대한 이해의 어려움

· 방향 개념 미흡. 특히 좌 우 구별에 문제가 있음
· 물체 또는 거리를 마음속으로 추측하는데 어려움
· 게임하는 동안 점수를 기억하는데 어렵고, 카드와 같이 득점에 유동성이 있는 게임의 어려움
· 신체적인 것(예: 춤에서의 스텝)에서부터 추상적인 것(예: 읽기, 쓰기)까지 일련의 처리과정을 요구하는 활동의 어려움
· 숙제를 난필로 하여 읽을 수 없거나 계산에서 숫자의 자리수가 맞지 않음
· 언어적으로 제시되는 퀴즈나 설명을 하는 동안 주의집중의 어려움
· 문제해결은 할 수 있지만 그 이유를 설명하지 못함
· 수학 또는 수 관련 기기에 대한 공포증 및 수학에 대한 지속적인 불안

수학학습장애(mathematics learning disabilities)란 수학에 관련된 광범위한 학습장애를 포괄하는 용어로(NCLD, 2006), 자신의 연령이나 지능 수준에 비해 기대되는 것보다 현저히 낮은 수학 학업성취를 보이는 학습장애이다. 즉 수학학습장애는 수 계산과 수학적 추론을 포함하여 수 또는 수학적 사실을 기억, 이해하고 조작하는 수학에 관련된 광범위한 어려움을 나타내며, 연령이나 지능 수준에 비해 기대되는 것보다 현저히 낮은 수학 성취를 보이는 학습장애로, 수학학습장애, 수학장애, 또는 계산장애(dyscalculia) 등으로 불린다. 어떤 학자들은 수학학습장애를 수학적 성취가 열등하기 때문에 수학곤란(mathematics difficulties)이라고 하는데, 수학곤란은 수학적 성취가 열등한 경우를 모두 포괄하기 때문에 수학학습장애보다 더 포괄적이고 광범위하다.

우리나라「특수교육용어사전」에는 수학학습장애를 다음과 같이 정의하고 있다.

> 연령이나 지능 수준에서 기대되는 것보다 현저히 낮은 수학 성취를 보이는 학습장애의 한 유형이다. 수학장애는 3가지 형태로 나타난다. 첫째는 수학 학습에 전반적인 결함이 있는 경우로, 수학 학습이 매우 느리고 어려우며 거의 변화가 없다. 둘째는 분수 영역 또는 나눗셈의 하위 영역과 같이 특정 수학 영역에 결함을 보이는 경우로, 다른 영역의 학습에는 어려움을 겪지 않는다. 셋째는 사고(thinking), 추리(reasoning), 문제해결(problem solving)에 광범위한 결함을 가진 경우로, 수학적 개념과 기능 모두가 왜곡되고 비논리적인 특징을 갖는다.

미국정신의학회의 「정신장애 진단 및 통계편람(DSM-Ⅳ, 1994)」에 제시된 수학학습장애(산술장애)의 진단준거는 다음과 같다.

A. 개별적으로 실시된 표준화 검사에서 산술능력이 개인의 생활연령, 측정된 지능, 그리고 나이에 적합한 교육에 비해 기대되는 정도보다 현저하게 낮다.
B. 기준 A항의 장애가 계산이 요구되는 학업의 성취나 일상생활의 활동을 현저하게 방해한다.
C. 만약 감각결함이 있다면 산술능력 장애는 통상적으로 감각결함에 동반되는 정도를 초과해서 심한 정도로 나타난다.

그리고 수학학습장애(산술장애)의 진단적 특징은 다음과 같다.

산술장애는 수많은 다른 기능의 장애를 포함하는데, “언어적 기능”(예: 산수용어, 공식, 개념을 이해하고 명명하기, 글로 쓰여진 문제를 산술적 부호로 바꾸기), “지각적 기능”(예: 수의 상징이나 산수부호를 인식하거나 읽기, 사물을 집합하기), “주의집중 기능”(예: 숫자와 모양을 정확히 그리고, 덧셈에서 더해가는 숫자를 기억하기, 공식기호를 관찰하기), 그리고 “산수적 기능”(예: 순서에 따라 계산하기, 사물을 세기, 구구단을 학습하기)의 장애들이 포함된다.

나. 수학학습장애의 출현율

학습장애의 출현율에 관한 많은 연구들이 읽기장애, 산술장애, 쓰기장애를 각각 구분하지 않고 전체적인 학습장애의 출현율에 초점을 맞추고 있기 때문에, 산술장애의 출현율을 밝히는 것은 쉽지 않다.

수학학습장애의 출현율은 수학학습장애 관련 연구가 기본적인 수와 산수 기술에 집중되었고 수학의 다른 영역에 대한 연구는 거의 없으며, 진단 기준과 학자에 따라 차이가 있으나, 대개 학령기 아동의 약 6~7%가 산수 및 관련 영역의 학습에 어려움을 가진다고 보고된다(Garnett, 1998; Geary, 1999). 그리고 「정신장애 진단 및 통계편람(DSM-Ⅳ, 1994)」에서는 대략 학습장애의 약 1/5정도가 수학학습장애(산술장애)이고, 학령기 소아의 1%에서 수학학습장애(산술장애)가 있는 것으로 보고 있다.

2. 수학학습장애의 특성

수학학습장애로 인한 수학적 성취의 열등함 및 어려움은 개인마다 다르게 나타나고, 정도 또한 경도에서부터 중도까지 다양하다(Geary, 1999; NCLD, 2006). 이것은 수학학습장애 학생들의 특성이 매우 다양함을 의미함과 동시에 교사들은 이러한 학생들의 특성들을 고려하여 지도해야 함을 의미한다. 여기에서는 수학학습장애의 특성을 첫째, 일반적 특성과 내용 영역별 특성, 둘째, 학습장애가 수학의 수행에 미치는 영향, 셋째, 시기별 특성, 넷째, 읽기학습장애와의 관련성 등에 대해 살펴보도록 하겠다.

가. 일반적 특성과 내용 영역별 특성

1) 일반적 특성

수학학습장애 학생들은 수학 학습과정 및 수학 관련에서 다양한 특성들을 나타내는데, 선행 연구들에서 밝힌 수학학습장애 학생들은 특성은 다음과 같다(Berch & Mazzocco, 2007; Geary & Hoard, 2001; Ginsburg, 1989; Katz, 2002; Lerner & Johns, 2009; Miller & Mercer, 1997; Wright, 2007).

첫째, 정보처리 특성이다. 정보를 수용하고 처리하는 과정에서 보이는 주의결함, 시각-공간 결함, 청각-처리 결함. 기억결함(단기기억, 장기기억, 작업기억, 절차기억) 및 운동결함 등의 정보처리적 특성으로 인해 수학학습에 어려움을 보인다.

둘째, 인지·초인지 특성이다. 인지·초인지 특성은 과제 수행에 필요한 자원, 기술, 전략 등을 인식하지 못하고, 과제수행을 위한 계획, 점검, 조정 및 평가 등의 자기조정기제를 사용하는데 실패하여 수학 문제해결에 어려움을 보인다.

셋째, 언어적 특성이다. 계산과 수학 문장제 등 수학 학습을 위해서는 읽기와 같은 언어적 능력이 필요한데, 이러한 언어적 기술의 부족으로 인해 수학 성취에 어려움을 보인다.

넷째, 사회·정서적 특성이다. 수학학습에서의 잦은 실패는 학습된 무력감(learned helplessness)으로 발전하게 되고, 타인에게 의존하게 된다. 이러한 악순환은 학생을 수동적인 학습자가 되게 하고 학습동기의 저하를 가져오게 된다. 나아가 낮은 학업적 자존감과 수학불안을 초래하게 된다.

2) 내용 영역별 특성

수학은 다양한 내용 영역으로 구성되어 있는데, 수학학습장애 학생들이 나타내는 내용 영역별 특징은 주로 수와 연산 영역 외에는 연구가 적은 편이다(Geary, 1999). 수학학습장애 학생들의 내용 영역별 특징은 다음과 같다.

가) 수(number)와 수 세기(counting)

수를 알기 위해서는 숫자와 그 숫자를 부르는 단어인 수사, 숫자와 그러한 숫자가 나타내는 의미(예: 1은 1개, 2는 2개를 의미 함) 및 수의 구조(예: 기본적인 10의 구조)를 알아야 한다. 그리고 수를 세기 위해서는 일대일의 대응, 수의 일정한 순서와 규칙 및 추상성(어떤 종류의 물건도 셀 수 있음) 등을 이해하고 있어야 한다. 예를 들어 "몇 개가 있습니까?"라는 물음에 대답할 수 있는 아동은 수를 이해하고 수를 셀 수 있는 아동이다. 그러나 수학에 어려움을 가지는 학습장애 아동들은 수-수사-의미의 관계 이해 및 수 쓰기에 어려움을 보인다. 그리고 수 세기를 할 때도 뛰어 세기(예: 2, 4, 6, …) 보다는 처음부터 모든 수를 다 세는 등 수 세기를 고정적이고 기계적 활동으로 이해할 뿐만 아니라, 수 세기 규칙을 이해하지만 세는 동안 정보를 기억하지 못해 수 세기에 어려움을 가진다(Geary, 1999).

나) 기본 연산

수학학습장애 아동들은 일반아동들과 달리 연산 관련 개념과 기술들을 기억하지 못하고 빨리 잊어버리기 때문에 기본적인 연산의 수행에서 어려움을 보인다. 예를 들면 "2+3은 얼마입니까?"라는 물음에 4(2, 3, 다음에 4) 또는 6(2×3)이라고 대답한다. 또한 연산에서 미성숙된 문제해결 절차를 사용하기 때문에 더 많은 시간을 소비한다. 그리고 "5+3은 얼마입니까?"라는 문제를 해결함에 있어서 유아들이 사용하는 방법인 손가락으로 모두 세기를 사용한다(Geary, 1999). 따라서 연산속도와 정확도 면에서 보통의 또래보다 떨어진다(Goldman, Pellegrino, & Mertz, 1988).

다) 수학 용어 및 문장제 문제

수학학습장애 학생들은 언어적 기술의 부족으로 인해 수, 연산, 도형, 크기와 양, 측정 등 수학의 대부분 영역에서 기본적인 수학 개념 이해 및 용어의 습득에 어려움을 보인다. 이러한 어려움은 특히 문장제 문제의 경우 학생이 믄제의 언어구조를 이해하지 못하기 때문에 문장제 문제를 이해하기와 해결하기가 어렵다(Lerner & Johns, 2009). 또한 교사의 언어적 설명을 이해하기 어렵고, 복잡한 계산의 경우 계산 단계를 점검하기 위한 언어적 기술이 부족하다.

라) 시간

많은 수학학습장애 학생들은 흔히 시간 감각이 부족하다. 이런 학생들은 시침과 분침을 통한 시각 읽기에 어려움을 보이며, 아침인지 저녁인지 잊어버리거나, 학교 일과가 끝났다고 생각하고 쉬는 시간에 집으로 돌아가기도 한다. 또한 그들은 1시간, 1분, 몇 시간, 혹은 1주일 등에 대한 시간의 길이를 추측하기가 곤란하고, 어떤 과제에 시간이 얼마나 걸리는지를 예측할 수가 없다. 따라서 학교 학습 및 일상생활에서 어려움을 겪는다.

마) 도형

많은 수학학습장애 학생들은 위-아래, 왼쪽-오른쪽, 앞-뒤, 근-원, 시작-끝 등의 방향감각 및 공간관계에 대한 지각이 부족하다(Lerner & Johns, 2009). 따라서 도형 영역은 특히 이들에게 어려운 과제인데, 예를 들면 도형(이등변삼각형, 직사각형, 마름모 등)의 개념 이해, 도형의 공간적 배치와 이동에 관련된 도형 그리기, 도형의 회전 및 대칭 등에서 어려움을 보인다. 그리고 도형에 수리적 연산 기능이 첨가되는 도형의 크기나 넓이 구하기 등에 어려움을 보인다.

바) 화폐

화폐(돈)는 우리 생활에서 꼭 필요한 물건 중의 하나인데, 많은 수학학습장애 학생들은 시지각, 작업기억, 수용·표현언어 및 추론 등에 결함이 있다(Bley & Thonrton, 2001). 따라서 화폐의 사용에 어려움을 보이는데, 예를 들면 동전과 지폐의 구별 및 금액을 아는데 어려움이 있고, 물건을 살 때 돈 지불하기와 거스름돈 받기에도 어려움이 있다. 또한 쇼핑을 할 때 대강의 물건 값 어림하기와 돈에 대한 예산과 결산 등의 계획 및 연산에도 어려움을 겪는다.

사) 분수와 소수

분수와 소수는 자연수와 더불어 수학에서 기본적으로 사용되는 수인데, 많은 수학학습장애 학생들은 방향감각 및 공간관계에 대한 지각, 기억 및 수용·표현언어 등의 결함으로 분수와 소수에 이해와 사용에 어려움이 있다(Bley & Thonrton, 2001; Lerner & Johns, 2009). 분수학습에서의 어려움은 분모(전체)와 분자(부분)로 구성되는 분수의 이해 부족, 부정확한 약분 및 분수 연산의 어려움 등이다(Cohen & Spenciner, 2003). 소수에서의 어려움은 소수에서의 크기 비교, 분수와 소수의 전환 및 소수 연산의 어려움 등이다.

나. 학습장애가 수학의 수행에 미치는 영향

수학 학습에는 지각, 기억, 언어적 기능, 산수적 기능 및 실행기능 등의 여러 영역들이 필요한데, 학습장애가 수학 학습의 수행에 미치는 영향을 살펴보면 표 1.5와 같다.

<표 1.5> 학습장애가 수학의 수행에 미치는 영향에 대한 예시

지 각	시각적 결함	청각적 결함
전경-배경 인지	· 한 페이지에서 주어진 모든 문제를 끝내지 못함 · 자주 위치를 잃어버림. · 나눗셈과 같은 다소 긴 계산과정에서 연산들 간의 구별이 어려움 · 군집화/시각적 그룹화가 어려움	· 수 세기 패턴을 인지하는데 문제가 있음 · 수업에 집중하기가 어려움
완 성	· 여러 자리수 읽기가 어려움 · 전체로서 하나의 그룹을 인식하기가 어려움 · 시각적 패턴의 유지가 어려움 · 대수방정식, 소수 읽기가 어려움	· 일련의 절차 속에서 수 세기가 어려움
변 별	· 동전의 구별 및 시계에서 시침과 분침의 구별이 어려움 · 숫자들 간 또는 숫자쓰기의 변별이 어려움 · 연산 기호의 변별이 어려움	· 숫자의 끝수 구별이 어려움. 예) 13과 30 · 소수 영역이 어려움 · 단어들간의 변별이 어려움
반 전	· 숫자의 반전(절차기억 문제) · 받음올림, 받아내림의 어려움	· 구어 지시 또는 절차의 기억이 어려움
공간 / 시간	· 줄 공책에 쓰기가 어려움 · *이전-이후, 다음-앞에* 같은 용어 이해의 어려움 · 크기의 차이 알기에 문제가 있음 · 수 정렬에 문제가 있음 · 분수 쓰기에 문제가 있음 · 문제 옮겨 쓰기가 어려움	· 서수를 사용한 지시 따르기가 어려움 · 순서 관련 용어의 어려움. 예)첫째, 다음, 마지막
기 억 단기 기억	· 새롭게 제시된 자료의 기억에 문제가 있음 · 칠판이나 문서에서 숫자나 문제를 베껴 쓰기에 어려움 · 교과서의 문제 해결에 어려움이 있음	· 구어 연습이 어려움 · 구어로 제시된 과제의 기억이 어려움
작업 기억	· 문장제 문제의 해결이 어려움 · 중간에서부터 수 세기가 어려움 · 동시적 처리과정이 어려움 · 다연산 계산문제의 해결이 어려움	· 복잡한 과정의 완성이 어려움 · 동시적 처리가 어려움

장기 기억	· 시간이 지남에 따라 기본적 사실 또는 과정을 기억할 수 없음 · 필요한 시간에 정보를 회상하기가 어려움	· 구어로 제시된 정보의 장기간 기억이 어려움
절차 기억	· 복잡한 연산이 어려움 · 숫자를 정확히 읽기가 어려움 · 긴 수식과 방정식의 해결이 어려움 · 시간 말하기가 어려움 · 다단계 문장제 문제 해결이 어려움	· 구어로 제시된 숫자를 잘못 인식함(예: 23, 32) · 구술된 이야기 문제를 기억할 수 없음
언 어 표현 언어	· 빠르게 말하기 연습이 어려움 · 수 세기가 어려움 · 문제해결에 대한 설명이 어려움	
수용 언어	· 단어와 기호의 연합이 어려움 · 의미가 다른 기호의 이해가 어려움(예: 뺄셈의 “-”와 분수에서 분자와 분모를 나누는 "—“)	· 단어와 의미를 관련시키는 것이 어려움 · 다중 의미단어의 이해가 어려움 · 구어로 제시된 숫자 쓰기가 어려움
실행 기능	· 결과를 산출할 수 없기 때문에 문제의 양식을 알고 지속하는 것이 어려움 · 결과를 산출하기 위해 사전지식을 이용할 수 없음 · 다단계 문장제 문제의 해결이 어려움 · 절차 안에서 패턴 세기의 지속이 어려움 · 복잡한 계산에서 학습한 연산의 적용이 어려움 · 구조적인 접근 없이는 일반화된 정보의 응용이 어려움	

출처: Bley, N. S & Thornton, C. A(2001). p. 6-7.

1) 시각과 청각의 지각 결함

가) 전경-배경 결함

전경은 관심의 초점의 되는 대상이고, 배경은 전경 밖에 놓여있는 부분을 말하는데, 학습장애 학생들은 시각과 청각에서 전경과 배경의 지각에 결함을 보인다. 먼저 시각적으로 전경-배경 지각 결함은 책에서 자주 위치를 잃어버리고, 문제의 부분 또는 전체를 건너뛰거나, 문제번호와 문제 자체를 구별하지 못하며, 계산할 때 옆의 숫자까지 포함해서 계산하기도 한다. 또한 숫자 읽기에 어려움을 가지는데, 예를 들면 숫자를 혼동(예: 86을 36으로 읽음)하거나 생략(예: 412를 42로 읽음)하기도 한다.

청각적으로 전경-배경 지각 결함은 수 세기 및 수 세기 규칙을 파악하는데 어려움이 있다. 수 세기를 위해서는 청각적으로 전경에 주의집중이 필요한데, 예를 들면 수학학습장애 학생들은 "6, 7, 8, -, 10"이라고 9를 빠트리고 세거나, "3, 6, 9, 12…" 등과 같이 수 세기의 규칙을 파악하는데 어렵기 때문에 뛰어 세기에 어려움이 있다.

나) 변별 결함

시각적 변별 결함은 학생들이 숫자를 잘못 읽거나 거꾸로 쓰거나 부정확하게 쓰게 한다. 따라서 책에서 숫자를 읽고 계산할 때, 칠판의 문제를 베낄 때 또는 연산기호의 변별(예: +를 ×로, ÷를 -로)에 어려움을 보인다. 또한 일상생활에서 시계의 시침과 분침을 혼동하거나 동전(예: 100원과 10원)을 구별하는데 어려움이 있다.

청각적 변별 결함은 예를 들면 13과 30 같이 숫자의 끝자리수를 정확하게 인지하는데 어려움이 있다.

다) 반전

시각적 반전은 개별 숫자 또는 두 자리수 등을 읽거나 쓸 때 반전현상이 나타나는데, 예를 들면 21을 12로, 31을 13 등으로 나타낸다. 이 문제는 자연적으로 계산에서 반전된 숫자로 계산을 하거나 받아올림과 받아내림에서 재그룹화를 잘못하는 등의 오류를 나타낸다.

청각적 반전은 숫자 및 어휘의 오용인데, 문제를 해결할 때 듣거나 읽은 숫자나 어휘의 반의어를 사용하는 경우이다.

2) 공간과 시간 결함

공간과 시간에 대한 조직화 능력은 수학 및 실생활에 중요한 영향을 미치는데, 먼저 공간지각에 결함을 가진 학생들은 공간에서의 위치 및 방향(좌/우, 상/하) 설정에 어려움을 가지고, 공간적으로 표시된 정보를 잘못 해석하며, 숫자 및 수학적 정보를 공간적으로 나타내는데 어려움이 있다(Geary, 2003). 이러한 어려움은 수 정렬과 계산에 영향을 미친다. 예를 들면 다음의 그림 A와 같이 27+8의 경우 재그룹화할 숫자가 십의 자리수 위에 오는 이유를 이해하는데 어려움을 보인다. 그리고 덧셈 계산의 경우 오른쪽에서 왼쪽으로 계산을 해야 하는데, 그림 B와 같이 반대로 왼쪽에서 오른쪽으로 계산을 한다. 또한 소수점의 위치 잡기와 분수에서 분모와 분자를 혼동하는 등의 어려움을 보인다.

A)	B)
1	
27	35
+ 8	+ 81
35	17

<그림 1.1> 수 정렬과 계산에서의 어려움

다음으로 시간의 학습에 어려움을 결함을 보이는 학생들은 시각 읽기, 시간 알기 및 순서 등에 어려움을 나타낸다. 예를 들면 시침과 분침을 통한 시계 읽기나 몇 시부터 몇 시까지의 시간 개념 파악하기에 어려움을 보이는데, 어떤 학생들은 시간을 기계적으로 말할 수 있을지라도 일반적인 계획능력에 어려움을 보인다. 또한 다단계 문제의 순서 및 서수(예: 첫째, 둘째, 셋째 등)와 순서 관련 어휘(예: 처음, 다음, 그 다음 등)의 이해에 어려움을 나타낸다.

3) 기억 결함

수학 학습에서 성공적이기 위해서는 효과적인 기억능력의 사용이 필요한데, 효과적인 기억 사용은 단기기억, 장기기억, 작업기억 및 절차기억을 필요로 하는 복잡한 과제이다.

가) 단기기억

단기기억은 수초 동안의 짧은 시간동안 정보를 기억하는 능력으로, 이 영역에 결함을 가진 학생들은 즉시 제시된 과제는 해결할 수 있지만 약간의 휴식이 있다면 과제를 기억하지 못한다. 또한 칠판이나 책 등에서 숫자나 문제를 베껴 쓰거나 계산기에 입력해야 할 숫자를 기억하는데 어려움을 가진다. 그리고 다단계 연산 문제에서 한 단계의 계산결과를 기억하여 다음 단계로 적용하는데 어려움을 보인다.

나) 장기기억

장기기억은 정보를 오랫동안 기억하는 능력으로, 수학 학습의 경우 위계성이 강하기 때문에 장기기억을 필요로 한다. 이 영역에 결함을 가진 학생들은 최근의 수학 개념, 사실과 문제해결과정 등의 학습내용은 기억하지만 오래전에 학습한 내용은 기억하지 못하기 때문에 이전 학습내용과 관련한 수학 학습에 어려움을 가진다.

다) 작업기억

작업기억은 과제의 해결을 위해 정보를 일시적으로 저장하고 원활하게 동시적으로 처리하고 적용하는 능력으로, 이 영역에 결함을 가진 학생들은 연속적인 수 세기가 어렵고, 계산의 올바른 순서는 알지만 계산을 위한 순서 목록이 없으면 문제해결이 어렵다. 또한 칠판이나 책에서 문제를 베껴 쓰기가 어렵고, 자신이 들은 정보를 모두 기억하지 못하기 때문에 예를 들면 과제의 일부분만을 하는 등의 어려움을 보인다.

라) 절차기억

절차기억은 어떤 과제해결의 절차에 대한 기억능력으로, 수학 학습은 효과적인 절차기억을 필요로 한다. 수학 학습에서 시각 읽기(예: 시침 읽기→ 분침 읽기), 돈 세기, 복잡한 연산과 다단계의 문장제 문제 등은 절차기억을 필요로 하는 영역으로, 절차기억에 결함이 있는 학생들은 이러한 영역에서 어려움을 보인다. 예를 들면, 문제해결에서 발달적으로 미숙한 절차들을 상대적으로 빈번하게 사용하고, 절차 실행에 있어서도 실수를 빈번하게 하며, 복잡한 절차에서 많은 단계를 배열하는데 있어 어려움을 보인다(Geary, 2003).

4) 언어적 결함

가) 표현언어

표현언어란 학생들이 이해한 것을 명확하게 표현하는 언어능력으로, 이 영역에 어려움을 가진 학생들은 예를 들면 수 세기와 빠르게 말하기가 어렵고, 문제해결에 대한 설명이 어렵다. 이런 어려움은 시간 제한이 있을 경우 더욱 분명하게 나타난다. 따라서 이런 학생들은 수업에 능동적으로 참여하지 못하기 때문에 위축되거나 비협조적으로 보일 수 있다.

나) 수용언어

수용언어란 타인의 언어를 이해하고 수용하는 언어능력으로, 이 영역에 어려움을 가진 학생들은 들은 단어와 그 단어의 의미를 연합하는데 어려움이 있기 때문에 수학적 용어의 이해에 곤란을 보인다. 또한 구어로 제시되는 숫자나 문제 쓰기가 어렵고, 타인의 지시 따르기가 어려우며, 문장제 문제의 이해와 해결 등에 어려움을 보인다.

5) 실행기능 결함

실행기능(executive functioning)은 사고의 흐름을 지배하고, 학습동안 인지과정을 운영하며, 정보가 처리되는 과정 통로를 유지하는 능력으로 계획, 평가, 정보처리과정의 조정을 포함한다. 이러한 실행기능에 어려움을 가진 학생들은 문제를 해결하기 위해 어떤 사전지식이 필요한지 잘 모르고, 복잡한 계산에서 연산의 적용이 어려우며, 분류 및 규칙성 파악 과제에서도 어려움을 보인다. 또한 문제해결에 대한 기초 확립이 부족하기 때문에 다단계 문장제 문제의 해결에 어려움을 나타내고, 문제해결과정을 자신이 통제하는데도 어려움을 보인다.

다. 시기별 특성

시기별 수학학습장애의 특성은 조기(취학 전), 학령기, 청소년기와 성인기로 나누어 살펴볼 수 있다(NCLD, 2006). 먼저 취학 전 시기는 수학 학습을 위한 기초를 형성하는 시기로, 이 시기에 아동이 알아야 할 수학 관련 기초들은 수의 의미 알기, 수와 사물 대응하기 및 수 세기, 집합 알기, 물체의 모양과 색깔을 알고 분류하기, 물체의 크기(큰/작은)와 양(많은/적은)을 알고 비교하기 등이다. 취학 전 수학학습장애 위험아동들은 또래아동들에 비해 이러한 수학 관련 기초들을 늦게 알고 형성하는데 어려움이 있다.

학령기는 수학 학습이 본격적으로 이루어지는 시기로, 수학학습장애 학생들은 먼저 기본적인 수학적 사실의 기억과 회상 및 연산에 어려움이 있다. 그리고 언어적 처리과정에 결함이 있기 때문에 지식과 기술을 수학 문제 해결에 적용하는데 어려움이 있다. 또한 시·공간적 기술이 부족하기 때문에 이와 관련된 학습 및 조직화에 어려움을 보인다.

청소년기와 성인기에는 학령기 수학 학습의 어려움이 누적되어 기본적인 수학적 개념과 기술에 있어 미흡하기 때문에, 더 진보된 수학문제의 적용에 어려움을 보인다. 또한 언어적 처리과정에 어려움으로 인하여 수학 어휘의 의미 파악이 어렵고, 적절한 어휘와 분명한 의미를 모르기 때문에 수학 관련 지식을 쌓기 어렵다.

라. 읽기학습장애와의 관련성

수학학습장애(산술장애)는 흔히 읽기장애나 쓰기장애와 함께 나타나는데(DSM-Ⅳ,

1994), 수학학습장애의 1/2 이상은 읽기학습장애를 동시에 가지며, 많은 읽기학습장애 또한 기본적인 산수에 어려움을 겪는데 왜냐하면 기억문제 때문이다(Geary, 1999). 읽기학습장애는 문자-소리 대응관계를 알아야 하는데 기억의 어려움으로 단어 회상이 어렵고, 수학학습장애 또한 수학적 사실 기억의 어려운으로 수학 연산이나 문제해결에서 어려움을 겪는다.

3. 수학학습장애의 진단·평가

수학학습장애 학생에 대한 진단·평가는 평가목적(선별, 진단, 교육프로그램 구성이나 계획수립, 프로그램 효율성 검증 및 학업성취도 평가 등)에 따라 평가도구와 활용이 다르다. 따라서 먼저 진단·평가의 목적이 확실히 정의되어야 하고, 다음으로 학생의 학업성취와 수행에 대한 증거들이 다양한 상황과 오랜 시간에 걸쳐 수집되어야 한다. 여기에서는 수학학습장애 선별 및 진단·평가의 유형으로 선별항목표, 표준화된 수학학력 진단평가, 비형식적 검사, 면접, 관찰 및 대안적 평가 등에 대해 알아보고자 한다.

가. 수학학습장애 선별

수학학습장애 위험학생을 교사나 부모가 선별하기 위해서는 첫째, 미국학습장애센터(National Center for Learning Disabilities, 2006)의 학습장애 선별항목표(수학 영역)나 둘째, Chinn(2007)의 계산장애 선별항목표를 활용할 수 있다. 먼저 미국학습장애센터의 학습장애 선별항목표는 몇 개가 해당되어야 수학학습장애 위험학생으로 볼 수 있는지에 대한 기준은 없지만, 보다 많은 항목에 해당될수록 수학학습장애의 가능성이 높다. 다음으로 Chinn(2007)의 계산장애 선별항목표는 31문항 중 16개 이상 해당된다면 보다 수학학습장애의 전문적인 진단·평가를 위해 지역교육청의 특수교육지원센터로 의뢰되어야 한다.

<표 1.6> 미국학습장애센터(NCLD)의 학습장애 선별항목표 - 수학

영역과 행동	유치원 이하	1~4 학년	5~8 학년	고등학교·성인
단순 수 세기, 수 기호와 사물 간 1대1 대응에 어려움이 있다.	■	■		
수에 대한 지식(예: 세지 않고 양 인식하기) 습득에 어려움이 있다.		■	■	■
기본적인 덧셈과 뺄셈 구구를 학습하고 기억하는데 어려움이 있다.		■	■	■
전략적인 수 세기 원리(예: 2, 5, 10, 100씩 뛰어 세기)를 학습하는데 어려움이 있다.		■	■	■
수의 자리값 정렬을 잘못하여 계산 오류를 범한다.			■	■
추정에 어려움이 있다(예: 양, 값)		■	■	■
비교에 어려움이 있다(예: 보다 적은, 보다 큰)		■	■	■
시각 말하기에 어려움이 있다.		■	■	■
시간의 흐름을 개념화하는데 어려움이 있다.		■	■	■
빠르게 세기나 연산에 어려움이 있다.		■	■	■
곱셈표(구구단), 공식과 규칙의 학습에 어려움이 있다.			■	■
그래프와 도표를 해석하는데 어려움이 있다.			■	■
※ 음영부분은 특히 해당 연령에서 주의깊게 관찰해야 할 항목임을 나타냄				

출처: National Center for Learning Disabilities(2006).

<표 1.7> 계산장애 선별항목표

항목	확인
1. 덧셈 구구를 기억하기가 어렵다.	☐
2. 물체를 정확하게 세기가 어렵다.	☐
3. 물체를 셀 때 '1대 1 대응' 능력이 부족하다.	☐
4. 세지 않고 4개의 물체를 보고 4임을 아는 것이 불가능하다(만약 유아라면 3개의 물체)	☐
5. 7+3의 덧셈 구구를 세기(8, 9, 10)를 통해 답을 얻을 수 있다.	☐
6. 7+3과 같은 덧셈을 위해 1, 2, 3, 4, 5, 6, 7, 8, 9, 10과 같이 모든 수를 센다(5번 보다 더 강력한 계산장애의 지시자이다).	☐
7. 덧셈 또는 뺄셈 문제를 위해 기록표시(예: 正)를 사용한다.	☐
8. 앞으로 세기에 비해 뒤로 세기가 더 어렵다.	☐

9. 익숙하지 않은 수열(예: 1, 3, 5, 7, 9, 11… 또는 14, 24, 34, 44, 54, 64…)을 유창하게 세기 어렵다.	□
10. 곱셈 구구에서 단지 2단, 5단, 그리고 10단만 안다.	□
11. 2단과 5단 곱셈 구구를 위해 세기를 한다.	□
12. 다른 곱셈 구구를 배워 기억하지만, 하룻밤 사이에 잊어버린다.	□
13. 곱셈 구구에서 예를 들면 6×7=67 또는 6×7=13과 같이 큰 오류를 범한다.	□
14. 0이 포함된 수 쓰기(예: 304 또는 4021)에서 어려움을 보인다.	□
15. 답이 맞는지 또는 거의 맞는지 등을 판단하는데 어려움을 보인다.	□
16. 추정하는 것이 불가능하다.	□
17. 암산에 어려움을 보인다.	□
18. 암산으로 질문한 문제를 기억하지 못한다.	□
19. 공식 사용을 좋아하지만, 공식의 원리를 이해하지 못한 채 기계적으로 사용한다.	□
20. 수학적 절차를 잊어버리는데, 예를 들면 특히 분해하기 또는 뺄셈에서 빌려오기 및 나눗셈을 위한 거의 모든 방법 등에서 절차를 잊어버린다.	□
21. 조작자료(산가지, 블록, 기록표시)로부터 숫자로의 진행이 어렵다.	□
22. 대수학을 이해하기 불가능하다고 생각한다.	□
23. 쓰기과제 조직에 열등함을 보이는데, 예를 들면 수의 자리값을 정확하게 정렬하지 못한다.	□
24. 돈 관련 기술이 열등한데, 예를 들면 물건을 구입하고 거스름돈을 계산할 수 없다.	□
25. 수를 상호-관계적으로 보지 못하고 숫자 그대로 보는데, 예를 들면 10에서 1을 빼기 보다는 1에서 9까지 세기를 한다.	□
26. 물건값이 4.99＄일 경우 이것을 거의 5＄라고 보기보다는 '4＄와 조금 더'라고 생각한다.	□
27. 어떤 수학문제라도 매우 불안해한다.	□
28. 모든 수학문제 해결을 위한 노력을 거부하는데, 친숙하지 않은 주제의 경우 특히 그렇다.	□
29. 규칙 알기 또는 일반화를 하지 못하는데, 예를 들면 $\frac{1}{2}$, $\frac{1}{3}$, $\frac{1}{4}$, $\frac{1}{5}$과 같이 점점 작아지는 순서와 같이 새로운 것은 특히 그렇다.	□
30. 7+5는 5+7과 같다는 것을 또는 7×3은 3×7과 같다는 것을 즉시 알지 못한다.	□
31. 수학을 하는데 있어 분석적이기 보다는 충동적이다. 수학을 극복하기 위해 서두른다.	□
※ 31문항 중 16개 이상 해당된다면, 계산장애 진단을 받아볼 필요가 있음	

출처: Chinn, S. (2007). Dealing with dyscalculia. p. 152-154.

나. 표준화된 수학학력 진단평가

수학학습장애 진단·평가를 위한 표준화된 수학학력 진단평가에는 첫째, 기초학습기능검사에서 하위 영역으로 실생활에 필요한 기초적인 수학적 지식과 개념을 측정하기 위한 '수'영역이 있다. 둘째, 국립특수교육원 기초학력검사의 하위 영역으로 수학검사가 있는데 6개의 소검사로 구성되어 있다. 셋째, 수학 연산 유창성을 중심으로 기초 수학능력을 측정하기 위한 기초학습기능수행평가체제(BASA)-수학검사가 있다. 넷째, ACCENT 수학학업성취도 검사가 있는데 저학년용과 고학년용으로 구성되어 있다. 다섯째, 국가수준에서 초등학생들의 기초학력을 파악하기 위한 평가로 초등학교 3학년 국가수준 기초학력진단평가의 하위 영역으로 수학검사가 있다. 각 검사도구에 대한 보다 자세한 내용들은 표 1.8과 같다.

<표 1.8> 표준화된 수학학력 진단평가

검사명	검사대상, 영역, 주요 특징
기초학습기능검사: 수	· 대상: 유치원~초등학교 6학년 · 목적: 선수학습능력이나 학습결손 상황 파악, 학습장애의 현상이나 요인 등을 밝혀내고, 개별화교육프로그램 작성에 활용 · 구성: 1.정보처리(관찰, 조직, 관계짓기), 2.언어(문자와 낱말의 재인, 철자의 재인, 독해력), 3.수(숫자변별, 수 읽기 등 셈하기의 기초 개념부터 간단한 가, 감, 승, 제, 십진기수법, 분수, 기하, 측정 영역의 계산 및 응용 문제 등 실생활에 필요한 기초적인 수학적 지식과 개념을 측정하는 문항으로 구성)
KISE 기초학력검사(KISE-BAAT) : 수학	· 대상: 만 5세~15세. 개인용 검사도구 · 목적: 읽기·쓰기·수학 학습에 부진과 곤란을 나타내는 아동 선별/진단, 교육계획 수립과 적용에 필요한 정보 획득 · 구성: 읽기(7개 소검사), 쓰기(5개 소검사), 수학(6개 소검사-수, 도형, 연산, 측정, 확률과 통계, 문제해결) · 규준: 유치원-중3까지 10개 학년별 · 소요시간: 과목별로 60-90분 정도 · 결과: 학력지수, 학년규준 산출
기초학습기능수행평가체제:수학(BASA:Math)	· 대상: 초등학생 · 목적: 수학 연산 유창성을 중심으로 기초수 학능력 측정. 기초평가와 형성평가를 통하여 학습부진/학습장애 진단·판별에 적용됨 · 구성: Ⅰ단계검사(1학년수준), Ⅱ단계검사(2학년수준), Ⅲ단계검사(3학년수준), 통합단계검사(1, 2, 3학년수준) · 검사결과: 백분위 점수, 학년 점수
ACCENT 수학학업성취도검사	· 대상: 초등학교 저학년용(1~3학년)과 고학년용(4~6학년)으로 구분 · 검사시간: 총 50분 · 구성: 저학년용과 고학년용 모두 30문항(대부분 선택형, 일부 단답형) · 검사결과: 연산지수, 비연산지수, 전체수학능력지수를 산출하여 평균 100, 표준편차 15인 환산점수로 환산하여 제시

초등학교 3학년 국가수준 기초학력진단평가: 기초수학	· 대상: 초등학교 3학년 · 목적: 기초학력 수준을 파악하기 위한 국가수준의 평가 시행(2002년 처음 시행) · 구성: 읽기, 쓰기, 기초수학(수와 연산-28/44점, 도형-22/27점, 측정-22/29점. 도달기준 점수/영역별 총점) · 결과: 영역별 기초학력 도달 여부, 영역별 진단정보 등 제공 · 기초수학 구성: 1. 수와 연산(네 자리 수 읽기, 네 자리 수의 크기 비교, 사칙연산, 실생활 상황에서 사칙연산의 활용, 실생활 상황을 식으로 나타내기, 분수 개념의 이해). 2. 도형(평면도형의 구성 요소, 각, 직각삼각형, 도형 찾기, 공간감각). 3. 측정(시각 읽기, 시간과 분의 관계에 대한 이해, 실생활 상황에서 시간의 덧셈과 뺄셈, 길이의 단위 이해, 길이의 어림, 실생활 상황에서 길이의 덧셈과 뺄셈)

다. 비형식적 검사

비형식적 검사는 표준화검사에 비해 실시형식이 보다 간편하고 주로 준거지향검사의 성격을 띠며, 평가의 결과를 바로 교수활동에 적용할 수 있다. 여기에서는 수학학습장애 진단·평가를 위한 비형식적 검사의 예로 교육과정중심평가와 교사제작검사에 대해 살펴보겠다.

교육과정중심평가는 학생의 교육과정을 직접 평가에 활용하여 교육과정상 목표의 도달 정도를 평가하는데, 수학 관련 교육과정중심평가는 네 가지 단계로 구성된다.

첫째, 교육과정에서 목표가 되는 기술을 결정한다. (예: 수 연산 - 두 자리수 더하기 두 자리수)

둘째, 성취 목표를 정한다. (예: 4주 안에 학생은 두 자리수의 덧셈 20문제를 5분 내에 정확하게 풀 수 있다)

셋째, 각 기술의 보기가 되는 검사 항목을 개발한다. (두 자리수 문제의 자료를 수집한다)

넷째, 능력을 평가하는 기준을 개발한다. (예: 학생은 두 자리수 덧셈 20문제를 5분 내에 정확하게 풀 수 있다)

교사제작검사는 교육내용에 기초하여 평가의 목적에 맞게 교사가 평가를 구성하여 실시할 수 있는 검사이다. 다음 그림은 수학에서 기초적인 연산 기술을 평가하기 위한 교사제작검사의 예이다.

덧셈

$$\begin{array}{r} 3 \\ +\ 4 \\ \hline \end{array} \qquad \begin{array}{r} 6 \\ +\ 0 \\ \hline \end{array} \qquad \begin{array}{r} 13 \\ +\ \ 7 \\ \hline \end{array} \qquad \begin{array}{r} 20 \\ +\ 39 \\ \hline \end{array} \qquad \begin{array}{r} 66 \\ +\ 28 \\ \hline \end{array} \qquad \begin{array}{r} 4 \\ 2 \\ +\ 7 \\ \hline \end{array}$$

$6 + 8 = \square$ $\qquad 4 + \square = 12$ $\qquad \square + 9 = 13$

$$\begin{array}{r} 286 \\ +\ 24 \\ \hline \end{array} \qquad \begin{array}{r} 663 \\ +\ 48 \\ \hline \end{array} \qquad \begin{array}{r} 546 \\ +\ 745 \\ \hline \end{array}$$

뺄셈

$$\begin{array}{r} 8 \\ -\ 4 \\ \hline \end{array} \qquad \begin{array}{r} 26 \\ -\ 9 \\ \hline \end{array} \qquad \begin{array}{r} 67 \\ -\ 23 \\ \hline \end{array} \qquad \begin{array}{r} 84 \\ -\ 49 \\ \hline \end{array} \qquad \begin{array}{r} 456 \\ -\ 222 \\ \hline \end{array}$$

$8 - 2 = \square$ $\qquad 6 - \square = 4$ $\qquad \square - 4 = 5$

곱셈

$$\begin{array}{r} 5 \\ \times\ 3 \\ \hline \end{array} \qquad \begin{array}{r} 24 \\ \times\ \ 2 \\ \hline \end{array} \qquad \begin{array}{r} 86 \\ \times\ \ 7 \\ \hline \end{array} \qquad \begin{array}{r} 59 \\ \times\ 34 \\ \hline \end{array} \qquad \begin{array}{r} 25 \\ \times\ 79 \\ \hline \end{array}$$

$6 \times 3 = \square$ $\qquad 7 \times \square = 56$ $\qquad \square \times 5 = 20$

나눗셈

$$2\overline{)12} \qquad 4\overline{)20} \qquad 8\overline{)100} \qquad 11\overline{)143} \qquad 13\overline{)104}$$

$16 \div 4 = \square$ $\qquad 24 \div \square = 8$ $\qquad \square \div 9 = 6$

<그림 1.2> 교사제작검사의 예

라. 면접

수학학습에서 학생, 교사 또는 부모와의 면접을 통해 학생의 수학 학습능력을 평가할 수 있고, 수학에 대한 태도 등을 알 수 있다. 예를 들면 다음과 같은 교사와 학생의 간단한 면접을 통해 연산 문제에 대한 해결 과정 및 학생의 학습능력을 알 수 있다.

$$\begin{array}{r} 63 \\ -\ 18 \\ \hline 55 \end{array}$$

· 교사: 위의 문제(63 - 18)를 어떻게 풀었는지 이야기해 주겠니?

· 학생: 네. 일의 자리 수인 3에서 8을 뺄 수 없으니 십의 자리에서 10을 빌려옵니다. 그래서 13에서 8을 빼면 5가 됩니다. 또한 십의 자리는 60에서 10을 빼니까 50이 됩니다. 그래서 답은 55가 됩니다.

위의 경우 10의 자리에서 받아내림한 사실을 계산과정에서 잊어버렸다. 이러한 학생의 문제를 잘 파악하기 위한 면접에서는 능숙한 면접자가 가장 중요한 요소이고, 더불어 보다 체계적인 면접을 위해서는 면접 목록이 필요하다.

마. 관찰

수학학습에서 관찰평가를 통해 얻을 수 있는 정보에는 학생의 수학적 지식에 대한 정보, 수학적 절차에 대한 정보 및 수학적 성향에 대한 정보 등이 있다. 그리고 이러한 관찰평가 정보를 기록하는 방법에는 첫째, 일화기록법으로 학습자를 대상으로 자연스러운 장면에서 관찰된 의미 있고 중요한 행동이나 사건을 기록한다. 둘째, 체크리스트법으로 관찰하려는 행동단위를 미리 자세히 분류하고, 그러한 행동이 나타났을 때 출현 여부를 체크하는 방법이다. 셋째, 평정척도법으로 사전에 관찰 행동 항목을 구성하고, 일정한 척도에 따라 학습자의 행동 빈도나 강도를 질적 또는 양적으로 평가하는 방법 등이 있다. 다음 표 1.9과 표 1.10은 수학 관찰평가에서 체크리스트법과 평정척도법의 예시이다.

<표 1.9> 수학 관찰평가에서 체크리스트법의 예

<table>
<tr><td>단원명</td><td>2. 덧셈과 뺄셈</td><td colspan="2">학습주제</td><td colspan="2">가게놀이를 통한 덧셈과 뺄셈하기</td></tr>
<tr><td>학습
목표</td><td colspan="5">① 세 자리수의 범위에서 받아올림이 두 번 있는 덧셈의 계산 원리와 계산형식을 알고 바르게 계산한다.
② 세 자리수의 범위에서 받아내림이 두 번 있는 뺄셈의 계산 원리와 계산형식을 알고 바르게 계산한다.
③ 덧셈·뺄셈이 이용되는 문제를 해결하는 능력을 기른다.</td></tr>
<tr><td colspan="2">관찰요목</td><td>아동A</td><td>아동B</td><td>…</td><td>종합</td></tr>
<tr><td rowspan="4">수학적개념</td><td>① 받아올림이 두 번 있는 덧셈의 계산원리를 안다.</td><td></td><td></td><td></td><td></td></tr>
<tr><td>② 받아내림이 두 번 있는 뺄셈의 계산원리를 안다.</td><td></td><td></td><td></td><td></td></tr>
<tr><td>③ 덧셈으로 해결할 수 있는 문제상황을 안다.</td><td></td><td></td><td></td><td></td></tr>
<tr><td>④ 뺄셈으로 해결할 수 있는 문제상황을 안다.</td><td></td><td></td><td></td><td></td></tr>
<tr><td rowspan="4">수학적절차</td><td>① 500원으로 두 종류의 물건을 살 수 있다.</td><td></td><td></td><td></td><td></td></tr>
<tr><td>② 물건을 사고 거스름돈으로 얼마를 받아야 할지 암산한다.</td><td></td><td></td><td></td><td></td></tr>
<tr><td>③ 900원으로 두 가지 물건을 사고 거스름돈으로 얼마를 받아야 할지 암산한다.</td><td></td><td></td><td></td><td></td></tr>
<tr><td>④ 물건들 사이의 값의 차이를 안다.</td><td></td><td></td><td></td><td></td></tr>
<tr><td rowspan="3">수학적성향</td><td>① 흥미를 갖고 즐겁게 참여한다.</td><td></td><td></td><td></td><td></td></tr>
<tr><td>② 과제해결에 집착력이 있다.</td><td></td><td></td><td></td><td></td></tr>
<tr><td>③ 역할분담(상인, 소비자)을 잘 한다.</td><td></td><td></td><td></td><td></td></tr>
<tr><td colspan="2">비고(학생 개별적 특성)</td><td></td><td></td><td></td><td></td></tr>
<tr><td>교사란</td><td colspan="5"></td></tr>
</table>

출처: 강영란, 남승인(1999). 수학 수업에서 관찰평가 방안, 초등수학교육, 3(2). p.147.

<표 1.10> 수학 관찰평가에서 평정척도법의 예

범주	항목	내용	평가점수				
			5 (매우 잘함)	4 (잘함)	3 (보통)	2 (미흡)	1 (매우 미흡)
태도	흥미/호기심	수학 프로그램에 상당한 흥미를 보인다.					
	적극성/자신감	적극적으로 주어진 문제에 자신있게 도전한다.					
	과제집착력	주어진 문제를 끝까지 해결하려는 의지와 노력이 돋보인다.					
	완벽성	문제해결과정과 결과를 신중히 검토하며 보완하려는 자세를 보인다.					
	협동심	다른 학생들과 자신의 아이디어를 개방적으로 공유하면서 협동적으로 문제를 해결한다.					
문제해결능력	이해	문제의 의미를 정확하게 파악하며, 문제해결을 위한 단서를 찾아낸다.					
	방법	문제해결과정에서 자신의 생각을 논리적으로 잘 설명한다.					
	적용	문제해결 결과를 다른 상황에 적용한다.					
수학적 인지능력	추상화	문제상황을 적당한 수학적 개념, 기호, 수식으로 표현한다.					
	귀납적 사고	여러 가지 수학적인 사실에서 규칙성을 발견한다.					
	연역적 사고	명제들로부터 논리적 규칙을 써서 결론을 도출한다.					
	공간화	도형의 변환이나 회전 등에 관련된 공간적 사고능력이 있다.					
	수리능력	수리능력(수의 개념, 계산능력 등)이 있다.					
	일반화	수학적 대상, 관계, 연산을 일반적인 식으로 표현한다.					
특이사항							

출처: 신희영 외(2007). 수학영재교육에서의 관찰평가와 창의력평가, 학교수학, 9(2). p.257.

이러한 관찰평가를 통해 수학학습장애 학생의 진단·평가 정보를 효과적으로 얻기 위해서는 체계적인 관찰계획의 수립과 더불어 교사(관찰자)와 학습자 간의 원활한 의사소통이 이루어져야 할 것이다.

바. 대안적인 평가

수학학습장애 진단·평가를 위한 대안적 평가로 여기에서는 포트폴리오 평가와 오류분석에 대해 알아보자.

포트폴리오 평가는 일정기간 동안 학생의 수학 학업 수행에 대해 수행 결과물인 관찰가능한 증거로 학생의 현재 성취 수준 및 진전도를 평가한다. 수학교과에서 포트폴리오 평가를 위한 수행 결과물의 예로는 학생이 학습한 문제해결 자료, 탐구활동 보고서, 소집단 활동 자료, 수학 프로젝트에 대한 사진, 수학일지, 과제해결 활동에 대한 오디오·비디오 테이프, 컴퓨터 또는 계산기를 이용한 자료, 가정학습 자료 등이다.

다음은 Stenmark(1991)가 제안한 수학 평가목표와 포트폴리오의 내용을 정리한 것이다.

<표 1.11> 수학 평가목표와 포트폴리오

평가목표	포트폴리오 내용
<긍정적인 수학적 성향> 동기, 호기심, 인내심, 도전감, 유연성, 책임감, 자신감	· 수학에 대한 열의를 나타내는 일지의 내용 · 주기별 학습한 문제해결 자료 · 가정학습 자료 · 학생이 작성한 학습계획표 · 수학 자서전
<수학적 이해의 성장> 개념발달, 문제해결능력, 의사소통능력, 수학의 구성, 반영적 사고력	· 학기초부터 일정한 기간을 둔 같은 항목에 대한 자료 수집 · 어떤 알고리즘이 타당한 이유 설명 · 문제상황을 명확히 하는 그림, 표, 식. … · 수학 프로젝트에 대한 사진 · 전략 사용에 대한 자료 · 문제 풀이한 노트
<수학적 추론> 추론의 방법, 수와 연산, 도형 …	· 탐구활동에 대한 보고서 · 통계처리 계획 및 처리 자료 · 열린 문제에 대한 반응 · 수학적 원리나 법칙에 대한 설명

<수학적 연결성> 수학적 개념이나 성질 사이의 연결	· 수학을 과학이나 사회 과목 등 다른 과목에 사용한 근거 자료 · 산술, 대수, 해석, 기하, 통계 사이의 관계성에 대한 보고자료 · 수학적 예술 프로젝트
<집단 문제해결> 협력하는 능력	· 과제해결 계획 작성 표 · 소집단 활동 자료 · 소집단의 자체 평가 · 그룹 활동에 대한 오디오·비디오 테이프
<도구의 사용> 계산기, 컴퓨터 사용, 조작자료 사용	· 컴퓨터를 이용한 통계 처리 · 계산기를 사용한 자료 · 조작자료의 사용을 표현한 그림 또는 결과
<교사와 학부모의 포함> 교사와 학부모 협의, 학부모 학생 협의, 학부모의 교육 이해	· 평가시기마다 사용한 일관성 있는 자료 · 학생 면담 자료 · 교사-학부모 회의자료 · 교사-학부모 회의에 학생에 발표한 포트폴리오

오류분석(error analysis)은 학생의 수학 학습과정에서 나타난 오류에 기초하여 오류의 유형, 형태 및 성격 등을 파악하여 평가의 정보로 활용하는 것이다. 수학 연산영역에서 오류분석을 하기 위해서는 다양한 유형의 문제를 풀게 하는 것이 필요하다.

오류분석에 대한 예를 들면 우정한 등(2007)은 수학학습장애 학생의 연산 오류 특성을 알기 위하여 오류분석을 이용하였는데, 이 연구에서는 사칙연산의 오류 유형을 크게 체계적 오류, 부주의한 오류, 임의의 오류 그리고 무응답으로 분류하였다. 구체적인 오류유형과 내용은 표 1.12와 같다.

<표 1.12> 연산 오류유형과 오류내용

<table>
<tr><th colspan="2">오 류 유 형</th><th>오 류 내 용</th></tr>
<tr><td rowspan="4">체계적 오류</td><td>1. 잘못된 연산</td><td>·알맞은 연산이 아닌 다른 연산방법 사용한 경우
①덧셈을 뺄셈으로 계산
②뺄셈을 덧셈으로 계산 등</td></tr>
<tr><td>2. 불완전한 연산</td><td>·알맞은 연산과정으로 시작했지만 중요한 단계를 생략하거나 중지한 경우</td></tr>
<tr><td>3. 계산상의 오류</td><td>·기본적인 수 사실을 잘못 생각하거나 계산상에서의 오류</td></tr>
<tr><td>4. 결함 있는 알고리즘</td><td>·정해진 연산절차를 따르지 않아 발생한 오류
①계산 순서에 관계없이 계산하여 발생한 오류
②하나의 계산에서 연산 방법이 혼합된 것(예:덧셈과 뺄셈 혼합)
③무조건 큰 수에서 작은 수를 뺀 경우
④한 자리 수로 두 번 더하거나 두 번 뺀 경우
⑤계산의 방향을 반대로 한 경우(왼쪽에서 오른쪽으로 계산)</td></tr>
<tr><td rowspan="2">체계적 오류</td><td>5. 받아올림과 받아내림 오류</td><td>·연산에서 받아올림 또는 받아내림과 관련된 오류
①받아올림, 받아내림을 해야 하는데 하지 않은 경우
②받아올림, 받아내림을 하지 않아야 하는데 한 경우
③받아올림, 받아내림을 잘못한 경우
④기타 받아올림, 받아내림과 관련된 오류수 등</td></tr>
<tr><td>6. 자리값의 오류</td><td>·수 체계에 대한 잘못된 자리수 계산방법 사용하여 발생한 오류
①답을 잘못된 자리에 쓰는 경우</td></tr>
<tr><td colspan="2">부주의한 오류</td><td>·연산의 과정에서 부주의로 인한 오류
①실수로 계산을 틀림
②숫자 쓰기 오류(연산과정은 바르나 계산과정에서 부주의로 잘못 적은 숫자로 인해 발생한 오류) 등</td></tr>
<tr><td colspan="2">임의의 오류</td><td>·오류에서 체계성을 발견하지 못한 경우</td></tr>
<tr><td colspan="2">무 응 답</td><td>·응답하지 않음</td></tr>
</table>

출처: 우정한 외(2007). 초등학교 수학학습장애 학생의 연산 오류 특성, 특수교육저널: 이론과 실천, 8(3), p. 5~6

그리고 Cohen과 Spenciner(2003)는 수학의 덧셈과 뺄셈, 곱셈과 나눗셈, 분수 및 문장제 문제 등에서 학생들이 보일 수 있는 오류를 표 1.13과 같이 제시하였다.

<표 1.13> 수학에서의 오류

덧셈과 뺄셈	곱셈과 나눗셈
• 재그룹화에 대한 이해의 부족 • 자릿수를 올리거나 적을 때 일의 자리와 십의 자리를 혼동함 • 십의 자리로 올리거나 백의 자리로 올리는 것을 잊음 • 불필요한 재그룹화 • 틀린 연산(학생이 더하는 대신 뺀다) • 기초적인 연산에 대한 지식의 부족	• 곱셈에서 자리올림을 잊음 • 곱하기 이전에 먼저 자리수를 올림 • 나눗셈에서 자리값을 무시함 • 왼쪽에서 오른쪽으로 답을 기록함 • 열을 따라 정렬하지 않음 • 기초적인 연산에 대한 지식의 부족
분수	**문장제 문제**
• 부정확한 약분 • 최소의 공통분모까지 줄이지 못함 • 나머지를 무시함 • 부정확한 혼합된 수의 분수로 전환	• 읽기에 있어서의 문제 • 문제의 맥락과 연결하지 못함 • 문제의 언어와 어휘를 이해하지 못함 • 중요한 정보와 그렇지 않은 정보를 확인하는데 어려움이 있음 • 문제를 풀기 위해서 요구되는 단계의 수를 확인하는데 어려움이 있음 • 수학연산(덧셈, 뺄셈, 곱셈, 나눗셈)을 하는데 있어 어려움이 있음

오류분석에 대한 보다 자세한 정보를 얻기 위해 교사는 검사와 더불어 학생의 학습과정을 관찰하거나 질문하기 또는 사고구술하기 등을 이용할 수 있다.

· 요 약

1. 학습장애를 지닌 특수교육대상자는 개인의 내적요인으로 인하여 듣기, 말하기, 주의집중, 지각, 기억, 문제 해결 등의 학습기능이나 읽기, 쓰기, 수학 등 학업 성취 영역에서 현저하게 어려움이 있는 학생이다.

2. 학습장애 정의의 주요 요소는 학교 학습에 어려움을 나타내고, 중추신경계 기능장애가 학습에 어려움의 근원이며, 능력과 성취도의 불일치를 나타내며, 다른 장애나 영향으로 인한 학습상 어려움은 제외한다.

3. 학습장애의 원인은 뇌의 신경학적 기능장애로, 이를 유발할 수 있는 요인에는 유전적 요인, 의학적 요인, 기형발생물질적 요인 및 환경적 요인 등이 있다.

4. 학습장애의 진단 및 판별 과정은 선별, 의뢰, 진단 · 평가, 선정이다.

5. 학습장애 진단 및 판별 방법에는 능력-성취 불일치 접근법과 중재-반응 접근법 등이 있다.

6. 학습장애 진단 · 평가 유형에는 표준화 검사, 면접, 관찰, 비형식적 검사 및 대안적인 평가 등이 있다.

7. 수학학습장애란 수 계산과 수학적 추론을 포함하여 수 또는 수학적 사실을 기억, 이해하고 조작하는 수학에 관련된 광범위한 어려움으로, 연령이나 지능 수준에 비해 기대되는 것보다 현저히 낮은 수학 성취를 보이는 학습장애이다.

8. 수학학습장애의 일반적 특성은 정보를 수용하고 처리하는 과정에 어려움을 보이고, 인지 · 초인지를 효과적으로 사용하지 못하며, 언어적 기술이 부족하며,

사회 · 정서적으로 낮은 학업상 자존감과 수학불안 등이 있다.

9. 학습장애가 수학 수행에 미치는 영향은 지각(전경-배경, 완성, 변별, 반전 등), 공간 · 시간, 기억(단기기억, 작업기억, 장기기억, 절차기억 등), 언어(표현, 수용 언어), 실행기능 등에서 어려움을 가져온다.

10. 수학학습장애 진단 · 평가 유형으로는 표준화된 선별항목표, 수학학력진단평가, 비형식적 검사, 면접, 관찰, 대안적 평가(포트폴리오 평가, 오류분석) 등이 있다.

제 2 장

수학 학습심리와 학습장애 학생들을 위한 교수원리

아동이 어떻게 학습하는가에 대한 수학 학습심리는 아동의 학습을 이해하고 교육과정을 개발하며 아동의 발달수준에 적합한 교수계획을 세우는데 도움을 준다. 그리고 교수에서 어떤 교재·교구를 사용하고 학생을 학습과정에 어떻게 참여시켜야 하는지에 대해 시사점을 제공한다. 따라서 1절에서는 수학과 교수·학습에 의미 있는 시사점을 제공하는 Piaget, Bruner와 Skemp의 수학 학습심리에 대해 알아보고자 한다. 그리고 2절에서는 수학 학습에 어려움을 보이는 수학학습장애 학생들을 위해 수학 교과의 내용 영역별이 아닌 전체적으로 적용될 수 있는 일반적인 교수 원리에 대해 알아보고자 한다. 이러한 일반적인 교수 원리는 학습장애 학생들의 효과적인 수학학습을 위한 방향을 제시하는데 도움을 줄 것이다.

1절. 수학 학습심리

1. Piaget의 인지발달이론과 보존개념 형성

스위스의 심리학자이면서 생물학자인 Piaget는 인간의 지적능력은 유기체가 환경에 적응해가는 것이라고 하면서 인지발달이론을 주장하였다. 그리고 인지발달의 단계에서 수학학습의 기초가 되는 보존개념의 형성을 설명하고 있다. 인지발달이론에서 각 단계의 특징과 보존개념의 형성에 대해 자세히 살펴보자.

가. 인지발달이론

Piaget는 지능을 생물학적 적응, 유기체와 환경 간의 적응, 그리고 평형을 가져오는 일련의 정신적 조작들을 포함한다고 하면서(Ginsburg & Opper, 1988), 인지발달을 크게 감각 운동기(출생~2세), 전 조작기(2세~7세), 구체적 조작기(7세~11/12세), 형식적 조작기(11/12세 이후)의 4단계로 나눈다. 이러한 연령 분류에 의한 인지발달은 개인의 지능이나 사회환경에 따라 각 단계에 도달하는 개인간 연령의 차이는 있을 수 있으나, 발달 순서는 결코 뒤바뀌지 않는다고 가정하고 있다.

아울러 각 단계는 주요 행동양식으로 설명될 수 있는 전체적인 심리구조로 특징지워진다. 각 단계는 전 단계의 심리적 구조가 통합된 것이며, 다음 단계의 심리적 구조로 통합될 준비과정이기도 하다. 즉 각 단계의 사고과정은 서로 다르며 시간이 경과함에 따라 더욱 복잡하고, 객관적이며, 타인의 관점을 생각하는 방향으로 발전하게 됨을 의미한다.

1) 감각 운동기(Sensorimotor Period)

전 언어시기(출생～2세까지)로 영아의 행동은 자극의 의한 반응에 불과한데, 이는 언어가 발달하기 이전의 단계이기 때문이다. 이 단계의 영아는 새로운 정보를 얻기 위해 감각(시각, 청각, 촉각 등)이나 운동기술을 사용하여 외부환경과 상호작용한다. 그 결과 반사활동에서부터 제법 잘 조직된 활동을 할 수 있기까지 간단한 지각능력이나 운동능력이 이 시기에 발달한다.

이 시기의 가장 중요한 특징으로는 대상영속성(object permanence)이 발달하게 되는데, 이는 대상이 보이지 않더라도 존재한다는 것을 알게 된다. 그리고 영아는 자신을 다른 사람과 분리시켜 개인으로서의 자신을 조금씩 알게 된다. 또 이 시기가 지나면 모방이나 기억이 가능한 정신적 표상을 형성하게 되며, 초기의 단순한 반사행동은 사라지고 점차 자신의 의도에 따라 계획된 목적행동으로 바뀌게 된다.

2) 전 조작기(Preoperational period)

전 조작기(2세～7세)는 어떤 논리적인 사고를 통해 조작하는 행위가 가능하지 않은 이전의 단계로, 대략 언어를 사용하면서 자신이 내재적으로 가지고 있는 표상을 여러 형태의 상징으로 표현하는데, 전 개념기와 직관적 사고기의 두 소단계로 다시 구분하고 있다.

전 개념기(2세~4세)는 유아가 개념발달을 위해서 다양한 언어활동과 신체활동에 참여하는 시기로, 이 시기의 특징은 첫째, 자기중심적이고, 둘째, 눈에 보이는 한 가지의 사실 또는 준거에 의해서만 사물을 분류하거나 수집할 수 있으며, 셋째, 사물을 단계별로 배열할 수 있으나 바로 접하지 않는 사물을 추리해서 배열할 수는 없다.

직관적 사고기(4세～7세)는 언어가 개입되지 않은 직관에 의해 대상으로 이해하려는 시기로, 이 시기의 특징은 첫째, 사물을 분류할 수 있으나 반드시 그것을 이해하는 것은 아니다. 둘째, 논리적 관계를 이해하기 시작하고 수의 개념을 사용하기 시작한다. 셋째, 물체가 모양에 따라 그 양이나 수가 변하지 않는 보존성의 원리를 어렴풋이 이해하기 시작한다.

3) 구체적 조작기(Concrete Operational Period)

구체적 조작기(7세~11/12세까지)는 구체적인 문제에 대한 논리적 사고가 가능한 시기로, 이 시기의 특징은 첫째, 특정 사실에 따라 사물을 분류할 수 있을 뿐만 아니라 위계에 따라 분류하는 유목화가 가능하다. 둘째, 양, 무게, 부피의 보존 개념을 확실하게 획득할 수 있는데, 보존 개념을 획득한다는 것은 상보성, 가역성의 원리를 충분히 이해한다는 뜻과 같다. 따라서 전 조작기의 자기중심적 사고는 이 시기에 와서 탈중심적 사고로 바뀌게 된다. 셋째, 연역적 사고가 가능하게 됨으로써 서열화를 할 수 있다.

4) 형식적 조작기(Formal Operational Period)

형식적 조작기(11/12세 이후)는 추상적인 사고가 가능한 시기로, 이 시기의 특징은 첫째, 가설 설정 및 상상적 추론과 같은 추상적 추론이 가능하다. 즉 새로운 상황에 직면했을 때 현재의 경험뿐만 아니라 과거와 미래의 경험을 사용한다. 그리고 어떤 일을 수행하기에 앞서 문제에 대해 다양한 해결책을 고려할 수 있다. 둘째, 가설-연역적 인지구조가 가능하여 문제해결을 위해 가능한 모든 방법을 생각하고 그 결과를 가정하여 가장 가능성 있는 것을 시도한다. 셋째, 조합적 분석능력이 있어 구체적 조작기의 아동처럼 시행착오적 접근방법이 아닌 체계적으로 가능한 조합을 차례로 시도한다. 넷째, 명제적 사고가 가능하여 현실 상황을 고려하지 않고도 언어적 진술에 의한 명제의 논리를 평가할 수 있다.

수학 교육에 있어 아동의 지적발달에 대한 정보를 제공하는 인지발달이론은 첫째, 수학교육의 내용은 아동의 현재 지적 발달단계에 알맞도록 조정되어야 하고, 둘째, 수학교육은 아동의 자발성과 구체적인 조작활동에 기초해야 하며, 셋째, 새로운 개념과 기존 개념과의 관계를 통한 통합적인 학습이 필요하다는 시사점을 제공하고 있다.

나. 수학적 개념에 대한 보존개념의 발달

보존(conversation) 개념이란 어떤 사물의 특징(예: 수, 길이, 넓이, 부피 등)이 그 차례나 형태 변화에 관계없이 변하지 않고 양적 속성이 일정하다는 것을 인식하는 능력을 말한다. 이러한 보존개념 없이는 측정량에 대한 계산을 할 수 없다. 따라서 보존개념의 형성은 동일성, 보상, 역조작의 개념이 가능해진다는 것으로, 보존개념은 아동의 연령이 어릴수록 형태나 위치 등과 같은 지각적 속성에 주로 의존하지만, 연령이 증가함에 따라 수량, 무게, 면적, 부피 등과 같은 추상적 개념에 의존하여 발달하게 된다.

이러한 보존개념의 형성은 사물, 현상 및 사태를 추상적이고 논리적으로 판단할 수 있게 함으로써 논리·수학적 지식을 획득하는 수학 학습에 기본이 된다고 할 수 있다. 여기에서는 Piaget의 연구에 기반하여 수학 학습의 기초가 되는 보존개념의 발달에 대해 살펴보자.

1) 분류

분류(classification)는 개념을 알고 종류에 따라 나누는 것으로, 사물을 인식하는 것은 사물의 특성을 바탕으로 한 분류활동에서 시작되며, 분류를 이해하는 능력은 여러 분야의 개념들이 발달하는데 기초가 된다. 이러한 분류에 대한 보존개념의 형성은 단순 분류, 위계적 분류, 논리적 분류의 순으로 발달한다.

단순 분류란 사물의 물리적 특성 즉 모양, 색깔, 크기 등에 따라 사물을 분류하는 것으로, 6~7세 아동의 약 $\frac{1}{3}$이 정확하게 단순 분류할 수 있다고 한다. 위계적 분류란 과일에는 사과가 포함되고 사과에는 빨간 사과가 포함되는 것처럼 주어진 관점에 따라 분류한 것을 또다시 다른 관점에 따라 재분류하는 것으로, 구체적 조작기에 이르러서 상위 유목과 하위 유목의 관계를 이해하게 된다. 마지막으로 논리적 분류는 사물의 집합에서 공통된 속성을 추출할 수 있고, 그 집합 외의 다른 사물에서도 같은 속성을 발견할 수 있는 것으로, 진정한 분류인 논리적 분류는 11~12세경에 가능하다고 한다.

2) 수

수(number)는 양의 크기를 나타내기 위한 것으로, 수의 학습에서 가장 기초적인 것은 수 세기와 수의 보존개념 형성이다.

먼저 수를 세는 것은 세 가지의 단계적인 수준이 있다고 Piaget는 말한다. 첫째는 기계적인 수 세기 수준으로 수의 이름을 알고 “하나, 둘, 셋, 넷…”, “1, 2, 3, 4…”를 순서대로 셀 수 있는 수준으로, 이 단계에서는 수의 이름과 세려는 대상을 대응시키지 못하고 의미 없이 세는 것이 특징이다. 둘째는 합리적인 수 세기 수준으로 1대 1 대응은 할 수 있지만, ‘구체물-수사-숫자’ 사이의 관계를 알고 수의 동치 개념을 형성하지 못하는 단계이다. 셋째는 영구적 동치 수 세기 수준으로 수의 보존성에 대한 논리를 바탕으로 수 세기를 논리적으로 할 수 있는 단계이다.

아동이 수 세기를 위해서는 수의 개념이 형성되어야 하고, 수의 개념 형성을 위해서는 수량에 대한 보존개념이 형성되어야 하는데, 다음과 같은 수의 보존성에 대한 실험을 보자. 크기와 모양이 같은 블록(검은 블록과 흰 블록)을 2줄로 나란히 정렬시키고 아동에게 어느 것이 더 많은지를 물어본다. 이 실험의 결과 5~6세 아동은 A의 경우 검은 블록과 흰 블록이 같다고 하지만, B의 경우 검은 블록보다 흰 블록이 많다고 한다. 그 이유는 검은 블록보다 흰 블록이 열을 펼쳐 놓아 더 많다고 생각하기 때문이다. 이와 같이 수의 배열에 관계없이 두 집합이 동치임을 파악할 수 있는 수의 보존성은 보통 6~7세가 되어야 가능하다.

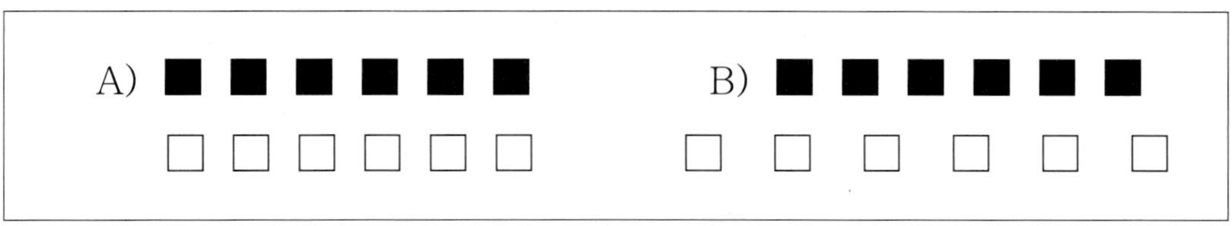

<그림 2.1> 수의 보존성

수 개념 형성을 위해서는 보존개념 형성으로 바탕으로 앞으로 세기(1, 2, 3, 4, 5…), 뒤로 세기(5, 4, 3, 2, 1…) 및 뛰어 세기(2씩 뛰어 세기, 5씩 뛰어 세기 등) 등의 수 세기가 필요한데, 이를 위해서는 효율적인 수 세기를 가르쳐야 한다.

3) 덧셈과 뺄셈

연산(calculation)이란 두 대상(A, B)이 있을 때, A와 B를 결합하여 제 3의 대상 C를 만드는 조작을 말한다. 수학의 연산에서 가장 기본이 되는 덧셈, 뺄셈, 곱셈, 나눗셈에 대해 살펴보도록 하자.

먼저 덧셈과 뺄셈에 대해 살펴보면, 덧셈 즉 수를 더한다는 것은 "같이 합한다"를 의미하고, 뺄셈은 "무엇을 없앤다"라는 의미를 가지고 있어, 덧셈과 뺄셈은 서로 역연산의 관계이다. Piaget에 의하면, 이러한 덧셈과 뺄셈 즉 수의 합성과 분해는 다음과 같은 실험을 통해 세 가지의 수준으로 발달한다고 한다.

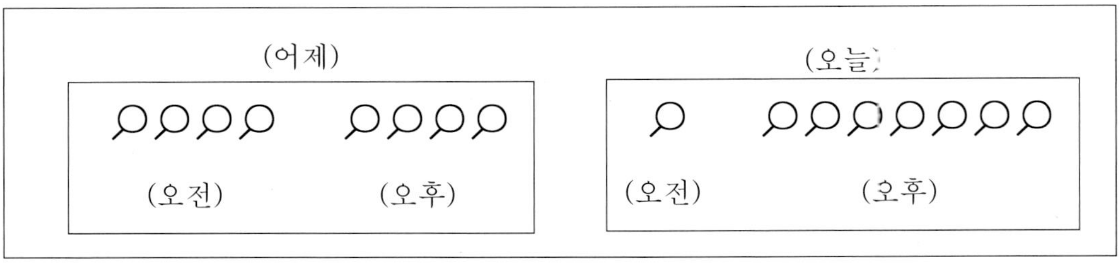

<그림 2.2> 수의 합성과 분해

그림과 같이 아동에게 "사탕 8개를 어제는 오전에 4개 오후에 4개를 먹었고, 오늘은 오전에 1개 오후에 7개를 먹었다"면 어제와 오늘 이틀 동안 먹은 사탕의 개수가 같은지를 알아보았다. 첫째 수준은 6.5~7세의 아동으로 "오늘이 더 많이 먹었다"고 대답하는데, 왜냐하면 오후에 한꺼번에 많이 받았기 때문에 더 많이 먹은 것으로 착각한다. 이는 두 집합을 동시에 생각할 수 없기 때문임을 알 수 있다. 둘째 수준은 두 집합을 관련짓고 셈할 수 있지만, 분명하게 이해하고 답을 말하는 것은 아니다. 셋째 수준은 구체물의 조작 없이도 수의 합성과 분해 개념을 바탕으로 셈을 할 수 있는 단계이다. 이와 같이 덧셈과 뺄셈은 역조작적 사고가 가능한 7세부터 유의미한 연산을 할 수 있다고 Piaget는 말한다.

덧셈의 도입 방법으로는 합병과 첨가가 있다. 합병은 두 개 이상의 대상이 동시에 더해지는 것으로 "사과 2개와 배 2개를 합하면 모두 몇 개인가?"와 같은 문제이고, 첨가는 하나의 대상에 다른 대상이 더해지는 것으로 "참새 4마리가 있는데 2마리가 더 날아왔다면 모두 몇 마리인가?"와 같은 문제이다.

뺄셈의 도입 방법으로는 뺀 나머지를 구하는 상황(구잔)과 차를 구하는 상황(구차)이 있다. 먼저 구잔 뺄셈은 "사과 5개에서 2개를 먹었다면 사과는 몇 개 남았는가?"와 같은 문제이다. 다음으로 구차 뺄셈은 "사과 3개와 배 5개가 있다. 어느 것이 얼마나 많은가?"와 같은 문제로 비교하는 의미를 가지고 있다.

4) 곱셈과 나눗셈

곱셈은 동수누가의 개념에서 볼 때 덧셈의 확장인데, Piaget는 다음과 같은 실험을 통해 곱집합의 개념에 대한 보존성을 설명하고 있다.

	파란색	빨간색
삼각형	(파란색, 삼각형)	(빨간색, 삼각형)
사각형	(파란색, 사각형)	(빨간색, 사각형)

<그림 2.3> 도형과 색깔에 의한 곱집합

그림과 같이 삼각형과 사각형의 두 도형을 원소로 갖는 집합과 파란색과 빨간색의 두 색깔을 원소로 갖는 집합을 제시하고, 도형에서 한 원소와 색깔에서 한 원소를 골라 가능한 많은 짝(집합)을 만들어 보게 하였을 때, 도형과 색깔에 의한 두 가지 방법으로 동시에 분류할 수 있는 조작적 능력은 7~8세 수준에서 발달된다고 한다. 따라서 Piaget는 덧셈과 곱셈은 단일 연산구조를 조직하고 있어 대략 7세 정도에 덧셈과 곱셈의 개념이 동시에 형성되고 학습도 가능하다고 보았다.

곱셈의 도입 방법으로는 배와 동수누가의 두 가지가 있다. 먼저 배는 "사과 2개의 3배는 얼마인가?"와 같은 문제로 어떤 대상에 배라는 연산자가 작용하여 새로운 집합을 만들어 내는 것이다. 다음으로는 동수누가인데 앞의 문제를 동수누가로 하면 "2+2+2=6"이 되는 것이다.

나눗셈은 곱셈과 역연산 관계이기 때문에 곱셈이 이해된다면 나눗셈도 가능하다고 보았으며, 연산이 가능한 시기는 대략 7~8세로 Piaget는 보았다.

나눗셈의 도입 방법으로는 등분제와 포함제가 있다. 등분제는 "사과 15개를 3사람에게 똑같이 나눈다면 1사람이 몇 개씩 가지게 되는가?"와 같은 문제로 주어진 것을 똑같이 나눈다는 의미이다. 포함제는 양의 크기를 일정한 단위로 측정하면 얼마나 되는가를 묻는 "사과 15개를 1사람에게 3개씩 준다면 몇 사람에게 줄 수 있는가?"와 같은 문제이다.

5) 도형

도형은 어떤 모형을 위치, 모양, 크기로 생각할 때 점, 선, 면, 입체로 이루어진 집합이다. Piaget에 의하면 공간개념은 어려서부터 발달하기 시작하여 감각운동기의 아동은 물체를 탐색하게 되고, 전조작기의 아동은 사각형이나 원 같은 기하학적 도형보다는 성냥갑이나 공과 같은 구체적인 사물에 대하여 그 차이를 쉽게 식별하게 된다. 그리고 8~9세의 연령에 도달하면 선분, 각, 사각형, 원 등 평면도형의 기본개념이 형성된다고 하였다.

도형의 위상적 성질에서는 6~7세 때 도형에서 위치, 순서 관계를 파악할 수 있고, 8세 이후부터는 접근, 분리, 개폐 등의 개념이 점진적으로 형성되어, 11~12세가 되면 위상기하를 종합적으로 형성할 수 있는 능력을 가지게 된다고 하였다.

그리고 유클리드 기하도형의 학습에서는 6~7세까지는 지각작용에 의해 원과 사각형은 구별할 수 있지만, 직사각형, 정사각형, 평행사변형, 마름모 등은 구별하지 못한다. 또 9세가 되면 평행과 수직의 개념형성이 가능하다고 하였다. 그리고 10~11세가 되면 공간을 탐구하는 작도능력이 생겨 원, 합동인 삼각형 등의 작도도 가능하다고 보았다.

6) 측정

측정이란 일정한 기준을 가지고 어떤 대상의 양을 수치화시키는 조작을 말한다. Piaget에 의하면 아동의 측정개념은 거리와 길이의 보존개념이 형성될 때 가능하다고 한다. 양, 길이, 넓이, 무게, 부피, 시간 등의 보존개념 형성은 다음과 같다.

양은 세거나 잴 수 있는 수량이나 분량으로, 양에 대한 보존개념(실험의 예: 똑같은 양의 액체를 크기나 높이가 다른 비커에 담기)은 6~7세경이 되면 가능하다.

길이는 대상의 속성 중에 가장 쉽게 지각되는 것 중의 하나로, 길이에 대한 보존개념(실험의 예: 젓가락 4개를 직선으로 연결하기와 W자로 연결하기)은 7~8세경에 형성되고, 8~9세가 되면 측정 단위를 이용하여 도형의 길이를 재고 여러 사물들의 길이 비교가 가능하다고 한다.

넓이는 공간 영역의 크기로 이에 대한 보존개념(실험의 예: 가로와 세로의 길이가 같은 정사각형 모양의 책 2권을 1권은 세우고 다른 1권은 눕히기)의 발달은 길이의 보존개념 발달과 비슷한 7~8세경에 발달되어, 11~12세가 되어야 직사각형의 넓이를 공식(가로의 길이×세로의 길이)에 의해 구하는 방법을 이해한다고 한다.

물체의 무게에 대한 보존개념(실험의 예: 2개의 똑같은 점토공에서 1개를 소시지 모양으로 만들기)은 8세경이 되면 모양의 변화는 무게의 변화를 가져오지 않음을 차츰 알게 되고, 9~10세경에 획득하게 된다고 한다.

부피는 대상이 차지하는 공간으로 이에 대한 보존개념(실험의 예: 2개의 똑같은 점토공에서 1개를 소시지 모양으로 바꾼 다음 같은 양의 액체가 들어있는 비커에 넣기)은 수, 길이, 무게의 보존개념보다는 좀 늦게 발달되는데, 8세경에 나타나기 시작해 11~12세 이후가 되어야 부피를 공식을 이용하여 측정할 수 있다고 한다.

시간에 대한 개념은 지각에 기초한 직관적 시간에서 논리적 사고에 의존하는 조작적 시간으로 발달하는데, 이에 대한 보존개념은 대략 8~9세가 되어야 지속기간, 물리적 시간, 시간의 측정 및 시간의 단위 학습 등이 가능하다고 보았다.

7) 관계

Piaget의 이론에서 관계(relation)는 중요한 개념으로 관계를 조작하는 능력은 보존개념의 발달에 매우 중요하다. 관계에서 비, 좌표평면, 확률에 대한 보존개념의 형성은 다음과 같다.

비는 어떤 두 개의 수 또는 양을 서로 비교하여 몇 배인가를 나타내는 관계이고, 비율은 비에 대한 값을 소수로 나타낸 것으로, 예를 들어 두 종류의 양을 a와 b라고 한다면 a:b로 표시하고, a와 b의 비라고 읽는다. Piaget에 의하면 아동이 11~12세가 되면 비와 비율에 대한 개념을 활용할 수 있다고 하였다.

평면 또는 공간에서 수직과 수평의 개념을 바탕으로 한 좌표평면에 대한 개념은 11~13세 정도가 되어야 가능하다고 하였다.

확률은 하나의 사건이 일어날 가능성을 수로 나타낸 것으로, 예를 들면 4개 중에서 2개를 뽑는 경우와 2개 중에서 1개를 뽑는 경우가 동일한 확률이라는 초보적 개념은 11~12세가 되어야 획득된다고 하였다.

이상과 같이 Piaget의 보존개념에 대한 내용을 종합하면, 아동에 있어 보존개념의 발달은 위계적인 체계에 의해 일정한 순서로 점진적으로 이루어짐을 알 수 있다. 이러한 보존개념의 발달 수준은 초등학교 수학과 교육과정의 내용을 결정하는데 많은 시사점을 제공하고 있다. 따라서 아동에 대한 수학과 지도는 인지발달과 보존개념의 발달에 기초하여 이루어지는 것이 필요하다고 할 수 있다.

2. Bruner의 인지경로이론

미국의 교육심리학자인 Bruner는 아동의 인지발달에 바탕을 둔 교수이론을 전개하면서 발견학습을 강조하였는데, Bruner 교수이론의 4가지 주요 요소는 학습경향성, 지식의 구조, 계열성 그리고 강화이다. 이 중에서 가장 특징적인 것이 '지식의 구조(structure of knowledge)'이다. 지식의 구조란 지식을 이루는 구성요소 즉, 아이디어, 개념, 원리·법칙 등을 말하는 것으로, 지식의 구조를 학습한다는 것은 이들 구성요소들 간의 상호 관련성을 학습한다는 것을 의미한다고 하였다. 이러한 지식의 구조가 중요하게 고려되는 이유는 표현방식이 다양하다는 것, 경제성이 있다는 것, 그리고 생성력이 높다는 것이다.

Bruner는 지식의 구조에서 표현양식의 다양성을 설명하면서, 어떤 영역의 지식도 활동적 표현양식(enactive representation), 영상적 표현양식(iconic representation), 상징적 표현양식(symbolic representation)의 3가지 형태로 표상할 수 있다고 하였다. 그러면서 아동의 인지발달 또한 활동적(작동적) 표현, 영상적 표현, 상징적 표현의 순서로 표현수단의 증대와 그 사이 조정능력의 증대로 보았다. 따라서 추상적인 수학학습을 쉽게 이해하기 위해서는 표현양식의 발달인 인지과정의 경로에 따라 학습을 해야 한다고 하였다.

지식의 구조에서 표현양식의 다양성에 대해 좀 더 자세히 살펴보면 다음과 같다.

첫째, 활동적 표현양식은 학습자가 개념과 원리·법칙 등 지식의 구조를 이해하기 위해 실물이나 구체물 등의 제시를 통해서 이를 행동화나 조작화의 신체적 동작으로 표현하는 것이다. 둘째, 영상적 표현양식은 그림이나 도표 등의 제시를 통해 이해하는 것이다. 셋째, 상징적 표현양식은 기호나 문자식 등의 제시를 통해 이해하는 것이다. 이를 표로 나타내면 2.1과 같다.

<표 2.1> 표현양식과 대상

양식	활동적 표현양식	영상적 표현양식	상징적 표현양식
대상	실물, 모형, 사진, 구체물	그림, 도표, 수직선	수, 기호, 문자, 용어

위와 같은 표현양식의 다양성에 기초한 인지과정의 경로에 따른 수학학습의 예

를 들어보자. "사과 3개와 사과 2개를 합하면 모두 몇 개입니까?"라는 문제는 다음과 같은 3가지 표현양식으로 나타낼 수 있다.

양식	활동적 표현양식	영상적 표현양식	상징적 표현양식
대상	 실제 사과 또는 구체물	○○○ ○○ 그림	3+2 수식

<그림 2.4> 표현양식의 다양성 예

이러한 인지경로이론은 모든 학습자에게 최적의 그리고 유일한 인지경로는 존재하기 않기 때문에 추상적인 수학학습을 쉽고 효율적으로 하기 위해서는 학습자의 인지발달 수준에 기초하여 인지과정의 경로에 따라 활동적→영상적→상징적 표상의 단계적인 학습이 이루어져야 한다는 시사점을 제공한다.

3. Skemp의 수학학습이론

영국의 수학교육학자 Skemp는 수학학습에서 스키마의 중요성을 강조하며, 이를 기초로 수학적 개념의 이해를 중시하는 수학학습이론을 제시하고 있는데, 여기에서는 도구적 이해와 관계적 이해, 스키마식 학습과 기계적 학습 그리고 범례제시학습에 대해 살펴보고자 한다.

가. 도구적 이해와 관계적 이해

Skemp는 '도구적 이해와 관계적 이해(1976)'라는 논문에서 이해(understanding)란 새로운 상황을 이미 알고 있는 스키마와 동화시키는 것이라고 설명하면서, 이해를 도구적 이해와 관계적 이해로 분류하여 설명하고 있다.

도구적 이해(instrumental understanding)는 규칙이 어떻게 작용하는지 모르면서 암기한 규칙을 문제해결에 적용할 수 있는 능력을 말한다. 즉 학생이 주어진 규칙을 적용하여 정답을 찾아내고 이해했다고 말하는 경우를 도구적 이해라고 하였다. 예를 들면 삼각형의 넓이를 구하는 경우 넓이 구하는 과정이나 원리를 이해하지 못한 채 공식을 이용하여 문제를 해결하는 경우를 말한다.

이에 비해 관계적 이해(relational understanding)는 문제해결의 방법이나 이유를 모두 알고 있으면서, 보다 일반적인 관계로부터 특수한 규칙이나 절차를 연역할 수 있는 상태를 말한다. 예를 들면 삼각형의 넓이 구하는 공식을 만들어내는 과정과 원리를 이해하면서 문제를 해결하는 경우이다.

Skemp는 도구적 이해를 '논리 없는 규칙'으로 보고 이해로 간주하지 않으면서, 수학학습에서의 이해는 관계적 이해를 말하고 또한 관계적 이해를 통한 학습이 요구된다고 하였다. 그러나 학생의 인지수준이 낮아서 관계를 이해를 통한 학습이 어려운 경우에는 도구적으로 이해시키는 학습이 필요하다고 보았다. 그러면서 수학학습에서 관계적 이해와 도구적 이해의 장점을 다음과 같이 설명하고 있다.

관계적 이해를 통한 수학학습의 장점은 첫째, 관계적 이해는 문제해결의 원리와 방법을 알기 때문에 새로운 과제에 보다 쉽게 적용할 수 있다. 둘째, 관계적 이해에 의한 학습은 수학 지식의 의미를 해석, 적용 및 분석하고 다른 학습요소들과 관계지을 수 있기 때문에 기억하기가 쉽다. 셋째, 도구적 이해를 통한 학습은 시험이나 상벌 등과 같은 외재적 보상에 의해 동기가 유발되지만, 관계적 이해에 의한 학습은 학생에게 흥미, 성취감과 학습의욕 등의 내재적 보상을 제공한다. 넷째, 관계적 이해에 의한 학습은 학습하는 과정 그 자체만으로도 하나의 훌륭한 학습과 목적이 될 수 있고, 문제해결력을 향상시킬 수 있다. 다섯째, 관계적 이해는 수학적 지식을 관계를 통하여 이해함으로써 학생에게 수학에 대한 긍정적인 신념과 태도를 가지도록 한다.

이에 비해 도구적 이해를 통한 수학학습의 장점은 첫째, 도구적 이해는 규칙이나 공식을 적용하여 문제를 해결하기 때문에 관계적 이해보다 빠르게 학습목표를 달성할 수 있다. 둘째, 도구적 이해에 의한 학습결과의 보상은 관계적 이해에 의한 학습보다 즉각적이고 가시적이다. 셋째, 도구적 이해에 의한 학습은 관계적 이해에 의한 학습보다 짧은 시간에 쉽게 개념을 정리할 수 있고 적용이 효율적이다.

이상에서 볼 때 수학학습은 관계적 이해를 통한 학습이 효과적이지만, 학습자의 인지수준이나 기초학습능력 등에 따라 도구적 이해에 의한 학습도 필요하다고 볼 수 있다. 그러므로 도구적 이해에 의한 학습과 관계적 이해에 의한 학습을 상호관련적으로 연결시켜 수학과 교수·학습에 활용하는 것이 바람직하다고 본다.

나. 스키마식 학습과 기계적 학습

Skemp에 의하면 인간은 기존 지식을 바탕으로 하여 새로운 지식을 습득한다고 보았는데, 수학학습에서 예를 들면 자연수의 덧셈 연산을 할 수 없는 학생은 정수의 덧셈 연산을 할 수 없는 경우이다. 그리고 이러한 지식을 형성하는데 관련이 되는 개념들의 구조를 스키마(schema)라고 하였다. 그러면서 어떤 스키마를 소유하고 있는가에 따라 같은 자극이 주어지더라도 상이한 지각이 형성된다고 하였다. 따라서 스키마는 새로운 그리고 보다 많은 지식을 습득하는데 필요한 도구로, 학습은 스키마를 구성하도록 해야 한다는 것이다.

Skemp는 스키마의 구성에서 구성(construction)이라는 용어는 축조(building)와 검사(testing)라는 두 가지 의미를 내포하고 있다고 하면서, 스키마를 구성하는 양식으로 세 가지를 들고 있다. 첫째, 물리적 세계와의 만남으로부터의 직접적인 경험이고, 둘째 다른 사람과의 관계를 통한 스키마의 전달이며, 셋째 기존 지식에서 보다 높은 차원의 개념 형성에 의한 창의성이다.

그러면서 학습을 스키마의 구성에 의한 스키마식 학습과 암기 위주의 기계적 학습으로 분류하고 있다. 스키마식 학습(schematic learning)이란 기존의 스키마를 새로운 지식의 획득 수단으로 사용하는 학습을 말하는 것으로 관계적 이해를 통한 학습과 관련이 있다. 이에 비하여 기계적 학습(rote learning)이란 어떤 사실을 관련 사실과 연결시키거나 논리적인 체계를 세워 정리함 없이 반복 횟수나 강도 등의 기계적인 조건으로 기억되는 학습을 말하는 것으로 도구적 이해를 통한 학습과 관련이 있다. Skemp는 이러한 스키마식 학습의 장점으로 첫째, 관계적 이해에 의한 학습을 가능하게 하며 응용력을 길러준다. 둘째, 행동을 계획함에 있어 많은 자료와 다양한 적용을 위한 기술을 제공해준다. 셋째, 여러 사람이 스키마를 공유하는 것은 중요한 사회적 기능인데, 왜냐하면 공유된 이해를 바탕으로 목표를 향해 계획을 세울 수 있기 때문이다. 넷째, 학습이 더 쉬워지고 기억이 오래간다. 그러나 스키마식 학습의 문제점으로는 어떤 과제가 독립적일 경우 시간이 더 오래 걸릴 수도 있고, 기존의 스키마가 잘못 형성된 경우 다음의 학습에 큰 영향을 미친다는 것이다.

이상과 같이 스키마식 학습은 학생이 수학학습을 더욱 효과적으로 할 수 있게 해주며, 장래의 학습을 위해서도 필요한 적응력을 길러줄 수 있다. 따라서 수학과 교수·학습에서는 학생의 학습준비성에 기초하여 효과적인 자료제시를 통한 유의미한 스키마식 학습을 활용하는 것이 바람직하다고 본다.

다. 범례제시학습

Skemp는 수학학습에서 학습자가 가지고 있는 개념보다 고차적인 개념의 형성은 정의만으로는 이해하기 어렵고 적절한 범례를 제시하는 것이 필요하다고 하였다. 이러한 범례제시를 통한 학습은 학생들에게 보다 명확한 수학적 개념을 형성하도록 하여 지적 사고활동의 범위를 넓혀 가는데 핵심적인 역할을 하게 된다.

이러한 범례의 조건과 범례를 통한 수학적 개념 형성 과정에 대해 살펴보면 다음과 같다(박성택, 2006에서 재인용). 먼저 적절한 범례의 조건으로 Bandura(1972)는 다음을 제시하였는데, 첫째, 학습자가 범례에 대하여 주의집중할 수 있고, 호기심과 탐구심을 일으키는데 유효해야하며, 단조로움과 권태가 생기기 않는 범례이어야 한다. 둘째, 주어진 범례를 가지고 학습한 후 학습자의 행동이나 심상에 오래도록 기억, 파지, 전이될 수 있는 범례이어야 한다.

그리고 Jacob은 범례 제시를 통한 수학적 개념 형성 과정을 다음과 같이 요구하고 있다. 첫째, 주어진 범례의 각각을 의식하는 단계, 둘째, 범례에 대하여 서로 다른 점이 떠오르게 되어 여러 가지 지각표상을 하는 단계, 셋째, 지각표상에 공통적인 속성이 떠오르는 단계, 넷째, 공통적인 점을 언어로 표현하는 단계이다.

또한 이러한 범례를 제시할 경우 학습할 개념의 속성들이 내포된 정례(positive example)와 반례(counter example)를 혼합 제시하는 것이 효과적이고, 이 경우 정례를 반례보다 많이 제시해 주는 것이 필요하다고 하였다.

물론 이러한 범례를 사용할 때 범례가 스스로 가르쳐주지는 않는다. 따라서 교사는 이러한 범례를 안내하고 학생과 상호작용을 할 수 있도록 하며, 반복 제시하는 것 등이 필요하다(Garnett, 1998).

이상에서 볼 때 수학학습의 개념형성을 위해서는 적절한 정례와 반례를 제시하여 학습하는 것이 보다 효과적이라고 할 수 있다.

2절. 수학학습장애 학생들을 위한 교수 원리

1. 학습위계 및 기초학습을 중시하는 학습

Gagne는 학습의 전제 조건으로 학습은 쉬운 것에서 어려운 것으로 또는 단순한 것에서 복잡한 것으로와 같이 차원이 낮은 단계에서 높은 단계로 진행되어야 하고, 높은 수준의 학습을 하려면 반드시 낮은 수준의 지식을 먼저 습득해야 한다고 하였다. 이것은 학습에서 누적성과 위계성 및 계통성을 강조한 것이다.

수학 교과는 다른 교과에 비해 위계성과 계통성이 강한 교과이다. 따라서 수학에서 학습장애 학생들을 지도할 경우에도 학습 요소들 간의 위계성을 고려하여 낮은 단계에서 높은 단계로 지도가 이루어져야 할 것이고, 사전지식과 선수학습 바탕 위에 다음 단계로의 학습이 진행될 수 있도록 기초학습이 중요시 되어야 한다.

2. 구체적인 것에서 추상적인 것으로의 인지경로를 중시하는 학습

Bruner는 아동의 인지가 발달함에 따라 사물이나 현상의 구조를 파악하는 방식에 질적인 차이가 있으므로 학생의 발달 단계에 따라 학습 내용의 표현방법을 달리해야 한다고 하면서, 지식의 구조를 활동적, 영상적, 상징적 표상의 세 가지 형태로 제시하였다.

첫째 단계는 수학적 개념, 지식, 구조 등을 구체물의 조작을 통하여 이해하고 표현하는 활동적 표현양식(enactive representation)이다. 예를 들면 사과 5개와 3개를 따로 따로 놓고 모두 몇 개인가에 대한 질문에 아동을 손으로 사과를 모두 모아 놓고 세기를 한 다음 8개라고 답을 한다.

둘째 단계는 수학 관련 지식을 이해하고 표현할 때 구체적인 시청각적 및 기타 감각적 영상 또는 심상을 이용하는 영상적 표현양식(iconic representation)이다. 이때의 아동은 사과 5개와 3개를 손으로 직접 조작하지 않고도 사과를 모아 놓은 시각적 영상을 그리거나 머릿속에 그려봄으로써 8개라고 답할 수 있다.

셋째 단계는 수학 관련 지식을 이해하고 표현할 때 추상적 심상에 기초하여 언어, 문자, 수식이나 기호 등을 이용하는 상징적 표현양식(symbolic representation)이다. 이 경우 아동은 사과를 보지 않고도 머릿속에서 수적 개념을 이용하여 암산할 수 있다.

따라서 학습장애 학생들은 수학적인 내용을 처음부터 연역적 방법이나 추상적인 방법으로 이해하기 어렵기 때문에, 이러한 인지경로를 중요시하여 구체적인 것에서, 반구체적인 것으로 또는 영상적인 것으로, 나아가 추상적인 것으로 점진적인 학습이 이루어지도록 해야 할 것이다(NCLD, 2006).

3. 적절한 범례의 제시를 통한 학습

Skemp는 새롭게 전달될 개념이나 내용이 학습자가 이미 가지고 있는 기존 도식보다 고차적인 경우 정의에 대하여 적절한 범례를 통해 학습하는 것이 효과적이라고 하였다. 예를 들면 '자연수'의 개념을 형성시킬 때 정의 중심의 설명식 학습보다는 1, 2, 3 등과 같은 자연수(정례)의 범례를 들어주고, 자연수의 속성이 내포되지 않은 소수(0.1, 0.2…)나 분수($\frac{1}{2}$, $\frac{1}{3}$…)등의 부적인 예(반례)를 제시하는 것이 자연수에 대한 개념을 보다 명확히 형성할 수 있다(박성택, 2006). 또한 평면도형에서 '삼각형'의 개념을 형성시킬 경우 삼각형의 속성을 내포하고 있는 정삼각형, 이등변삼각형, 직각삼각형 등의 정례와 사각형 또는 오각형 등의 반례를 제시하여 삼각형의 개념을 명확하게 형성할 수 있다.

따라서 수학적 용어 및 개념 형성에 어려움을 가진 학습장애 학생들은 범례를 통하여 수학적인 개념을 보다 의미 있게 이해할 수 있으므로(spear-swerling, 2005), 구체적이고 적절한 범례를 제시하여 학습하는 것이 필요하다.

4. 다감각적 단서를 이용한 학습

학습장애 학생들은 감각을 통한 정보의 수용과 처리에 어려움을 가진다. 따라서 학습에서도 하나의 감각이 아닌 보고(visual), 듣고(auditory), 움직임(kinesthetic)과 촉감(tactile) 등을 이용하는 다감각적 방법(multi-sensory learning method)을 도입함으로써 보다 효과적으로 학습할 수 있다(김용욱 외, 2009; Lerner & Johns, 2009). 수학학습에서 다감각적 방법을 이용한 예는 다음과 같다.

첫째, 시각적 방법으로 선이나 원, 진하게 하기 또는 색 등을 단서로 이용할 수 있다. 예를 들면 전경-배경의 구별에 어려움이 있는 학습장애 학생들은 수학 교과서에서 문제를 찾거나 다른 곳에 옮겨 쓰는데 어려움이 있는데, 이런 경우 문제에 밑줄을 긋거나 원 또는 박스를 그려 어려움을 도와줄 수 있다. 그리고 두 자리수의 연산에서 십의 자리수는 파란색으로, 일의 자리수는 빨간색으로 색 단서를 제공함으로써 자리수의 혼동을 방지하고 보다 효과적으로 계산을 할 수 있다. 이 외에도 분수나 도형 등의 학습에도 색 단서를 효과적으로 이용할 수 있다. 이와 같이 시각적인 단서는 학습장애 학생들의 주의집중능력과 정보의 기억능력을 향상시키고 적절한 반응에 대한 단서를 제공할 수 있어 수학학습에 도움을 준다.

둘째, 시각적 또는 기억에 어려움이 있는 학생들의 경우 청각적 단서를 제공하는 것이 효과적이다. 예를 들면 수학 문제를 시각적으로만 제시하지 말고 읽어주어 학생이 듣도록 하거나 듣고 말하도록 한다.

셋째, 어떤 경우에는 보기 또는 듣기만으로는 충분하지 않을 수 있는데, 이런 경우 촉각적 단서를 부가적으로 이용할 수 있다. 예를 들면 숫자를 배우거나 도형을 그릴 경우 손가락을 이용하여 먼저 추적을 한 다음 숫자를 쓰거나 도형을 그리도록 한다. 또는 사칙연산 기호나 등호·부등호 등과 같은 수학 기호를 학습할 경우에도 사포나 펠트 등으로 기호를 만들고 촉각을 이용하여 학습함으로써 수학 기호를 보다 효과적으로 학습할 수 있다.

넷째, 시각, 청각, 촉각 등의 방법에 더하여 움직임 즉 운동감각을 이용하는 것도 효과적이다. 예를 들면 손을 이용하여 7 또는 9와 같은 수를 만들어 봄으로써 반전에 의한 숫자의 혼동을 줄일 수 있고, 연산에서 구체물을 직접 조작하거나 게임을 이용하는 등의 운동감각을 통하여 수학학습을 보다 효과적으로 할 수 있다.

5. 학생의 개인차(강점과 약점)를 고려한 학습

Bloom은 교수·학습에서 학생의 개별화를 강조했다. 즉 학생 개개인은 지능, 적성, 홍미, 출발점행동, 수업이해력 및 학습지속력 등에서 차이가 있으므로 교수·학습에서는 이러한 학생의 개인차를 고려하여야지만 학생의 능력을 충분히 발전시킬 수 있다는 것이다. 학습장애 학생들의 수학학습에서도 이러한 개인차와 강점 및 약점을 고려한 학습이 필요하다. 학습장애 학생들의 개인차를 고려한 예를 들면 학생의 특별한 요구에 부합하기 위해 표준적인 교과서의 내용 또는 교과내용의 학습순서를 변경하거나 학생들의 해결해야 할 과제의 분량을 줄여줄 수 있다. 또한 학생의 강점과 약점 및 선호하는 학습양식 등에 기초하여 교수·학습을 제공할 수 있다. 이와 같이 학생의 개인차를 고려한 학습은 학습자에게 학습 의욕을 고취시키고 보다 유의미한 학습이 이루어질 수 있도록 할 것이다.

6. 연습과 검토를 통한 학습

학습장애 학생들이 수학 문제해결을 위해서는 수학의 개념이나 원리를 알고 계산을 거의 자동적으로 사용할 수 있어야 하는데, 이를 위해서는 수학 학습에서 많은 연습과 검토가 필요하다(Bley & Thornton, 2001). 그리고 연습과 검토를 위해서는 수학 영역별 내용을 전체적으로 지도하기보다는 소단계로 학습과정을 나누어 지도하는 것이 더욱 효과적이다. 따라서 수학 교수·학습 계획과 실행 시 예를 들면 직접교수를 통하여 소단계의 절차적 교수가 이루어질 수 있도록 하고, 이에 기초하여 매일 일정 시간의 연습 기회를 제공하고 주요한 요점을 정리하며, 간단한 수학 시험 등의 방법들을 통하여 학습장애 학생들이 수학 학습을 보다 확실하게 하도록 해야 할 것이다.

7. 학생의 흥미와 관심을 통한 동기를 유발하는 학습

학업성취에서 학습동기의 중요성의 많은 학자들에 의해서 강조되어 왔다. 이러한 학습동기를 유발하기 위해서는 학생이 흥미와 관심을 가져야 하는데, 수학학습에서 학생의 흥미와 관심을 통한 동기 유발을 위해 다음과 같은 방법들이 있다.

첫째, 실생활의 상황이나 사례를 이용한다. 학습자의 동기를 유발하기 위해서는 수업이 학습자의 흥미나 생활, 환경 등 학습자와 관련성이 있어야 한다. 이러한 관련성을 위해 수학학습에서는 학습자들의 실생활 상황이나 사례를 이용하도록 한다. 예를 들면 분수의 개념을 소개하기 위해 “형과 동생이랑 2명이 피자 한 판(6조각)

을 먹는다면, 내가 먹을 수 있는 양은 얼마(몇 조각)인가?"와 같은 실생활에서 접할 수 있는 상황을 도입한다. 실생활의 상황이나 사례는 학생들을 수업에 직접 참여시키고 수학적 과정을 더 쉽게 이해할 수 있도록 하며, 생활 속에서 수학을 익히도록 도움을 준다(McNamara, 2007).

둘째, 학생들의 학습에 대해 강화를 제공한다. 학습자들은 자신들의 학습경험에 대해 인정받고자 하며, 이러한 인정은 강화를 통해 제공될 수 있다(Bley & Thornton, 2001). 만약 수학학습에서 학생의 실패에 대해 부정적인 반응 또는 강화가 제공된다면, 학생은 실패에 대한 두려움을 가지게 될 것이고 나아가 수학에 대한 불안 또는 부정적인 태도를 가질 수도 있다. 따라서 학습의 결과도 중요하지만 수학교과의 경우 논리·수학적 사고력 신장이 매우 중요하기 때문에 학습의 과정에서 학생의 노력에 대해 외재적 또는 내재적 강화를 제공하고 인정 및 만족감을 느낄 수 있도록 하여 수학학습에 동기를 가지도록 하는 것이 필요하다.

지금까지 수학학습장애 학생들을 위한 교수 원리에 대해 살펴보았는데, 이러한 교수 원리는 학생과 교수·학습상황에 맞게 그리고 적절한 교수방법을 통하여 융통성 있게 적용되어야 할 것이다.

요 약

1. Piaget는 인지발달을 감각 운동기, 전 조작기, 구체적 조작기, 형식적 조작기의 4단계로 나누었는데, 수학교육의 내용 및 방법은 이러한 인지발달 단계에 기초해야 한다고 하였다.

2. 보존개념이란 어떤 사물의 특징이 그 차례나 형태 변화에 관계없이 일정하다는 것으로, 보존개념의 형성은 아동의 연령이 어릴수록 지각적 속성에 의존하지만 연령이 증가함에 따라 추상적 개념에 의존하여 발달한다.

3. 분류는 개념을 알고 종류에 따라 나누는 것으로, 분류에 대한 보존개념의 형성은 단순 분류, 위계적 분류, 논리적 분류의 순으로 발달한다.

4. 수에 대한 학습을 위해서는 수 세기와 수의 보존개념이 형성되어야 하는데, 수 세기는 기계적인 수 세기, 합리적인 수 세기, 영구적 동치 수 세기의 수준으로 발달하고, 수의 보존성은 6~7세가 되어야 형성된다.

5. 덧셈과 뺄셈 즉 수의 합성과 분해는 역연산의 관계로, 발달 수준은 두 집합을 동시에 생각할 수 없는 단계, 두 집합을 관련짓고 셈할 수 있지만 분명하게 이해하지는 못하는 단계, 구체물의 조작 없이도 덧셈과 뺄셈을 할 수 있는 단계로 발달한다.

6. 곱셈은 덧셈의 확장으로 곱집합에 대한 보존개념이 형성되어야 하고, 나눗셈은 곱셈과 역연산 관계이다.

7. 도형은 점, 선, 면, 입체로 이루어진 집합으로, 도형 학습을 위한 공간개념은 어려서부터 발달하기 시작하여 8~9세가 되면 평면도형의 기본 개념이 형성된다.

8. 측정은 일정한 기준을 가지고 어떤 대상의 양을 수치화시키는 것으로, 측정개념은 거리와 길이의 보존개념이 형성될 때 가능하다.

9. Bruner는 지식의 구조에서 표현양식의 다양성을 강조하면서, 수학학습은 인지과정의 경로에 따라 활동적 표상, 영상적 표상, 상징적 표상으로 단계적인 학습이 이루어져야 한다고 하였다.

10. Skemp는 수학학습에서 스키마의 중요성을 강조하면서, 수학학습은 도구적 이해와 관계적 이해, 스키마식 학습 그리고 범례제시학습을 통하여 이루어져야 한다고 하였다.

11. 수학학습장애를 위한 교수 원리는 학습위계 및 기초학습을 중시해야 하고, 구체적인 것에서 추상적인 것으로의 인지경로를 중시해야 하며, 적절한 범례제시와 다감각적 단서를 이용하며, 학생의 개안차를 고려하며, 연습과 검토가 필요하며, 학생의 홍미와 관심을 통한 동기를 유발하는 학습이 이루어져야 한다.

제 3 장

수 감각 지도

우리는 일상생활에서 아침에 일어나며 시계를 볼 때, 엘리베이터의 버튼을 누를 때, 버스를 탈 때, 돈을 계산할 때 등 여러 가지 상황에서 수를 접하며 살아가는데, 이런 경우 필요한 것이 바로 수 감각이다.

수 감각이란 예를 들면 짝수와 홀수, 기수와 서수 등 수의 다양한 의미, 30은 10의 3배라는 수 사이의 관계, 15는 12보다 크다는 수 사이의 크기 및 사칙연산의 관계 등을 이해하고 수를 조작하기 위한 것이다. 이러한 수 감각은 읽기에서 음운인식의 역할과 같이 수 개념과 연산능력 및 수학 능력을 예측하는 변인으로, 수학 학습에 결정적인 영향을 미치는 필수 요소이며, 수학적 사고를 위해서는 수 감각을 발달시키는 것이 중요하다(Gersten & Chard, 1999; Gersten et al., 2005). 이러한 중요성에 의거 초등학교 수학과 교육과정에서 저학년의 경우 수 감각 또는 이와 관련된 영역이 많은 비중을 차지하고 있다.

그러나 정보처리에 어려움이 있는 학습장애 학생들의 경우 비장애 학생들에 비해 수 세기, 수 이름 붙이기, 수 기억하기 및 수 쓰기 등의 수 감각 학습에 어려움을 경험한다(Witzel et al, 2007). 이러한 어려움은 먼저 수의 의미 파악과 읽기, 쓰기에 어려움을 가져오고, 다음으로 연산 능력, 나아가 수학 학습 전체에 부정적인 영향을 미치게 된다. 따라서 수학에 어려움을 겪는 수학학습장애 학생들은 먼저 수 감각에 대한 학습이 필요하고(윤용광, 1995), 이러한 수 감각 발달은 수학학습장애 학생들의 수학 성취도를 향상시킬 수 있을 것으로 기대된다.

이 장에서는 수 감각의 정의와 특성을 살펴보고 수학학습장애 학생의 수 감각 학습을 도와주기 위한 다양한 전략을 살펴보고자 한다.

1절. 수 감각 학습의 개요

1. 수 감각

가. 수 감각의 정의

초등학교 수학과 교육과정에서 '수와 연산' 영역이 차지하는 비율은 상당히 높은 편인데, 1~2학년의 경우 더욱 그렇다. 이는 수학 학습에서 수와 연산 영역이 기초가 됨을 의미하는데, 이러한 수와 연산 영역의 학습에서 가장 기초가 되는 것이 수 감각이다. 따라서 학생들은 수 감각에 대한 명확한 개념을 가지고 수를 조작할 수 있어야 한다. 수 감각에 대한 학자간의 통일된 개념은 없지만 여러 학자들의 정의를 살펴보면 다음과 같다.

Case 등(1992)은 수 감각(number sense)이란 수학적 관계, 수학적 원리, 그리고 수학적 절차 사이의 관련성에 따른 개념적 구조라고 보고, 좋은 수 감각은 (a) 수량변별의 유창성, (b) 불합리한 결과를 인식하는 능력, (c) 정신적인 연산에서의 유연성, (d) 다른 표상들 사이에서 전환하고, 가장 적절한 표상을 사용할 수 있는 능력을 포함한다고 하였다. 이용률(1997)은 수의 크기를 상대적으로 보거나 한 수를 다른 수와 관련지어 보고, 대상의 수량이나 계산 결과를 어림으로 파악하는 능력이라고 하였다. 또한 Rey(1992)는 수 감각은 수와 수의 다양한 사용 및 해석에 대한 직관적인 느낌, 다양한 형태의 수를 이해하는 능력, 계산상의 오류를 바로 잡는 능력, 수를 사용하는 상식적인 접근과 관련이 있다고 했다. 따라서 수 감각은 수와 관련된 상황을 이해하고자 하는 욕구로써 수학 교수·학습의 모든 측면에 관계되는 사고방식이라고 하였다. Sowder(1988)는 보다 폭넓은 의미에서 수 감각을 잘 조직된 수 개념의 네트워크라고 하면서, 이 네트워크는 수와 계산을 연관시키고, 융통성 있고 창조적인 방법으로 수학 문제를 해결할 수 있도록 도와준다고 하였다. 이것은 수에 대한 상대적 크기 및 절대적인 크기를 알고, 수를 비교하는데 있어서 합리적인 판단을 하며, 계산의 오류를 알고 계산을 할 때에도 다양한 방법을 사용할 줄 아는 능력이다.

따라서 이러한 견해를 종합해보면, 수 감각이란 수에 대한 이해와 반응이 적절한지에 대한 판단을 돕는 직관력을 말한다. 이는 일상생활에서 수와 계산을 효율적으로 사용하는 능력, 수와 관련된 융통성 있고 창의적인 방법을 개발하는 능력, 오류를 알고 결과를 합리적으로 인지하는 능력 등을 포함한다. 그러므로 좋은 수 감각을 가진 사람들은 수를 이해할 수 있고, 일상생활에서 그것을 효과적으로 사용할 수 있다.

나. 수 감각의 구성요소

미국수학교사협의회(NCTM, 1989)의 '학교 수학을 위한 교육과정과 평가 규준'에서는 다음과 같은 수 감각의 5가지 구성요소를 제시하였다.

(a) 수가 갖는 의미의 발달이다. 이는 수에 대한 기수적 의미와 서수적 의미를 포함하여 수 안에 내포된 다양한 의미를 이해하는 것이다. 예를 들면 '3'이라는 수 안에는 연필 3자루, 3시, 우리 가족은 '3'명, 달리기 '3'등 등의 다양한 의미가 담겨있다는 것이다.

(b) 조작을 통한 수 사이의 여러 가지 관계의 발달이다. 이는 수의 합성과 분해를 통하여 수 사이의 관계를 이해하고 탐구하는 것으로, 예를 들면 30은 3의 10배, 15의 두 배, 2의 10배에 10이 합해진 것을 이해하고 찾아내는 능력을 말한다.

(c) 수의 상대적 크기를 인식하는 것으로, '10을 7 또는 12와 비교하면 7보다 크고 12보다 작다'는 수들의 상대적인 수적 그리고 양적 크기에 대한 이해를 뜻한다.

(d) 수에 작용하는 연산의 상대적 효과에 대한 이해이다. 연산 사이의 관계를 탐구하여 연산 효과에 대한 통찰과 직관을 얻는 것을 의미한다. 예를 들면 덧셈과 뺄셈은 서로 역의 관계를 가지고 있다는 것을 이해하며, 덧셈을 하면 전체를 알 수 있고, 뺄셈을 하면 부분을 알 수 있다는 연산 효과에 대한 통찰과 직관을 발달시키는 것을 의미한다.

(e) 일상적인 대상과 상황을 측정하기 위한 참조물 개발이다. 이는 예를 들어 '2학년 학생의 몸무게가 400kg, 키가 50cm가 된다는 것은 비현실적이며, 음료수 한 잔이 117달러가 될 수 없으며, 선생님은 89살이 아니다'라는 각각의 측정의 합리적인 범위에 대한 결과의 합리성을 판단할 수 있는 참조물을 개발하는 능력을 말한다.

McIntosh 등(1997)은 기존 연구를 종합하여 수 감각 범위를 크게 '수 개념', '계산', '수와 계산의 응용'으로 나누고 각각 구성 요소를 세분화하여 정리하였다. 이를 구체적으로 살펴보면, 첫째, '수 개념'은 수에 대한 지식과 특성을 다루는 것으로서, 수의 순서 감각, 수에 대한 다양한 표현, 수 크기의 절대적, 상대적 감각, 기준척도 체계를 포함한다. 둘째, '계산'은 계산에 대한 지식과 특성을 다루는 것으로서, 계산 결과에 대한 이해, 수학적 성질의 이해, 계산 사이의 관계 이해를 포함한다. 셋째, '수와 계산의 응용'은 수와 계산에 대한 지식과 특성을 계산 상황에 적용하는 것으로서, 문제 문맥과 필요한 계산과의 관계 이해, 다양한 전략의 존재에 대한 인식, 효과적인 방법과 표현을 사용하려는 성향, 자료와 결과를 검토하려는 성향을 포함한다. 이와 같은 구성 요소는 후에 다음과 같이 6가지로 정리되었다; ①

수의 의미와 크기를 이해하기, ② 수의 동치 표현을 이해하고 활용하기, ③ 계산의 의미와 결과를 이해하기, ④ 동치식을 이해하고 활용하기, ⑤ 암산, 지필계산, 계산기 사용을 위해 융통성 있게 계산하고 세기 전략을 활용하기, ⑥ 측정 기준척도를 활용하기.

미국수학교사협의회(2000)의 '학교 수학을 위한 원리와 규준'에서는 수 감각을 개발하기 위한 내용 요소를 첫째, 수, 수의 표현 방법, 수 사이의 관계성 및 수 체계의 이해, 둘째, 계산의 의미와 계산이 서로 관계된 방법의 이해, 셋째, 유창하게 계산하기와 타당한 어림하기로 제시하고 있다.

다. 수 감각의 특성

Rey(1998)는 "수 감각은 학생이 소유하거나 소유하지 못하는 유한한 실체가 아니다. 따라서 수 감각의 발달은 일생에 걸친 과정이다."라고 말하였다. 즉 수 감각의 발달은 형식적인 학교생활 이전에 시작되고, 성인이 되어서도 꾸준히 발달하며, 점차적이고 진화적인 단계를 거쳐 형성되어 간다는 것이다. 미국수학교사협의회(1989)에서는 수 감각은 유아기 때 필요한 '전(前)-수개념'이 아니라 수학 문제 해결에 반드시 필요한 필수 요소로, 학생뿐만 아니라 성인들에게도 중요한 수 관계에 대한 직관력이라고 하였다. 또한 '전(前)-수개념'과는 달리 계산과 수학 문제 해결에 있어서 수 감각은 답의 합리성에 대한 판단을 내리는데 도움을 주는 중요한 요인으로 작용한다고 하였다.

이와 같은 관점에서 Resnick(1990)은 수 감각의 특성에 대하여 다음과 같이 주장하였다.

- 알고리즘이 아니다.
- 복잡한 경향이 있다.
- 다양한 해결책을 가지고 있다.
- 미묘한 판단과 인용을 필요로 한다.
- 다양한 표준의 적용을 수반한다.
- 불확실성이 있다.
- 사고 과정에서 개인 규칙을 만든다.
- 의미를 수반한다.

· 생각하도록 이끈다.

또한 Western Canadian주의 교육과정(1996)에서는 수와 연산이 모든 수학 학습에서 중요하며, 이러한 수와 연산에서 수 감각은 특히 중요하고 필요하다고 주장하면서, 수 감각은 다음과 같은 특성을 포함한다고 하였다.

· 수의 직관적인 느낌과 다양한 관계 이해하기

· 다양한 경험을 통하여 수의 의미를 만들고, 필요성 평가하기

· 계산과 측정을 위한 상대적인 크기를 판단할 수 있는 능력

· 수학적 실수에 대처할 수 있는 능력

· 자리값의 지식과 수학적 계산의 효과에 대한 이해

Van de Walle(1993)는 수 감각을 수와 수 사이의 관계에 대한 직관이라고 정의하면서, 수 감각의 특징을 다음과 같이 기술하였다.

· 수 감각은 알고리즘이 아니다. 즉 활동 과정이 순서대로 구체화되지 않는다.

· 수 감각은 복잡하다. 그래서 전 과정을 볼 수 없다.

· 수 감각은 유일한 해가 아닌 여러 가지 해를 낳는다.

· 수 감각은 판단이나 해석의 뉘앙스를 담고 있다.

· 수 감각은 경우에 따라서 서로 갈등을 일으키는 여러 가지 기준을 적용시킨다.

· 수 감각은 종종 불확실성을 포함한다. 과제와 관련된 모든 것을 알고 있는 것은 아니다.

· 수 감각은 의미를 부여하고, 무질서에서 구조를 찾는다.

· 수 감각에 대한 사고는 효율적이며 정교화와 판단을 포함하는 상당한 정신 작용이 필요하다.

2. 학습장애아의 수 감각

앞에서 살펴본 수 감각은 아동이 세기를 시작하기 전부터 발달하기 시작한다. 예를 들어 아동들은 다음과 같은 수에 대한 경험들을 가지고 있다.

· 나이가 몇 살입니까?

· 이것은 몇 개입니까?

· 너의 가족은 몇 명입니까?

수에 대한 방대한 경험의 대부분은 초기 수 감각 형성의 기초와 훗날 수리적 기능 발달을 위한 토대를 제공한다. 수 감각의 형성과 관련하여 수와 관련한 소리와 광경에 대한 인식들이 수에 대한 이름과 기호들로 연관되어 기억되는 것을 추상화라고 한다. 대부분의 학생들은 수에 대한 풍부하고 독특한 경험들을 통해 잘 형성된 추상화 능력들을 가지고 있다. 그에 비해 학습장애 학생들은 확률적으로 동등한 경험을 하였음에도 추상화가 원활하게 이루어지지 않았거나, 신경심리학적 결함으로 인해 원천적으로 어려움을 겪을 수 있다. 또한 수학학습에 어려움을 보이는 학생들을 대상으로 한 연구들은 초기 수학 기술인 수 감각이 수학학습에 어려움을 보이는 학생들에게는 특히 부족한 것으로 나타났다(Geary, 1999; Lerner & Johns, 2009; NCLD, 2006)

따라서 학습장애 학생들에게 수 감각을 발달시키기 위한 최우선의 목표는 추상화 능력의 발달과 수에 대한 "좋은 감각"을 길러줄 수 있도록 하는, 신중하게 잘 구성된 문제해결 활동과 연습의 기회를 풍부하게 제공하는데 두어야 한다. 그러기 위해 처음에는 한 자리 수에서 시작하여 100까지의 수를 다룬다. 사물의 묶음을 세고 센 수를 기록한다. 시계에 나타난 시각을 읽고 쓴다. 길이를 재고 기록한다. 그리고 그러한 수들을 초기 덧셈과 뺄셈에 사용한다. 이후 학생들이 더 큰 수를 사용하고 이해하면서 성장하게 되고, 특히 계산하는 동안 불합리한 답들을 인식하기 시작하면서, 예측과 어림을 통하여 수 감각은 발달하게 된다. 좋은 수 감각을 기반으로 하여 사물의 개수와 수를 관련짓고, 정확하고 효율적인 수 세기 기술의 사용함으로써 수 개념이 형성되어 나간다. 그런 다음, 학생들이 관련된 수를 읽고 쓸 수 있을 때, 수의 비교하기와 수열 배열하기 과제가 도입된다.

이 장은 학습장애 학생들의 "수 감각" 발달에 있어 강조되어야 할 영역과 기법들에 대하여 제시하고 있다. 각 영역에서 어려움을 가지는 문제와 그 원인을 확인하고, 그에 따른 효과적인 지도 방안에 대하여 소개하고자 한다.

1. 초기 수 세기 활동
2. 앞으로 세기, 뒤로 세기, 뛰어 세기
3. 수의 반전
4. 자리값의 이해
5. 수의 크기 비교

6. 어림하기
7. 큰 수의 읽기, 쓰기

2절. 수 감각 지도의 실제

1. 초기 수 세기 활동

가. 문제 영역 및 배경

원활한 수리적 활동이 가능하려면 수에 대한 이해와 수 관계를 사용할 수 있는 능력이 필요하고, 이러한 능력의 기초가 되는 수 감각은 다면적이고 많은 시간에 걸쳐 형성된다. 그러나 학습장애 학생들의 경우 시지각 연합, 추론 및 정보의 일반화 능력 등에 어려움이 있기 때문에(Bley & Thornton, 2001), 수 감각의 발달을 촉진하기 위해서는 구조화되고 지속적인 학습기회를 제공해 주어야 한다. 예를 들면 구체물의 조작을 통해 학습하고, 초기 단계에서는 문제에 대한 답을 직접 쓰기보다는 보기에서 선택하게 하거나, 계산 결과를 검증하기 위한 기회를 제공하며, 매일 반복적인 수세기 활동 등과 같은 학습경험들이 수에 대한 학습에서 이루어져야 한다. 이러한 수 감각 발달을 위한 활동은 학습장애 학생들 스스로가 수리적인 결과의 타당성을 평가할 수 있는 사고 체계를 발달하도록 돕는 것에 목표를 두어야 한다. 만일 학생들이 매일의 상황에서 양적인 정보를 성공적이고 독립적으로 사용할 수 있다면 이 목표는 훨씬 수월하게 도달될 수 있을 것이다.

10까지의 수를 연속해서 세는 것을 알고 있음에도 불구하고 10 이상의 물체를 정확하게 셀 수 없는 학생들을 볼 수 있다. 다음의 예를 통해 단기기억 및 공간 관계의 어려움과 충동적인 학습태도 등을 보이는 학습장애 학생들이 겪는 수 세기의 오류를 확인 할 수 있다.

책상 위에는 연필이 6자루 놓여 있다.
- 교사 : 책상 위에 있는 연필을 세어봅시다.
- 학생 : 책상 위에 있는 연필은 모두 10자루입니다.
- 교사 : 왜 10자루라고 생각했습니까?

학생은 자신만의 독특한 수 세기 방법으로 연필을 세어본다.
- 학생 : 1-2, 3, 4-5-6, 7-8, 9-10, 10. 따라서 10자루입니다.

위 학생은 10까지의 수를 정확하게 세고 수 이름(수사)을 알고 있다. 그러나 정확한 세기의 기초가 되는 물체와 수 사이의 1대 1 대응 관계를 내면화하지 못하고 있다. 더욱 공간 관계에 대한 일반적 결함이 계산에서 어떤 것을 놓치는 것과 같이 학생의 수 세기를 방해한다.

사물의 개수를 세어 나갈 때 이름으로 수 값을 부르는 수 세기는 성인의 입장에서는 매우 간단하게 보이지만, 학생이 처음 수 세기를 배우거나 연습해나가는 과정을 살펴보면 수 세기의 전략이 얼마나 다양한지 그리고 수년간 계속해서 발달해 가는 과정을 알 수 있다. 이러한 수 세기의 과정에는 네 가지 중요한 원리가 있다.

첫째, 세어지는 각 대상에는 단지 하나의 수와 수사만이 할당되어야 한다. 즉 사물과 수(그리고 수사) 사이에 1대 1 대응이 성립된다.

둘째, 수사 목록은 사물이 세어질 때마다 고정된 순서로 사용되어야만 한다. 예를 들어 학생은 "하나"에서 시작하여 "둘, 셋, …, 여섯"으로 세는 것처럼 정해진 순서 규칙에 따른다.

셋째, 사물을 세는 순서는 문제가 되지 않는다. 그래서 학생은 사물의 어느 것에서나 시작할 수 있고, 어떠한 순서로든지 사물을 셀 수 있다.

넷째, 마지막으로 사용된 수사가 대상의 개수이다. 이 원리는 집합수의 법칙으로 수 세기를 대상의 개수와 연결 짓는다. 어떤 사물로부터 세기를 시작했든지 또는 어떤 순서로 세든지 간에 관계없이 마지막 사물에 붙여진 수사가 항상 해당 개수를 말한다.

이들 원리는 학습장애 학생들이 나타내는 수 세기 기능의 수준을 파악하는데 도움이 된다. 학습장애 학생들의 수 세기 활동을 주의 깊게 관찰하면 그들이 나타내는 문제점을 진단하고 그에 따른 지도가 가능할 것이다.

이러한 수 세기 연습은 기초 수 세기, 앞으로 세기, 뒤로 세기 및 뛰어 세기 등을 포함해야 한다. 수 세기 활동은 실생활에서 흔히 일어날 수 있는 상황을 설정하여 보다 친숙하고 흥미롭게 지도되어야 한다. 다음은 수 세기 능력을 발달시킬 수 있는 활동들을 소개하고 있다.

나. 학습지도 활동

1) 같은 수만큼 색칠하기

① 다음과 같은 학습지에 있는 그림의 개수 세기

② 같은 수만큼 ○에 색칠하기

※ 왼쪽의 그림을 세어보고 같은 수만큼 오른쪽 ○에 색칠하세요.

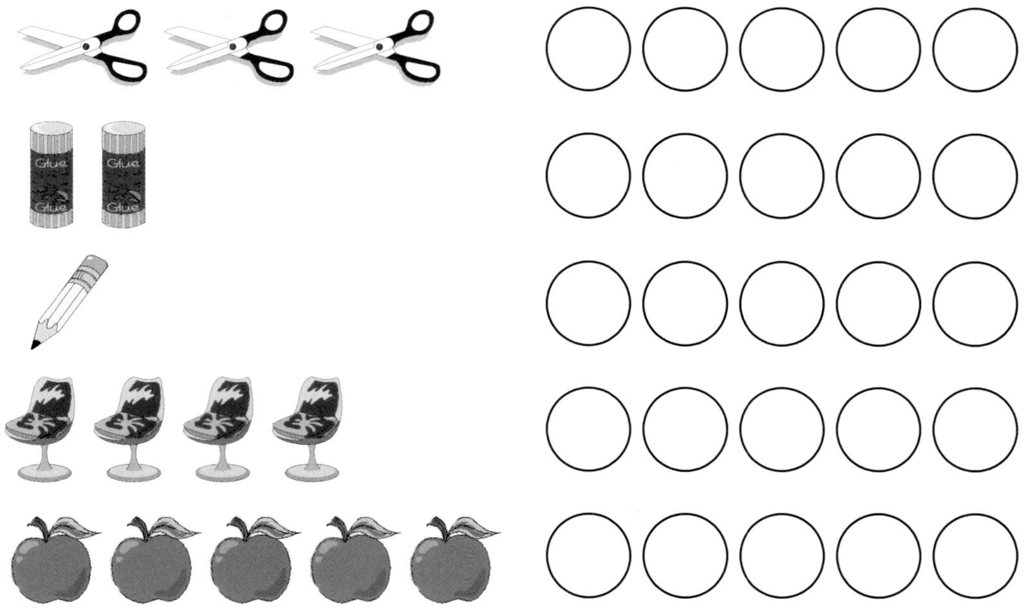

<그림 3.1> 같은 수만큼 색칠하기

2) 같은 개수 모음 찾기

※ 다음 그림에서 같은 수의 그림끼리 선으로 연결하시오.

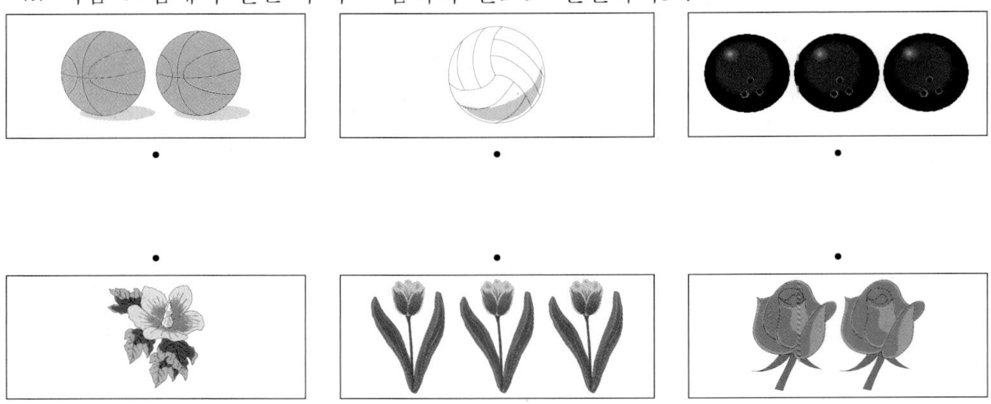

<그림 3.2> 같은 개수 그룹 찾아 선긋기

3) 같은 수의 손가락 그림 찾기

※ 왼쪽 그림의 수와 같은 수의 손가락 그림을 오른쪽에서 찾아 선으로 연결하시오.

<그림 3.3> 같은 수의 손가락 그림 찾아 연결하기

4) 땡그랑 놀이

팬 또는 냄비와 구슬을 준비한다. 먼저 교사가 구슬을 팬에 떨어뜨려 보는 '땡그랑' 놀이의 시범을 보인다. 이때 팬에 구슬을 하나 떨어뜨리면서 "하나", 두 번째 구슬을 떨어뜨리면서 "둘"이라고 말한다. 그런 다음 학생들에게 몇 개의 구슬을 주면서 교사가 한 것과 같은 방법으로 떨어뜨리고 세어보게 한다. 이 활동은 수세기 학습을 강화하기 위해 운동감각 및 촉각적 자극을 동반한다. 학생과 함께 세고, 각각의 구슬을 떨어뜨릴 때 박수를 치거나 학생의 어깨나 등을 가볍게 치는 것도 좋은 방법이다.

5) 하나씩 수 세기

다음의 수 세기 활동들은 청각적 또는 운동감각적-촉각적 학습에 강점을 보이는 학생들을 돕기 위해 사용될 수 있다.

① 고무밴드를 문의 손잡이에 하나씩 걸면서 세기
② 탁자 위에 상자를 놓거나 옮기면서 하나씩 세기
③ 줄에 매듭을 지어 나가면서 하나씩 세기
④ 줄에 구슬을 꿰어가면서 하나씩 세기
⑤ 나무도막을 쌓거나 옮기면서 하나씩 세기

6) 다트 놀이

① 다음 그림과 같은 다트판과 공을 준비한다.
② 다섯 번을 던져 맞춘 그림의 수만큼 학습지에 색칠한다.

<그림 3.4> 다트판

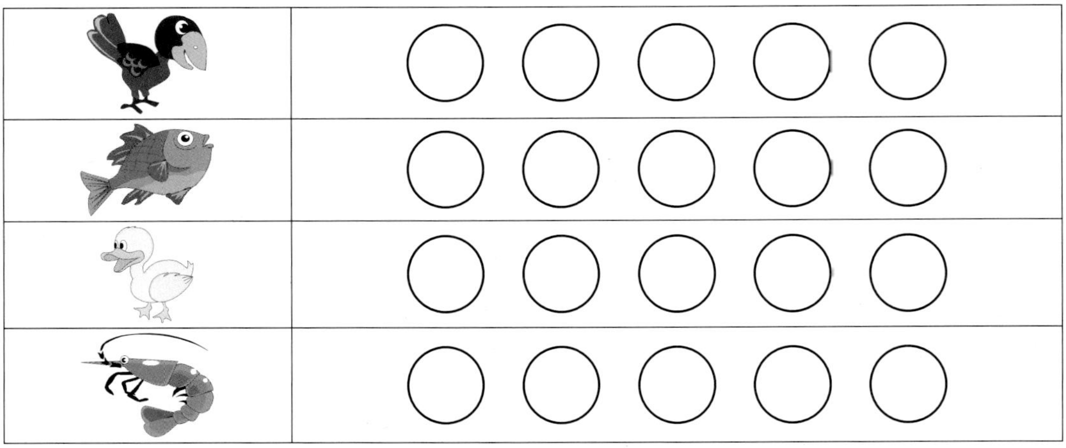

<그림 3.5> 다트 놀이 학습지

7) 큰 수(작은 수) 찾기

※ 두 그림을 비교하여 많은 쪽에 ○표 하세요.

1.

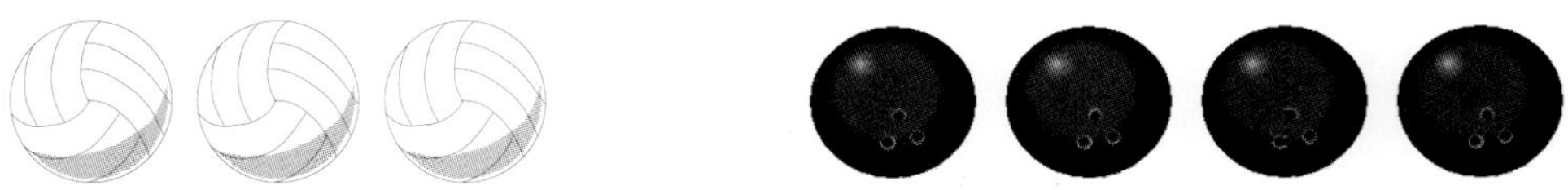

2.

<그림 3.6> 큰 수 찾기

8) 알맞은 숫자 찾기

※ 그림에 맞는 숫자를 찾아 ◯표 하세요.

1.

1	2	3	4

2.

1	2	3	4

3.

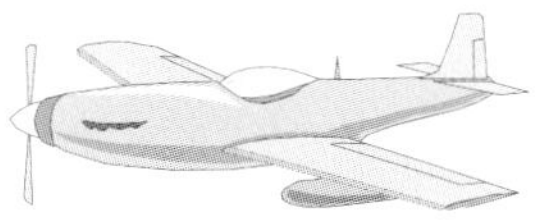

1	2	3	4

4.

1	2	3	4

<그림 3.7> 알맞은 숫자 찾기

9) 순간적으로 보여주기

이 활동은 실물화상기나 OHP 위에 학생들에게 익숙한 구체적인 모형을 2~3초 동안 순간적으로 보여주는 것으로서, 이 때 학생들은 그 모형에 대해 본 것이 무엇인지 설명해야 한다. 이 활동은 학생들이 "실제로" 조작해 보는 것으로부터 "마음속으로" 조작해 보는 것으로 점차 변화함으로써 수 감각의 발달에 도움을 줄 수 있다. 예를 들면 다음과 같은 모형을 화면에 잠깐 동안 보여주고 몇 개인지 말하도록 하거나, 이 수보다 1 더 큰 수, 1 더 작은 수 등을 찾아보게 하는 활동을 할 수 있다.

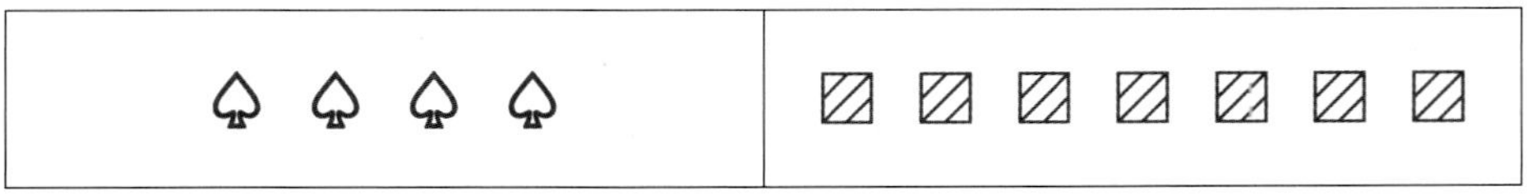

<그림 3.8> 순간적으로 모형 보여주기

이러한 활동에서는 셀 수가 없기 때문에 학생들이 모형의 그림(상)을 머릿속에서 만드는 것을 훨씬 더 촉진할 수 있으며, 이러한 그림(상)은 머리속으로 사고하는 기능을 발달시키고, 개념의 발달을 강화하며, 수 감각을 촉진시키는데 큰 도움이 된다(Leutzinger & Bertheau, 1989. 소연이, 2000에서 재인용).

2. 앞으로 세기, 뒤로 세기, 뛰어 세기

가. 문제 영역 및 배경

수 감각 발달에서 물체의 수를 셀 수 있으면, 다음으로 뛰어 세기와 묶어 세기를 통해 능숙하게 수를 셀 수 있어야 한다. 학생들은 일반적으로 비록 짧은 세기라 하더라도 앞으로 세는 것보다 뒤로 세거나 뛰어 세는 것을 더 어렵게 생각한다. 특히 주의집중, 시각적·청각적 연합, 전경-배경, 작업기억 및 표현언어 등에 어려움이 있는 학습장애 학생들의 경우 수 세기에 대한 패턴을 이해하지 못하기 때문에 2 또는 3 만큼 다음 수를 세거나 이전의 수를 세는데 어려움을 나타낸다(Bley & Thornton, 2001). 5나 10씩 뛰어 세기는 덧셈과 뺄셈, 초기 곱셈 그리고 시간이나 화폐를 포함한 실생활에 필요하기 때문에, 학생들에게 앞으로 세기, 뒤로 세기, 뛰어 세기와 관련된 효율적이고 다양한 세기 전략들을 가르쳐야 한다.

1) 앞으로 세기

앞으로 세기에서는 바른 수사를 제시하면서, 어떤 수에서 출발하든 수 세기를 시작할 수 있다. 예를 들어, 5+3은 5에서 시작해서 '여섯, 일곱, 여덟'로 셀 수 있다. 이러한 앞으로 수 세기는 덧셈의 발달에 핵심적인 기술이다.

2) 뒤로 세기

뒤로 세기는 하나의 수에서 시작하여 반대 순서(거꾸로)로 수사를 센다. 예를 들어 “예린이는 사과 7개를 가지고 있었는데, 4개를 먹었다”라는 문제를 풀기 위해 뒤로 셀 때, “여섯, 다섯, 넷, 셋”을 세고 3개가 남았다고 결론지을 수 있다. 이러한 뒤로 세기는 뺄셈의 발달에 필요한 기술이다.

3) 뛰어 세기

뛰어 세기는 하나씩 차례대로 세는 대신에 둘씩, 다섯씩, 열씩 뛰면서 세어나가는 기술이다. 시작하는 수와 방향은 선택적이다. 뛰어 세기는 다양한 규칙성을 제공할 뿐만 아니라, 곱셈과 나눗셈에 대한 준비 학습을 제공한다. 학생들에게 5원, 10원, 100원 등의 동전을 주고 다양한 뛰어 세기를 연습하도록 한다.

나. 학습지도 활동

1) 앞으로 세기

가) 블록 세기

다음과 같은 학습지를 제공하여 블록의 수 세기와 읽기를 지도한다.

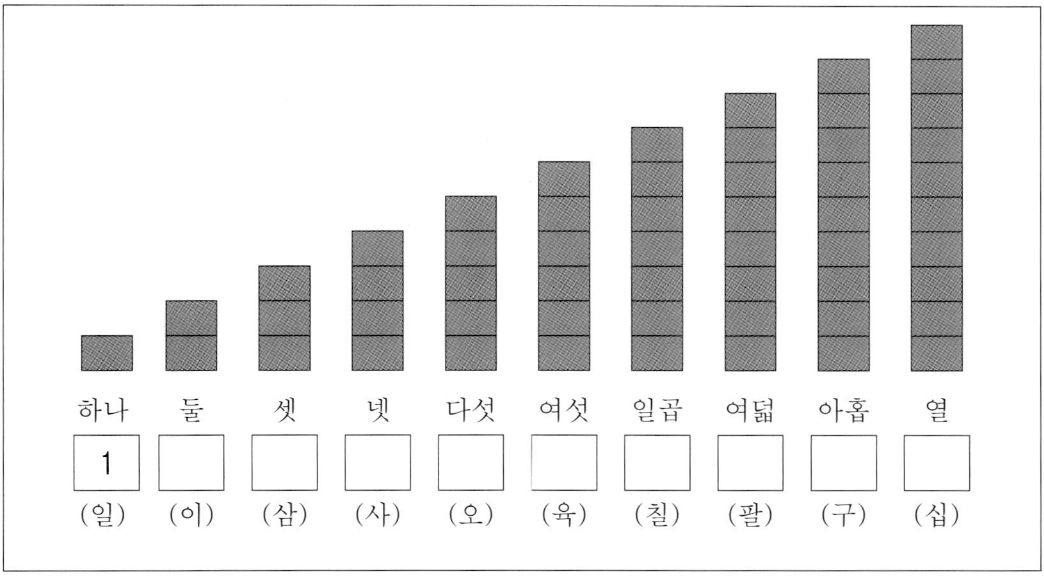

<그림 3.9> 10까지 세고 읽기

나) 행동으로 나타내기

신체 움직임을 사용하여 학생들에게 앞으로 세기의 패턴을 "느끼게" 한다. 앞으로 3만큼 수를 세는 연습을 위해 다음과 같은 활동을 한다.

> · 교사 : 손을 무릎에 둡니다. 선생님이 '4'라는 숫자를 말한 다음 '2만큼 더 세어봅시다'라고 말할 겁니다. 그러면 여러분들은 일어서기 전에 2만큼 더 세어 봅니다. 그런 다음 일어서서 마지막 숫자를 말해봅니다. 시작!
>
> · 학생 : 6입니다.

이와 같은 활동을 여러 가지 숫자로 반복한 다음, 이와 유사한 다른 활동들을 해 본다. 예를 들면 학생들에게 일어서 있도록 하고, 이 때 두 손은 내린다. 9까지의 수 중에 하나를 말하고 나서 다음과 같이 말한다.

> · 교사 : 6에서 시작합니다. 3만큼 더 세고 두 손을 머리 위에 올린 후 마지막 숫자를 말하세요.
>
> · 학생 : (손을 머리 위에 올리면서) "9"

다) 수직선에서 세기

다음 그림과 같이 수직선에서 빈칸을 채우며 앞으로 세기를 연습할 수 있다.

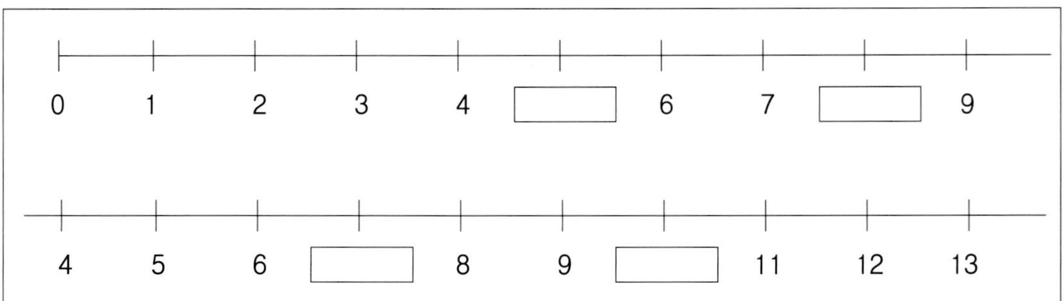

<그림 3.10> 수직선에서 세기

라) 숫자 이어 그림 그리기

※다음 그림 속의 숫자들을 작은 수에서 큰 수의 순서대로 이어봅시다.

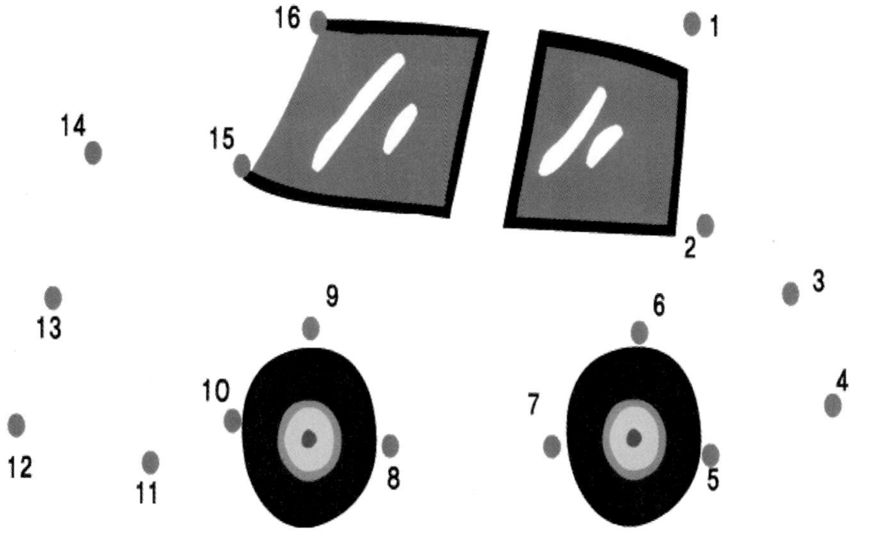

<그림 3.11> 숫자 이어 그리기

마) 보여주고 앞으로 세기

먼저 학생들에게 칠판에 8 개의 나뭇잎을 보여주고 나서 교사와 함께 세어 보도록 한다. 세기를 마치면 이 나뭇잎들을 동그라미로 묶은 후 숫자를 쓴다. 그런 다음 학생들에게 동그라미 바깥에 나뭇잎을 3개 더 그려나가면서 교사와 함께 세어 나가도록 한다.

<그림 3.12> 보여주고 앞으로 세기

바) 읽고, 펼치고, 세기

다음 그림과 같은 카드의 겉면에 숫자가 적혀 있다. 이 카드를 펼치면 왼편에는 숫자가 있고 오른편에는 추가적인 점들이 몇 개 그려져 있다. 학생들은 카드를 펼친 후 왼편 숫자에서 시작하여 추가된 점만큼 앞으로 세어 나간다.

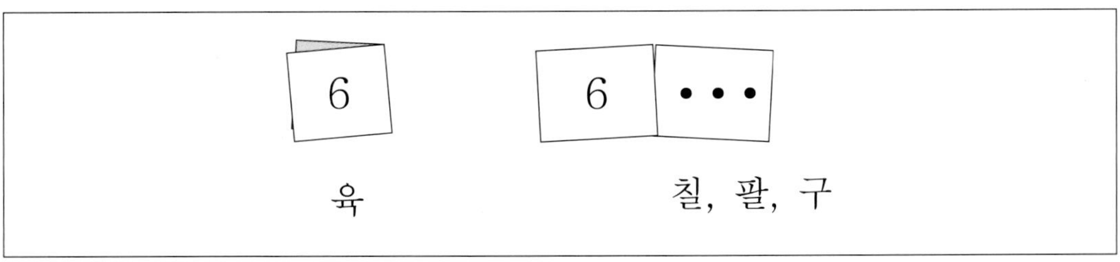

<그림 3.13> 숫자와 점이 있는 카드

사) 카드 뒤집기

숫자카드를 준비한 후 여러 개의 연속적으로 된 수를 순서대로 세운다. 그런 다음 학생들에게 하나의 카드를 뒤집는 것을 보여준다(차후 숙달되면 카드 뒤집는 것을 보여 주지 않는다). 다음 그림과 같이 카드를 놓고, 뒤집어져 있는 카드의 앞에 있는 숫자를 읽어보게 하여 다음에 오는 숫자를 알게 한다.

- 교사 : (뒤집어져 있는 카드를 가리키며) 이 카드를 읽어 보세요.
- 학생 : "4"
- 교사 : 그러면 4 다음에 오는 수는 무엇입니까?
- 학생 : "5"

교사는 카드를 뒤집어 정확하게 말하였는지 확인시켜 준다.

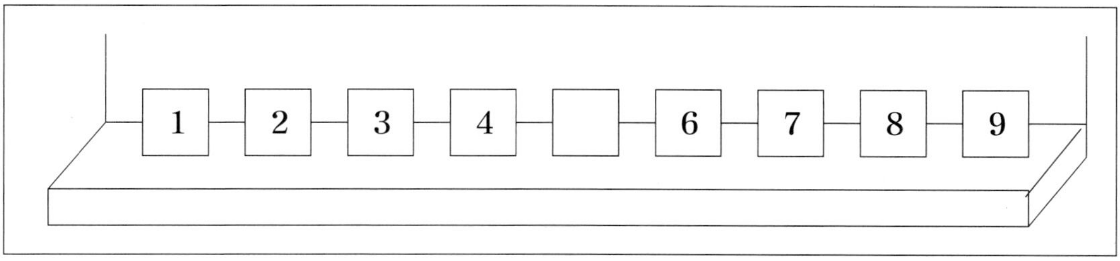

<그림 3.14> 카드 뒤집기

다음에 오는 숫자를 찾는 활동에 익숙해지면 뒤집어 두는 카드의 개수를 늘여나간다. 필요한 경우 각 활동마다 학생들이 1부터 세는 것을 허용한다.

아) 돌다리 건너기

① 0-5가 쓰여진 주사위와 아래와 같은 놀이판을 준비한다.

② 주사위를 굴려 나온 수만큼 놀이판에 말을 옮긴다.

③ 번갈아가며 놀이한다.

④ 먼저 돌다리를 건너는 학생이 승리한다.

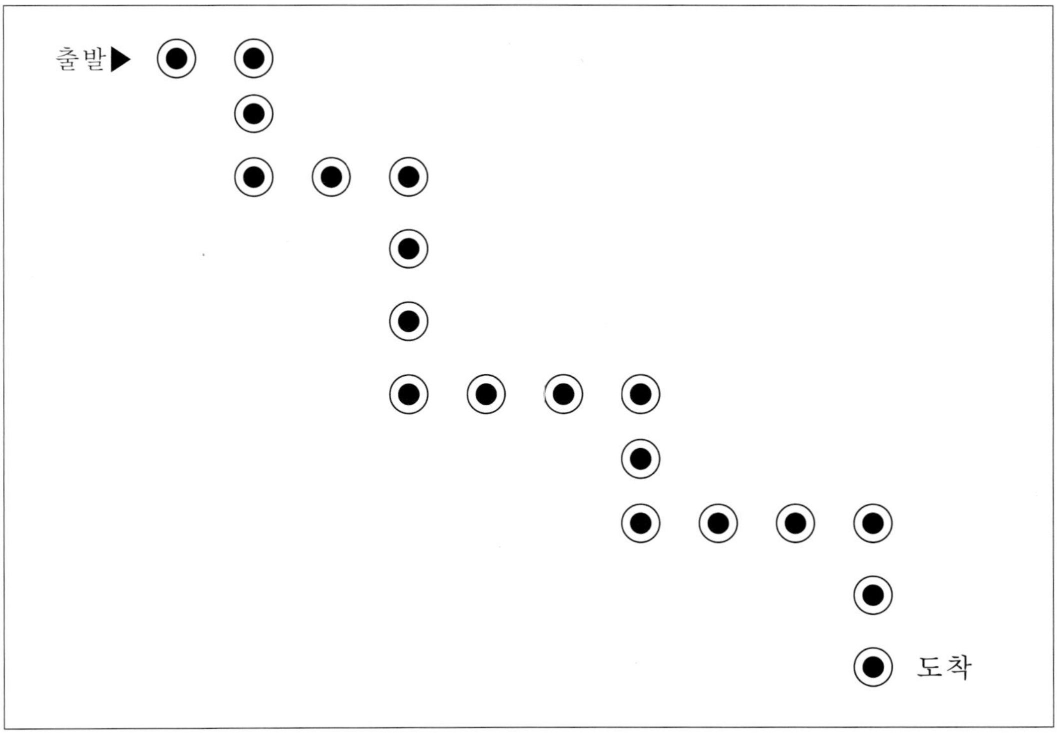

<그림 3.15> 돌다리 건너기 말판

자) 수의 순서

숫자를 읽고 쓰기는 잘하나 수의 순서(서수)를 쉽게 이해하지 못하는 학습장애 학생들에게 수의 순서를 가르치기 위해 적절한 방법 중의 하나는 직접 체험을 통한 학습이다. 예를 들면 도서관에서 책을 빌리기 위해 줄을 선 자신의 차례가 몇번 째인지 말하기, 달리기에서 먼저 들어온 순서 알기, 점심 식사를 빨리 한 친구들의 순서 말하기 등을 통해 익힐 수 있다. 또한 다음과 같은 학습지를 활용할 수도 있다.

1. 서로 관계있는 것끼리 연결하시오.

셋째 둘째 첫째 다섯째 일곱째 넷째 여덟째 여섯째 아홉째

2. 주어진 순서에 맞는 그림을 찾아 ○표 하시오.

다섯째

여덟째

<그림 3.16> 수의 순서 학습지

차) 숫자 빙고

다음 그림과 같은 놀이판을 만들어 1-9까지의 숫자를 한 칸에 한 개씩 써 넣고 선생님이 부르는 숫자를 차례로 지우도록 하여 가로, 세로, 대각선이 이어지면 "빙고"를 외치는 학생이 이긴다. 처음에는 교사가 숫자를 부르고 익숙해지면 학생이 숫자를 부르게 한다.

<그림 3.17> 빙고게임 판

2) 뒤로 세기

뒤로 세기는 하나의 숫자에 시작하여 뒤로 수사를 제시해 나가는 세기 방법이다. 예를 들어 로켓 발사를 위한 카운트다운(3, 2, 1)과 같은 수 세기를 말한다. 앞으로 세기에 능숙하지만 뒤로 세기를 어려워한다면, 그것은 먼저 뒤로 세기에 대한 연습과 경험이 부족한 결과이다. 하지만 학습장애와 같이 신경심리학적 결함을 가진 학생들의 경우 특히 작업기억이 짧거나 수 세기를 하는 동안 주의집중이 어렵기 때문일 수 있다. 이 기술은 차후 뺄셈문제를 해결하는데 있어 매우 중요하기 때문에 초등학교 1학년 시기에 반드시 숙달되어야 한다. 다음과 같은 활동들은 뒤로 세기에 대한 기술을 습득하는데 도움이 된다.

가) 빈칸 채우기

※ 다음 그림을 보고 □안에 알맞은 숫자를 써 넣으세요.

1.

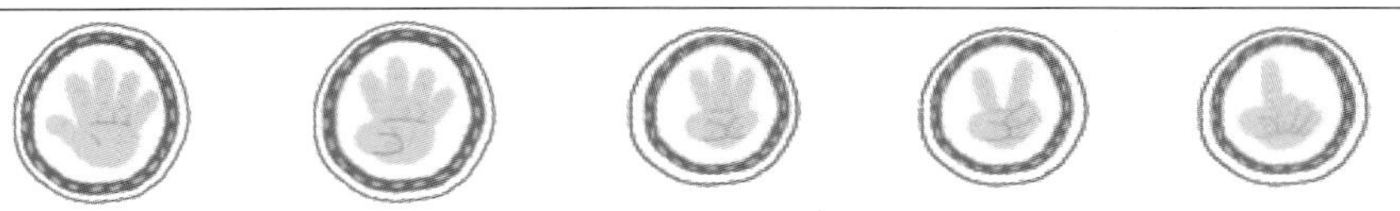

5	□	□	□	□

2.

◆◆◆◆◆ ◆◆◆◆◆	◆◆◆◆◆ ◆◆◆◆	◆◆◆◆◆ ◆◆◆	◆◆◆◆◆ ◆◆	◆◆◆◆◆ ◆
□	□	□	□	□

<그림 3.18> 뒤로 빈칸 채우기

나) 앞으로 뒤로

학생들에게 2가지 동작을 하게 한다. 숫자를 앞으로(오름차순) 셀 때는 손뼉을 치게 하고, 뒤로(내림차순) 셀 때는 무릎을 치게 한다. 그 이후에 교사는 앞으로 수를 세고, 학생들은 그 수를 뒤로 세도록 한다.

· 교사 : 선생님이 박수를 치며 몇 개의 숫자를 말합니다. 그러면 여러분들은 무릎을 치면서 뒤로 말해 봅시다. (손뼉을 치면서) "1, 2, 3, 4, 5" · 학생 : (무릎을 치면서) "5, 4, 3, 2, 1"

이러한 활동에 익숙해지면 교사는 앞에 있는 숫자에는 박수만 치고, 마지막 숫자만 큰 소리로 말한다. 그런 다음 학생들은 그 마지막 숫자에서 시작하여 뒤로 세게 된다. 처음에는 숫자를 2~3개 정도를 앞으로 뒤로 세도록 하지만, 점점 그 수를 늘여 나간다. 즉 '3, 4, 5, 6, 7' 또는 '9, 10, 11, 12, 13, 14'와 같이 5개 또는 그 이상의 수를 가지고 연습할 수 있다.

다) 2 더 작은 수 찾기

이 활동은 학생들에게 2 더 작은, 또는 3, 4… 더 작은 수를 세어 보게 한 후 마지막 수를 말하도록 하는 활동이다. 이것은 차후 학생들에게 여러 가지 뺄셈문제(예 : 6-2, 5-2, 7-2)에서 뒤로 세기를 통해 문제를 풀 수 있도록 도와준다. 이 활동의 강조점은 청각적 양식을 포함하는 것과 내적 언어를 발달시키는데 있다. 화살표로 숫자를 가리키고, 학생들은 그 수에 2를 빼면 어떤 수가 되는지를 교사에게 말하도록 한다.

(예제)

만약 가리키는 수가 6이라면

6	5	4
↑	↑	↑
이 수를 말해보자	작은 소리로 말해보자	큰 소리로 말해보자

다른 수를 가지고 반복한 후 빼는 수를 3, 4 또는 다른 수로 확장한다. 청각적 결함을 가진 몇몇 학생들은 아마도 가운데 수를 작게 말하는 것에 어려움을 가질 것이다. 그와 같은 학생들은 작게 말하기를 하는 동안에 책상을 살짝 두드리도록 한다.

라) 말하고 앉기

학생들을 일어서 있도록 한 후, 1에서 10사이에 있는 숫자 중 하나(예: 7)를 말해 준다. 그 숫자에서 3만큼 뒤로 세고 앉는다. 시작하는 숫자 또는 뒤로 세는 숫자를 다르게 하여 반복 연습한다.

마) 보여주고, 뒤로 세기

칠판에 몇 개의 점(10까지)을 찍어 두고, 학생들에게 교사와 함께 수 세기를 하도록 한다. 모두 세고 나면 그 점들을 동그라미로 묶은 후 알맞은 숫자를 쓴다. 그런 다음 몇 개의 점들을 지워나가면서 교사와 함께 뒤로 세기를 해본다.

바) 큐브(또는 블록) 빼면서 세기

서로 연결된 큐브로 기차를 만든다(예: 9 기차는 9개의 큐브로 만든 기차). 그런 다음 하나씩 분리해가면서 세어본다. 뒤로 세기에 어려움이 있는 학생들을 위해 큐브에 숫자를 써 놓으면 도움이 된다.

3) 뛰어 세기

뛰어 세기는 하나씩 세는 대신에 둘씩, 다섯씩 또는 다른 값만큼씩 뛰면서 세는 방법이다. 이러한 뛰어 세기는 특히 시각을 읽거나 돈을 사용하는 실생활에 매우 유용한 기술이기도 하다. 이러한 수 세기에서 앞으로 세기와 뒤로 세기는 잘하지만 2씩, 3씩 등과 같이 뛰어 세기와 같은 수 세기에 대한 패턴을 잘 이해하지 못하는 경우가 있다. 학습장애를 포함하여 시·청각적 연합이나 변별, 표현 언어, 작업기억 또는 추론 등에 결함이 있는 학생들은 그러한 패턴을 가진 뛰어 세기에 어려움을 나타낸다. 또한 그러한 학생들은 자신이 가지고 있는 동전의 액수를 세거나 거스름돈을 계산하는데 있어 10씩, 50씩, 100씩 뛰어 세지 못한다. 특히 10씩 뛰어 세는 것보다 5씩 뛰어 세는 것으로 옮겨갈 때 더 큰 어려움을 겪기도 한다.

이러한 원인은 학생들이 일반적으로 뛰어 세기에 의해 수 세기를 하도록 하는 패턴의 재인과 연합을 능숙하게 수행하지 못하는데 있다. 따라서 다음과 같은 지도가 필요하다. 이 때 수의 연속에 대한 직접적인 활동에 기초하기 보다는 학생들에게 문제 처리에 기본이 되는 패턴 만들기를 먼저 가르치는 것이 좋다. 이 경우 패턴의 재인과 확장을 돕기 위한 간단한 형태와 시각적·청각적인 단서가 효과적이다. 그런 다음 학생들이 수열을 만드는데 성공하였을 때 색 단서가 있는 수 세기 차트가 필요하다.

가) 수직선에서 뛰어 세기

다음과 같은 수직선의 빈칸을 채우며, 2 또는 3씩 뛰어 세기 연습을 할 수 있다.

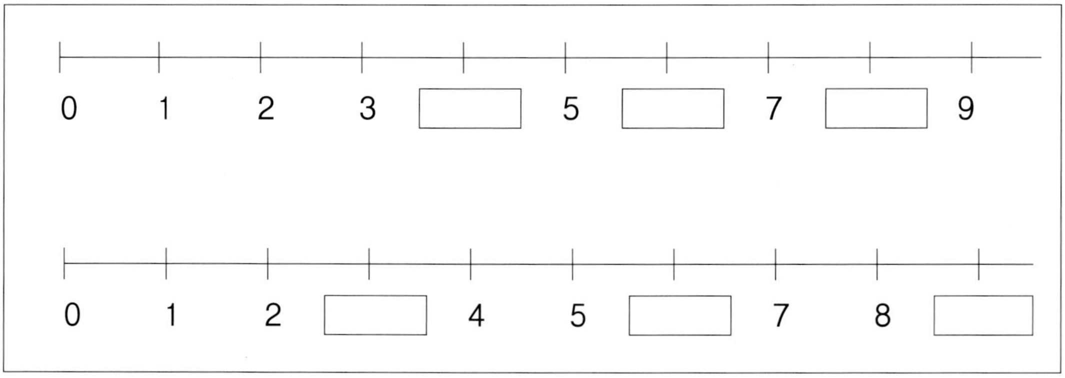

<그림 3.19> 수직선 뛰어 세기

나) 규칙 만들기

도화지로 원과 삼각형(원과 삼각형의 색깔은 다르게)을 만들고, 그것을 학생에게 나누어 준다. 다음 그림과 같이 2개씩 반복되는 서로 다른 모양이 그려진 학습지를 나누어 준다. 단 마지막에 오게 되는 도형은 점선으로 표시한다. 그림을 보고 학생들이 모양의 이름을 소리내어 말하도록 하여 "삼각형, 삼각형, 원, 원"과 같은 패턴을 스스로 찾게 한다. 그런 다음 학생들이 점선으로 표시된 부분에 어떤 모양이 오게 되는지 찾아서 나누어준 도형을 올려놓게 한다. 처음에는 규칙에 따라 다음에 오게 되는 도형을 점선으로 표시하여 주지만, 연습이 이루어진 다음에는 점선과 같은 단서를 생략한다. 아울러 모형으로 된 도형을 나누어 주지 않고 직접 그려 넣게 한다.

다) 다음은 뭘까?

앞의 규칙 만들기와 비슷한 활동이지만 이번에는 숫자를 사용한다. 또한 필요하다면 앞에서와 마찬가지로 점선 형태의 단서를 제공할 수도 있다.

3 3 6 6 3 3 ?

라) 규칙 찾기

다음과 같은 규칙을 가진 숫자나 그림의 패턴을 보여준다. 그리고 학생들에게 청각적인 패턴을 들을 수 있도록 수를 읽어보게 한다. 그런 후 다음에 오는 숫자는 무엇인지 물어보거나 어떤 규칙이 있는지 말해 보도록 한다.

10 20 30 40 50 60

마) 동전으로 뛰어 세기

10씩 뛰어 세기를 위해 학생들에게 10원짜리 동전을 나누어 준다. 다음 그림과 같은 뛰어 세기 도표를 나누어 주고, 학생들에게 수 세기를 하는 동안 동전을 그 위에 놓아보게 한다. 동전을 하나씩 놓아가며 숫자를 말하도록 한다.

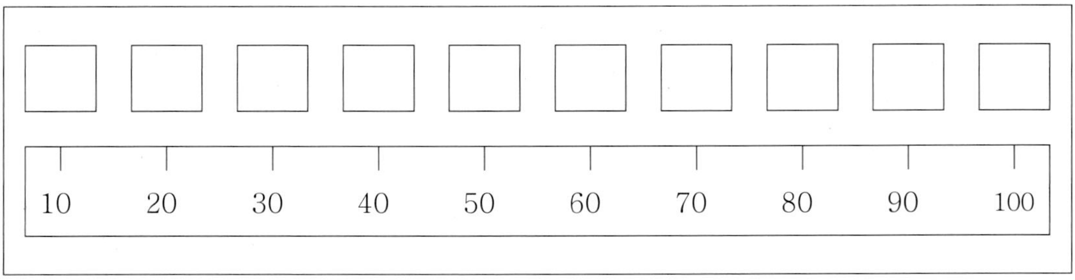

<그림 3.20> 수 세기 동전틀

바) 100까지 세어보기

다음 그림과 같이 색깔이 표시된 수 세기 표를 보여준다(십의 자리는 파란색, 일의 자리는 빨간색).

0	10	20	30	40	50	60	70	80	90	100
1	11	21	31	41	51	61	71	81	91	
2	12	22	32	42	52	62	72			
3	13	23	33	43	53					
4	14	24	34							
5	15	25	35							
6	16									
7	17									
8	18									
9	19									

<그림 3.21> 100까지의 수

이 표는 세로와 가로로 수가 배열되어 있는데, 세로줄은 수가 1씩 증가하고 가로줄은 10씩 증가한다. 학생들에게 가로줄을 따라 10씩 뛰어 세게 한다. 이제 첫 번째 세로줄(0-9)은 제외하고 나머지 모든 수를 덮개로 가린다. 그런 다음 학생들에게 이것을 소리내어 읽도록 한다.

다음으로 첫 번째와 두 번째 세로줄이 보이도록 덮개를 옮겨준다. 두 번째 세로줄에 있는 수를 소리내어 읽도록 한다. 학생들에게 두 번째 세로즐의 모든 수가 10에서 시작되는 것에 주의를 기울이도록 한다. “이것은 10으로 시작되는 세로줄이다.” 학생들과 함께 10부터 세고 다음 수를 강조하여 읽는다.

세 번째 세로줄이 보이도록 덮개를 옮긴다. “이것은 20으로 시작되는 세로줄이다.” 학생들에게 빈칸의 수를 세어보게 한다. 그런 후 “다음에 오는 수는 무엇일까?” 질문을 하고 필요하다면 학생들이 구두로 계속해서 29까지 순서대로 수를 세도록 한 후 그 수를 쓰도록 한다. 그런 후에 파란색인 십의 자리수를 다시 확인하고 학생들과 함께 각 수 이름의 “20”부분을 강조하여 위하여 큰 소리로 다시 수를 센다. 필요하다면 학생들이 독립적으로 수를 세는 동안 숫자를 손가락으로 짚도록 한다.

이와 같이 다른 세로줄에 대하여도 같은 방식으로 학생들이 순서대로 수를 세도록 한다. 이 때 19에서 20 또는 29에서 30 등과 같이 십의 자리수가 달리지는 경우는 특히 강조하여 지도한다.

3. 수의 반전

가. 문제 영역 및 배경

학습장애 학생들은 수를 인지하는데 있어 3을 ε으로, 6을 9로, 23을 32로 등과 같이 반전해서 인지하거나 방향을 잘못 인지하기도 하며, 수를 거울에 비친 상(image)으로 인지하기도 한다. 이러한 수의 반전이나 오인지 등은 학습장애 학생들의 시각변별, 공간조직, 시각-운동 협응 및 시각적·청각적 기억 등의 어려움 때문이다(Bley & Thornton, 2001).

학생들이 수를 알고 읽고 쓰기 위해서 가장 기본적인 것은 표현된 숫자와 구체물의 수를 정확하게 대응시킬 수 있고, 이에 기초해서 수의 형태를 정확하게 인지할 수 있어야 한다. 이러한 수의 인지에 어려움을 겪는 학습장애 학생들은 일반적인 지도 방법에 더하여 수를 다양한 방법으로 느끼고 인식할 수 있도록 하는 다감각적(시각, 청각, 촉각, 근육운동감각 등) 지도가 필요하다. 다음의 활동들은 수의 오인지를 보이는 학습장애 학생들의 수 인지능력을 발달시키는데 도움이 될 수 있다.

나. 학습지도 활동

1) 쓰는 순서를 알고 수 쓰기

다음 그림과 같이 숫자의 쓰는 순서가 표시된 학습지를 나누어 준다. 먼저 학생들로 하여금 손가락으로 쓰는 순서대로 따라 써 보게 하고, 정확한 숫자의 형태를 강조하기 위해 언어적인 단서를 함께 제공한다. 다음으로 쓰는 순서에 따라 숫자를 학습지에 쓰도록 한다.

① 6 (여섯, 육)	6	6	6		
① ② 7 (일곱, 칠)	7	7	7		
① 8 (여덟, 팔)	8	8	8		
① 9 (아홉, 구)	9	9	9		

<그림 3.22> 수 쓰기 학습지

2) 6과 9

6과 9는 형태가 비슷하여 학습장애 학생들이 반전하기 쉬운 숫자이다. 이 경우 6과 9의 숫자에 시작점 단서와 원에 색 단서를 주어 반전하지 않도록 한다. 색 단서의 경우 다음 그림과 같이 6에 있는 원은 파란색으로 강조를 하고, 9에 있는 원은 빨간색으로 강조를 한다.

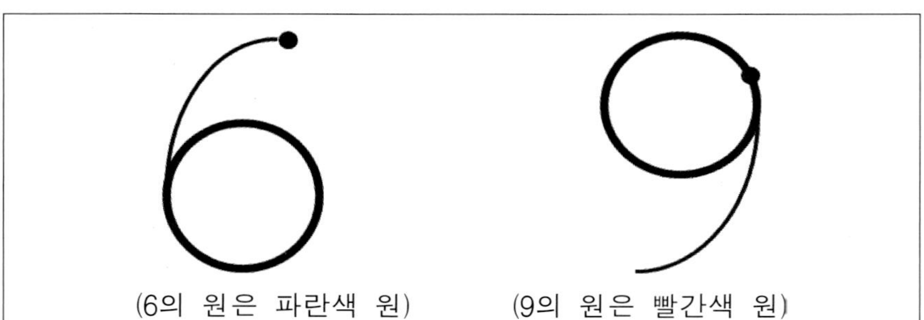

<그림 3.23> 6과 9 쓰기

3) 촉각으로 수 알기

학생의 등에다 반전하기 쉬운 숫자를 적어 촉각의 느낌을 통해 숫자를 확실히 배우도록 한다.

① 교사 또는 옆 친구가 학생의 등에다 반전하기 쉬운 두 숫자(예: 6과 9)를 천천히 쓴다.

② 이 때 학생은 숫자 카드에서 등에 쓰여지는 숫자 카드를 찾는다.

③ 숫자 카드의 숫자를 알고, 말하면서 따라 써 보도록 한다.

학생의 등 대신에 모래에 수를 써보게 할 수도 있다. 또는 점토나 사포 등의 촉각을 확실히 느낄 수 있는 다른 재료를 이용할 수도 있다.

4) 단서 줄이며 쓰기

완전한 숫자를 쓰고 학생에게 이것을 추적하도록 한다. 그리고 나서 단서를 줄이며 학생에게 쓰도록 하여, 나중에는 처음 시작하는 부분만 단서를 주고 학생으로 하여금 숫자 전체를 쓰도록 한다.

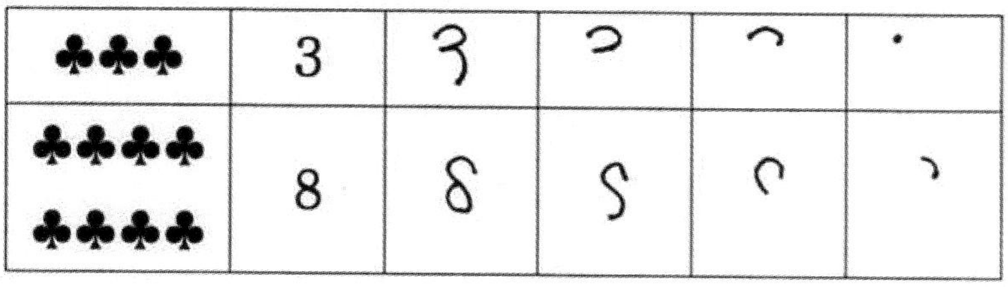

<그림 3.24> 단서 줄이며 쓰기

4. 자리값의 이해

가. 문제 영역 및 배경

자리값은 수 체계의 핵심적인 요소로 십진기수법과 더불어 수의 의미를 파악하고 수들 사이의 관계를 알며, 연산학습을 할 수 있도록 하는 등 수 감각을 개발하기 위해 매우 중요하다. 자리값을 이해하기 위해서는 대상을 세고 10씩, 100씩,

1000씩 묶기와 교환하기를 알고 그 결과에 대해 이야기해 보는 경험이 필요하다. 그리고 구체물과 관련된 큰 숫자를 효과적인 방법으로 세고, 기록하며, 타인과의 의사소통하는 기술을 발전시키는 효과적인 방법들은 자리값을 이해하는 기초가 된다. 따라서 자리값에 대한 학습을 게임이나 문제, 또는 학생의 실생활과 관련이 있는 어떤 상황 속에 포함시키는 것이 효과적이다. 예를 들면 다음과 같은 문제들이다.

> 문제 1. 사탕을 봉지에 포장하고 있다. 한 봉지에 사탕이 10개씩 들어간다. 5봉지를 포장했다면 사탕은 모두 몇 개인가?
>
> 문제 2. 민수는 54장의 우표를 가지고 있다. 민수의 우표 수집책에는 한 페이지마다 10장을 꽂을 수 있다. 그러면 54장의 우표를 꽂기 위해서는 몇 페이지가 필요하고 남는 우표는 몇 장인가?

어른들은 이러한 두 가지 형태의 문제를 곱셈이나 나눗셈을 통해 쉽게 풀이하지만, 연산능력이 부족하거나 초보적인 연산능력을 가진 학생들은 10씩 묶음 짓기와 뛰어 세기를 할 것이다. 이와 같이 10개씩 묶음 짓기는 자리값의 개념형성에 기초를 제공한다. 결국 10개씩 묶음 짓기는 십(10)의 자리가 되고, 100개씩 묶음 짓기는 백(100)의 자리가 된다. 다음의 활동들은 자리값의 이해에 도움이 된다.

나. 학습지도 활동

1) 십 모형과 낱개 모형 이용하기

두 자리 수를 바르게 읽고 쓰는 연습을 위해 십 모형과 낱개 모형을 준비하고, 학생들에게 나누어준다.

> 할머니가 쿠키를 구워주셨다. 두 개의 접시에 각각 10개씩 담고, 4개의 쿠키가 남았다. 할머니가 구운 쿠키는 모두 몇 개일까요?
>
> 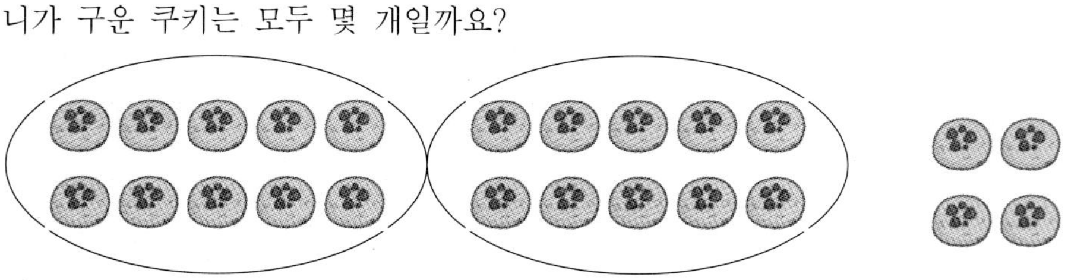

· 교사 : 접시에 있는 쿠키를 십 모형으로 바꾸면 몇 개가 되겠습니까?

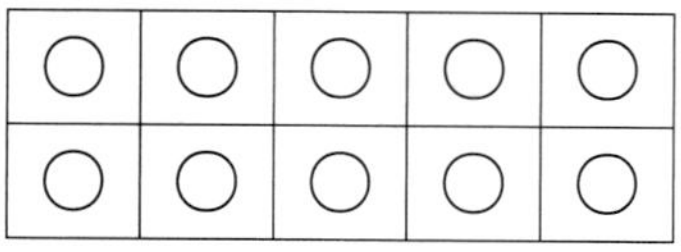

(10)

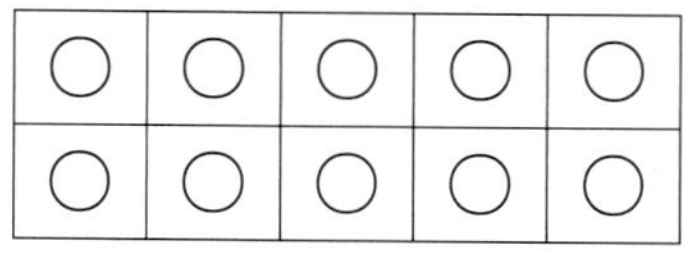

(10)

· 학생 : 2개입니다.

학생들에게 십 모형 2개 바로 밑에 파란색으로 수(10)를 쓰도록 한다.

· 교사 : 남은 쿠키를 낱개 모형으로 바꾸면 몇 개입니까?

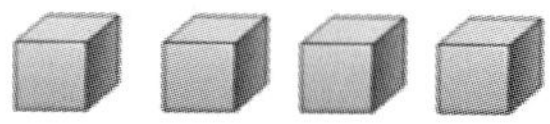

(4)

· 학생 : 4개입니다.

낱개 모형은 십의 자리 오른쪽에 두도록 하고, 학생들에게 낱개 모형 4개 밑에 빨간색으로 수(4)를 쓰게 한다.

· 교사 : 십의 자리 2개, 일의 자리 4개는 24입니다(십의 자리수 2 - 파란색, 일의 자리수 4 - 빨간색). 손가락으로 24를 따라 써보도록 합시다. 항상 십의 자리에서부터 시작하여야 합니다.

십 모형	낱개 모형
2	**4**

24

· 학생 : (그 숫자들을 손가락으로 따라 쓰면서) 24

위에서 십 모형을 도입할 때도 처음에는 A와 같이 5칸씩 2줄로 된 십 모형을 먼저 도입하고, 아동이 십 모형에 대해 익숙해지면 B와 같이 10칸이 1줄로 된 십 모형을 도입하는 것이 효과적이다.

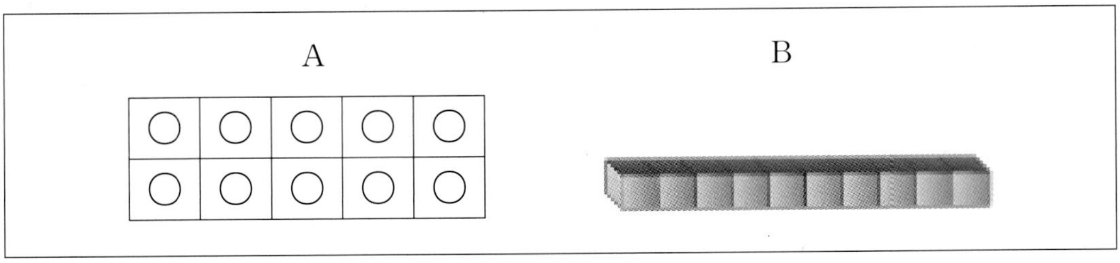

2) 두 자리수는 십의 자리에서 출발

두 자리수를 읽고 쓰는데 있어 십의 자리와 일의 자리를 혼동하는 학생에게 다음과 같은 활동이 효과적이다. 우선 학생들에게 십 모형 3개와 낱개 모형 4개를 나누어 준다.

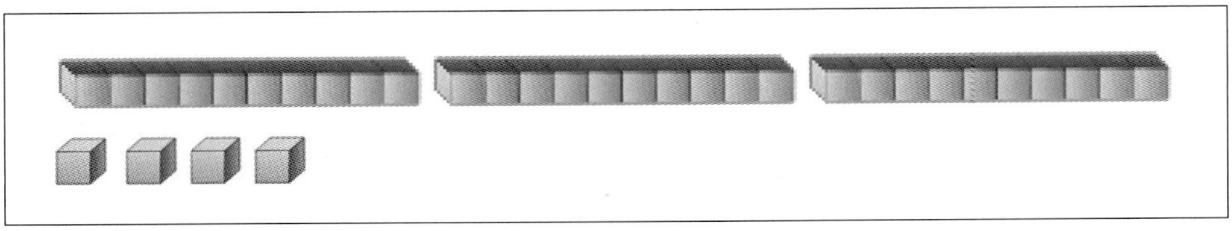

- 교사 : 네가 가지고 있는 것이 얼마인지 써 봅시다. 어디서부터 시작할까요?
- 학생 : 십 모형-십의 자리 3
- 교사 : 파란색으로 3을 쓰도록 합니다. 일의 자리수는 몇입니까?"
- 학생 : 4입니다.
- 교사 : 그것은 빨간색으로 쓰도록 합니다. 우리가 쓴 숫자가 무엇입니까?
- 학생 : "삼십 사"입니다.
- 교사 : 선생님이 그 숫자를 말해 볼테니, 손가락으로 따라 써보도록 합니다. 자~ 선생님이 말하는 동안에 눈을 감고 숫자를 써 보도록 합니다. 눈을 떠 봅시다. 네가 쓴 것이 이것과 똑같나요?

전체적으로 이런 대화를 통해 필요에 따라서는 학생에게 단서를 제공하고 격려한다. 그런 다음 숫자를 보여준다.

43	34

· 교사 : 이 두 수 중에서 34는 어느 것입니까?

· 학생 : 오른쪽에 있는 수 입니다.

· 교사 : 어떻게 알았지요?

· 학생 : 34는 십의 자리수가 3인데 오른쪽 수가 3을 십의 자리로 시작했기 때문입니다.

3) 주사위 놀이하기

십의 자리 주사위(10~60)와 일의 자리 주사위(1~6)를 준비한다. 십의 자리 주사위와 일의 자리 주사위를 던져 나오는 수로 두 자리수를 만든다.

십의 자리수	일의 자리수	만든 수

이러한 주사위 놀이를 게임으로 하면 학생들에게 흥미 있고 참여를 더욱 높일 수 있다. 십의 자리 주사위 숫자도 처음에는 10~60까지의 수를 이용하고, 학생이 익숙해지면 40~90까지의 숫자를 이용하도록 한다. 일의 자리 주사위 숫자도 마찬가지이다.

4) 이야기를 통한 자리값 알기

학생들에게 숫자가 나오는 이야기를 통하여 자리값을 알도록 한다. 이러한 이야기는 학생들의 흥미와 주의집중을 높일 수 있고 숫자에 대한 듣기 능력을 향상시킬 수 있다. 필요하다면 이러한 이야기를 녹음하여 활용하는 것도 좋은 방법이다.

· 교사 : 선생님이 두 자리 수를 사용한 숫자 이야기를 해 줄 겁니다. 선생님이 말하는 것 중에서 여러분이 들은 어떤 숫자를 쓰도록 하세요.

♣ 이야기 : "내일 모레는 할아버지 생신입니다. 그래서 집에 손님들이 많이 오시기 때문에 엄마와 나는 시장에 갔습니다. 먼저 과일 가게에서 사과를 12개 샀습니다......"

학생들이 들은 숫자를 쓸 동안 이야기를 잠깐 멈춘다.

· 교사 : 방금 여러분이 쓴 숫자를 보여주기 위해 십 모형과 낱개 모형을 사용하도록 하세요.

학생들이 필요한 십 모형과 낱개 모형을 선택할 동안 잠깐 기다린다.

· 교사 : 십 모형과 낱개 모형을 몇 개씩 사용하였나요? 필요하다면 다시 들려줄께요.

십 모형	낱개 모형	만든 수

학생들이 숫자를 적기 위해 미리 빈칸이 마련된 학습지를 제공해 주는 것은 학생들로 하여금 숫자를 여기저기 산만하게 쓰지 않도록 하는데 도움을 준다.

5) 비밀 메시지

아래와 같은 학습지를 제공한다. 두 자리 수가 나타내는 글자를 보기에서 찾아 빈칸에 글자를 번호에 맞게 써넣는다. 완성된 문장을 읽고 문제의 정답을 말하게 한다.

<문제>

① 12	② 64	③ 52	④ 24	⑤ 81
⑥ 74	⑦ 35	⑧ 48	⑨ 99	⑩ 19

<보기>

12: 너,	19: 까,	24: 름,	35: 엇,	48: 입
64: 의,	52: 이,	81: 은,	74: 무,	99: 니

<정답>

										?
①	②	③	④	⑤	⑥	⑦	⑧	⑨	⑩	

<그림 3.25> 비밀 메시지

5. 수의 크기 비교

가. 문제 영역 및 배경

일상생활에서 수의 크기 비교가 필요한 상황은 예를 들면 물건의 개수 비교, 자를 이용한 길이 비교, 무게의 비교, 물건을 사기 위한 돈이 충분한지 알기 등과 같이 매우 많다. 이 경우 수학학습장애 학생들은 두 수의 대소나 이를 나타내는 기호(보다 작다 〈, 보다 크다 〉)의 올바른 사용이 어렵다. 이는 시각적인 변별, 연합 및 기억, 공간적인 조직화와 추론 등에 어려움이 있기 때문이다(Bley & Thornton, 2001; Wright, 1996).

이러한 학생들에게 수의 크기 비교를 지도하는 일반적인 방법은 다음과 같다.

첫째, 크기 순으로 정렬한 수의 배열을 이용한다. 즉 수 세기를 할 때 "~보다 많은"은 다음에 오는 수를 의미하고, "~보다 적은"은 앞에 오는 수를 의미한다.

둘째, 십 모형과 낱개 모형 등 수 모형을 이용한다. 수 모형을 이용하여 같은 자리수끼리 1대 1로 대응하여 비교한다. 이 때 중요한 것은 큰 수부터 비교하는 것이다. 예를 들면 십 모형부터 비교하고 다음으로 낱개 모형을 비교한다.

이러한 활동을 통하여 수의 대소 의미를 먼저 이해하게 한다. 그리고 나서 대소를 나타내는 기호 및 기호의 의미를 연합할 수 있도록 한다.

나. 학습지도 활동

1) 그림보고 많은 것(적은 것) 찾기

다음과 같은 학습지를 활용하여 많은 것 또는 적은 것을 구별하는 학습을 한다.

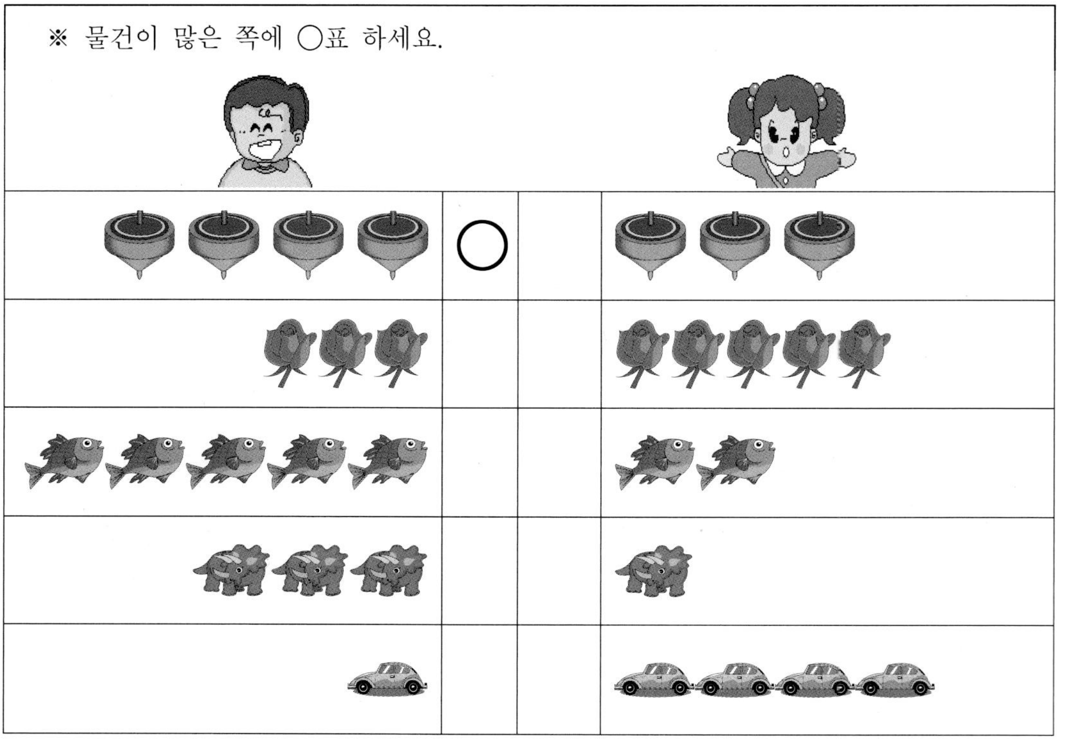

<그림 3.26> 많은 수 찾기

2) 수의 배열에서 다음에 오는 수

다음과 같은 활동을 통해 수의 배열을 이용하여 두 수의 크기를 비교하도록 한다.

① 학생에게 1~10까지의 수를 순서대로 쓰도록 한다. 또는 숫자가 쓰여진 자를 이용한다.

② 임의의 두 수를 정하고 큰 수를 말해보게 한다. 만약 학생이 모른다면 산가지

를 이용해 1대 1 대응하기를 통하여 크기 비교를 한다.

③ 큰 수를 알고 나면 "○은 ○보다 크다. 또는 ○은 ○보다 작다."와 같이 크기 비교를 언어적으로 표현할 수 있도록 한다.

3) 1 작은 수, 1 큰 수

다음 활동과 같이 가지고 있는 물건의 수보다 하나 더 작은 수와 하나 더 큰 수를 알아보고 두 수의 크기를 비교한다.

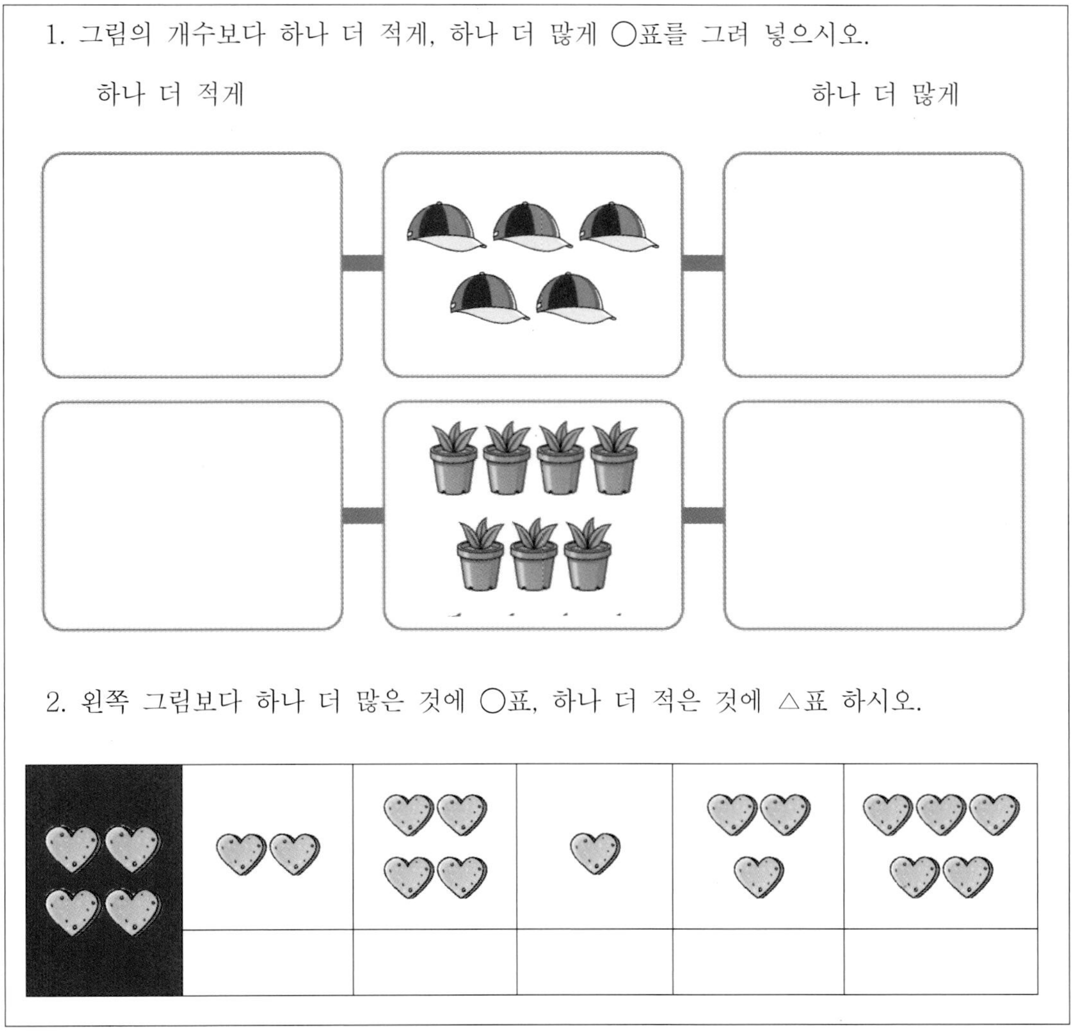

<그림 3.27> 1 작은 수와 1 큰 수

4) 가위-바위-보를 이용한 두 수의 크기 비교

① 바둑돌 또는 산가지를 준비한다.

② 다음과 같이 규칙을 정한다.

· 가위-바위-보에서 진 사람은 이긴 사람보다 1개 적게 가져가기

· 가위-바위-보에서 진 사람은 이긴 사람보다 2개 적게 가져가기 등

③ 만약 틀리게 가져가면 다시 제자리로 갖다 놓는다.

④ 바둑돌 또는 산가지를 세어 가장 많이 가진 학생이 승리한다.

5) 악어 손인형을 이용한 부등호 기호 알기

학생들에게 비교 기호의 이해를 돕기 위해 촉각적, 운동감각적 단서를 이용한다.

① 다음 그림과 같이 입의 윤곽이 부각된 악어 손인형을 만든다. 이 때 악어의 입 부분은 강조를 위해 붉은 색으로 만든다.

② 배고픈 악어 이야기를 해 주면서, 배고픈 악어는 항상 더 많은 쪽을 먹으려고 한다는 것을 알려준다.

③ 악어 손인형의 입을 큰 수 쪽으로 벌리게 하여, 숫자들 사이에 부등호 기호가 어떻게 놓여져야 하는지를 보면서 느껴보게 한다.

④ 비교하는 동안 부등호 기호를 손가락으로 따라 쓰도록 한다.

⑤ 수의 크기를 부등호를 사용하여 언어로 표현하도록 한다.

⑥ 한 자리 수의 크기 비교가 가능하면, 다음은 십의 자리가 다른 두 자리수의 크기 비교, 백의 자리가 다른 세 자리수의 크기 비교 등으로 나아간다.

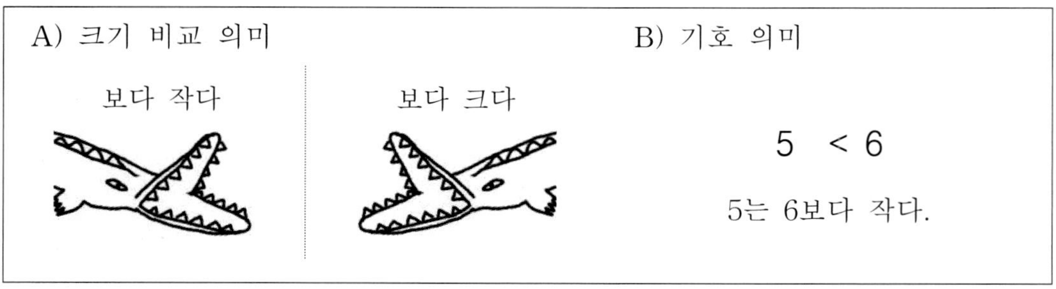

<그림 3.28> 악어 인형

6) 카드 놀이

① 0~9까지 쓰인 카드 2벌을 준비하여 잘 섞은 후 뒤집어 쌓아둔다.

② 각자 1장의 카드를 뽑는다.

③ 동시에 카드를 펼쳐서 상대편의 수와 자신의 수의 크기를 비교한다.

④ 자신이 더 크면 만세를 부르며 크다!! 자신이 더 작으면 머리에 손을 머리에 올리며 작다!! 라고 외친다.

⑤ 먼저 소리를 치는 사람이 이긴다.

7) 수직선 보고 비교하기

학생들에게 그림과 같은 수직선을 이용하여 크기 비교를 지도할 수 있다. 그림 ①, ②에서 수직선 위의 □안에 알맞은 숫자를 쓰도록 한다. 그런 다음 물음에 답하도록 한다.

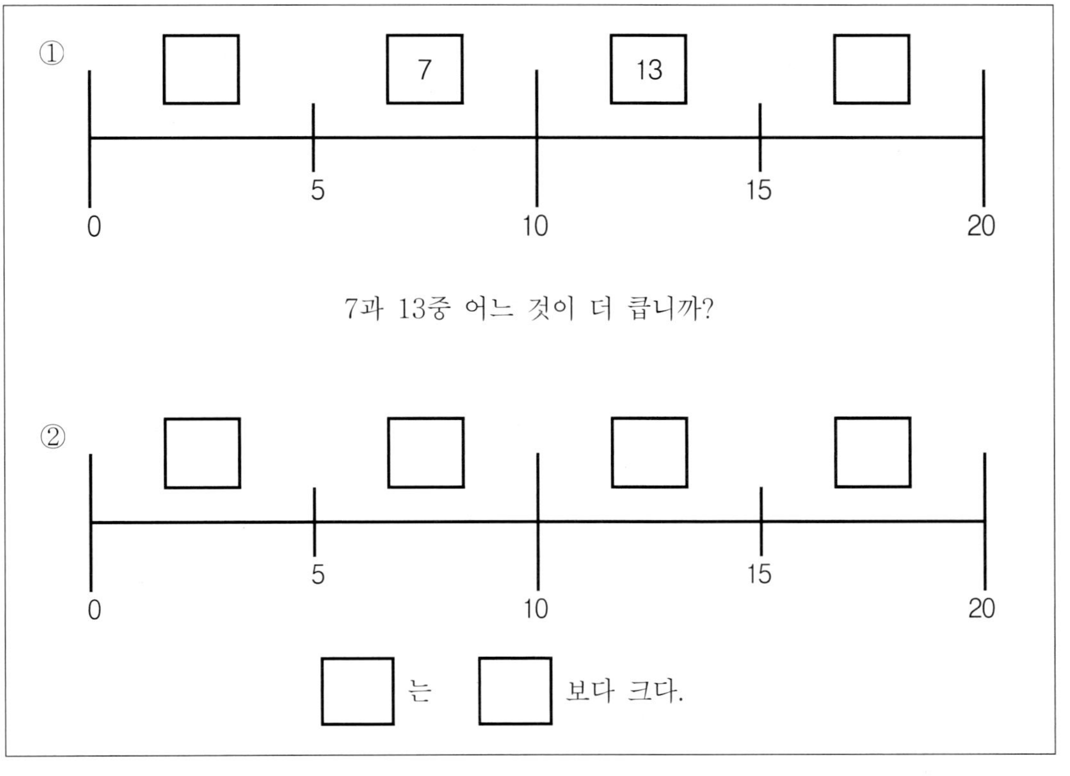

<그림 3.29> 수직선에서 비교하기

이 활동은 수 세기에 있어서 어떤 수 다음에 항상 큰 수가 온다는 것을 보여주기 때문에 공간적인 문제를 가진 학생들에게 효과적이다. 이 때 0에서 멀리 떨어질수록 큰 수임을 강조하기 위해 손가락 추적하기를 단서로 사용할 수 있다.

8) 두 자리 수의 크기 비교

십의 자릿 값이 다른 두 개의 두 자리수를 비교하는 활동이다. 학생들에게 각각의 수를 나타내기 위해 십 모형과 낱개 모형을 사용하도록 한다. 각각의 수의 첫째 자리인 십의 자리에 파란색 밑줄을 긋고, 비교할 때 항상 큰 수인 십의 자리에서 시작하도록 한다. 그래서 큰 수가 작은 수보다 더 큰 십의 자리 숫자를 가진다는 것을 알도록 한다.

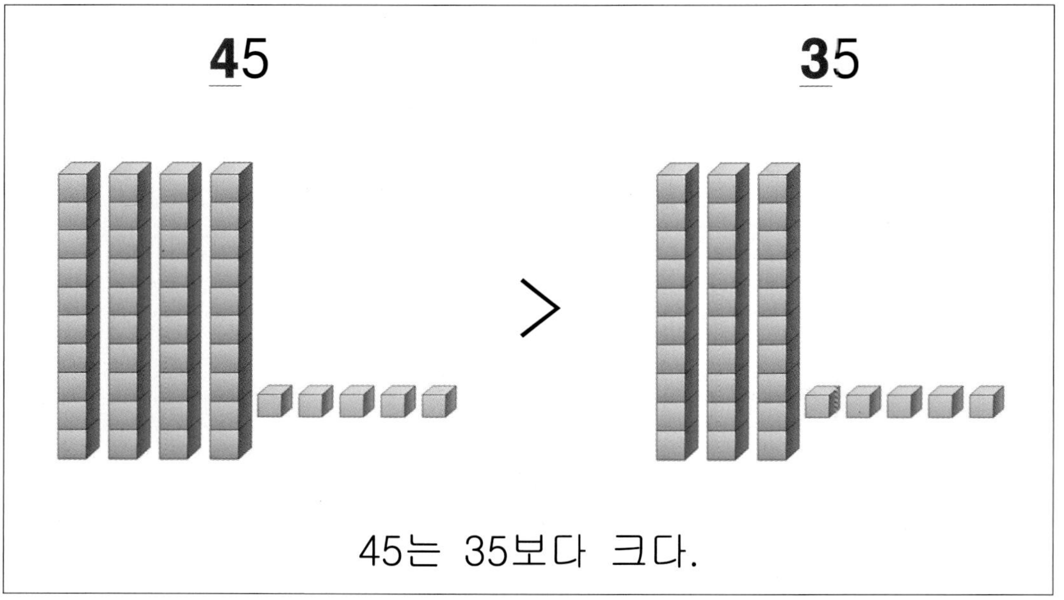

<그림 3.30> 수 모형 비교

9) 책 쪽 수로 느껴보기

칠판에 십의 자리가 다른 두 개의 두 자리수나 백의 자리가 다른 두 개의 세 자리수를 쓴다. 그런 다음 두 수를 비교하기 위해 학생들이 가지고 있는 책에서 두 수에 해당하는 쪽을 찾도록 한다. 파란색으로 두 수의 십의 자리 혹은 백의 자리에 밑줄을 긋고, 어떤 페이지 수가 더 작은지 또는 더 큰지를 느끼고 알도록 한다.

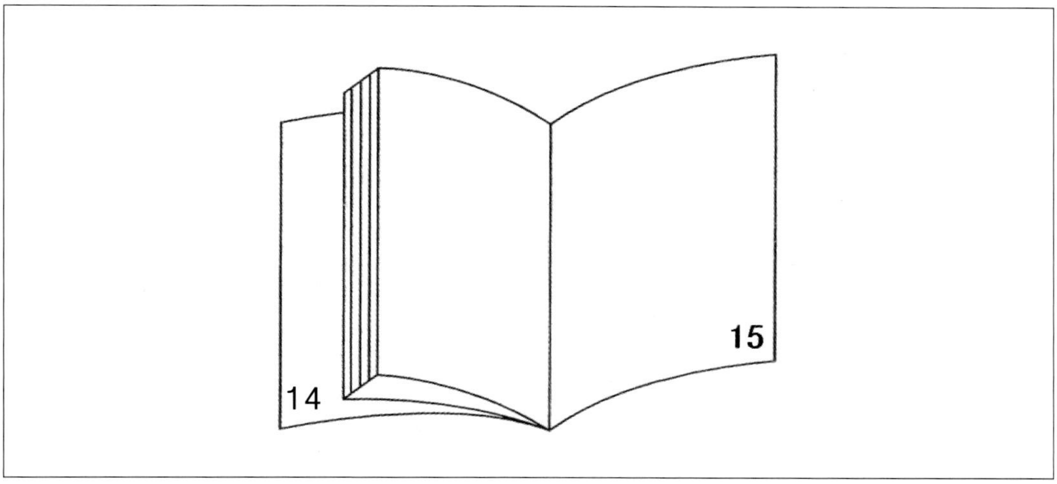

<그림 3.31> 책 쪽수 비교

10) 여러 가지 수의 크기 비교

아래와 같은 학습지를 활용하여 '가장 많은(가장 큰)', '가장 적은(가장 작은)'이란 용어를 활용하여, 여러 가지 수의 크기를 비교할 수 있다.

※ 영수네 반 아이들이 좋아하는 과일을 조사한 표입니다. 표를 보고 물음에 답하세요.

※ 아래 표를 보고 물음에 답하시오.

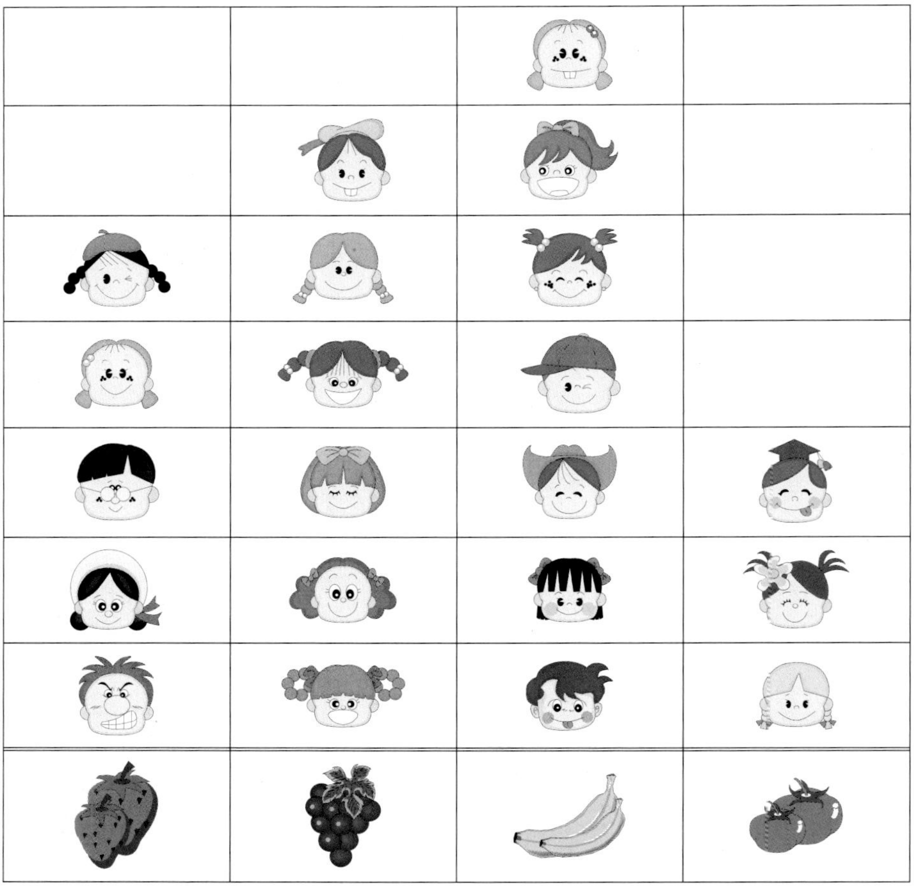

(1) 가장 많은 어린이가 좋아하는 과일은 (　　　) 이고, (　　　) 명입니다.

(2) 가장 적은 어린이가 좋아하는 과일은 (　　　) 이고, (　　　) 명입니다.

(3) 를 좋아하는 어린이는 (　　　) 명입니다.

<그림 3.32> 수의 크기 비교

6. 어림하기

가. 문제 영역 및 배경

생활에서 수 세기를 할 때 물건의 개수가 작은 경우에는 세는 것이 힘들지 않지만, 물건의 개수가 많아지면 세는 것이 힘들고 시간 또한 많이 필요하게 되는데, 이런 경우 어림이 유용하다. 어림(estimation)이란 양에 대한 직접적이고 직관적인 판단을 통하여 대강 헤아리는 것으로, 상황에 따라 어림 수, 어림 셈 및 어림 측정 등으로 나눌 수 있다(Reys, 1992). 예를 들면 만약 18명의 사람들이 파티에 왔다면 약 20명의 사람들이 있다고 말할 수 있다.

어림한 수와 정확한 수를 인식하는 것은 수 감각 발달에서 매우 중요한 부분이다. 그러나 시각적 변별, 절차기억, 추론 또는 정보처리에 있어서 곤란을 겪는 학습장애 학생들은 10이나 100 가까이에 있는 두 자리 수와 세 자리 수의 어림하기에 있어서 어려움을 느낀다. 그래서 어림하기는 학습장애 학생에게는 가르치기 어려운 기술로 생각하여 자주 회피하게 된다(Bley & Thornton, 2001).

이러한 학생들에게 몇 가지 어림하는 기법을 사용하거나 학생의 수준에 맞게 가르친다면 그리 어려운 것도 아니다. 어림에서 가장 일반적인 반올림의 규칙은 어림하고자 하는 수에서 끝 자리수가 5 이상이면 반올림하고, 그렇지 않다면(5미만이면) 버림하는 것이다. 다음의 활동들은 학습장애 학생들의 어림지도에 효과적인 활동들이다.

나. 학습지도 활동

1) 수직선 추적하기

학생들에게 수직선에서 손가락 추적하기를 통해 어림하기(반올림)를 지도한다.

① 43이 있을 경우 43에서 40까지의 거리와 50까지의 거리를 손가락으로 추적하면서 비교해 본다.

② 43에서 40까지는 뒤로 3칸이고, 50까지는 앞으로 7칸이다.

③ 43에서 가까운 수는 40이다. 그래서 43을 반올림하면 40이 된다.

④ 이 경우 45를 기준으로 가까운 곳의 숫자가 반올림한 숫자이다.

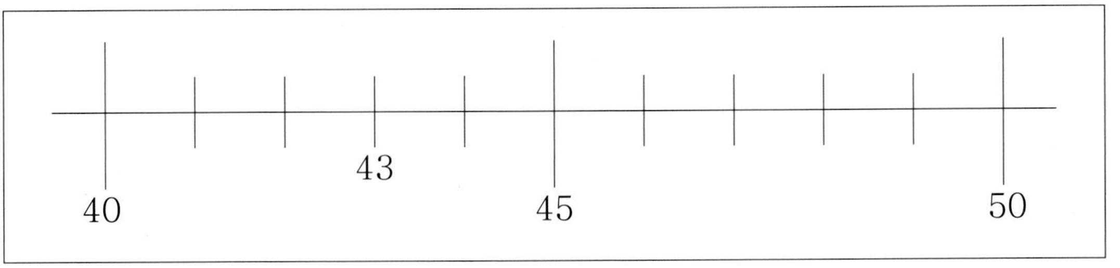

<그림 3.33> 수직선

이러한 손가락 추적하기는 학습장애 학생들에게 시지각과 더불어 촉각적인 단서와 운동감각 단서를 제공하여 정보처리에 어려움이 있는 학습장애 학생들을 도울 수 있다.

때때로 평평한 수직선 대신에 그림 3.34와 같이 일련의 물결모양의 곡선을 사용하는 것이 도움이 된다. 예를 들면 40에서 50까지는 언덕을 넘어야 도달할 수 있고 언덕의 제일 높은 마루에 45가 있다. 언덕마루(45)에 완전히 오르기 전(41-44)에는 작은 기차처럼 뒷방향(40)으로 미끄러지기 쉽다. 그래서 반올림하면 40이 된다. 반대로 언덕마루를 넘어서면 50을 향해 미끄러져 내릴 것이다. 그래서 45~49는 반올림하면 50이 된다.

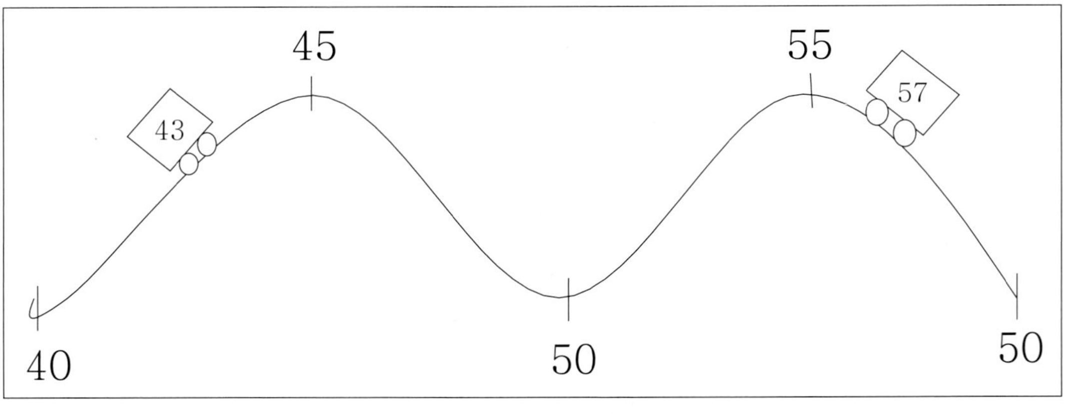

<그림 3.34> 스토리 라인

2) 색깔 단서 주기

수 어림하기에서 어림하는 자리수에 색깔 단서를 제공하여 주의집중을 도와준다.

예를 들면 57에서 어림할 자리수 7을 빨간색으로 하여 학생들의 주의집중을 도와 반올림하도록 한다.

십의 자리	일의 자리 (어림할 자리수)
5	**7**

⇒

어림한 수
60

3) 좀 더 가깝게

수직선의 큰 눈금에는 10의 단위를, 작은 눈금에는 5단위의 숫자를 쓴다. 그리고 학생들이 10 단위에 더 가까운 위치를 찾아 어림하기를 알도록 한다.

※ 다음 수직선을 보고, 네모 안의 가운데 있는 수는 어느 수에 더 가깝습니까?
가까운 수에 ○표 하시오.

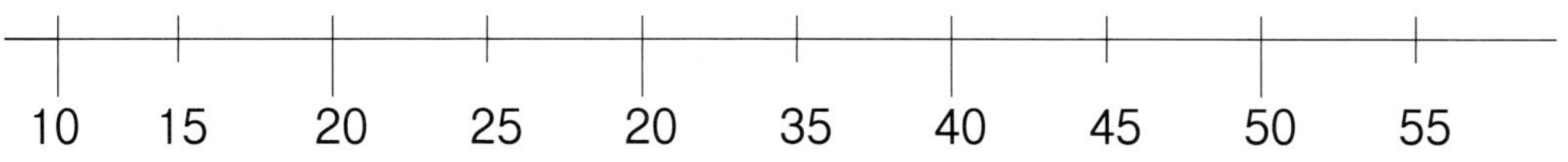

1.

10	**13**	20

2.

20	**29**	30

3.

30	**36**	40

4.

40	**42**	50

<그림 3.35> 어림하기 학습지

7. 큰 수의 읽기, 쓰기

가. 문제 영역 및 배경

학습장애 학생들은 종종 129를 10029로 쓰거나 316을 31-6으로 쓰기도 한다. 이러한 문제는 큰 수에 대한 자리수의 이해가 부족하기 때문으로, 이는 전경-배경, 단기기억 및 표현언어 등에 어려움이 있기 때문이다.

이와 같이 큰 수에 대한 이해에 어려움이 있는 경우 이를 돕기 위한 일반적인 방법은 첫째, 수 모형과 같은 구체물의 조작을 통한 학습이다. 구체물(백 모형, 십 모형, 낱개 모형 등)을 사용하는 것은 학생들이 큰 수에 대한 보다 나은 직관을 발달시키도록 돕는다. 예를 들면 129를 가르칠 때 백 모형 1개와 십 모형 2개, 그리고 낱개 모형 9개를 가지고 학생이 직접 조작하도록 한다. 이 때 다음과 같은 큰 수 카드나 학습지 등을 준비하여 학생이 구체물 조작과 함께 직접 써 보도록 하면 더욱 효과적이다. 그리고 교사의 모델링을 통해 큰 수 읽기를 학습한다.

백 모형	십 모형	낱개 모형
1	2	9

둘째, 색 또는 밑줄 등의 부가적인 단서를 제공한다. 예를 들면 316을 "삼십일육"으로 읽는 학생들을 위해 다음과 같이 밑줄 또는 색 단서를 제공하여 도움을 준다.

3̲16 ⟶ "3백 16"

4̲51 ⟶ "4백 51"

이 때 교사는 유의하여 읽어야 할 부분이 첫 번째 자리의 숫자라는 것을 강조한다. 그래서 자리수에 따라 백의 자리부터 음절로 나누어서 큰 수를 읽도록 한다. 다음의 활동들은 큰 수의 이해에 어려움이 있는 학생들에게 도움이 된다.

나. 학습지도 활동

1) 네 자리수 읽기

네 자리수를 지도하기 위해 다음과 같이 세 자리수와 네 자리수를 함께 제시한다. 이 때 천의 자리수는 강조하기 위해 파란색으로 쓰거나 밑줄을 긋는다.

567 → 5백 67

1567 → 1천 5백 67

"이것을 읽어 보세요 : 567"

"이제 이것을 읽어 보세요 : 1567"

2) 수사를 숫자로

만일 학생들이 수사를 읽을 수 있다면 아래와 같은 연습 예제가 주어질 수 있다. 네 자리수에서 제일 큰 천 자리의 숫자는 강조하기 위해 파란색으로 쓰고 밑줄을 하도록 한다. 네 자리수를 해당하는 자리수(천, 백, 십, 일의 자리)에 각각 써 넣어 네 자리수의 구성을 알도록 한다.

	천의 자리	백의 자리	십의 자리	일의 자리
이천 오백 이십 칠				
삼천 칠백 사십 오				

3) 0도 자리를 가진다.

큰 수에서 0이 있을 경우 0은 자리는 가지지만 크기는 가지지 않는다. 예를 들어 604는 백의 자리가 6, 십의 자리는 없기 때문에 0, 일의 자리는 4를 의미한다. 이 때 각 자리수에 해당하는 모형(백 모형, 십 모형, 낱개 모형)을 가지고 하면 더욱 효과적이다. 0이 들어가는 세 자리수에 익숙하게 되면 3064와 같이 0이 포함된 네 자리수를 도입하는데, 이 경우 0을 강조하기 위해 밑줄이나 동그라미 또는 색 단서를 이용하는 것이 좋다.

4) 듣고 쓰기

큰 수 쓰기에 대한 학습을 위해 세 자리수나 네 자리수 또는 그 이상의 큰 수를 교사가 불러주고 학생들이 쓰도록 한다. 이 경우 처음에는 세 자리수나 네 자리수 등 각 수의 자리가 칸으로 표시된 학습지를 제공하여 자리에 대한 개념을 보다 공고히 하도록 하고, 학생이 익숙해지면 칸이 없이 그냥 쓸 수 있도록 한다.

· 요 약

1. 수 감각이란 수에 대한 이해와 반응이 적절한지에 대한 판단을 돕는 직관력으로, 일상생활에서 수와 계산을 효율적으로 사용하는 능력, 수와 관련된 융통성 있고 창의적인 방법을 개발하는 능력, 오류를 알고 결과를 합리적으로 인지하는 능력 등을 말한다.

2. 수 감각의 구성요소는 수의 의미와 크기 이해하기, 수의 동치 표현 이해하고 활용하기, 계산의 의미와 결과 이해하기, 동치식 이해하고 활용하기, 융통성 있게 계산하고 세기 전략 활용하기 및 측정 기준척도 활용하기 등이다.

3. 학습장애 학생들은 신경심리학적 결함으로 인해 수 감각에 어려움을 겪을 수 있기 때문에, 수 감각 발달을 위하여 잘 구성된 문제 해결 활동과 연습의 기회를 풍부하게 제공해야 하며, 이러한 활동은 수리적 결과의 타당성을 평가할 수 있는 사고체계의 발달을 돕는 것에 목표를 두어야 한다.

4. 시지각 연합, 추론 및 정보의 일반화 능력 등에 어려움을 보이는 학습장애 학생들의 초기 수 세기 오류를 줄이기 위해 같은 수만큼 색칠하기, 같은 개수 모음 찾기, 같은 수의 손가락 그림 찾기, 땡그랑 놀이, 다트 놀이, 큰 수 또는 작은 수 찾기, 숫자 찾기 등의 활동을 적용할 수 있다.

5. 주의집중, 시각적 · 청각적 연합, 전경-배경, 작업기억 및 표현언어 등의 어려움으로 수 세기 패턴의 이해하지 못하는 학습장애 학생들의 앞으로 세기, 뒤로 세기 및 뛰어 세기 지도를 위해 블록 세기, 수직선 세기, 말하고 앉기 등의 다양한 활동을 적용할 수 있다.

6. 시각변별, 공간조직, 시각-운동 협응 및 시각적 · 청각적 기억 등의 어려움으로

수의 반전 및 오인지를 보이는 학습장애 학생들을 위해 쓰는 순서를 알고 수 쓰기, 촉각으로 수 쓰기, 단서 줄이며 쓰기 등의 활동을 적용할 수 있다.

7. 수 체계의 핵심적인 요소인 자리값에 대한 학습은 게임이나 문제, 또는 학생의 실생활과 관련이 있는 어떤 상황 속에 포함시켜 지도하는 것이 좋으며, 또한 십 모형과 낱개 모형 이용하기, 주사위 놀이하기, 이야기를 통한 자리값 알기 및 비밀 메시지 풀기 등을 활용할 수 있다.

8. 수의 크기 비교나 기호 인지에 어려움이 있는 수학학습장애 학생들을 위해 크기 순으로 정렬한 수의 배열과 수 모형을 이용할 수 있으며, 또한 그림, 수직선, 악어 인형, 두 자리수 및 책 쪽 수 비교하기 등을 활용할 수 있다.

9. 시각적 변별, 절차기억, 추론 또는 정보처리 등의 어려움으로 수 어림하기에 문제를 겪는 수학학습장애 학생들을 위해 수직선 추적하기, 색 단서 등을 활용할 수 있다.

10. 전경-배경, 단기기억 및 표현언어 등의 어려움을 큰 수의 읽기와 쓰기에 문제를 겪는 수학학습장애 학생들을 위해 수 모형과 같은 구체물의 조작을 통한 학습이나 색 또는 밑줄 등의 부가적인 단서를 제공하는 것이 효과적이다.

제 4 장

사칙연산 지도

1절. 연산학습과 학습장애

1. 학습장애와 연산학습 곤란

초기 수학 발달에서 가장 중요시되는 것은 연산(computation)과 문제해결(problem-solving)이라고 할 수 있다(Ariel, 1992). 연산능력이란 수, 함수 등에서 일정한 규칙이나 법칙에 따라 계산하거나 결과를 내는 조작으로, 수학적 문제해결 능력 발달을 위한 필수적인 조건으로서 수학 학습의 기초가 된다. 또한 연산능력은 수학뿐만 아니라 다른 교과의 학습에 도구적 기능을 수행하며, 학교 밖 일상생활을 영위하는 데 있어서도 필수적인 기초 능력이 된다. 이러한 점에서 초등학교 저학년 시기의 수학 발달에서 가장 강조되어야 할 영역이며, 실제로 초등학교 수학 교육과정상 1, 2학년 내용 편제에서 연산 영역이 차지하는 비중은 상당히 높다.

연산에 대한 학습은 기본적으로 덧셈, 뺄셈, 곱셈, 나눗셈의 계산능력의 향상에 있겠으나, 궁극적으로는 사칙연산에 대한 개념 이해와 문제해결 상황에서 각각을 언제, 어떻게 적용하는지를 알고, 문제를 해결하는 능력의 배양에 있다. 이것은 비록 학업적 결함을 가진 학습장애 학생이라고 예외가 될 수는 없으며, 그들이 가진 특수한 교육적 요구를 반영하여, 모든 학생들이 문제상황에 대한 판단 능력을 키우고, '정확한 연산 감각'를 발전시킬 수 있도록 격려되어져야 한다.

사칙연산 관련해서 세부적으로 시·청각적 처리과정, 절차기억 및 작업기억, 추론, 표현 및 수용언어 등에 결함을 가진 학습장애 학생들은 다음과 같은 측면에서 어려움을 나타낸다.

첫째, 상징적 수준의 학습단계에서 요구되는 주요한 개념을 이해하는데 있어 매우 어려울 수 있다. 특히 학습장애 학생들은 관련된 개념을 어느 정도 이해할 수 있다고 하더라도, 계산을 정확하고 능숙하게 수행하지 못한다. 아울러 이러한 학생들은 정확한 답을 찾기 위해 사전에 학습한 기술을 기억해내거나 연합하는 능력이 부족하다.

둘째, 문제에 나타난 숫자나 연산기호 등을 식별하고, 그에 맞는 연산과정으로 처리해내는 절차들을 어려워하는 학생들도 있다. 예를 들면 절차 및 작업기억에 문제를 가지고 있는 학생들은 문제풀이 과정에서 심각한 어려움을 가진다. 그리고

'+' 기호와 '×' 기호의 시각적 식별에 어려움을 가지고 있는 학생들의 경우는 매번 새로운 문제가 등장할 때마다 그 기호를 다르게 인식할 수 있다. 다음과 같이 곱셈 문제를 풀이한 경우를 보자.

$$\begin{array}{r} {\scriptstyle 7} \\ 5\ 9 \\ \times\quad\ 8 \\ \hline 1\ 2\ 4 \end{array}$$

이 학생은 8과 9를 곱하여 십의 자리에 7을 받아올린 후에 곧이어 현재 자신이 곱셈을 수행하고 있음을 잊어버렸고, 그 결과 십의 자리에서 덧셈으로 오인하여 잘못된 계산을 해버렸다.

셋째, 단어 찾기와 같은 언어에서 어려움을 가진 학생들도 많이 있다. 그들 중 수용언어에 결함을 가지고 있는 학생들의 경우에는 기호와 덧셈, 뺄셈, 곱셈, 나눗셈의 연합은 가능하지만, 그 용어가 무엇을 의미하는지는 정확히 이해하지는 못할 것이다. 또한 표현언어에서 결함을 가지고 있는 또 다른 학생 집단에서는 시각적, 청각적인 단서의 제공 없이는 정확한 처리과정을 진행시킬 수 없을 것이다.

넷째, 미세운동 협응에 어려움이 있는 학생이나 손상된 공간조직력을 가지고 있는 학생의 경우 문제를 해결하는 과정에서 2배 이상의 시간이 더 걸린다. 그들은 문제를 풀이하는 동안 여러 가지 숫자와 기호를 번갈아 쓸 때마다 매번 쓰던 동작을 멈추고 문제를 다시 살펴보곤 한다. 이는 눈으로 본 숫자와 손으로 쓰는 동작 간에 원활한 협응이 이뤄지지 않기 때문이다. 학생이 자리값에 대하여 확고하게 이해하고 있고, 적절한 단계를 밟아 문제를 풀이할 수 있음에도 불구하고, 숫자와 기호를 쓸 때마다 지속적인 어려움을 겪게 됨으로 해서 결국 문제풀이 자체를 잘못 수행하기도 한다.

다섯째, 시각적 전경-배경 인지에 결함을 가지고 있거나 반전 경향성을 가진 경우 역시, 지필 계산을 정확하게 수행하는 데 있어 어려움이 있다. 이들에게 뺄셈 문제를 풀이해보게 하면 다음과 같이 수행한다.

$$\begin{array}{rccc} & \overset{8}{\cancel{9}} & \overset{10}{\cancel{1}} & 6 \\ - & 2 & 4 & 5 \\ \hline & 6 & 2 & 1 \end{array}$$

이 학생의 경우 문제를 풀이하는 과정에서 시각적으로 숫자를 나열하는 데 어려움을 가지고 있다. 우선 첫 단계는 바르게 수행하였다. 이 학생은 “6에서 5를 빼야 해.”라고 생각했고 1이라고 썼다. 그리고 다음 단계에서 100의 자리에서 10의 자리로 받아내림 역시 바르게 수행되었지만, 다음 순간 수의 자리를 혼동하여 “일의 자리 6에서 4를 빼는 것”으로 잘못 보게 되고, 결국 2라는 수를 썼다. 백의 자리 8에서 2를 빼는 마지막 단계의 계산은 맞았다. 이처럼 계산을 수행하는 과정에서 계산해야 할 자리에 있는 숫자(전경)와 무관한 숫자(배경) 사이를 시각적으로 혼동하는 경우가 간혹 있다.

여섯째, 계산에서 문제풀이 과정과 결과가 바르게 수행되었는지, 또는 합리적인 답이 산출되었는지를 확인하는 점검과 평가(검산) 과정은 매우 중요하다. 즉 문제를 풀이하는 과정 속에서 이전 단계에 어떤 수행을 했는지, 지금은 어떤 수행을 하고 있는지, 다음 단계엔 어떤 수행을 해야 하는지를 스스로 자문하고 점검해야만 한다. 또한 마지막 답을 산출하였을 때 답이 맞았는지 틀렸는지를 검산해야 한다. 그러나 대다수 학습장애 학생들은 문제를 풀이하기 이전에 합리적으로 결과를 추정하는 능력이 부족하고, 자신의 답이 틀렸을 때 직관적으로 그것이 불합리하다는 것을 깨닫지 못한다.

이상과 같이 학습장애 학생들은 연산에서 여러 가지 어려움을 가지고 있기 때문에, 학습장애 학생들의 연산능력 향상을 위해서는 그들의 학습 특성과 특수한 교육적 요구를 고려한 지도 방법의 개발과 적용이 필요하다.

2. 연산학습 곤란의 선수 요인

기본적으로 연산은 단순한 수 세기 전략만으로도 많은 연산문제를 풀이할 수 있지만, 수학 학습이 진행됨에 따라 더 큰 수끼리의 계산, 받아올림과 받아내림의 사용, 곱셈과 나눗셈을 다루게 되면 곧 한계에 부딪히게 된다. 따라서 아동들은 기초적인 연산능력과 더불어 앞으로 세기, 뒤로 세기, 뛰어 세기와 같은 보다 효율적인 수 세기 전략의 사용, 문제풀이 과정에 필요한 절차적 지식의 습득 등을 통해 연산능력이 숙달되어 있어야 한다.

초기 수학발달 특히 연산학습에서 어려움을 나타내는 아동들의 조기 선별 및 중재를 가능하게 하는 선수 요인들에는 수 감각의 발달, 수 세기 전략, 구구에 대한 숙달도 및 언어능력 등이 관련된다.

가. 수 감각의 발달

수 감각(number sense)이란 수에 대한 반응이 적절한지에 대한 판단을 돕는 직관력으로, 수의 사용과 해석 및 수리적 기능 발달을 위한 토대를 제공한다는 측면에서 매우 중요하다.

Case 등(1992)은 아동들에게 서로 다른 개수를 가진 사물의 그룹을 보여준 후 어떤 그룹이 "더 큰 그룹"인지 찾아보게 하였다. 그 결과 잘 발달된 수 감각을 가진 아동들은 단지 대소 비교를 넘어 몇 개 더 많은지를 찾아내었다. 즉 '12'가 '3'보다 많이 크고, '5'는 '3'보다 조금 크다는 것을 알고 있었다. 또한 Okamoto와 Case(1996)는 수 감각에 대한 특징을 확인하기 위해 아동들의 수와 관련한 수행에 영향을 미치는 요인에 대한 분석을 실시하였는데, 그 결과 아동들의 수학적 숙달 정도는 수 세기와 수량 변별 능력에 달려 있음을 확인하였다. 그리고 Griffin 등(1994)은 연구에서 유아의 사회경제적 지위(SES)에 따라 수량 변별 능력이 차이가 있음을 밝혔고, Geary(1990)도 저소득층 가정의 아동들이 수량 변별에 어려움을 나타내는 비율이 높았다고 보고하였다.

이와 같이 잘 발달된 수 감각은 수학적 원리나 절차 등을 보다 쉽게 이해하고, 숙달되도록 하는데 중요한 역할을 담당한다. 그리고 이러한 수 감각은 학교에 입학하기 이전에 이미 비형식적이거나 형식적인 교수에 의해 발달하고 강화될 수 있다. 만약 이러한 수 감각이 부족한 아동이라면 수 세기 또는 수량의 변별, 더 나아가 연산에서 많은 어려움을 겪게 될 것이다. 이러한 점에서 초등학교 입학 초기에 수 감각에 대한 아동의 발달 정도를 조기에 확인하는 과정이 반드시 요구된다 하겠다.

나. 수 세기

아동들은 학교에 입학하기 전부터 덧셈과 뺄셈 등을 포함하는 문제를 해결하기 위해 수 세기를 사용한다. 충분한 시간만 주어지면 0과 자연수를 다루는 모든 문제는 수 세기를 통해 풀 수 있다. 그러나 보다 어려운 연산을 효율적으로 하기 위해서는 연산기술을 사용할 수 있어야 한다. 이러한 연산기술을 사용하기 위해서는 먼저 수 세기 즉 앞으로 세고, 뒤로 세며, 2씩, 3씩 또는 여러 방법으로 세는 법을 알 필요가 있다. 또한 학생은 묶음과 배열을 비교하고, 분석하면서, 또 처음부터 계산 결과를 예상하면서 수 세기를 할 필요가 있다.

이러한 수 세기와 관련한 학습곤란에 대하여 Jordan 등(2003)은 구구에 있어 숙달된 아동과 그렇지 않은 아동 간에는 그들이 사용하는 수 세기 전략에 있어 차이가 있다고 보고하였다. 즉 초등학교 2, 3학년 아동들에게 간단한 연산문제를 해결하도록 하였을 때, 구구에 미숙한 아동들은 손가락을 이용한 수 세기를 한데 비해, 평균 이상의 성취를 보이는 아동들은 손가락 수 세기 대신에 언어적 수 세기를 사용한다는 것을 발견했다.

또한 Siegler와 Shrager(1984)는 아동들의 수 세기 지식에 대한 발달을 연구한 결과, 아동들은 단순한 수 세기와 계산 문제를 해결할 때 일련의 전략들을 사용하는 것을 발견했다. 예를 들어 손가락 수 세기를 사용하여 '3+8'의 답을 찾을 때, 매우 단순하고 비효율적인 전략을 사용하는 아동들은 먼저 '3'을 세고, 그 후 '8'을 센 다음 모두 합쳐 세는 방법을 사용했다. 그보다는 좀 더 성숙했지만 여전히 비효율적인 수 세기 방법은 '3'에서 시작하여 '8'만큼 더 세어 나간다. 이러한 방법보다 효율적인 것은 '3'과 '8' 중에서 큰 수, 즉 '8'에서 시작하여 '3'만큼 더 세어나가는 것이다. 가장 능숙한 학습자는 이러한 수의 조합 즉 '3+8'의 답이 '11'이라는 것을 기억해 두고, 만약 똑같은 문제(3+8) 또는 1만큼 큰 덧셈(3+9) 문제에 응용할 수도 있다. 이러한 발견은 우리에게 기본적인 수 조합(구구, facts)이 그것을 이용하여 보다 복잡한 문제들을 풀이하는데 도움이 된다는 점을 상기시켜 준다.

한편 Geary 등(2000)은 수학 곤란을 가진 학생들은 전체적으로 기계적인 활동으로서 수 세기를 이해하는 경향이 있음에 주목했다. 예를 들면 수학곤란을 가진 학생들은 왼쪽에서 오른쪽으로, 또는 인접한 사물을 연속적으로 손으로 가리키는 등의 단순하고 일률적인 방식만을 고집하였다.

이상의 연구 결과들은 수 세기가 수학 학습에서 중요하고, 수 세기 전략의 선택과 효율성이 수학곤란을 가진 학생들을 발견하는데 주요한 지시자가 될 수 있음을 말해준다.

다. 구구에 대한 숙달

연산능력에서 어려움을 가진 아동은 '4+3' 또는 '9×8'과 같은 구구에 대하여 자동적 인출이 불가능하다는 것이다(Goldman et al., 1988; Hasselbring et al., 1988). 구구(facts)란 두 수의 결합을 말하는 것으로, 능숙한 학습자는 사칙연산에서 자주 등장하는 구구를 기억해 두었다가 필요한 경우 이것을 자동적으로 인출할 수 있고, 이를 활용하여 보다 빠르고 쉽게 문제를 해결할 수 있다. 그에 비해 미숙한 연산능력을 보이는 아동들은 똑같은 구구를 만나더라도 매번 수세기를 반복하는 경향이 있다. 더 나아가 연산과 관련한 다양한 용어들이 사용되고, 덧셈과 뺄셈을 포함한 기본적인 문제들이 다양한 방식으로 풀이될 수 있기 때문에 항상 일정한 형식으로 인출되지 않는다(National Research Council, 2001). 그로 인해 미숙한 학습자는 매번 기본적인 연산문제에 어려움을 겪을 뿐만 아니라, 보다 복잡한 연산문제로 나아가지 못한다. 따라서 확장된 연습을 통해 구구에 대한 기술들이 숙달의 수준에 도달해 자동화되는 것이 필요하다.

라. 언어능력

수학학습에서의 곤란은 학생의 언어능력과 긴밀하게 관련되어 있다. 이전의 많은 연구에서 수학곤란을 가진 아동들은 저성취의 단일한 그룹으로서 정의되었다(Geary, 1994; Ostad, 1997). 그러나 Jordan 등(2003)의 연구와 Fuchs 등(2004)에 의한 연구는 적절한 읽기능력을 가지면서 동시에 수학곤란을 가진 아동이 빈약한 읽기능력과 수학곤란을 가진 아동과는 다른 인지적 결함의 패턴을 보인다는 것을 제안하였다(Jordan et al., 2003; Jordan & Montani, 1997). 먼저 Jordan 등(2003)은 읽기와 수학에 있어 Woodcock-Johnson Psychoeducational Battery-Revised(Woodcock & Johnson, 1990)로 각 그룹의 성취도 성장을 2년에 걸쳐 조사했다. 그 결과 수학곤란만 가진 그룹의 성취도의 향상은 수학곤란과 읽기곤란을 함께 가진 그룹보다 유의미하게 빨랐다. 이러한 결과는 읽기에서의 학습부진은 일반적인 수학 성취에 부정적인 영향을 미치는 것을 알 수 있다.

언어는 연산과 구구에 대한 학습의 모든 초기 단계에서 그것을 습득하는 데 중요한 역할을 한다. 따라서 주어진 수학 상황에서 해결해야 할 문제는 무엇이고 어떻게 해결하는지를 알기 위해, 학생은 구체물의 조작과 더불어 언어를 사용하는 것이 필요하다(Carey, 1972). 자신이 하고 있는 일이나 구체물을 다루면서 일어나는 장면을 기억하고 활동 속에서 의사소통하면서 배운 언어는, 학생이 기호 체계를 연산과 관련시켜 이해하는 데 많은 도움을 준다. 각각의 기호와 지시하는 대상물 간의 연결은 그러한 활동 속에서 더욱 공고해진다. 그러므로 학생들이 교사나 또래 사이에서 이야기되어지는 다양한 경험을 하고 난 다음에 형식적인 연산을 다룰 필요가 있다. 따라서 연산을 학습하면서 학생이 경험하는 수학적인 아이디어에 대해 계속해서 이야기하도록 격려할 필요가 있다.

2절. 사칙연산 학습을 위한 초기 학습

1. 사칙연산에 대한 개념 구축

가. 문제 영역 및 배경

어떤 학생들의 경우 주어진 문제 상황이 덧셈, 뺄셈, 곱셈, 나눗셈 중 어떤 것인지를 파악하지 못하는 경우가 있다. 이러한 문제는 일상생활에서 관련한 문제해결 경험의 부족, 표현-수용언어에 대한 이해 능력과 내적 심상화 능력이 포함된 추론 등에서의 결함과 관련될 수 있다. 구체적으로 다음과 같은 문제 상황을 살펴보자.

상황 1)
예린이는 얼마의 사탕을 가지고 있었다. 그런데 동생이 울어서 사탕 2개를 주었다. 그런 후 사탕을 세어보니 5개가 남아 있었다. 예린이가 처음에 가지고 있던 사탕은 모두 몇 개였을까?

상황 2)
강현이는 과자를 5개 먹었고, 동생은 3개를 먹었다. 강현이는 동생보다 몇 개 더 먹었을까?

만약 학생들이 덧셈과 뺄셈에 대한 개념이 어느 정도 발달되어 있다면 그들은 직관적으로 첫 번째 문제가 덧셈 상황이고, 두 번째 문제는 뺄셈 상황이라는 것을 쉽게 발견할 수 있다. 그러나 많은 학습장애 학생들은 이러한 문제 상황을 이해하지 못하고, 그 반대로 생각할지도 모른다. 이러한 학생들은 첫 번째 문제에서 "남았다"는 낱말을 보고 뺄셈이라고 생각한다. 또한 두 번째 문제에서 "더"라는 낱말을 보고는 덧셈을 수행할 수 있다. 이와 같이 문제 상황의 이해에 어려움을 가지게 되는 것은 학습장애 학생들이 덧셈과 뺄셈은 부분과 전체로 연결되어 있는 "큰 개념적 사고"에 대한 올바른 이해 없이 "핵심단어"에 의존하는 경향 때문이다. 사칙연산에 대한 개념 발달 측면에서 볼 때, 문제 상황에서 부분과 전체를 구분할 수 있는 것은 덧셈과 뺄셈 등의 연산 문제 해결에서 매우 중요한 과업이다. 이러한 전체와 부분에 대한 아이디어에 기초해서 이후 문제를 조작적으로 이해하기 위해 구체물을 이용할 수 있어야 하며, 마지막으로 연산기호(+, -, =)를 사용하여 수식을 해결하는 것이다.

· 전체를 구하기 위한 덧셈(+)
· 차이를 구하기 위한 뺄셈(-)

문제 상황에서 핵심단어가 가지는 표면적인 의미를 넘어 내면적이고, 복합적인 의미를 파악하는 것은 문제를 풀이하기 위해 매우 중요한 요소이므로, 학습장애 학생들은 문맥 속에서 정확한 의미를 이해하는 것이 필요하다. 곱셈과 나눗셈은 유사한 관계에 있지만 동등한 부분과 동등한 전체가 포함되어 있다.

· 같은 크기의 부분이 있을 때 전체를 찾기 위해 곱한다(×).
· 전체 중의 같은 크기의 부분을 찾기 위해 나눈다(÷).

다음에 제시되는 다양한 활동들은 학습장애 학생들이 연산에서의 개념 발달을 도와주기 위한 활동들이다. 이러한 활동의 핵심은 언어적 표현을 이해하고, 조작을 위해 구체물을 활용하며, 이를 수식으로 연결시켜 문제를 해결하는 것이다. 이러한 활동들은 학습자의 특성에 따라 수정, 보완될 수 있다.

나. 학습 지도 활동

1) 구체물의 조작

학생이 사칙연산에서 문제를 이해하고 수식으로 진행하기 전에 구체물 조작 활동을 통하여 문제의 수식을 세우고 연산개념을 명확히 할 수 있다. 따라서 산가지, 블록, 바둑돌 등과 같은 구체물을 적극 활용하되, 이때 학생 스스로 활동을 마칠 때까지 교사가 관여하지 않는 것이 좋다. 스스로 수행한 조작적 활동이 끝난 후 학생들이 수행한 활동이 맞는지 또는 틀렸는지를 교정해준다.

예를 들면 '10이 되는 더하기'와 '10에서 빼기' 학습에서 구체물 조작 자료로 다음과 같은 10개짜리 계란판과 공깃돌을 활용할 수 있다. 공깃돌 대신 구슬이나 사탕 또는 둥근 과자를 활용할 수도 있다. 한 학생이 넣고 싶은 만큼의 공깃돌을 넣은 후, 나머지 한 학생은 10이 되도록 나머지를 채우고 덧셈식을 말하게 한다. 또는 10개를 넣은 후 짝에게 몇 개를 빼라고 주문하면, 짝은 그 수만큼 공깃돌을 덜어내고 뺄셈식을 말한다. 덧셈식과 뺄셈식을 바르게 만드는 학생이 승리하는 놀이이다.

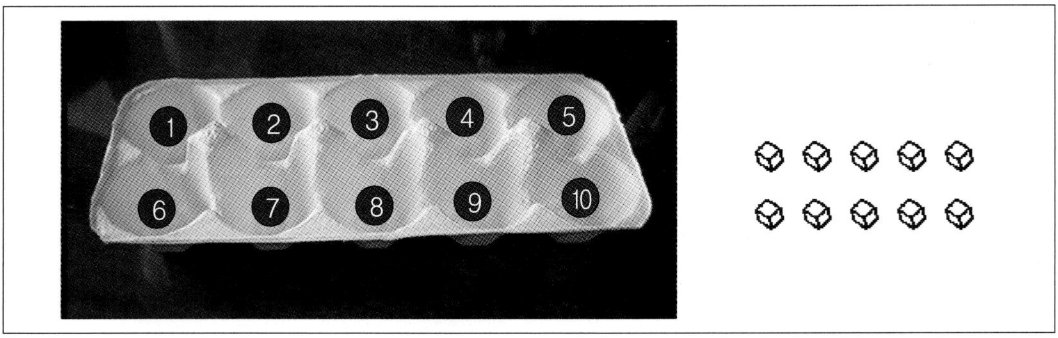

<그림 4.1> 계란판과 공깃돌

2) 이야기 활용하기

이야기를 활용한 문장제 문제는 학습장애 학생들의 언어적 표현 이해를 돕고 흥미를 제공한다. 이 경우 이야기는 학생이 읽은 책이나 실생활과 관련짓는 것이 효과적이다. 예를 들어 "현진이는 팽이를 좋아하는데 학교를 마치고 집에 돌아왔을 때, 엄마가 빨간색 팽이 4개와 파란색 팽이 2개를 주셨다. 엄마가 주신 팽이는 모두 몇 개인가?"와 같이 이야기를 들려주고 난 후, 다음과 같은 학습지를 나누어 준다. 그런 다음 이야기를 다시 들려주고 이야기 속에 나온 숫자들을 기억하여 쓰도록 한다.

이러한 활동은 언어적 표현과 숫자를 잘 기억하였는지, 또는 문제 상황을 잘 이해하여 어떠한 연산을 수행해야 하는지를 학생으로 하여금 알게 한다.

A)

빨간색 팽이 4개
파란색 팽이 2개가 바구니에 담겨 있다.
팽이는 모두 몇 개입니까?

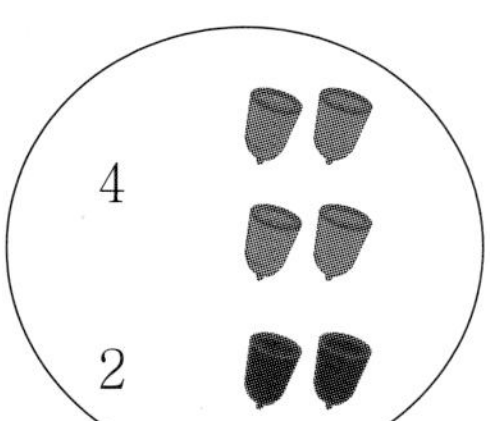

4 + 2 = 6

B)

빨간색 팽이	파란색 팽이

↓

전체 팽이의 수

C) 문제를 해결하기 위하여 필요한 계산식은 덧셈식이다.

<그림 4.2> 이야기를 활용한 덧셈 개념 세우기

3) 도식을 이용한 부분과 전체 이해

연산에 대한 개념 이해를 위해 구체물 조작을 한 후, 도식(그림, 표 등)을 이용하면 부분과 전체에 대한 이해를 명확하게 할 수 있다.

예를 들면 위의 문제에서 4개의 빨간색 팽이와 2개의 빨간색 팽이는 아래 표의 어느 칸에 적혀져야 하는지, 그리고 "모두(전체)"가 의미하는 바가 무엇인지를 생각하도록 한다. 그에 따라 아래의 표를 완성하도록 한다.

<table>
<tr><td>부분
4</td><td>부분
2</td></tr>
<tr><td colspan="2">전체
(?)</td></tr>
</table>

또한 앞서 설명된 사탕 문제도 이와 같은 방식으로 풀이할 수 있다.

· 교사 : 예린이가 동생에게 준 사탕 2개는 전부였습니까? 아니면 부분이었습니까?
· 학생 : 부분입니다.(위의 표에서 적절한 칸을 찾아 숫자를 적는다)
· 교사 : 예린이가 가지고 있는 사탕 5개는 전부였나요? 부분이었나요?
· 학생 : 부분입니다.(위의 표에서 적절한 칸을 찾아 숫자를 적는다)
· 교사 : 그렇다면 우리가 알고자 하는 것은 무엇입니까?
· 학생 : 예린이가 처음에 가지고 있는 사탕의 개수입니다.
· 교사 : 맞아요, 그렇다면 예린이가 처음에 가지고 있는 사탕의 개수는 몇 개일까요?
· 학생 : 7개 입니다.
· 교사 : 7을 어느 칸에 적어야 할까요?
· 학생 : 전체 칸입니다.

4) 연산 기호에 색 단서 제공하기

색 단서는 주의집중 및 시각적 강화를 통하여 연산에 도움을 제공한다. 다음 그림은 뺄셈 기호와 숫자 및 뺄셈을 나타내는 그림을 빨간색으로 색 단서를 제공한 것이다.

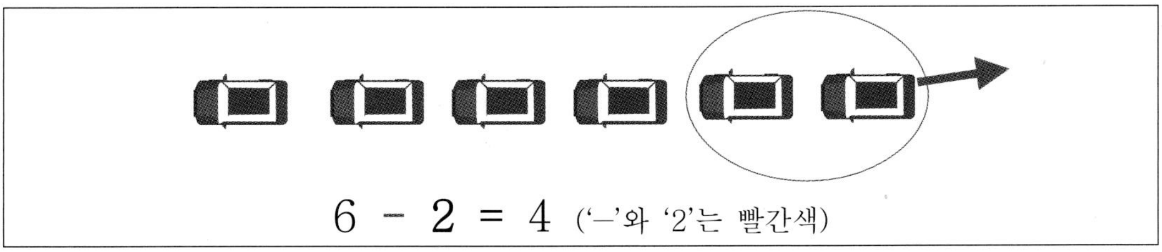

<그림 4.3> 연산 기호와 색 단서

5) 연산자 '×'

바둑알의 전체 개수를 곱셈을 활용하여 알아내는 활동을 하기 위한 것으로, 다음 그림과 같은 학습지를 활용한다.

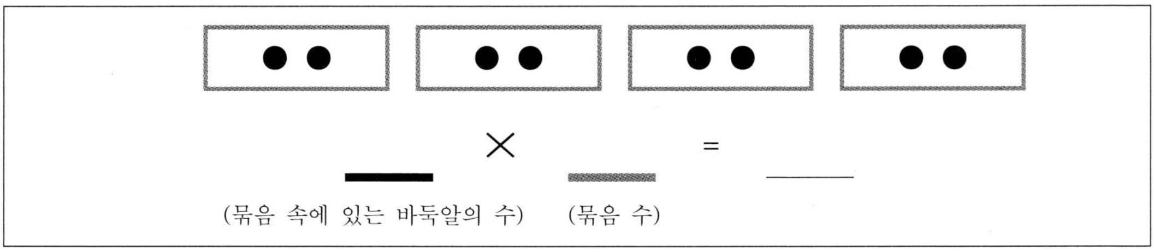

<그림 4.4> 색 단서 그림보고 곱셈식 만들기

학생들은 그림 속에 나타난 바둑알의 전체 개수를 알기 위해 하나씩 세거나 2를 4번 더할 것이다. 그러나 학생이 정확한 전체 개수를 말했다 하더라도 보다 쉽게 전체 개수를 찾는 방법이 있음을 가르쳐야 한다. 그것은 바로 곱하기이다.

우선 바둑알의 전체 개수를 알기 위해 하나씩 세어보게 한다. 그런 다음 좀 더 쉬운 방법이 있음을 말해 주고, 2개씩이 몇 개 있는지 세어보게 한다. 묶음 속에 있는 바둑알의 수를 수식의 첫째 칸(바둑알과 첫째 구구칸의 색을 일치시킨다)에 적게 하고, 몇 묶음인지 세어 두 번째 칸(묶음칸의 색깔과 둘째 구구칸의 색을 일치시킨다)에 적어보게 한다.

또한 청각 또는 운동감각을 이용하여 곱셈 연산자를 학습할 수도 있다. 활동의 예는 다음과 같다.

· 교사 : 책상을 3번씩 4번 두드려봅시다.

· 학생 : *** *** *** *** (책상을 두드린다.)
· 교사 : 3번씩 4번을 두드리면 모두 몇 번 두드린 것이 됩니까?
· 학생 : 12번입니다.
· 교사 : 그래서 3+3+3+3은 12가 됩니다. 이것을 3×4로 표현할 수 있습니다.

2. 구구(facts)의 지도

사칙연산과 관련한 문제풀이에 자주 등장하는 두 수의 결합들이 있는데, 이러한 수의 결합들을 일반적으로 '구구(facts)'라고 한다. 이러한 구구의 유용성에 대하여 연산과 관련한 문제를 풀이 과정을 떠올리면 보다 쉽게 이해할 수 있다. 우리가 문제를 접하게 되면 가장 먼저 문제 상황에 대하여 이해하여야 한다. 즉 덧셈의 상황인지, 뺄셈의 상황인지를 판단하고, 부분과 전체가 무엇인지를 찾는다. 그런 다음 구체물을 통한 조작과 상관없이 최종적으로는 수식을 만들어 풀이하게 된다. 이 때 우리는 두 수와 그 둘을 관계짓는 연산기호로 조합(예: '2+3', '5-2', '4×6', '6÷3' 등)을 만드는데, 이렇게 만들어진 조합이 구구이다.

이러한 구구에 대한 지식은 각 조합들이 어떠한 상황인지, 그리고 그 결과는 얼마인지에 대한 지식을 포함한다. 가령 수식을 세웠을 때 '2+3'의 구구가 만들어졌다면, 학생은 '2+3'이 어떠한 상황인지 즉 2개와 3개의 구체물(반구체물)을 모두 합병하는 또는 첨가하는 상황임을 경험이나 추론에 의해 떠올려야 한다. 그리고 '2+3'의 조합 결과는 5임을 경험과 학습의 결과로 알고 있어야 한다. 이러한 구구에 대한 지식이 갖춰져 있지 않고, 재빨리 회상하지 못하는 학생(학습장애와 같이)이라면 수식을 만들었다고 하더라도 일일이 구체물이나 반구체물을 조작하여 문제를 풀이할 수밖에 없을 것이다. 따라서 구구에 대한 이해와 숙달은 문제 상황의 이해를 통해 덧셈과 뺄셈 등의 연산 결과를 어림하거나 지필과 암산으로 계산을 수행하는데 있어 필수적인 요소가 된다.

특히 기본 구구를 학습하는데 있어서의 문제는 여러 가지 형태의 학습장애를 가진 학생들에게는 일반적인 현상이다. 그들은 종종 기본 구구를 알지 못하거나 이미 기본 구구를 알고 있음에도 불구하고 기억해내지 못한다. 그로 인해 계산 과정에서 미숙한 수행을 함으로써 연산학습에 있어 좌절하게 되고, 결국 수학 학습에서의 실패를 초래하게 된다. 이러한 학습장애 학생들이 가진 구구에 대한 문제를 지도하기 위한 효과적인 학습활동에 대하여 살펴보자.

가. 기본 구구의 학습

1) 문제 영역 및 배경

사칙연산의 각각에는 90-100개의 기본 구구들이 있다. 그것은 0부터 9까지 2개의 한 자리 수를 서로 더하고, 빼고, 곱하는 조합에 의해 각 100개의 기본 구구들이 생겨난다. 단 나눗셈의 경우 0으로 나누는 것이 불가능하므로 90개의 기본적인 구구가 있다. 이러한 기본 구구는 유치원이나 초등학교 저학년 시기에 사칙연산에 대한 학습이 시작되면서 자연스럽게 접하게 되며, 반복적인 사칙연산 문제풀이의 경험에 의해 자동적으로 기억되기도 한다.

사칙연산에 능숙한 학생이거나 성인의 경우, 이렇게 기억된 기본 구구들을 문제를 풀이할 때 빨리 회상해내고, 적절하게 활용할 줄 안다. 물론 기본 구구만을 직접적으로 사용하여 답을 찾는 경우는 적지만, 사실 이러한 기본 구구만 정확하게 알고 있다면, 거의 모든 사칙연산 문제를 해결할 수 있다. 기본 구구의 활용과 관련한 예로, 가령 '26+43'과 같은 두 자리 수끼리의 덧셈 문제를 풀이할 때, 문제의 유형은 두 자리 수끼리의 덧셈이며, 실제로 '6+3'과 '20+40'의 과정이지만, 문제를 풀이하는 알고리즘의 측면에서 보면, 기본 구구의 활용 즉, 일의 자리 수인 6과 3을 더하고(6+3), 십의 자리 수인 2와 4를 더하여(2+4) 자릿값에 맞게 그 합을 적어주면 된다. 이와 같이 기본 구구에 대해 아는 능력은 사칙연산의 학습에서 매우 중요한 요소이다.

또한 기본 구구를 잘 이해하고, 그것을 문제 상황에 적절하게 활용할 수 있는 방법과 절차에 대해서도 알고 있어야 한다. 그러나 학습장애의 경우 열등한 주의집중 및 기억과 회상, 시·청각적 결함, 알고리즘의 이해와 적용 방법 그리고 수용언어와 표현언어 등의 부족으로 구구 학습에 어려움을 겪고 있다. 이러한 학습장애 학생이 가지는 내재적 결함과 더불어 교수-학습적인 측면에서의 요인이 기본 구구의 학습을 어렵게 할 수도 있다. 예를 들면 첫째는 학생이 수에 대한 기초적인 이해가 이루어지지 않은 경우가 있다. 그래서 구구를 기억하는 과정이 단지 기호의 조작이 되어 버린 것이다. 둘째는 구구를 이해하는 과정, 기억 및 회상 기술 등이 교사에 의해 효과적으로 지도되지 않았을 수도 있다.

연산은 복잡하고 정확한 절차를 요구하므로 학습곤란을 겪는 학생들에게 어려운 과업일 수 있다. 그리고 계산 결과가 어떻게 될 것인가를 예상하는 능력은 어떤 연산을 수행해야 하는지, 어떤 과정으로 계산해 나가야 할 것인지, 차후 산출된 답이 적절한지 등을 결정해 준다. 따라서 결과에 대한 합리적인 판단능력은 연산에서의 주요한 요소로 작용한다.

연산은 기초적인 구구의 사용을 수반한다. 그런 점에서 학습장애 학생들은 기본적인 구구에 숙달되지 못함으로 인해 계산활동에 자주 실패하고 좌절하게 된다. 그럼에도 교사들은 연산 학습에서 계산 과정만을 중시하는 경향이 있다. 따라서 이러한 학생들에게는 그들이 잘 알고 있거나 알지 못한 구구에 대한 확인과 그에 대한 지도가 우선되어야 할 것이다.

이상의 기본 구구 학습의 측면에서 기본 구구에 능숙하도록 하며, 기억과 회상을 재빠르게 해내며, 이를 적절하게 활용할 수 있도록 하는 것이 매우 중요하다. 이를 위해서는 우선 구체적이고 직접적인 경험을 풍부하게 제공하고, 지속적인 문제해결 과정에서 많은 수식에 빈번하게 노출되도록 해야 한다. 또한 구구의 숙달이란 빨리, 정확한 답을 찾아내는 것과 계속적인 수행에 있어 일관되게 수행할 수 있음을 의미하기 때문에, 계속된 반복학습이 필요하다.

2) 학습지도 활동

가) 진단평가

기본 구구에 대한 학습을 진행하기에 앞서, 진단평가를 통해 개별 학생들이 현재 기본 구구에 대하여 어느 정도 숙달되어 있는지를 확인할 필요가 있다. 진단평가는 일정한 시간 동안 여러 명의 학생이 일괄적으로 실시하는 집단평가의 형태보다는 가능하면 개별평가의 방식으로 실시하고, 교사는 학생의 문제풀이 과정을 자세히 관찰하도록 한다. 즉 교사는 문제를 읽어주거나, 학생으로 하여금 큰 소리로 읽은 후 문제를 풀도록 한다. 이때 교사는 (a) 학생들이 구체물의 사용에 의존하는지, (b) 손가락 수 세기에 의존하는지, (c) 앞으로 또는 뒤로 세기를 할 수 있는지 등을 관찰하여 기록한다. 그 밖에 학생들이 문제를 해결하기 위해 자신이 알고 있는 구구들을 사용할 수 있는가? 예를 들어 '5+5=10' 이기 때문에 '5+6'은 하나가 더 많은 '11'이라는 것을 아는 학생이 있다. 이처럼 학생의 능력을 정확하게 파악하는 것이 기본 구구에 대한 교수-학습에서의 출발점이다.

나) 구구 유형

구구에 대한 학습을 보다 효과적으로 하기 위해 유형별로 기본 구구 그룹을 만든다. 가령 덧셈의 경우는 다음과 같다.

① 더해지는 수가 1, 2 또는 3을 가진 덧셈: 일반적으로 "하나씩 세기" 라고 불린다. 왜냐하면 학생들은 큰 숫자로부터 하나씩 세어감으로써 답을 찾을 수 있기 때문이다.

1+1, 1+2, 1+3……

② 합이 10이 되는 덧셈 : 합이 10이 되는 두 수, 즉 보수 관계를 가진 구구는 차후 받아올림이 있는 덧셈 문제의 해결을 쉽게 한다.

1+9, 2+8, 3+7……

③ 같은 수끼리의 덧셈 : 같은 수끼리의 덧셈에 관한 구구는 이보다 1 큰 수의 계산을 쉽게 한다. 예를 들어 '2+3'의 계산은 '2+2' 구구를 활용하여 이것보다 1 큰 값을 가지므로 쉽게 해결할 수 있다.

1+1, 2+2, 3+3……

다) 보고 쓰기

기본 구구의 목록에 있는 구구들의 플래시 카드를 만든다. 그런 다음 무작위로 골라 학생에게 빠르게 보여 준 후, 학생으로 하여금 정확한 답을 말하도록 한다. 다음과 같은 학습지에 교사가 보여 준 플래시 카드에 나타나 있는 구구를 적고, 그 답을 계산한다. 학생이 이와 같은 활동에 능숙하게 되면, 보다 어려운 구구들을 계속적으로 제시해가며 연습을 충분히 제공한다.

1) 합이 10이 되는 덧셈

① ____ + ____ = ____　　② ____ + ____ = ____

③ ____ + ____ = ____　　④ ____ + ____ = ____

2) 같은 수 두 번 더하기

① ____ + ____ = ____　　② ____ + ____ = ____

③ ____ + ____ = ____　　④ ____ + ____ = ____

<그림 4.5> 보고 쓰기 학습지

라) 추적하기

추적하기 전략은 현재 배우고자 하는 구구 중에서 답이 나타나 있는 보기들을 먼저 제시해주고, 학생은 그러한 보기를 참고하면서 다음에 제시되는 문제의 답을 찾아 쓰게 한다. 그 예는 다음 그림과 같다.

＊ 다음은 같은 수를 두 번 더하는 덧셈 문제들입니다

4	5	6	7	8	9
+ 4	+ 5	+ 6	+ 7	+ 8	+ 9
8	1 0	1 2	1 4	1 6	1 8

＊ 다음과 같이 같은 수를 두 번 더하는 문제를 풀어봅시다. 같은 수 두 번 더하기 문제가 아닌 것은 '×'표를 하고 풀지 않아도 됩니다.

5	8	6	4	7
+ 5	+ 8	+ 5	+ 4	+ 6
3	9	4	7	6
+ 5	+ 9	+ 5	+ 7	+ 8

<그림 4.6> 추적하기

이러한 추적하기 활동은 학생들이 ① 주어진 수식에 집중하도록 하고, ② 시각적 기억을 가르치고, ③ 표현언어에 어려움을 가진 학생을 도와주고 ④ 작업기억을 도와주기 위한 구조를 제공한다. 이와 같은 추적하기 형태의 학습지를 자주 반복하여 연습하는 것이 학생들로 하여금 구구를 좀 더 빨리 배우고, 오래 기억하는데 도움을 준다. 다만 이러한 연습은 구구에 대한 학습에서 초기에 사용되어야 한다.

마) 듣고 쓰기

학생들 스스로가 구구들을 읽고 답을 말하는 것을 카셋트 테이프에 녹음을 한다. 차후 학생들 자신이 녹음한 내용을 재생하여 들어보고 쓰는 활동을 통해 흥미와 강화를 제공할 수 있다.

바) 따라 쓰기

구구 플래시 카드를 사용한다. 플래시 카드에 나타나 있는 구구를 학생들로 하여금 큰 소리로 읽어 보게 한 후, 문제와 답을 손가락으로 따라 써 보게 한다. 이제 학생들이 눈을 감은 상태에서 문제를 말하고 작은 목소리로 답을 말하도록 한다. 마지막으로 학생들에게 다시 플래시 카드를 보면서 다시 문제를 읽고 답을 말하도록 한다.

만약 학생들이 이러한 활동 중에 플래시 카드에 있는 구구를 잊어버린다면, 손가락으로 따라 쓰도록 하여 기억을 재생시킨다. 이 때 풀을 사용하여 플래시 카드의 답을 추적하도록 하는 것이 도움이 될 수 있다. 왜냐하면 차후 풀이 말라 도드라진 구구 수식의 표면은 손가락으로 따라 쓰는 것에 추가된 촉각적 자극을 제공할 수 있다.

사) 알고 있는 구구의 사용

그림과 같이 문제를 해결할 때 두 가지 구구를 강조하여 나타낸다. 문제를 풀기 전에 두 가지 구구에 대하여 복습한다. 그리고 제시된 구구와 더불어 알고 있는 다른 구구를 포함한 문제를 구성하여 제시한다. 이러한 활동은 문제에 대한 부담감을 줄여주고, 알고 있는 구구를 이용하여 문제를 보다 쉽게 해결하도록 한다.

4 × 7
6 × 3

$$\begin{array}{r} 36 \\ \times\ 23 \\ \hline \end{array} \qquad \begin{array}{r} 46 \\ \times\ 75 \\ \hline \end{array} \qquad \begin{array}{r} 36 \\ \times\ 76 \\ \hline \end{array}$$

<그림 4.7> 알고 있는 구구 사용하기

아) 알고 있는 구구 지우기

각 학생에게 다음과 같은 학습지를 나누어 준다. 학생들이 알고 있는 구구들은 줄을 그어 지우도록 한다. 그런 후에 필요할 때마다 학습지를 참조하도록 하면서 매 주 모르는 구구에 대하여 연습하도록 한다. 그리고 새로 숙달된 구구는 검게 칠해 나간다.

+0	+1	+2	+3
			7 + 3 = 10
		8 + 2 = 10	
		9 + 2 = 11	9 + 3 = 12
		10 + 2 = 12	10 + 3 = 13

<그림 4.8> 알고 있는 구구 지우기의 예

알고 있는 구구를 활용하는 방법으로 학생이 이미 알고 있는 구구와 인접해 있는 구구 즉, 하나 더 많거나 하나 더 작은 구구부터 가르친다. 예를 들어 학생이 '10-7=3'을 알고 있다면 '10-7'보다 하나 작은 '9-7'(또는 10-8 등)을 가르친다. 학생으로 하여금 새로운 것과 알고 있는 구구 사이에 어떤 관계가 있는지 확인시켜 준다. 즉 10-7이 3이므로, '9-7'은 그보다 하나 더 작은 2가 됨을 확인시켜 준다.

알고 있는 구구부터 시작하여 1~2개씩이라도 모르는 구구를 배워나가도록 매일 구구의 학습을 반복한다. 한 주가 지나고 주말이 되면 다른 알고 있는 구구를 포함하는 혼합된 복습 문제로 새로운 구구에 대한 학습 정도를 확인한다. 만약 주초에 가지고 있던 구구표(위의 표)와 비교하여 새로운 구구가 숙달되었다면 그것을 검게 칠하여 지워나간다.

나. 큰 수를 가진 구구로 발전하기

1) 문제 영역 및 배경

간단한 연산 문제에서 보다 큰 수끼리의 연산 문제로 넘어가면 기본적인 구구에 어느 정도 숙달되어 있는 경우에도 이것을 적용하지 못하는 학생들이 있다. 이것은 시각적 변별 또는 연합, 작업기억, 표현언어 및 추론 등의 어려움 때문이다(Bley & Thornton, 2001). 또한 학습장애가 있는 많은 학생들은 자동적으로 연산 문제를 절차에 따라 풀이하는 데 숙달되기 전에는 이러한 어려움이 지속적으로 반복되는 경향이 있다. 그리고 기본적인 구구에 완전히 숙달되기 전에는 여러 가지 구구들을 연합하여 문제를 풀이하는 데 어려움을 겪는다. 이것은 하나의 문제를 해결하는데 여러 가지 구구를 한꺼번에 활용해야 하는데, 이것을 연합시킬 수 있는 능력이 부족하고, 많은 회상이 필요하며, 적용 절차가 다단계화 되어 있기 때문이다. 따라서 보다 복잡한 큰 수의 연산문제를 해결하도록 돕기 위해서는 알고 있는 빨리 구구를 회상하도록 하고 문제해결 절차를 숙달하도록 도와주어야 한다. 그리고 앞서 지적한 바와 같이 문제의 결과가 합리적인지 결정할 수 있는 능력을 가지도록 지원해야 한다.

2) 학습 지도 활동

가) 기본 구구표 활용하기

만일 학생이 알고 있는 구구를 기억해낼 수 없기 때문에 더 큰 수의 계산에서 어려움을 가진다면, 문제용지의 여백 부분에 그 계산과 관련한 구구를 써두도록 한다. 문제를 풀이하는 중간 중간 학생들은 여백에 적어둔 구구를 보면서 문제를 풀이할 수 있도록 한다.

또는 이제껏 학습하여 만들어진 자신의 구구표(덧셈, 뺄셈) 또는 구구단(곱셈)을 보면서 문제를 풀이하도록 허용해준다. 일단 더 큰 수끼리의 연산문제를 자주 다루어보고, 문제 풀이 과정에 익숙해지면 구구표 활용하기의 도움은 점차로 줄어들 것이다.

나) 손가락 추적하기

만약 학생이 촉각적 학습에 효과적으로 반응한다면, 그들로 하여금 주어진 문제를 손가락으로 따라 쓰면서 그것을 말해 보게 한다. 그런 다음 문제를 풀이하게 한다. 또한 주어진 문제를 학생이 직접 다시 써보게 한 후 문제를 풀이하게 한다.

다) 기본 구구에 원 표시하기

학생들이 문제 안에 있는 기본 구구에 원으로 표시한다. 그래서 기본 구구에 먼저 집중한 다음 더 큰 수로 넘어가도록 한다.

라) 기본 구구와 큰 수 구구의 연합

다음 그림과 같이 더 큰 수의 문제를 풀기 전에 기본 연산 문제를 풀어 보게 한다. 그런 다음 더 큰 수의 문제로 넘어가는 데 이렇게 풀이한 연산 문제에 색 단서를 주어 시각적 강화를 제공하면 더욱 효과적이다.

	8		3 8
+	6	+	5 6

기본 구구(굵은 숫자의 색깔)는 파란색으로 한다.

<그림 4.9> 기본 구구와 큰 수 구구 연합의 예

다. 추정과 검산

1) 문제 영역 및 배경

우리는 일상생활을 통해 다양한 형태의 추정 또는 예상을 사용한다. 예를 들면 “나는 그 정도 많은 빵을 먹을 수 없을꺼야.”, “지금 집에서 출발해도 학교에 늦지 않게 도착할꺼야.”, “지금 가지고 있는 돈으로 몇 개 정도의 물건을 살 수 있어.” 등이다. 이러한 추정은 문제해결을 보다 합리적이고 계획적으로 수행할 수 있게 한다.

마찬가지로 연산에서도 추정이 필요하다. 대부분의 학생들은 약간의 주의력만 있다면 자신이 풀이한 문제의 답이 적절한지 어느 정도 판단할 수 있다. 그러나 학습장애 학생과 같이 추정에 곤란을 가진 학생들 중에는 문제에 대한 풀이를 마친 후 답을 적고서 그러한 답이 합리적인지 아니면 불합리한지를 전혀 깨닫지 못하는 경우가 있다. 그것은 문제 상황을 떠올리거나, 주어진 문제 속의 숫자나 기호에 대하여 좋은 감각을 가지지 못하거나, 답을 추정하는 능력이 부족하거나, 문제 풀이를 어렵게 여기고 계산하는 데에 너무 집착하여 답에 대한 평가를 수행하지 않기 때문이다.

이와 같이 사칙연산과 관련된 문제에서 답이 어느 정도 될 것인가를 짐작하는 능력 즉, 결과에 대한 추정이 미숙한 경우가 있다. 이것은 추론 과정의 결함, 단기

기억, 절차기억, 작업기억 및 주의집중의 결함, 부족한 수 감각 및 기본 구구에 대한 미숙함과 어림하는 능력의 부족 등이 원인이 된다.

문제의 답을 비교적 정확하게 추정하는데 성공하려면, 다음과 같은 여러 가지 선수 학습과 그에 알맞은 능력을 갖추고 있어야 한다. 첫째, 가장 중요한 요소로는 자릿값에 대한 이해와 좋은 수 감각이다. 둘째, 문제 속에 주어진 여러 가지 숫자들에 대하여 어림할 수 있어야만 그 숫자들의 합, 차, 곱, 몫 등을 추정할 수 있게 된다. 셋째, 문제풀이 과정에서 문제 속의 숫자들을 시각적 이미지로 나타낼 수 있어야 하고, 암산할 수 있어야 하며, 그에 필요한 구구에 숙달되어 있어야 한다. 넷째, 연산 문제 해결에서 관련되는 정보를 처리하는 동안 그 정보를 유지할 수 있어야 한다.

다양한 문제에 대하여 암산으로 답을 계산하거나 그 답을 어림하기 위해서는 정확한 절차와 요령에 익숙해져야하는데, 학습장애 학생들에게는 매우 어려운 과제임에 분명하다. 특히 학습장애가 있는 많은 학생들의 추정 어려움은 위에서 살펴볼 여러 가지 요인에 기인하지만, 다른 한편 부분적으로는 연산에 대한 학습에서 반복된 실패의 경험으로 인한 자신감의 결여도 무시할 수 없다. 따라서 문제풀이에서 암산 및 추정 전략의 개발과 더불어 자신감 형성에 대해서도 학습되어져야 한다. 이를 위해서는 긍정적이고 지원적인 환경과 좋은 역할 모델링 등이 효과적일 수 있다.

2) 학습 지도 활동

가) 앞자리 수(십의 자리수) 추정

다음 그림과 같이 두 수의 앞 자리수에 주목하면 문제의 답을 추정하는데 도움을 준다. 물론 정확성에서는 다소 차이가 있을 수 있지만, 큰 자리수만을 계산에 포함시키면 문제를 단순화시킬 수 있기 때문에 어느 정도 문제의 답을 예상할 수 있게 된다. 학습지에 보이는 것처럼 도형자를 이용하여 10의 자리수만 보이도록 하거나, 도형자없이 십의 자리 숫자만 색연필 등으로 묶어주는 방법도 좋다.

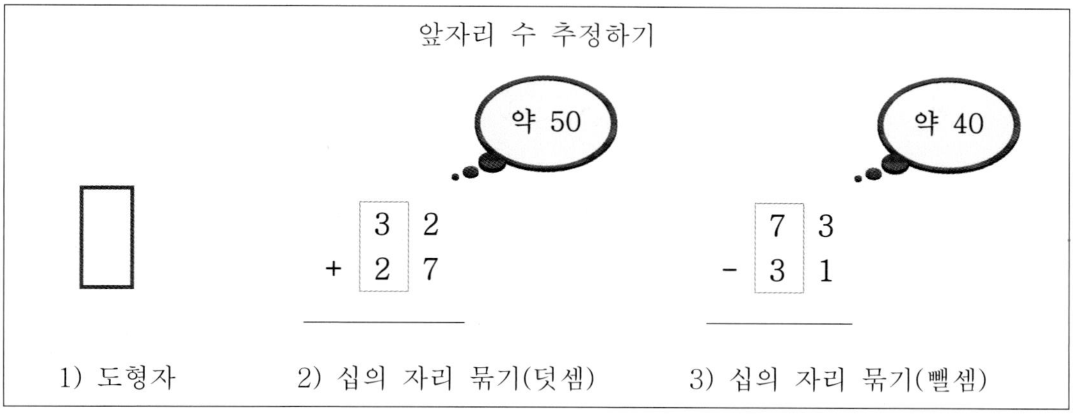

<그림 4.10> 앞자리 수를 통한 추정의 예

나) 추정값과 실제값 비교하기

문제에 따라서 앞자리 수만 가지고 답을 추정하는 것은 실제 답과 차이가 많이 날 수도 있다. 이러한 경우 하나의 문제에 대하여 추정을 하고 문제를 풀어본 후, 실제 값과 차이가 많이 나면 무엇 때문에 이러한 일이 발생했는지 학생들과 살펴보는 활동을 한다. 예를 들어 '58+39'의 경우 추정의 결과인 80과 실제 계산 값인 97과는 상당한 차이가 있다. 그것은 뒤의 일의 자리 수끼리 더하면 17이 되므로 사실상 20에 가깝다. 따라서 앞자리 수에 주목하여 답을 추정하기 전에 일의 자리 수를 더하여 10에 가까운지, 10을 초과하여 받아올림이 생기는지 등을 살펴보는 습관을 들이도록 연습한다. 이것이 원활하게 이루어지기 위해서는 기본 구구에 충분히 숙달되어 있어야 한다.

다) 가까운 수 찾아 어림하기

어떤 학생들은 반올림의 사용에 익숙할 수도 있다. 다만 반올림을 활용한 지도에서 반올림이라는 용어를 직접적으로 사용할 필요는 없다. 위의 그림에 2)번과 같은 문제에서 앞자리 수끼리만 더하여 추정하게 되면 약50이 된다. 그러나 실제 계산 값인 59는 50보다 60에 가깝게 되므로, 보다 엄밀한 추정을 위해서는 앞, 뒤 자리의 수를 모두 고려하는 것이 바람직하다.

- 32는 30과 40 중에 어느 쪽에 더 가깝습니까?

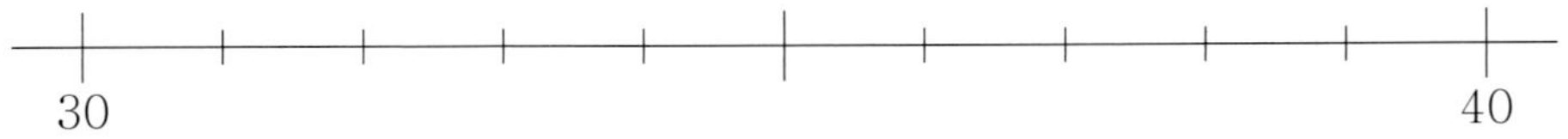

- 27은 20과 30중에 어느 쪽에 더 가깝습니까?
- 두 수를 더하면 몇 십쯤 될까요?

이렇게 십의 자리와 일의 자리 등 모든 자리수를 살피고, 반올림함으로써 답을 추정하면 보다 정확한 값을 추정하게 된다. 따라서 어느 정도 추정하기 능력을 갖추게 되면 이러한 반올림하여 추정하는 기술에 숙달되도록 지도되어야 할 것이다. 만약 필요하다면 반올림한 수를 문제의 각 수 옆에 적어두고, 이를 보면서 추정하도록 하는 것도 좋은 방법이다.

라) 가운데 값 이용하기

학습장애를 가진 학생에게는 다소 어려울 수 있지만 평균값을 추정에 이용하는 것을 소개한다. 주어진 모든 숫자들의 크기가 서로 비슷할 때, 그 중간값으로 보이는 숫자를 이용하여 추정하는 것이다. 예를 들어 52, 60, 69와 같은 숫자들이 주어지고, 합을 구하게 되면 60이 중간값으로 여겨지므로, 60을 3번 더하는 값과 비슷할 것이다. 따라서 답을 180 정도로 추정하게 되고, 실제 답은 181이므로 추정값과 실제값이 크게 차이나지 않는다.

마) 하나는 맞는 것, 다른 하나는 틀린 것

학생들의 추정을 돕기 위해 다음과 같은 활동을 할 수 있다. 즉 하나는 정답을 제시하고, 다른 하나는 완전히 틀린 것으로 제시될 때, 학생들은 비합리적인 답을 쉽게 찾아낼 수 있다.

*어떤 것이 바르게 풀이하였을까요?

$$\begin{array}{r} 3\ 4 \\ \times\quad 5 \\ \hline 5\ 0 \end{array} \qquad \begin{array}{r} 3\ 4 \\ \times\quad 5 \\ \hline 1\ 7\ 0 \end{array}$$

<그림 4.11> 합리적인 답 찾기의 예

이 때 십의 자리 즉 30에 주목하자. 30을 5번 더하는 것과 같다고 볼 수 있으므로 답은 150보다 클 것이다. 이와 같이 숫자들의 자리값을 참고하는 것은 답의 크기를 짐작하도록 도와준다.

3절. 영역별 지도의 실제

지금까지 연산학습과 관련된 선수 요인 및 사칙연산을 위한 초기 학습 등에 대해 살펴보았다. 여기에서는 학습장애 학생들이 어려움을 겪고 있는 사칙연산에서 덧셈, 뺄셈, 곱셈 및 나눗셈 등 영역별로 어려움 및 이에 대한 지도방법에 대해 알아보고자 한다.

1. 덧셈 지도

가. 덧셈 구구 지도(기초 덧셈)

1) 문제 영역 및 배경

학습장애 학생들은 시·청각적 변별, 시·청각기억 및 장기기억 그리고 표현언어 등의 결함으로 인해 기초적인 덧셈 구구의 숙달에 있어서 어려움을 겪는다(Bley & Thornton, 2001). 따라서 효과적인 정보의 처리를 통한 덧셈 구구를 발달시키기 위해서는 전략을 효과적으로 사용할 필요가 있다. 이러한 전략에는 구체물의 조작, 수 세기 및 알고 있는 구구 이용하기 등이 있다.

그러나 많은 학습장애 학생은 수 세기, 특히 손가락 수 세기에 주로 의존하다 보니 구구를 알기 위한 효율적인 방법을 개발하는 데 실패한다. 예를 들면 '4+4=□'와 '4+5=□'의 문제가 제시되었을 때 2문제 모두를 손가락 수 세기를 통하여 해결할 수 있지만, 그것보다는 '4+4'는 손가락 수 세기를 통하여 해결하고, '4+5'는 '4+4=8'이라는 구구를 통해 이것보다 1이 더 많기 때문에 '4+5=9'임을 아는 것이 보다 효율적이다.

따라서 학습장애 학생들의 경우에는 지각을 통한 정보처리에 직접 관련된 전략과 활동들이 도움이 된다. 즉 다양한 보기들, 색 단서 제공, 손가락으로 따라 쓰기 및 시각, 청각, 운동감각 또는 촉각을 이용한 기술들이 덧셈을 학습하는데 도움을 줄 수 있다. 이 때 중요한 것은 교사는 학생 개개인이 가진 다양한 학습양식을 고려하면서, 다른 계산과 관련짓기, 풍부한 예제 제공하기 및 다른 다양한 전략들을 제안하는 등의 역할을 수행해야 한다는 것이다.

그 밖에 학습전략적인 측면에서 어려움을 겪는 학생에게 덧셈 구구를 지도하는 가장 기초적인 방법은 학생들이 쉬운 구구들을 먼저 숙달하도록 도움을 주는 것이다. 그리고 그 보다 어려운 구구들은 쉬운 구구들과 알고 있는 구구들을 관련시킴으로써 숙달할 수 있다. 기초적인 덧셈 구구들을 학습하기 위한 전략들과 활동들은 비단 직접적인 덧셈 학습에서 뿐만 아니라, 다른 영역의 학습(예: 시각 읽기, 화폐 사용, 길이 측정 등)에서도 부분적으로 활용될 수 있으므로 지속적이고 체계적인 프로그램을 통해 꾸준히 지도되고 점검되어야 한다.

덧셈 구구에 사용될 수 있는 전략에는 교환법칙, 0 또는 1을 더하기, 같은 수 더하기 및 10 만들기 등이 있다. 그리고 많은 구구들의 학습에 하나 이상의 전략이 복합적으로 활용될 수 있다.

가) 교환법칙

덧셈 구구에서 교환법칙이란 더하는 수의 순서를 바꾸어도 합에 영향을 미치지 않는다는 것이다. 즉 검은색 블록 2개와 흰색 블록 3개의 수는 검은색 블록 3개와 흰색 블록 2개의 수와 같다는 것이다. 덧셈 구구는 이러한 교환법칙 때문에 단순화될 수 있다.

계산기는 더하는 순서가 필요 없음을 학생이 직접 확인할 수 있도록 도울 수 있다. 다양한 문제를 조합하여 사용하고, 실제로 활동하다 보면 더하는 순서가 결과에 영향을 미치지 않음을 깨닫게 된다.

나) 0, 1 및 같은 수 더하기 전략

0을 더하는 전략은 0을 더하는 수로 갖는 구구에 적용되는데, 어떤 수가 되었건 0을 더하면 그 수는 변하지 않는다. 이 개념은 학생이 "0(영)"을 더할 때마다 합은 같아진다는 사실을 볼 수 있는 몇 가지 구체적인 보기로부터 얻을 수 있다.

다음으로 어떤 수에다 1을 더하는 것은 가장 기초적인 덧셈 구구이다. 따라서 1 더하기를 학습하기 위해서는 먼저 구체물 조작활동을 경험하고, 그 이후에 지필활동으로 진행하도록 한다.

같은 수 더하기 전략은 '3+3' 또는 '6+6'과 같이 두 개의 더하는 수가 모두 같은 경우의 구구이다. 같은 수 더하기 전략 또는 구체물 조작활동을 통해 개념을 익히도록 한다. 같은 수 더하기 전략은 나중의 '배수' 개념에 기초가 된다. 같은 수 더하기 전략은 다른 전략으로서 '하나 더' 또는 '하나 적은'과 같은 1이 더 많거나 1이 더 적은 구구에서 적극 활용된다.

· 5+6=□ : 생각하기-"5+5=10이다 5+6은 하나가 더 많으므로 5+6은 11이 된다."
· 5+4=□ : 생각하기- "5+5는 10이다. 5+4는 하나가 더 적으므로 5+4는 9가 된다."

다) 계속 세기

이 전략은 하나의 수에서 더하는 수만큼 앞으로 계속 세는 것으로, 더하는 수 중의 하나가 1, 2 또는 3일 때 가장 쉽게 사용되고 있다. 예를 들면 3+2=□일 때 3 - 4...5 그래서 답은 5이다. 숙달되지 못한 학생은 집합에 있는 모든 개수를 셀 수도 있고, 다른 문제로 2+6에서 6부터 세지 않고 2부터 셀 수도 있다. 그러나 큰 수에서 시작하여 작은 수만큼 세어나가는 전략을 사용할 때 보다 효율적이라는 것을 깨닫도록 지도하는 것이 필요하다.

라) 10 만들기

두 수의 덧셈에서 먼저 10을 만들면 계산하기 쉽다. 이와 같이 10 만들기를 하려면 두 수 중에서 크기가 큰 수에 10이 되기 우해 필요한 수만큼 작은 수에서 빌려와서 더 한다. 이것은 두 개의 더하는 수 중 하나가 8 또는 9일 때 가장 쉽게 사용될 수 있는데, 예를 들면 "8+5는 8+2가 10이 되므로, 5에서 2만큼 주어 8을 10으로 만들고, 남은 3을 더하면 13이 된다"

이 전략을 사용하기 위해서는 10이 되는 구구를 잘 알고 있어야 한다. 효율적인 계산이 되기 위해서는 10이 되는 덧셈을 연습하도록 도울 필요가 있다.

덧셈 구구와 관련된 다양한 활동에서 유의할 점은 학습장애가 있는 학생들을 위한 교수는 매우 단순화 시킬 필요가 있다. 왜냐하면 이러한 덧셈 구구들을 기억하기 위해 너무 많은 전략들을 사용하게 되면 혼란을 가져다 줄 수 있기 때문이다. 따라서 교사는 개별 학생에게 몇 가지 덧셈 구구 전략을 소개하여, 그 중에서 1, 2 가지를 빨리 숙달되도록 하는 것이 효과적이다.

2) 학습 지도 활동

가) 하나씩 세기

덧셈 구구를 학습하는데 있어 구체물을 직접 조작하는 활동은 덧셈에 대한 이해와 기술의 발달에 도움이 된다. 그러나 점차적으로 구체물 없이, 언어적인 활동만으로도 덧셈을 할 수 있어야 한다. 덧셈 구구를 학습하기 위한 초기의 언어활동으로 교사는 더해지는 수가 1, 2, 3 등과 같은 비교적 작은 수를 가지는 덧셈 문제를 몇 개 제시한 후, 하나씩 세기를 통해 답을 찾는 활동을 한다. 가령 '6+3'과 같은 문제는 처음 세기 시작하는 수는 6이 되고, 3만큼 앞으로 수 세기를 하도록 한다. 교사는 학생으로 하여금 '6+3'의 답이 어떻게 되는지 말해 보게 한다. 대답을 즉시 하지 못하거나 아예 그 답을 알지 못하는 경우, 교사는 다음과 같이 따라 하게 한다.

"6+3에서 먼저 나온 숫자는 6이다. 그렇다면 6에서 시작하여 3만큼 더 세어나가 보자. 6-7, 8, 9. 그래서 답은 9가 되는 거야."

만약 이러한 활동에서 언어적인 활동만으로 어려운 경우 구체물을 사용하도록 한다. 이러한 구체물의 사용은 시각적 또는 운동감각적·촉각적 자극을 제공하여 학생들의 정보처리를 도와주기 때문에 효과적이다.

덧셈과 관련한 기본 구구의 초기 학습에서 유의할 점은 덧셈 구구에서는 교환법칙이 성립되므로, 하나의 구구 속에 있는 숫자들이 자리바꿈을 해도 똑같은 답을 가지게 됨을 강조해 주어야 한다. 이를 위해 다음 그림과 같이 카드와 집게를 사용하는 것이 도움이 된다. 가령 '2+3'과 '3+2'는 답이 같다는 것을 가르칠 때, 그림과 같이 카드의 앞면의 왼쪽에 2개의 집게와 오른쪽에 3개의 집게를 끼운다. 그런 다음 앞면에 놓인 모든 집게의 수가 5임을 보여 준 후, 그 상태에서 뒤로 뒤집으면 왼쪽에 3개의 집게가 놓이고, 오른쪽에 2개의 집게가 놓이게 된다. 결국 집게의 합은 5가 됨을 확인할 수 있다.

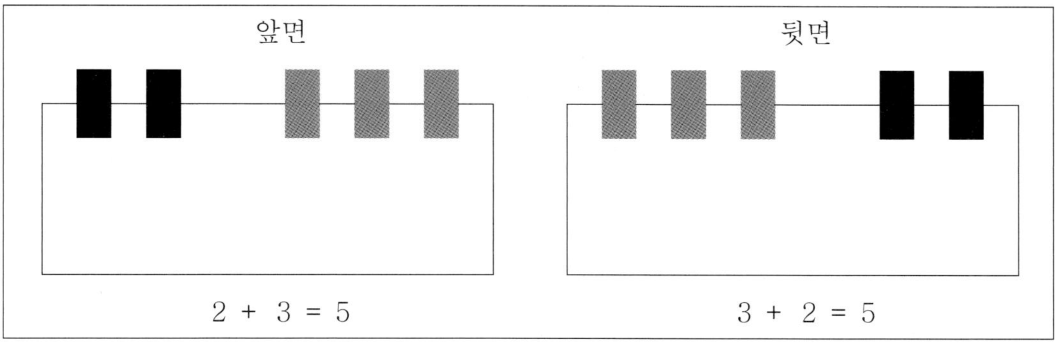

<그림 4.12> 집게를 활용한 덧셈의 교환법칙

나) 덧셈 놀이를 통한 지도

놀이나 게임은 아동들로 하여금 친숙하고 흥미롭게 학습에 참여할 수 있도록 한다. 덧셈 지도를 위해 다양한 게임과 놀이를 적극 활용하는 것이 좋다.

(1) 주사위 던지기 놀이

주사위 놀이는 2개의 주사위(0~5)를 던져 나온 눈의 수를 더하는 게임이다. 주사위 던지기, 주사위의 눈 개수 확인하기, 주사위의 눈만큼 점 붙이기나 그리기, 그리고 더하기 등의 활동으로 세분화하여 학생의 능력과 특성을 고려하여 개인에게 적절한 활동을 부여할 수 있다. 주사위는 눈의 수가 0~5까지 있는 정육면체 모양 2개를 사용하여 놀이 활동을 진행하나, 학생들의 수준을 고려하여 눈의 수를 늘리거나 줄일 수 있다. 참여에 어려움을 보이는 학생은 주사위 던지기 및 던져서 나온 주사위 눈의 수와 같은 수 또는 점의 배열이 같은 카드 찾기 등의 활동을 제시하여 학습활동에서 소외되는 학생이 없도록 한다.

(2) Giant 주사위 놀이

다음과 같은 숫자 보드 놀이판, 0~5까지 쓰여진 주사위 2개와, 10개의 토큰을 갖는다. 순서대로 두 개의 주사위를 던져서 나온 숫자를 더하여, 그 값이 보드 놀이판 위에 있으면 그 숫자 위에 토큰을 올려놓는다. 숫자 보드 놀이판에 가장 먼저 수직, 수평, 대각선으로 빙고를 만든 학생이 승자가 된다.

4	8	6	9
2	7	5	10
7	1	4	3
6	0	9	8

<그림 4.13> 숫자 보드 놀이

(3) 카드 놀이

앞면에는 점이 있고, 뒷면에는 저의 개수와 같은 숫자가 있는 카드를 준비한다. '9까지의 수 가르기' 놀이는 1부터 9까지의 점 카드를 각각 2장씩 준비하게 한 다음, 교사가 점 카드(8)를 제시하면 학생은 두 수의 합이 8이 되는 점 카드 2장을 들게 한다. 카드를 뒤집어 숫자 카드를 사용하여 같은 방법으로 활용할 수 있다.

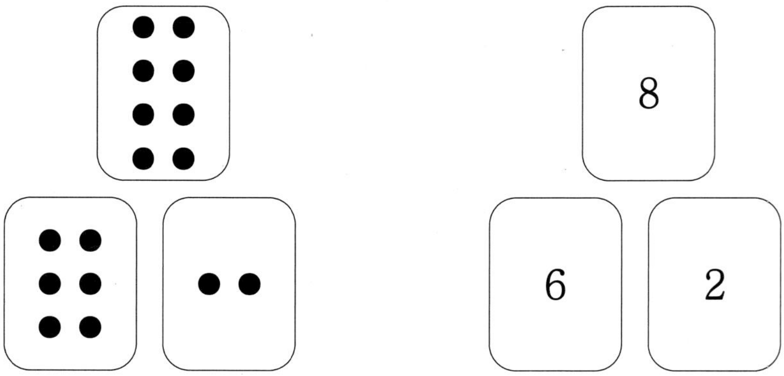

<그림 4.14> 점 카드를 활용한 9까지의 수 가르기

'9까지의 수 모으기' 놀이는 1부터 9까지의 점 카드를 각각 2장씩 준비하게 한 다음, 교사가 점 카드 2장 (예: 4, 3)을 제시하면 학생은 두 수의 합이 되는 점 카드(7)를 들게 한다. 카드를 뒤집어 숫자 카드를 사용하여 같은 방법으로 활용할 수 있다.

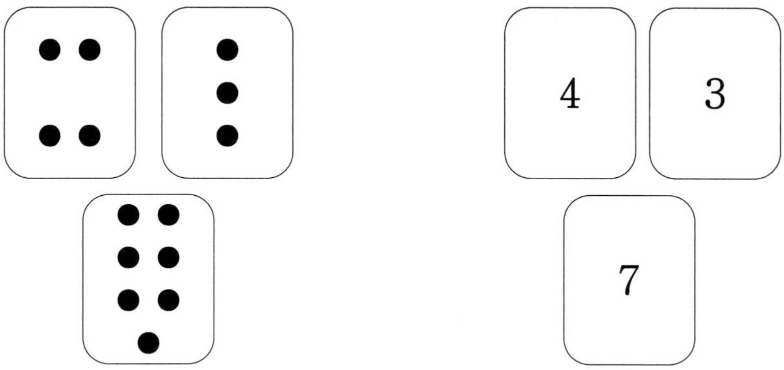

<그림 4.15> 점 카드를 활용한 9까지의 수 모으기

다) 10-모형틀 구구

다음 그림과 같이 빈 우유곽 10개를 붙여 만들거나 10개짜리 계란판 등으로 10-모형틀을 만든다. 이러한 10-모형틀 속에 공깃돌이나 바둑돌 등을 넣은 후, 몇 개가 더 있으면 10이 되는지 알아보도록 한다. 이를 통해 10이 되는 덧셈 구구에서 쌍(예: 8+2=10)이 되는 숫자를 쉽게 찾아내는 능력을 길러 줄 수 있다.

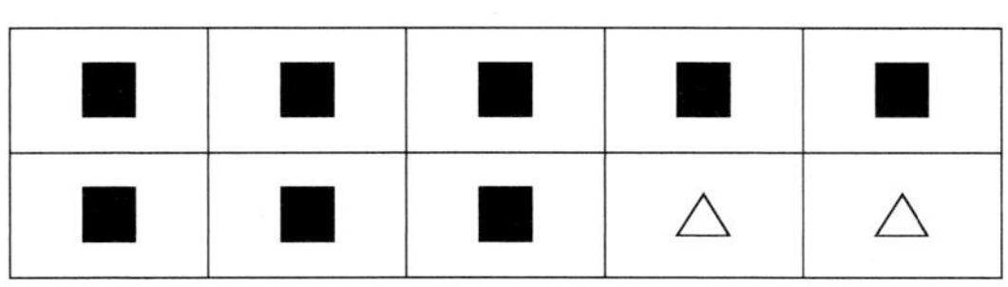

8+ 2=10

<그림 4.16> 10-모형틀을 활용한 보수 찾기

라) 보다 한 개 많은

투명한 비닐가방과 속이 보이지 않는 가방(예: 파란색가방)을 1개씩 준비한다. 투명한 하얀 가방 속에 몇 권의 책이 보이게 담는다. 속이 보이지 않는 파란색 가방 위에 '하얀 가방보다 1권 더'라는 글씨가 있다. 학생들에게 파란 가방에는 모두 몇 권의 책이 있는지 질문을 하고 덧셈식을 세우도록 한다.

대부분의 경우 덧셈 구구들은 같은 수 2번 더하기를 확장하게 되면 그 답을 쉽게 찾을 수 있다. 예를 들어 '5+6'은 '5+5' 보다 하나 더 많은 것이 된다. 다른 구구 역시 이와 같은 방법으로 숙달될 수 있다.

마) 10 만들고 남은 것 더하기

이 전략을 사용할 수 있는 구구들의 대부분은 6, 7, 8, 9 등의 가수를 가지고 있다. 이것을 학습하기 이전에 먼저 10과 어떤 수의 덧셈에 대한 이해가 있어야 한다. 예를 들면 '10+3'은 10은 그대로이고, 3은 일의 자리를 차지하게 되므로 13이 됨을 알아야 한다. 이를 위해 다음과 같이 더하는 수에 색 단서를 주거나 손으로 따라 써보게 하는 것도 효과적이다.

$$\begin{array}{r} 10 \\ +\quad 4 \\ \hline 14 \end{array} \qquad \begin{array}{r} 10 \\ +\quad 6 \\ \hline 16 \end{array} \qquad \begin{array}{r} 10 \\ +\quad 8 \\ \hline 18 \end{array}$$

<그림 4.17> 10만들고 남은 것 더하기 학습지

이러한 연습이 숙달되면 10이 넘어가는 한 자리 수끼리의 덧셈(8+7 등)을 풀이하게 한다. '8+7'을 풀이하는 과정에서 처음 나온 숫자 8을 10으로 만드는데 이를 위해서는 7에서 8에게 2를 주어야 한다. 그런 다음 남은 5를 일의 자리에 두어야 함을 깨닫게 한다. 여기서 앞서 소개된 '10-모형틀'이 사용될 수 있다.

바) 9 더하기

9가 포함된 덧셈의 풀이과정은 재미있다. 왜냐하면 9에다 1만 더하면 10이 되기 때문이다. 그리고 나머지는 일의 자리로 하면 된다. 즉 어떤 수에 9를 더하면 그 어떤 수는 1씩 작아지게 되는 것이다. 이러한 패턴은 10-모형틀을 사용하여 설명될 수 있다. "9를 "10으로 만들기 위해" 10-모형틀에 1개를 옮기면 10이 된다. 따라서

틀 밖에 있는 수는 항상 하나씩 적어지게 되는 것을 확인할 수 있다.

사) 도미노 게임

모둠 별로 할 수 있는 놀이로 각 모둠에 색종이를 여러 장 나누어주고 한 장에 0~5까지의 숫자 중 두 개를 쓰게 한다. 그런 후 색종이를 모아 두 수의 합이 5가 될 경우에 색종이를 풀로 붙여 연결한다. 정해진 시간 동안 길게 만드는 모둠이 승리한다.

① ④	① ②	③ ④	① ⓪	⑤ ②	…

<그림 4.18> 도미노 게임

나. 받아올림 덧셈의 지도

1) 문제 영역 및 배경

받아올림이 있는 덧셈에 어려움을 가지는 것은 한 번에 많은 정보를 기억하거나 2개 이상의 과제를 동시에 수행할 수 없을 때, 또는 다단계로 이루어진 활동을 순차적으로 수행할 수 없을 때 등이다. 학습장애 학생들은 기본 구구에 숙달되어 있다 하더라도 받아올림의 방법 그 자체가 생소하여 쉽게 숙달되지 못하기도 한다. 한 자리 수끼리의 덧셈 또는 두 자리 수와 한 자리 수의 받아올림이 있는 덧셈에서 받아올림이 가르쳐지고, 이것이 숙달되면 이보다 더 큰 수끼리의 받아올림이 있는 덧셈은 자동적으로 해결될 수 있다. 따라서 덧셈 학습의 초기에 받아올림이 있는 덧셈의 해결 방법에 대하여 완전하게 숙달되도록 자릿값에 대한 개념적 이해가 되어야 할 것이다.

다음의 방법들은 두 자리끼리 덧셈에서 언제, 어떻게 받아올림을 해야 하는지 가르치기 위한 것들이다. 이러한 받아올림 방법을 이해하기 위해서는 다음의 전제가 필요하다.

· 학생들은 두 자리 그리고 세 자리 수들에 대한 적절한 수 감각과 계산적 이해를 가지고 있어야 한다.

· 낱개가 모여 10이나 그 이상이 되면 십의 자리 수 1과 같다는 것을 알아야 한다.

두 번째 필요조건에 숙달되기 위해서 우리는 흔히 모눈종이, 산가지, 나무 도막, 10-모형틀 등과 같은 구체물을 보조자료로 활용해왔다. 만약 십진법에 익숙하지 않은 학생들에게는 이와 같은 활동을 다시 수행할 필요가 있다. 이러한 기초 위에 학생이 받아올림 학습을 시작할 준비가 되었다면, 아래와 같은 활동들이 유용할 것이다. 이러한 활동들은 지각, 순차적 기억, 그리고 추론에 어려움을 가진 학생들을 돕기 위한 방법들이다.

2) 학습 지도 활동

가) 두 자리 수 덧셈을 위한 준비 활동

받아올림이 있는 두 자리 수끼리의 덧셈을 학습하기 전에, 이것을 해결하는 데 필요한 선수 기술의 숙달 정도를 확인하고, 부족한 기술들을 보충하기 위해 약간의 준비 활동을 수행할 필요가 있다. 이와 관련하여 다음과 같은 과제 수행을 연습하는 것이 필요하다.

· 이야기를 들려주면서 이야기 속에 나타난 숫자들을 학생들로 하여금 써보게 한다. “민수는 할머니가 구워주신 쿠키를 세어보니 32개였다. 할머니는 아직도 오븐에 14개가 더 있다고 하셨다. 그렇다면 할머니는 모두 몇 개의 쿠키를 구우셨는가?”

· 부분과 전체에 해당하는 숫자들을 찾고, 주어진 표 속의 칸에 쓰도록 한다. 그리고 문제 상황에 대하여 학생 자신이 이해한대로 말해보게 한다.

“각 부분에 32개와 14개가 있고, 우리는 전체가 몇 개인지 알고자 한다.”

· 문제를 해결하기 위해 산가지를 사용하게 하고, 어떤 일이 생겨나는지 말해보게 한다. “10개씩 묶음이 4개이고, 낱개가 6개이다.”

여기까지는 아직 받아올림이 필요하지 않다. 다만 두 자리 수끼리의 덧셈에서 일의 자리 수끼리, 십의 자리 수끼리 자리수를 맞춰 덧셈을 해야 함을 인식하도록 한다.

이제 산가지를 충분히 주고 단순히 세어보게 한다. 주어진 산가지를 세는 과정에서 10개씩 고무밴드로 묶어가면서 세도록 한다. 이러한 활동의 반복은 받아올림에 대한 필요성과 방법을 학생이 깨닫도록 돕는다.

나) 어느 것이 될 수 없는가?

다음과 같은 예를 제시하여 2개의 문제 중에서 답이될 수 없는 것을 찾도록 한다. “답이 될 수 없는 것은 어느 것입니까? 왜 그렇다고 생각합니까?” 대부분 학생들은 312가 잘못되었다는 것을 알 것이다. 그것을 알지 못한다면 ‘25+17’의 답을 구하기 위해 십 모형과 낱개 모형의 구체물을 조작해보자. 십 모형이 3개에 불과하고, 낱개를 모아도 12개 밖에 되지 않는다. 따라서 그 둘을 합하면 50보다 적기 때문에 312가 될 수 없음을 알게 한다. 이러한 활동은 덧셈에서 받아올림이 있는 경우 값이 커짐을 대략적으로 알게 한다.

1)				2)			
		2	5			2	5
	+	1	7		+	1	7
	3	1	2			4	2

<그림 4.19> 답이 될 수 없는것 찾기

다) 상자 단서 또는 안내선

받아올림의 처리에 어려움을 나타내는 학생에게 다음 그림과 같은 상자 단서나 안내선을 표시해 준다. 이것은 받아올림이 있는 덧셈에서 문제풀이의 과정과 방법을 순차적으로 진행하도록 도움을 주고, 숫자를 인식함에 있어 반전 경향이 있는 학생들에게 도움이 된다.

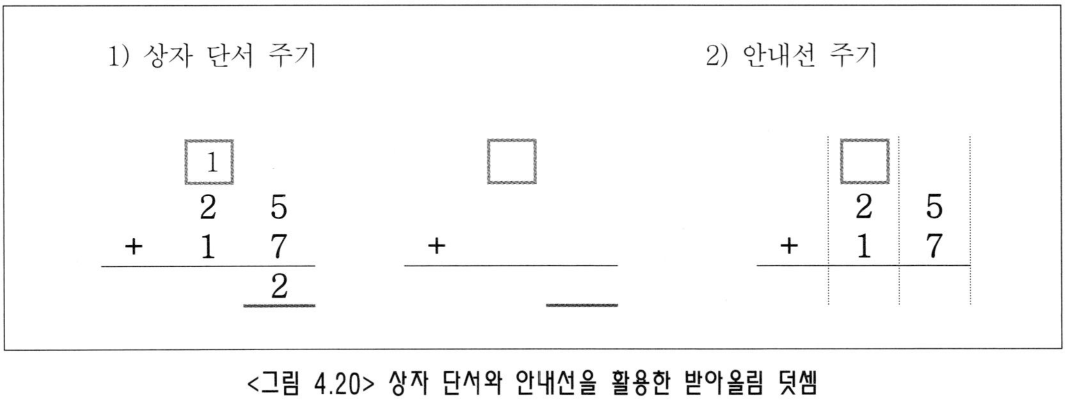

<그림 4.20> 상자 단서와 안내선을 활용한 받아올림 덧셈

위의 그림 1) 상자 단서 주기를 살펴보자. 우선 일의 자리 수끼리 더하면 12가 되는데, 이러한 12를 쓸 때 규칙이 있음을 알려준다. 10개를 넘었으므로 10은 일의 자리가 아닌 십의 자리에 있는 상자 속에 1을 적고, 낱개 2를 일의 자리 파란색 선 위에 적게 한다. 이것을 잘 모른다면 낱개 5개와 7개를 세고, 10개가 넘으면 10개를 묶음짓는 활동을 다시 한 번 해보게 한다. 그런 다음 10개 묶음을 모두 모으면 4개 즉 40이 됨을 알게 한다.

위의 그림 2)는 문제 속에 안내선을 주어 안내선 안에 포함된 수끼리 덧셈을 해야 함을 유도한다. 그리고 이러한 안내선에 따라 계산된 값을 자리값 별로 1개의 숫자로만 적을 수 있음을 상기시키는 역할을 한다. 즉 일의 자리 수끼리 더하면 12가 되지만 그 중에서 숫자 2만 일의 자리에 적고, 10에 해당하는 숫자 1은 상자 단서 속에 적어야 한다는 것을 알게 한다.

라) 십 모형과 낱개 모형

모형 동전 즉 10원짜리와 1원짜리 각각 여러 개와 10-모형틀 및 1-모형틀을 준비한다. 모형 동전은 코팅을 하여 직접 제작할 수도 있다.

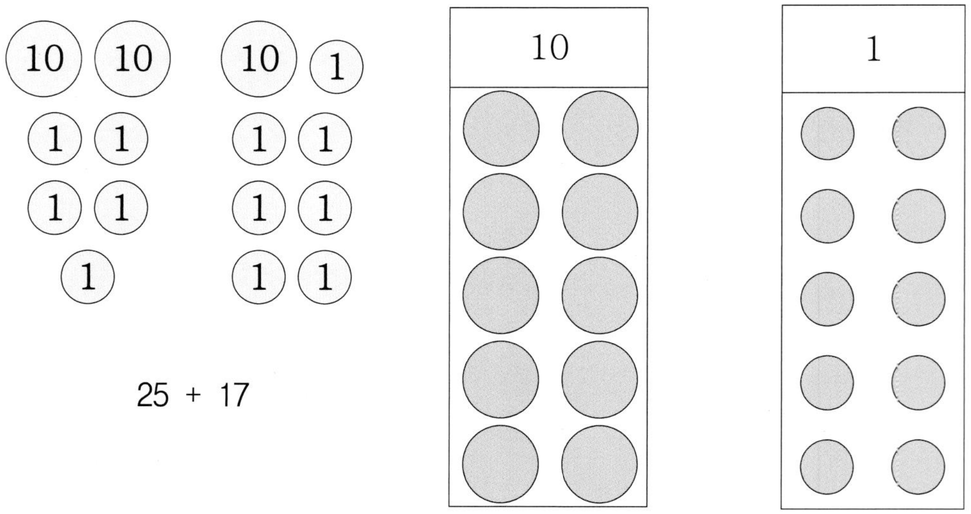

<그림 4.21> 10-모형틀과 1-모형틀을 활용한 받아올림 덧셈 지도

10-모형틀과 1-모형틀은 모형 동전의 크기와 같은 홈이 있어 모형 동전을 끼울

수 있다. '25+17'의 덧셈 문제를 풀이하도록 한다. 학생들은 우선 1원짜리 5개를 1-모형틀에 하나씩 끼운다. 그런 다음 7개를 더 채워나가면 10개를 채우고도 1원짜리 2개가 남는다. 이때 10개가 모두 채워진 1-모형틀을 비우면서 10원짜리 1개를 10-모형틀에 끼운다. 그리고 남은 1원짜리 2개를 1-모형틀에 끼우도록 한다. 이제 십원짜리 2개와 십원짜리 1개를 차례대로 10-모형틀에 끼운다. 이러한 활동을 하는 중에 낱개(1원짜리)가 10개가 되면 10이 하나 생기고, 10모형(10원짜리) 1개를 추가하여야 함을 강조한다.

이러한 활동을 마침과 동시에 수식으로 된 문제를 앞의 절차와 연관시키면서 학생과 함께 풀이하는 활동을 하여, 이 활동의 학습효과를 최대화 하도록 한다.

마) 십의 자리로 옮기기

순차적으로 배열하거나 추론에 어려움을 겪는 학생들을 위해서 다음 그림과 같은 학습지가 도움이 될 수 있다. '27+37'의 덧셈에서 "하나의 칸에 2개의 수가 있을 수 있는가?"를 생각해보고, 하나의 칸에는 1개의 숫자만 써야 함을 가르친다. 일의 자리 수끼리 더하여 10이 넘어가면, 즉 14가 되면 14 모두를 하나의 칸에 적어서는 안 된다는 것을 가르친다. 따라서 십의 자리로 옮겨주고 남은 낱개의 수만큼을 일의 자리에 쓰도록 한다.

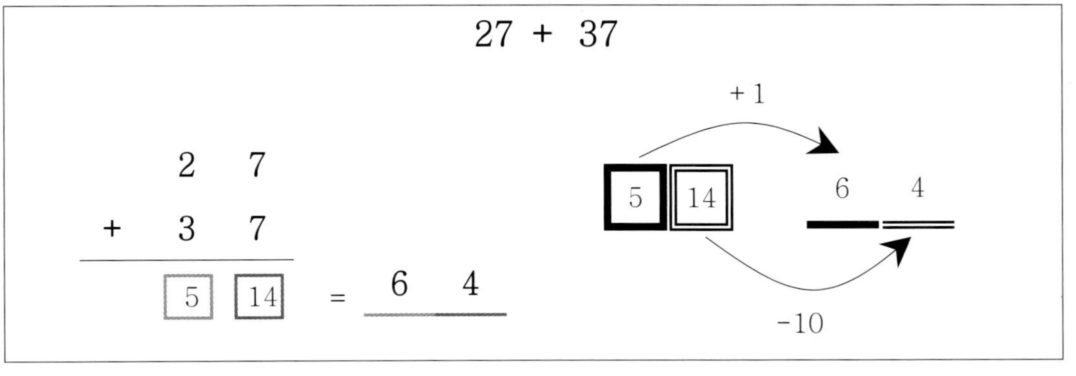

<그림 4.22> 자릿수 상자를 통한 받아올림 덧셈 지도 학습지

바) 관찰과 모방을 통한 세 자리 수의 계산지도

수 모형을 이용하여 310과 260의 합을 알아보게 한 다음, 그 결과를 그렇게 생각한 이유와 함께 말해 보게 한다. (몇백 몇십) + (몇백 몇십)의 계산 원리를 다음과 같이 정리하게 한다.

- 백 모형에서 300+200=500, 십 모형에서 10+60=70, 낱개 모형에서 0+0=0
- 310+260은 500+70+0, 그러므로 570과 같다.

조작 활동을 다음과 같이 필산 절차에 연결시켜서 형식화하게 한다.

① 310과 260을 자리에 맞추어 세로 형식으로 쓰게 한다.

② 낱개 모형은 (0+0)이므로 일의 자리에는 0을 쓴다.

③ 십 모형끼리 더하면 10이 (1+6)이므로, 십의 자리에는 7을 쓴다.

④ 백 모형끼리 더하면 100이 (3+2)이므로, 백의 자리에 5를 쓴다.

이상의 절차는 먼저 교사가 자세하게 설명하고 시범보인 후, 아동이 그 절차와 순서대로 따라하도록 한다. 이때 교사는 아동의 수행을 관찰하면서 부적절한 반응을 나타낼 때 즉각적으로 교정해주어야 한다. 안내된 연습에서 능숙해지면 이후 부터 아동 스스로가 독립적으로 수행할 수 있는 연습의 기회를 많이 제공해주어야 한다.

2. 뺄셈 지도

가. 뺄셈 구구 지도(기초 뺄셈)

1) 문제 영역 및 배경

대다수 학생들에게 있어 덧셈보다 뺄셈이 어렵다. 왜냐하면 덧셈은 앞으로 세기이지만 뺄셈은 뒤로 세기를 하기 때문이다. 학습장애 학생들 또한 뺄셈이 덧셈보다 어려운데, 이는 덧셈에서 사용하는 수 세기(앞으로 세기)를 뺄셈에 습관적으로 적용하거나 기계적인 수 세기를 하기 때문이다. 예를 들면 '12-5'와 같은 뺄셈 문제가 제시되면, 능숙한 학습자의 경우 '5+7'이 12이므로 '12-5'는 7이 됨을 유추할 수 있다. 이미 뺄셈의 계산 기술을 습득한 경우라면 10에서 5를 빼면 5가 되고, 남아있는 2를 더해 7이라는 답을 말할 수도 있다. 그러나 학습장애 학생은 알고 있는 전략과 방법을 일반화하고, 새롭게 적용할 수 있는 능력이 부족하기 때문에 앞선 덧셈에 관한 지식을 활용하기보다 기계적으로 12에서 5만큼 손가락을 이용하여 뒤로 세어나갈 것이다(혹은 그마저도 할 수 없는 경우가 많다). 그러나 빼는 수가 클 경우 손가락 수 세기는 더 이상 효과적인 방법이 될 수 없음을 알게 된다. 특히 작업 기억에서 결함을 가진 학습장애 학생은 큰 수를 하나씩 뒤로 세어가는 동안 직전에 세었던 수를 잊어버리기도 한다.

따라서 교사들은 학습장애 학생들의 여러 가지 뺄셈 문제 해결 과정을 주의 깊게 관찰하여, 그들이 지나치게 구체물이나 손가락 수 세기에 의존하는 것은 아닌지, 그리고 뺄셈 구구의 숙달 정도와 뺄셈에서의 어려움은 무엇인지 등을 파악해야 한다. 그런 다음 구조화된 프로그램을 통해서 학생들의 뺄셈 구구 능력을 향상시키도록 한다.

뺄셈 구구를 가르치기 위한 기본 전략으로는 0과 1 사용하기, 두 배, 뒤로 세기 및 계속 세기 등이 있다.

가) 0과 1을 사용하기

덧셈에서와 같이 0과 1을 포함하는 뺄셈은 대부분의 학생들이 배우기 쉬워한다. 학생은 구체물을 통한 다양한 조작활동과 0과 1을 포함한 여러 뺄셈 문제의 반복 연습에서 스스로 규칙성을 발견하도록 하는 것이 좋다.

나) 두 배

두 배하는 전략은 덧셈 계산보다는 뺄셈 계산에서 더 분명하게 가르칠 필요가 있다. 이 전략은 학생이 덧셈에 대한 두 배의 법칙(같은 수 더하기)을 알고 있어야 한다. 두 배 전략은 피감수가 감수의 2배일 때 또는 피감수가 감수의 2배보다 약간 크거나 작을 때 사용할 수 있다.

"16-8은 8+8이 16이므로 16-8은 8이 된다."

"17-8은 8+8이 16이므로 17-8은 9가 된다."

다) 뒤로 세기

뒤로 세기 전략은 빼는 수가 1, 2, 3 등과 같이 작은 수 일 때 가장 효과적으로 사용된다. 이것은 피감수로부터 시작하여 감수가 될 때까지 1씩 뒤로 세어가는 것이다.

"9-3은 9 - 8...7...6이므로 답은 6이다."

뒤로 세기 연습을 위해 다양한 조작물이 활용될 수 있다. 학생으로 하여금 피감수인 9를 표의 첫 번째 칸에 적고, 다음 칸부터 1씩 작아지게 수를 적도록 한다. 다음으로 3이 될 때까지 숫자마다 '×'를 표시하도록 한다. 3이 될 때 '×'의 개수가 몇 개인지 알아보도록 하여 9-3의 값이 얼마인지 알도록 한다.

※ 9-3의 문제를 풀기 위해 두 번째 수에 도착할 때까지 ×표를 해봅시다.

9 (×)	8 (×)	7 (×)	6 (×)	5 (×)	4 (×)	3	2	1	0

<그림 4.23> 뒤로 세기 학습지

라) 계속 세기

계속 세기(앞으로 세기) 전략은 차이가 1, 2, 3 등과 같이 작은 수 일 때 가장 쉽게 사용된다. 이것은 뒤로 세기와는 반대로 감수로부터 시작하여 피감수에 이르기까지 앞으로 수를 세어나가는 것이다.

"8-6은 6 - 7...8이므로 답은 2이다."

이와 같은 사고 전략을 바탕으로 다양한 학습활동들이 이루어질 수 있는데, 이를 위해서는 우선 학생이 모델링하기 위해 구체물을 사용하는 수많은 다양한 경험을 제공해 주는 것이 필요하다. 따라서 덧셈과 마찬가지로 뺄셈에 대한 학습에서도 다음과 같은 절차와 요소들이 강조되어야 한다.

① 다양한 문제 환경과 연산을 수행하고 모델링하기 위해 구체물 사용하기

② 구체물로부터 추상화로 단계를 옮겨가기 위해, 사진, 다이어그램, 그림 등의 반구체물을 사용하기

③ 연산을 설명하기 위해 수식과 기호 사용하기

이와 같은 방법과 절차를 사용하여 구체물에서부터 반구체물로, 그리고 추상화로 연결 지으면서 표상 형식의 수준을 높여가도록 한다.

2) 학습지도 활동

가) 뒤로 세기

'12-3'과 같은 뺄셈 문제를 해결하기 위해 학생들에게 블록을 나누어 주고, 기차 모양과 같이 블록 12개를 연결하도록 하자. 그런 다음 3개의 블록을 떼어낸다. 이 때 학생들로 하여금 12에서 시작하여 하나씩 뒤로 세어서 문제를 해결하도록 한다.

나) 검산을 위한 더하기

학생들로 하여금 뺄셈 문제를 해결하고 난 다음 정확하게 수행했는지 스스로 확인하기 위해 '답을 확인하기 위한 더하기' 즉, 검산활동을 하도록 한다. 우선 나무도막을 나누어 준 후, '7-2'의 뺄셈 구구를 해결하도록 한다. 먼저 학생은 7개의 나무도막 기차를 만든다. 그리고 나무도막 2개를 분해한다. 그런 다음 어떻게 되었는지 뺄셈식(7-2=5)을 말하거나 써보도록 한다. 다음으로 나무도막을 원래대로 되돌려 놓으면서 '확인하기 위해 더한다'. "7-2=5이다. 왜냐하면 5+2=7이기 때문이다." 다른 구구들로 이러한 활동을 되풀이하여 시행한다.

다) 구체물을 통해 보여주기

'0'을 포함하는 뺄셈 구구를 어떻게 해결해야 하는지 교사가 시범을 보인다. 이를 위해서는 구체물을 통해 '0'만큼 덜어내는 과정(실제로 아무 것도 덜어내지 않는다)을 구체적으로 보여줄 필요가 있다. 예를 들어 사탕이 놓여 있는 접시에서 학생으로 하여금 사탕을 가져가도록 하되, 한 개의 사탕도 가져가지 않도록 한다. 이처럼 한 개의 사탕도 가져가지 않을 경우 몇 번을 시도해도 사탕의 개수는 줄어들지 않음을 깨닫도록 한다.

라) 10-모형틀 사용하기

문제 : 10 - 7

위의 문제를 해결하기 위해 학생에게 10-모형틀과 블록을 제공한다. 10-모형틀이 가득 차도록 블록을 채운 다음, 필요한 만큼 블록을 덜어내게(빼게) 한다.

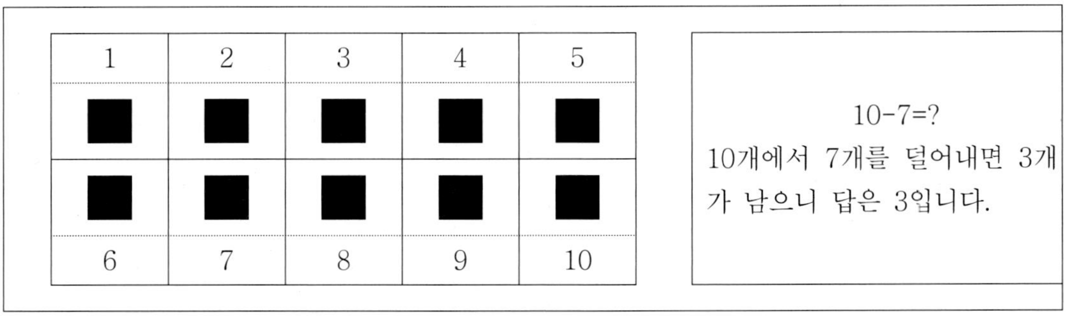

<그림 4.24> 10-모형틀을 활용한 빼기

마) 게임을 통한 지도

(1) 볼링 게임

놀이나 게임은 아동에게 흥미와 동기를 부여하기 때문에 좋은 학습 자료이다. 10개의 볼링핀을 세워두고, 아동에게 볼링공을 굴려 볼링핀을 쓰러뜨리게 한다. 10개의 볼링핀 중에 넘어진 볼링핀의 수를 세어보는 게임을 통해 10에서 빼기, 즉 보수 관계에 있는 두 수를 익히도록 한다.

(2) 주머니 속에 남은 개수

속이 보이지 않는 주머니 속에 10개의 구슬을 담는다. 이 때 교사는 10개의 구슬을 담을 때 하나씩 세도록 하여 주머니 속에 10개의 구슬이 담겨 있음을 기억하도록 한다. 이후 교사는 주머니 속에 손을 넣어 몇 개의 구슬을 끄집어 낸 후 아동에게 세어 보게 한다. 그리고 난 후 주머니 속에는 몇 개의 구슬이 남아 있는지 알아맞혀 보게 한다.

(3) 빙고 놀이

다음과 같은 빙고판, 주사위, 토큰 10개를 준비한다. 주사위를 던져 나온 수에 빼기 1을 한 값에 토큰을 올려놓는다. 빙고판에서 가장 먼저 수직, 수평 또는 대각선으로 빙고를 만든 학생이 게임에서 승자가 된다.

5	2	3	1	0	2
4	0	2	5	4	0
3	1	4	0	2	1
4	3	2	3	1	0
1	3	5	4	2	4
3	5	0	1	2	5

<그림 4.25> 빙고판

(4) 할리갈리 놀이

4가지 종류의 과일이 1~5개씩 그려진 카드 56장과 종이 필요하다. 놀이하는 방법은 할리갈리 게임과 같다.

① 카드를 4명이서 똑같은 장수만큼 나누어 갖는다.

② 뒤집어서 자기 앞에 놓는다. 종은 가운데 놓는다.

③ 돌아가며 한 장씩 뒤집는다. 이 때 나보다 상대방이 먼저 볼 수 있도록 카드는 자기 쪽으로 뒤집는 것이 아니라 안쪽에서 바깥쪽으로 뒤집는다.

④ 카드가 뒤집히면 앞면이 보인 카드 중 같은 종류의 과일이 모두 합쳐서 5가 될 때에 종을 친다.(종치는 경우의 예 : 바나나2 , 사과3 , 사과2, 자두1 / 바나나5, 사과1, 자두3, 딸기4)

⑤ 종을 가장 먼저 친 학생에게 나머지 학생들은 자신이 가지고 있는 카드를 한 장씩 준다

⑥ 만약 5가 아닌데 종을 친 학생은 "미안"을 외치며 자신의 카드를 다른 학생들에게 한 장씩 준다.

⑦ 카드를 가장 많이 모은 학생이 승자가 된다.

바) 앞으로 세어 나타내기

문제 : 8 - 6

뒤로 세기 또는 10에서 빼기 등의 뺄셈 전략을 사용하지 못할 때, 덧셈 전략에서 사용된 앞으로 세기 전략을 사용할 수도 있다. 다음 그림과 같은 학습지와 바둑돌을 준비한다. 학습지에 있는 문제는 색 단서(예: 8-파란색, 6-빨강색)를 제공하여 강조할 수 있다. 학습활동은 다음과 같이 진행한다.

- 교사 : (카드를 보여주면서) 얼마를 빼야 하나요?
- 학생 : 6이요.
- 교사 : 8에서 6을 빼면 얼마가 될까요?
- 학생 : 잘 모르겠어요.
- 교사 : 그럼 6에서 시작하여 8까지 세어볼까요. 선생님을 따라해 보세요. 6-7, 8.
- 학생 : 6-7, 8.
- 교사 : 몇 개의 수를 말했나요?
- 학생 : 7, 8. 두 개입니다.
- 교사 : 그래요, 그래서 답은 2가 됩니다.

만약 필요하다면 바둑돌을 사용하여 앞으로 세기에 활용한다.

8 - 6	●●●●●● ○○	6 - 7, 8. 6에서 2를 더 세어야 8이 되므로 답은 2입니다.

<그림 4.26> 바둑돌을 이용한 앞으로 세기

사) 10까지 그리고 더 나아가기

문제 : 14 - 6

뺄셈 계산에서 가장 어려운 부분은 십의 자리에서 받아내림을 해야 하는 문제이다. 이러한 문제를 해결하기 위해서는 우선 10에서 빼기를 잘 이해하고 숙달되어 있어야 한다. '14-6'의 문제를 풀이하는 데 다음과 같은 전략들이 사용될 수 있다.

(1) 10-모형틀 사용하기

10-모형틀에 블록을 가득 채운다. 그리고 4개만큼 10-모형틀 바깥에 둔다. 학생으로 하금 10-모형틀에서 6개만큼 덜어내면 4개가 남는다는 것을 알게 한다. 그리고 바깥에 4개가 더 있음을 가리키고, 남은 것은 모두 8개가 된다는 것을 알게 한다.

(2) 앞으로 세기

6에서 시작하여 14까지 가려면 얼마만큼 앞으로 세기를 하여야 하는지 알아본다. 이를 위해서는 10까지 센 후 4만큼 더 세어야 함을 알 수 있다. 이러한 구체적 활동 다음에 아래와 같은 학습지를 활용할 수 있다.

※ 다음 뺄셈을 계산하시오. ① $\begin{array}{r} 10 \\ -\ \ 6 \\ \hline \end{array}$ $\begin{array}{r} 14 \\ -\ \ 6 \\ \hline \end{array}$	② $\begin{array}{r} 10 \\ -\ \ 9 \\ \hline \end{array}$ $\begin{array}{r} 16 \\ -\ \ 9 \\ \hline \end{array}$
③ $\begin{array}{r} 10 \\ -\ \ 8 \\ \hline \end{array}$ $\begin{array}{r} 11 \\ -\ \ 8 \\ \hline \end{array}$	④ $\begin{array}{r} 10 \\ -\ \ 5 \\ \hline \end{array}$ $\begin{array}{r} 14 \\ -\ \ 5 \\ \hline \end{array}$

<그림 4.27> 앞으로 세기 학습지

(3) 검지손가락 이용하기

검지손가락을 이용하여 10을 만든 다음 빼기를 하고, 나머지를 더하는 방법이다. 학생들로 하여금 자신의 검지손가락이 '0 손가락'이라는 것을 약속한다. 손가락의 손톱에 0을 그려 넣어도 좋고, 0이 적힌 스티커를 사용하는 것도 좋다.

· 교사 : 네 검지손가락의 손톱은 0을 나타냅니다. 그래서 '0 손가락'이라고 부릅니다.

· 교사 : 뺄셈 문제를 풀 때 '0 손가락'을 어떻게 사용하는지 살펴봅시다.

검지손가락으로 일의 자리 수를 가린다.

· 교사 : 검지손가락(0 손가락)으로 일의 자리 수를 가리면 위의 숫자는 얼마가 될까요?

· 학생 : 10이 됩니다.

· 교사 : 그래 이제 10에서 6을 빼봅시다.

· 학생 : 4가 남습니다.

· 교사 : (0 손가락을 치우며) 여기에 4가 더 있으니까 그럼 몇 개가 남게 될까요?

· 학생 : 4에서 4만큼 더 세어나가면 8이 됩니다.

나. 받아내림 뺄셈의 지도

1) 문제 영역 및 배경

학생들은 덧셈 문제에서와 같이 뺄셈에서도 비슷한 어려움을 겪게 된다. 특히 뺄셈은 앞으로 세기가 아닌 뒤로 세기를 사용하기 때문에, 덧셈에 비해 문제 해결 과정이 부자연스럽고 속도도 느리다. 그로 인해 문제풀이에서 자주 오류를 발생하게 된다. 학습장애 학생들은 이러한 어려움과 더불어 특히 받아내림이 있는 뺄셈이나 0을 포함하는 뺄셈 등의 문제에서 많은 어려움을 겪는다. 그들은 언제, 어떻게 받아내림을 해야 하는지를 잘 모르기 때문에 뺄셈 문제를 쉽게 해결하지 못한다. 그것은 학습장애 학생들의 시각적 전경-배경 인식, 반전, 고집성, 추론 및 복잡하고 긴 계산 절차 수행의 어려움 때문이다. 특히 많은 학습장애 학생들 중에는 문제의 자리값과 관계없이 무조건 큰 수에서 작은 수를 빼려는 고집성을 나타내기도 한다. 흔히 이러한 경향은 받아내림이 있는 뺄셈 과정에서 더욱 문제가 된다.

이러한 어려움을 가진 학생들에게 받아내림이 있는 문제들을 효과적으로 해결하기 위한 일련의 절차에 숙달되도록 다양한 활동을 통한 연습이 필요하다.

2) 학습지도 활동

가) 두 자리 수 뺄셈에 대한 준비 활동

덧셈과 마찬가지로 받아내림이 있는 두 자리 수끼리의 뺄셈에 들어가기 전, 이것을 해결하는 데 필요한 선수기술의 숙달 정도를 확인하고, 부족한 기술들을 보충하기 위한 준비활동을 수행할 필요가 있다. 이와 관련하여 다음과 같은 과제 수행을 연습하는 것이 필수적이다.

① 문장제 문제를 들려주면서 이야기 속에 나타난 숫자들을 학생들로 하여금 써보게 한다. "영인이는 25개의 스티커를 가지고 있었다. 그 중 13개의 스티커를 동생에게 주었다. 영인이에게 남은 스티커는 몇 장일까?"

② 부분과 전체에 해당하는 숫자들을 찾게 하고, 주어진 표 속의 칸에 쓰도록 한다. 그리고 문제 상황에 대하여 자신이 이해한대로 말해보게 한다.

<table>
<tr><td>부분
(　　　)</td><td>부분
(　　　)</td></tr>
<tr><td colspan="2">전체
(　　　)</td></tr>
</table>

"전체로서 25개가 있었고, 부분으로서 13개를 주었다. 우리는 남은 부분을 알고자 한다."

③ 문제를 해결하기 위해 산가지를 사용하게 하고, 어떤 일이 생겨나는지 말해보게 한다. "남은 것은 10개씩이 1개이고, 낱개가 2개이다."

여기까지는 아직 받아내림이 필요하지 않다. 다만 두 자리 수끼리의 뺄셈에서 일의 자리 수끼리, 십의 자리 수끼리 자리수를 맞춰 뺄셈을 해야 함을 인식하도록 한다.

이제 다음과 같은 활동을 해보게 한다. 25개의 산가지를 나누어 주되, 20개는 10개씩 고무밴드로 묶음지어 있다. 이 중에서 7개를 빼보게 한다. 낱개 5개에서 7개를 빼지 못하니까 학생들은 이 문제를 풀기 위해서 10개씩 묶음지어 있는 산가지 중 하나를 풀고서 7개를 가지고 간 다음 남은 3개와 원래 있던 낱개 5개를 더 한다(또는 10개 묶음에서 2개를 가져와 원래 있던 낱개 5개와 7을 뺀다). 이러한 활동들은 받아내림에 대한 필요성과 방법을 학생이 깨닫도록 할 것이다.

나) 공정한 교환

① 아무것도 쓰여 있지 않은 동전 모양의 카드와 한 면에 숫자가 쓰여진 네모난

카드를 준비한다.

② 동전 카드는 10개씩 묶고, 나머지는 낱개로 둔다. 그런 후 동전 카드는 교사 앞에 두고, 숫자 카드는 책상 위의 가운데에 둔다.

③ 학생과 마주보고 앉은 상태에서 학생에게 숫자 카드를 한 장 뽑아서 숫자를 확인하게 한다. 그리고 학생은 숫자만큼 동전 카드를 가져가야 한다. 이때 낱개가 모자라면 10개씩 묶여져 있는 동전 카드를 풀게 하고, 필요한 낱개를 더 가져가게 한다. 물론 십의 자리 수는 그만큼 10개씩 묶음을 가져가면 된다.

④ 교사가 가진 동전 카드가 모두 없어질 때까지 숫자 카드를 뽑고 활동을 반복한다.

카드를 한 장씩 뽑을 때마다 다음과 같은 대화를 지속한다. "네가 뽑은 숫자만큼 동전 카드를 가져가도록 하렴. 낱개가 모자라면 어떻게 해야 하지? 그래 10개 묶음을 풀면 돼. 잘했어"

<그림 4.28> 공정한 교환 게임의 예

이 같은 활동을 게임형식으로 바꿀 수도 있다. 교사는 처음에 50개의 동전 카드를 가진다. 학생은 숫자 카드(0~30 사이의 숫자로 된 카드들)를 뒤집고, 그 수에 맞게 동전 카드를 가져가도록 한다. 몇 번의 시행으로 50개의 카드가 모두 없어지는지 기록한다. 역할을 바꾸어 교사는 몇 번의 시행으로 50개의 카드를 모두 가져가는지 기록하고, 서로 비교한다.

다) 충분한가?

필요에 따라 다음과 같은 여러 가지 뺄셈 문제가 혼합된 학습지를 나누어준다. 학생들은 색 단서가 있는 숫자를 보고, 그 숫자에서 빼기가 가능한지 살피도록 한다. 만약 빼기에 충분하지 않은 숫자인 경우에는 동그라미를 치도록 한다. 이 때 문제는 굳이 풀지 않아도 된다.

*충분한가요? 만약 충분하지 않고 십의 자리에서 빌려와야 한다면 동그라미 하세요.

43	26	52	35	97
- 18	- 14	- 26	- 22	- 59

굵은 글씨는 파란색으로 강조할 것

<그림 4.29> 빼기에 충분한지 알기

라) 색 단서 제공하기

어떤 학생들은 위의 활동에서 제시된 과제를 수행하기 전에 좀 더 조직화된 도움을 필요로 할 수 있다. 이러한 학생들에게는 다음과 같은 학습지가 도움이 된다. 학습지에 나타나 있는 숫자와 밑줄의 색깔을 같게 하여 학생의 주의를 촉구한다.

$$\begin{array}{rr} 4 & \mathbf{3} \\ - \; 2 & \mathbf{7} \\ \hline \end{array}$$

4 **3** (빨간색)
− 2 **7** (파란색)

_____ 은 _____ 보다 (크다, 작다).
(빨간색 숫자) (파란색 숫자)

그래서 십의 자리에서 (빌려와야 한다, 빌려올 필요가 없다)

<그림 4.30> 일의 자리 비교하여 받아내림하기

마) 받아내림이 있는 뺄셈

받아내림이 있는 (두 자리 수)-(한 자리 수)의 뺄셈은 학습장애와 같이 학습곤란을 가진 학생에게는 매우 어려운 과제일 수 있다. 이러한 받아내림이 있는 뺄셈 문제는 '빼고 빼는 방법'과 '빼고 더하는 방법'으로 지도될 수 있다.

지도를 위해 10-모형틀, 수 모형, 블록, 바둑돌, 고무밴드와 산가지 등을 준비하자. 가령 12-8은 얼마인지 알아보기 위해서는 10-모형틀과 수 모형으로 12를 나타내고, 8개를 덜어 내는 활동을 직접 해보게 한다.

먼저 '(일의 자리에서)빼고 (십의 자리에서)빼는 방법'의 경우 다음과 같은 활동을 통해 확인할 수 있다. 10-모형틀에 10개가 담겨있는 한 줄과 낱개 모형 2개가 있는 수 모형에서 낱개 모형 8개를 덜어 내는 조작활동을 한다. 먼저 낱개 모형 2개를 빼고, 나머지 낱개 모형 6개를 뺄 수 없기 때문에 십 모형 한 줄을 낱개 모형 10개로 바꾸어야 한다. 이후 낱개 모형 6개를 빼면, 4개가 남는 과정을 수식을 통한 방법에 대응하도록 한다.

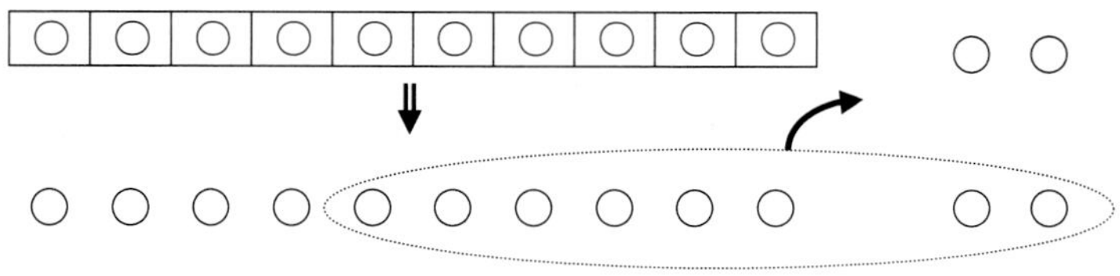

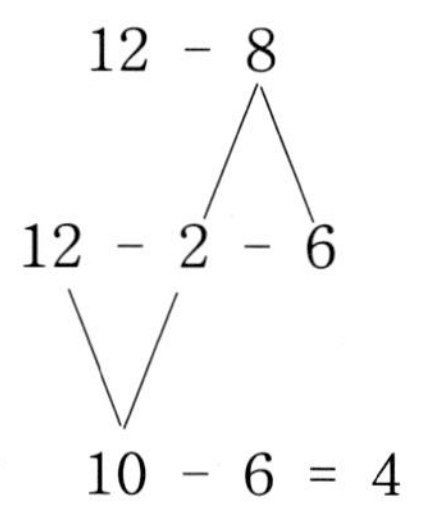

$$\begin{array}{r} 12 \\ -\ \ 8 \\ \hline 4 \end{array}$$

<그림 4.31> 빼고 빼는 방법의 받아내림 지도 모형

다음으로 '(십의 자리에서)빼고 (일의 자리에서)더하는 방법'의 경우 다음과 같은 활동을 하면서 지도할 수 있다. 10-모형틀에 10개가 담겨있는 한 줄과 낱개 모형 2개가 있는 수 모형에서, 낱개 모형 8개를 덜어 내는 조작활동을 한다. 먼저 낱개 모형 8개를 빼야 하는데, 낱개가 2개 뿐이므로 8개를 뺄 수 없다. 그래서 십 모형 한 줄을 낱개 모형 10개로 먼저 바꾼 후에 낱개 모형 8개를 빼고, 낱개 모형 2개를 더하면 4개가 남는 과정을 수식을 통한 방법에 대응하도록 한다.

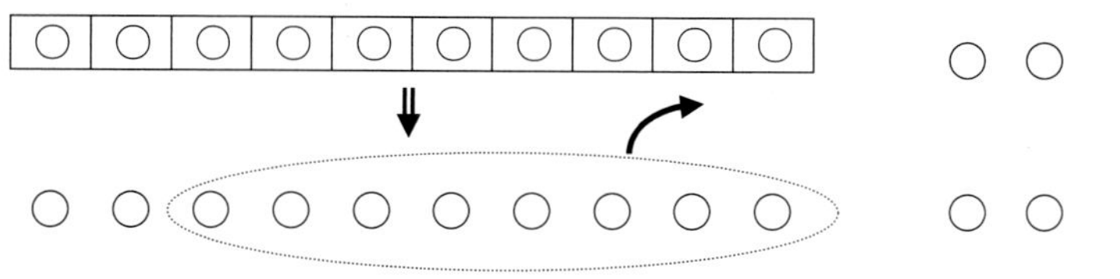

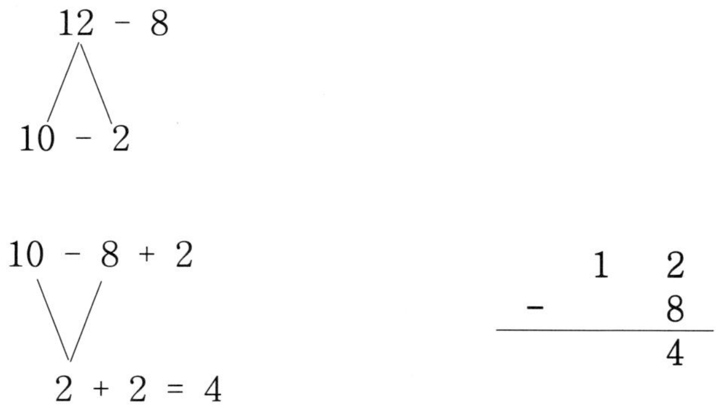

<그림 4.32> 빼고 더하는 방법의 받아내림 지도 모형

바) 상자 단서

받아내림의 처리에 어려움을 나타내는 학생에게 다음 그림과 같은 색칠된 상자 단서를 표시해 준다. 이것은 받아내림이 있는 뺄셈에서 문제 풀이의 과정과 방법을 순차적으로 진행하도록 도움을 주고, 숫자를 인식함에 있어 반전 경향이 있는 학생들에게 도움이 된다.

우선 일의 자리 수를 계산할 때 3에서 8을 뺄 수가 없음을 앞의 활동을 통해 알 것이다. 그러므로 십의 자리에서 10을 빌려와 일의 자리 단서 상자에 10을 적어야 한다. 그와 더불어 40에서 10을 빼고, 30이 된다는 것을 표시하기 위해 십의 자리 단서 상자에 3을 적어야 한다. 이러한 받아내림이 끝났을 때 비로소 뺄셈 문제를 풀이할 수 있음을 깨닫도록 한다. 이것은 받아내림을 어떻게 처리해야 하는지에 대한 절차와 방법을 알려주는 단서가 된다.

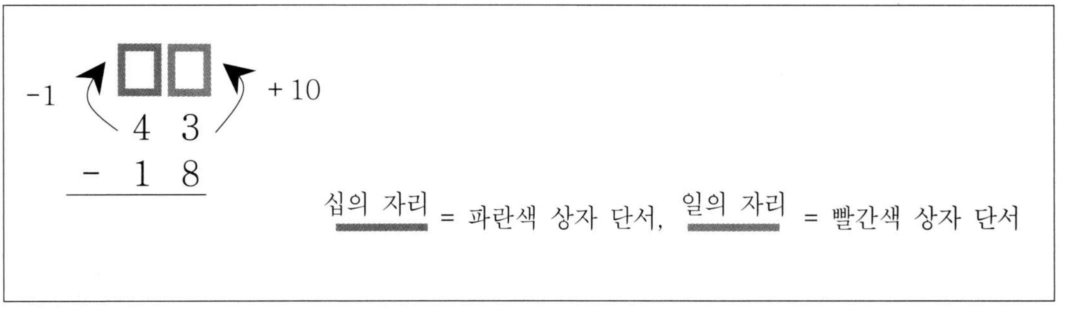

<그림 4.33> 단서 상자를 통한 받아내림 뺄셈

3. 곱셈 지도

가. 곱셈 구구 지도(기초 곱셈)

1) 문제 영역 및 배경

일반학생 중에서도 곱셈 구구의 원리를 이해하거나 구구단을 기억하는 데 종종 어려움을 가질 수 있는데, 일반학생에 비해 시·청각적 변별, 기억 및 표현언어 등에 결함을 가진 학습장애 학생들은 곱셈 구구를 이해하고 숙달하는데 있어 어려움을 가질 수 있다. 예를 들면 곱셈 구구의 계산에서 전혀 엉뚱한 답을 말하거나, 그러한 답이 맞는지 틀렸는지를 알지 못한다. 그리고 구구단을 잘 활용하지 못하며 곱셈 문제에서 실수가 많다. 이것은 곱셈에 대한 개념 형성이 부족하며 수 세기 기술을 효과적으로 사용하지 못하기 때문이다.

학습장애 학생들에게 있어 곱셈의 기초가 되는 2씩 또는 5씩 뛰어 세기는 비교적 쉬우나, 그 밖에 다른 수의 뛰어 세기는 결코 쉬운 과제가 아니며 학습하는데도 시간이 더 소요된다. 그러므로 만약 학습곤란의 정도가 심해서 곱셈 구구의 기억 및 곱셈 학습에 어려움이 있다면, 곱셈 또는 나눗셈을 위해 계산기의 사용 여부를 고려할 필요성도 있다.

학생이 곱셈 구구의 숙달에 성공하기 위해서는 곱셈 구구의 도입단계에서 성공을 최대화하고 좌절을 최소화하는 지도 방법을 고안해야 한다. 다음은 학생들의 곱셈 지도에서 도입될 수 있는 전략들이다.

첫째, '쉬운 구구'를 먼저 학습한다. 궁극적으로 "많은 구구들을 빠르게" 암기하기 위해서는 먼저 학습에 있어 성공감을 느끼도록 하고, 단계적으로 발전시켜 나가는 것이 좋다. 그러한 점에서 구구단을 학습할 때 먼저 2단과 5단 그리고 3단, 4단, 6단, 7단, 8단, 9단의 순서로 학습하는 것이 효과적이다. 또는 2단(2개씩 묶음짓기), 5단(5단과 시각), 9단(십의 자리와 일의 자리를 합하면 9가 됨) 등과 같이 특정한 규칙이 있는 구구단을 먼저 학습하는 것도 효과적이다.

둘째, 일반적으로 연산 학습 순서는 덧셈, 뺄셈 그리고 곱셈의 순이지만, 덧셈을 학습한 후 곧바로 연계해서 곱셈 학습을 하는 것도 고려해볼 수 있다. 왜냐하면 곱셈은 덧셈의 확장이고 같은 연산구조를 가지고 있기 때문이다.

2) 학습 지도 활동

가) 2단의 학습

문제 : 2 × 8

묶어세기를 할 수 있는 학생은 대체로 2를 곱하는 문제를 비교적 수월하게 해결할 수 있다. 2개씩 묶음지어 있는 그림 또는 구체물을 사용하여 '2×8'은 2개씩 8줄이 있는 크레파스의 개수와 같다. 그리고 '2×6'은 2개씩 6줄 있는 계란의 수와 같다.

이러한 활동을 하는 동안 언어적 강화, 즉 "2개씩 6줄이 있구나." "모두 몇 개가 될까?" 등의 교사의 지시와 말을 학생이 똑같이 따라 말하도록 하고, 그러한 대화 내용을 카셋트 테이프에 녹음하여 다시 활용하는 것은 학생의 학습을 강화하는데 도움을 줄 수 있다.

나) 5단과 시각

문제 : 5 × 6

만약 학생들이 시각을 읽을 수 있다면, 5단의 곱셈을 학습하고 기억하는 데 적극 활용할 필요가 있다. 시계를 보고 분을 말할 때 우리는 5단의 곱을 사용한다. '5×6'과 같은 5의 곱은 분침이 6에 가 있을 때 30분이라는 것을 잘 알고 있는 학생에게는 매우 쉽게 이해하게 되고, 잘 기억될 수 있다. 이러한 활동의 구체적인 예는 다음과 같다.

- 교사 : 오른쪽 시계는 몇시 몇분을 가리키나요?
- 학생 : 3시 30분이요.
- 교사 : 긴 바늘(분침)이 가리키는 숫자가 무엇인가요?
- 학생 : 6이요.
- 교사 : 맞아요. 분침이 6을 가리키면 분은 30분을 의미합니다. 분침이 7에 가면 몇분일까요?

· 학생 : 35분이요.

· 교사 : 맞아요. 분침이 7을 가리키면 분은 35분을 의미합니다. 분침이 가리키는 숫자가 1씩 커지면 몇 분씩 늘어나지요?

· 학생 : 5분이요.

· 교사 : 그래요. 즉 분침이 가리키는 숫자에 5를 곱하면 몇 분인지 계산할 수 있답니다.

이러한 시계보기 활동을 통한 5단 곱셈 구구 지도의 경우 학생이 시각을 읽지 못한다면 활용할 수 없다. 이러한 학생의 경우는 5단 곱셈 구구를 직접 가르쳐야 할 필요가 있다. 그렇지만 5단 곱셈은 학생이 이해하기에 쉬운 패턴들로 구성되어 있어 다른 곱셈 구구에 비하여 비교적 쉬운 구구로 알려져 있다. 즉 일의 자리가 5와 0이 반복되며, 십의 자리가 한 번씩 건너뛰어 1씩 커져간다. 따라서 이러한 패턴들을 학생이 확인하고 기억하도록 충분한 연습기회를 제공한다.

다) 9단의 규칙

9단은 다른 곱셈 구구에 비하여 몇 개의 규칙을 가지고 있다. 예를 들어 1부터 9까지 곱셈의 답이 되는 수를 십의 자리와 일의 자리를 합하면 항상 9가 된다. 또 다른 규칙으로는 승수가 1씩 커질 때 곱의 십의 자리는 1씩 커지고 일의 자리는 1씩 작아진다.

×	1	2	3	4	5	6	7	8	9
9	9	18	27	36	45	54	63	72	81

따라서 이러한 규칙들을 잘 기억하고, 활용할 수 있도록 많은 연습과 경험을 제공할 필요가 있다.

라) '0'과 '1' 곱하기

문제 : 0 × 3

0과 1의 곱셈을 지도하기 위한 활동들은 다음과 같다.

(1) 0의 곱은 구체물을 통해 직접 조작하여 봄으로써 이해를 도울 수 있다. 먼저 0이 포함된 곱셈 구구를 한 가지 제시한다(예를 들어, 0×3). 그리고 사탕이 가득 든 바구니를 준비한다. 학생에게 바구니에 3번 손을 가져가도록 하되, 빈 손으로 돌아가야 한다. 그런 다음 학생에게 "3번 바구니에 손을 가져가되 아무것도 가져가지 않는다면 사탕이 몇 개가 생길까?"라고 질문한다. 물론 학생은 사탕을 한 개도 가지지 못했음을 알게 될 것이다.

(2) 청각적 지시를 제공한다. '□× 0'의 구구를 접하게 되면 학생에게 "□× 0은 한 번도 곱하지 않는 것과 같아, 그러니까 너는 아무것도 얻을 수 없어."와 같은 언어적 지시를 주고, 학생으로 하여금 따라 말하도록 강조한다.

(3) 곱셈 구구표를 작성하도록 한다. 필요하다면 작성된 곱셈 구구표를 제공한다. 모든 곱셈 구구표가 작성되고 나면 0 또는 1을 곱했을 때 구구의 답이 어떻게 되는지 살펴보도록 한다. 0을 곱한 경우 모두 0이 되고, 1을 곱하면 숫자가 변하지 않음을 알도록 한다.

×	1	2	3	4	5	6	7	8	9
0	0	0	0	0	0	0	0	0	0
1	1	2	3	4	5	6	7	8	9

(4) 과녁 맞히기 놀이

다음 그림과 같은 과녁(다트로 대신할 수 있다)과 장난감 화살을 준비한다. 과녁 맞히기 놀이를 하여 그 결과를 점수판에 기록하게 한다. 이 때, 0점과 1점에 1개 이상 맞히고, 2점과 3점에 한 번도 맞히지 못했을 때 총점을 학생 스스로 구해보게 한 다음, 이를 곱셈식으로 나타내어 보도도록 한다. 만약 0점을 2번 맞혔을 경우 얻은 점수는 '0×2=0(점)'이 되고, 1점을 3번 맞혔을 경우 '1×3=3(점)'이 된다. 이를 바탕으로 0×(어떤 수)는 항상 0이 되고, 1×(어떤 수)는 항상 어떤 수가 됨을 알게 한다.

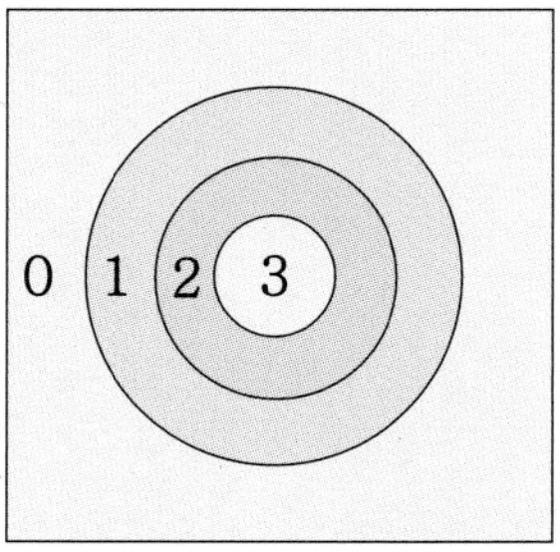

<그림 4.34> 과녁 맞히기 놀이

마) 곱셈의 교환법칙

덧셈과 같이 곱셈에서도 교환법칙이 성립한다는 것을 가르칠 필요가 있다. 즉 ‘2×6’과 ‘6×2’는 그 답이 같다. 다만 ‘2×6’은 2씩 6줄을 의미하고, ‘6×2’는 6씩 2줄을 의미하므로 곱셈의 의미상 같은 것은 아니다. 하지만 학생들에게 기초적인 곱셈구구를 보다 쉽게 숙달되게 하기 위해서는 앞-뒤 숫자의 자리가 바뀌더라도 답이 같다는 것을 알게 되면, 2개의 곱셈 구구를 동시에 학습하는 효과를 가져오기 때문에 권장할 만하다. 이를 위해서는 다음과 같은 활동이 도움이 된다.

① 먼저 곱셈표의 빈 칸을 채워서 곱셈표를 완성하게 한 다음, 여러 가지 수의 곱을 색칠(같은 수의 곱은 같은 색으로)하게 하고, 그 모양을 말해 보도록 한다.

② 2의 곱은 위에서 세 번째 줄과 왼쪽에서 세 번째 줄의 수들임을 알게 한다. 또한 3의 곱은 위에서 네 번째 줄과 왼쪽에서 네 번째 줄의 수임을 알게 하여 다른 수의 곱들도 하나의 가로줄과 세로줄의 수임을 유추할 수 있게 한다.

③ 다음으로 가로줄 또는 세로줄에 있는 수들은 어떤 규칙을 가지고 있는지, 또 얼마씩 커지는지 알아보게 한다.

④ 곱셈표를 대각선(좌상에서 우하로)에 따라 접어 서로 만나는 수들이 같음을 살펴보게 하여 곱셈에서 곱하는 두 수를 서로 바꾸어도 곱이 같다는 성질을 이해하게 한다. 즉 다음 표에서 위에서 세 번째 줄, 왼쪽에서부터 여덟 번째 칸에 있는 14는 2×7의 곱이고, 접을 때 이것과 만나는 위에서부터 여덟 번째 줄, 왼쪽으로부터 세 번째 칸에 있는 14는 7×2의 곱이다.

×	1	2	3	4	5	6	7	8	9
1	1	2	3	4	5	6	7	8	9
2	2	4	6	8	10	12	14	16	18
3	3	6	9	12	15	18	21	24	27
4	4	8	12	16	20	24	28	32	36
5	5	10	15	20	25	30	35	40	45
6	6	12	18	24	30	36	42	48	54
7	7	14	21	28	35	42	49	56	63
8	8	16	24	32	40	48	56	64	72
9	9	18	27	36	45	54	63	72	81

<그림 4.35> 곱셈표를 통한 교환법칙 지도의 예

바) 짝과 함께 구구단

- 번갈아 말하기 : 짝과 주고받으며 외우기
- 번갈아 쓰기 : 순서를 정하여 한 학생이 먼저 2*1=2 쓰면 다른 학생이 2*2=4를 쓰는 식으로 번갈아 쓴다.
- 짝이 낸 문제 내가 풀기 : A4용지를 2*8칸으로 접어서 제일 윗줄에는 곱셈 문제를 낸 사람 이름과 해결할 사람 이름을 적는다. 남은 14칸에 문제를 적는다. 시작신호와 함께 바꿔서 푼다. 끝나고 다시 바꿔서 채점한다.

사) 곱셈 말판 놀이

다음과 같은 말판, 주사위, 말을 준비한다.

① 순서를 정하여 주사위를 차례대로 던진다.

② 주사위의 숫자만큼 말을 움직인다.

③ 자기의 말이 도착한 곳에 있는 구구단 문제에 답을 해야 하며, 10초가 지나서 대답할 경우나 틀린 답을 말한 경우에는 원래 있던 자리로 다시 돌아가야 한다.

④ "주사위×2만큼 앞으로" 또는 "주사위×3만큼 뒤로"에 도착하면 다음 차례에

주사위를 던져서 나온 숫자에 2를 곱한 숫자만큼 앞으로 가거나 뒤로 가야 한다.

⑤ 화살표에 도착하면 말을 옮겨간다.

⑥ 도착 지점에 먼저 들어가는 학생이 승리한다.

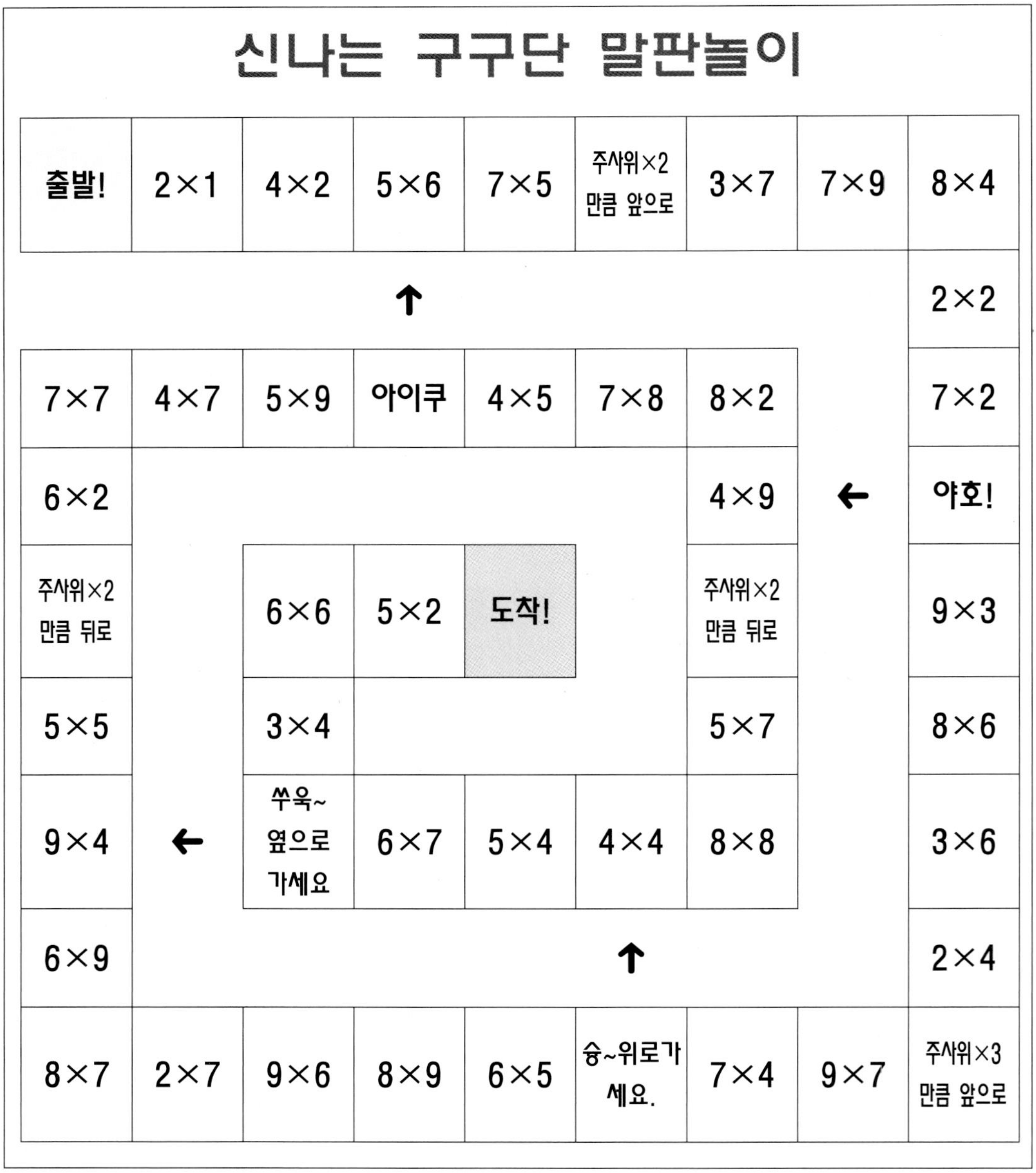

<그림 4.36> 곱셈 말판 놀이

아) 나는야 낚시왕

① 나무젓가락과 자석을 이용하여 낚시대를 만든다.

② 곱셈식(2×3)이 적힌 카드를 만든다.

③ 색종이에 물고기 모양을 그린 후 오린다. 오려낸 물고기에 곱셈 카드의 답을 적는다. (예를 들어 2단의 경우: 2, 4, 6, 8, 10…) 클립을 끼우고 물고기를 완성한다.

④ 모둠(4명정도)이 빙 둘러 앉고 구구단 물고기의 숫자가 잘 보이게 놓는다.

⑤ 곱셈식이 적힌 카드는 잘 섞어 뒤집어서 가운데 둔다.

⑥ 자기 차례가 되면 카드를 한 장 뒤집고 정답이 되는 물고기를 낚는다.

⑦ 가장 많이 낚은 친구가 <곱셈 물고기 낚시왕>이 된다.

나. 큰 수의 곱셈 지도

1) 문제 영역 및 배경

곱셈은 기본적으로 덧셈의 확장이다. 즉 더하는 수가 모두 같을 때의 덧셈에 대한 특별한 경우로 볼 수 있다. 따라서 덧셈을 기본적으로 잘 수행하는 학생들은 곱셈의 원리와 곱셈 문제 풀이를 잘 이해한다. 그러나 학습장애 학생들은 덧셈 구구에서의 미숙함, 같은 수의 반복된 덧셈이 곧 곱셈이라는 개념적 이해 및 구구단 외우기의 미숙 등으로 인해 곱셈 문제 풀이에 있어 어려움을 겪는다. 또한 덧셈보다는 다소 복잡한 과정을 거침으로써 문제풀이 속도가 현저하게 느려지고, 오류가 자주 발생한다.

학습장애 학생들이 곱셈에서 범하는 오류의 예는 다음과 같다.

$$\begin{array}{rrr} & {\scriptstyle 4} & \\ & 3 & 8 \\ \times & & 6 \\ \hline 4 & 2 & 8 \end{array}$$

이 학생은 '8×6'을 정확하게 수행하여 48을 계산해내었다. 그러나 그 다음 과정에서 문제가 발생하였다. 십의 자리에 4를 올려준 후 이미 있던 3과 더하여 7을 만들고, 6과 곱하였다. 즉 420이 계산된 것이다. 결국 답은 428이 되었다. 독자들은 이미 알고 있겠지만 바른 계산은 3과 6을 곱한 180에 40을 더하여 220으로 계산하고, 답을 228로 기록해야만 했다. 무엇이 문제인가? 이 학생은 각각의 곱셈 구구 즉, '8×6', '7×6'과 같은 구구를 할 수 있지만 받아올림의 처리 방법을 알지 못하는 것이다.

똑같은 문제에서 다음과 같은 오류도 발생한다.

$$\begin{array}{r} {\scriptstyle 4} \\ 3\ 8 \\ \times\ \ \ 6 \\ \hline 7\ 8 \end{array}$$

이번 곱셈 역시 일의 자리 수끼리의 곱셈과 십의 자리 수와 일의 자리 수의 곱셈은 바르게 수행했다. 즉 '8×6'을 계산하여 십의 자리에 4를 받아올림을 하고, 일의 자리에 8을 적었다. 그러나 다음 과정에서 받아올린 4와 십의 자리 3을 그대로 더해버린 것이다. 이러한 실수는 곱셈을 배우기 이전에 세로셈 덧셈 문제를 계산하는 방식으로 계산했기 때문이다. 또는 곱셈기호를 덧셈기호로 착각하였기 때문이다.

또한 많은 학습장애 학생들은 두 자리 또는 그 이상의 자리 수를 가진 수끼리의 곱셈 문제를 매우 어려워한다. 그것은 여러 번의 곱셈 계산을 수행해야 하고, 그에 따라 받아올림이 발생하는 계산 결과를 올바른 자리에 적절히 정렬시켜야 하는 복잡한 절차가 반복되기 때문이다.

이러한 학생들이 곱셈을 학습하는데 가장 기본적인 이해와 기술은 묶어 세기(뛰어 세기)이다. 즉 주어진 문제 상황에서 가장 적절한 계산방법으로 곱셈이 필요하다는 것을 아는 능력이 무엇보다 중요하지만, 기술적인 측면에서 보면 묶어 세기에 능숙하다면 곱셈과 관련한 문제는 대부분 해결할 수 있게 된다. 따라서 어떤 수를 2씩, 3씩 또는 5씩 뛰어 셀 수 있는 능력을 길러주어야 한다.

이것이 어느 정도 가능하다면 다음으로 곱셈 구구의 의미(3×4가 3개씩 4번이므로, 3+3+3+3=12이다 등)를 알도록 해야 한다. 곱셈 구구의 의미를 알면 '3×4'가 '4×3'과 답이 같다는 것을 이해할 수 있다. 그리고 1~9단까지의 곱셈 구구단을 알도록 하는 것이 필요하다. 이 경우에도 빨리 외우는 것 보다는 정확하게 아는 것이 중요하다. 마지막으로 문제 속에 나타난 곱셈 상황을 이해하고, 그에 맞는 절차에 따라 곱셈 과정을 수행해 나가도록 지도하는 데 중점을 두어야 한다. 이러한 활동들은 체계적인 복습, 암산의 통합, 그리고 곱셈 전략의 활용을 통해 보다 큰 효과를 얻을 것이다.

2) 학습 지도 활동

가) 구체물 사용하기

앞에서 활용한 십 모형과 낱개 모형 등의 구체물을 곱셈 풀이에 활용할 수 있다. 이 때 조그만 상자 2개를 준비하여 십 모형과 낱개 모형을 따로 두도록 한다. 우선 수식을 먼저 제시하고, 어떻게 풀이하는지 이야기를 나눠본다. '24×3'은 24를 3번 더하는 것과 같다는 것을 학생으로 하여금 알도록 한다.

① 먼저 '4×3'의 곱셈에서 낱개 모형을 4개씩 3번 가져와 낱개 모형 상자에 둔다. 그리고 12개의 낱개 모형 중에서 10개 만큼을 십 모형과 바꾸어 십 모형 상자에 둔다.

② 다음으로 20×3의 곱셈을 수행할 때 십 모형 2개씩을 3번 가져와 십 모형 상자에 둔다.

③ 마지막으로 강조할 것은 곱하기 다음에 더하기를 해야 한다는 것이다. 따라서 학생에게 다음과 같은 구호를 반복하게 한다. "곱하기 그리고 더하기"

나) 덧셈과 곱셈 관계 짓기

만약 학생들이 곱셈에서 받아올림에 익숙하지 않다면 다음과 같은 학습지를 활용할 수 있다. 이 학습지는 더하기와 곱하기를 관련짓는 것이다. 아래의 오른쪽 곱셈 문제를 풀이하기 전에 왼쪽에 제시된 덧셈 문제를 풀이하게 한다. 제시된 덧셈 문제는 오른쪽에 제시된 곱셈 문제에서 받아올림을 처리할 때 사용되는 구구이다.

$$\begin{array}{r} 2\ 4 \\ +\quad\ 4 \\ \hline \end{array} \qquad\qquad \begin{array}{r} 3\ 6 \\ \times\quad\ 8 \\ \hline \end{array}$$

<그림 4.37> 덧셈 문제를 활용한 곱셈지도

위의 그림을 자세히 살펴보면 왼쪽의 덧셈 문제는 곱셈에서 활용된다. 즉 곱셈 문제에서 일의 자리 수끼리의 곱셈 '6×8'은 48이 된다. 따라서 십의 자리 수인 4는 받아올림하고, 일의 자리에 8을 적는다. 다음으로 3(실제로 30)과 8의 곱셈을 수행하면 24(실제로 240)가 될 것이다. 이제 마지막으로 24와 4를 더해야 할 때 비로소 앞서 제시된 덧셈 문제가 도움이 된다.

다) 색 단서와 안내선

다음과 같이 곱셈 문제에 색 단서와 안내선을 주는 것은 곱셈에서의 받아올림의 처리에 도움을 줄 수 있다. 문제를 풀이하는 과정에서 "곱하기 다음에 더하기"의 구호를 강조하도록 한다. 이 경우 색 단서는 십의 자리수와 받아 올려 주는 수 모두 똑같은 색으로 한다. 예를 들면 46에서 십의자리 4와 6×7일 받아 올려주는 수 (4) 그리고 4×7의 28 모두 파란색으로 같게 한다. 학습자들이 점차 익숙해지면 안내선을 제거하도록 한다.

<그림 4.38> 색 단서와 안내선을 통한 곱셈 지도 학습지

라) 따로 계산하기

어떤 학생들은 아래의 1)과 같은 오류를 자주 범한다. 이러한 경우 2)와 같이 일의 자리와 십의 자리를 따로 따로 계산한 후 더해 주도록 지도한다.

1)

$$\begin{array}{r} {}^{1} \\ 4\ 3 \\ \times\quad 5 \\ \hline 2\ 5\ 5 \end{array}$$

2)

$43 \times 5 =$

$(3 \times 5) + (40 \times 5) =$

$(15) + (200) = 215$

<그림 4.39> 따로 계산하기

마) 10 곱하기

학생들에게 그림과 같이 짝지어진 10을 곱하는 문제를 제시한다. 직접 계산하여 풀이하기 전에 계산기를 사용하여 해서 답을 구하도록 한다. 학생들이 10을 곱하는 문제가 가지는 규칙 즉, 0이 하나 더 생겨나는 규칙을 알게 되면 그 다음 문제는 직접 풀이하도록 한다.

$$\begin{array}{r} 2\ 5 \\ \times\quad 2 \\ \hline \_\ \_ \end{array} \qquad \begin{array}{r} 2\ 5 \\ \times\ 2\ 0 \\ \hline \_\ \_\ \_ \end{array}$$

<그림 4.40> 10 곱하기

바) 몇 개의 좌석이 있나?

두 자리 수끼리의 곱셈 문제 학습에서 다음과 같은 학습지를 활용한다. '23×25'의 곱셈을 '23×5'와 '23×20'으로 분리하여 계산하고, 그것을 자리값에 맞게 정렬하도록 하여 문제를 해결하도록 한다.

※강당에는 가로줄이 23줄이고 세로줄이 25줄 있는데, 가로줄 한 줄에는 23개의 의자가 있습니다. 강당에 있는 의자는 모두 몇 개일까요?

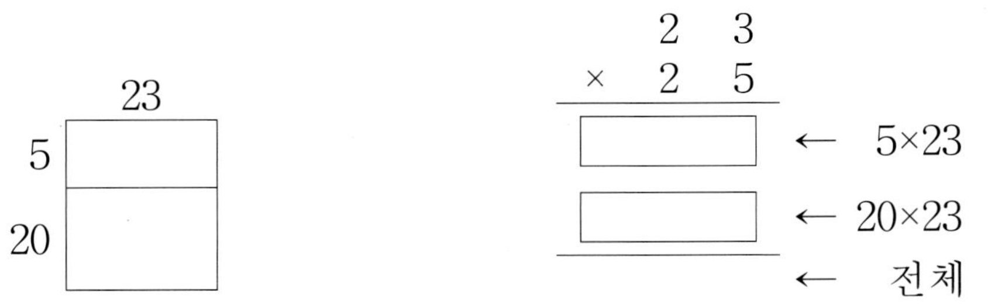

<그림 4.41> 자릿수 분리하여 곱하기

사) Lattice 지도법

Lattice란 격자모양을 뜻하는 용어로, 곱셈 계산을 블록과 사선으로 이루어진 격자 모양의 칸 안에서 곱셈 구구와 덧셈만을 이용하여 그 값을 계산할 수 있는 방법이다. 가령 38×6의 경우 두 칸으로 된 곱셈판을 그린 후, 가로축에 피승수인 38의 3과 8을 나누어 적고, 승수인 6을 오른쪽 세로축에 적는다. 가로축에 놓인 38중에 일의 자리 수인 8과 6을 곱하여 얻은 48을 십의 자리 수(4)는 좌상에, 일의 자리 수(8)는 우하에 기입한다. 피승수의 3과 승수인 6을 곱하여 얻은 수도 동일한 방법으로 기입한다. 이러한 계산이 마쳐지면 화살표와 같이 대각선으로 만나는 수들을 합하여 사선 끝 부분에 기록하게 되면 38×6의 계산값을 구할 수 있다. 36×74의 경우 4개의 칸이 그려진 곱셈판을 활용하면 풀이할 수 있다.

① 두 자리 수 × 한 자리 수(38×6) : 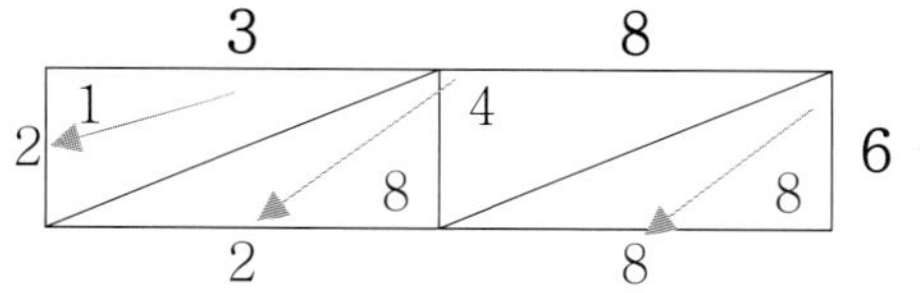

② 두 자리 수 × 두 자리 수(36×74) : 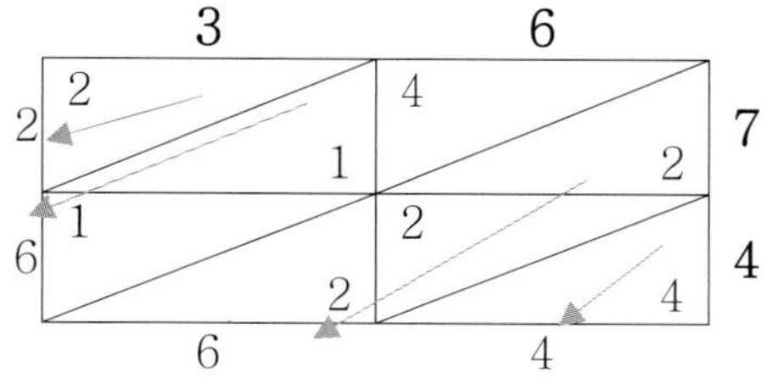

<그림 4.42> Lattice를 통한 곱셈 지도의 예

4. 나눗셈 지도

가. 나눗셈 구구 지도(기초 나눗셈)

학생들은 실제로 입학을 하기 전부터 일상생활에서 물건을 사거나, 친구들이나 형제에게 음식이나 물건을 나누어 줄 때, 친구들과 놀이를 할 때 등과 같이 빼고 곱하고 나누는 등의 수학적인 문제 상황에 접하게 된다. 그래서 이를 해결하기 위해 손가락을 세거나, 물건을 가지고 직접 나누어 본다든지 또는 머릿속으로 헤아려 보는 등 다양한 방법을 사용한다. 이를 통해 아동들은 직관적이고 실제적인 수학적 지식을 개별적으로 구성하게 된다.

나눗셈은 어떤 수를 다른 수로 나누는 셈으로, 사칙연산에서 덧셈, 빼셈, 곱셈의 연산과 더불어 초기 수학의 발달에 있어 중요하지만, 학생들이 어려움을 많이 나타내는 영역이다.

1) 문제 영역 및 배경

학습장애 학생들은 여러 가지 문제해결의 경험이 있다고 하더라도, 2가지의 주된 이유 때문에 나눗셈을 익히는데 어려움이 있다. 첫째, 곱셈에 관련된 구구들을 알지 못해서 나눗셈에 관련된 답을 구하거나 검산하는데 곱셈을 사용하는 것이 어렵다. 둘째, 학습장애로 인한 주의집중, 정보처리 과정 및 수용·표현언어 등의 결함으로 나눗셈의 학습에 어려움이 있다.

다음에 제시된 활동들은 적어도 위의 첫 번째 문제는 곱셈 구구가 어느 정도 숙달될 때까지 나눗셈의 지도를 늦추면 해결될 수 있다는 가정에 기초한다. 그리고 두 번째 문제를 가진 학생들의 경우에는 체계적이고 구조화된 방법 및 다감각적 방법 등을 통한 나눗셈 지도가 필요하다.

2) 학습지도 활동

가) 관련지어 답하기

만약 학생들이 ÷2, ÷5, 또는 ÷9를 잘 알지 못한다면, ×2, ×5, 또는 ×9를 지도하는데 활용된 전략들과 연합하여 가르칠 수 있다.

① '14÷2'의 경우, 14일은 1주일(7일)이 2번인 것과 같다. 따라서 14를 2로 나누면 7이 된다(2×7=14).

② '35÷5'는 시계의 분침을 생각해보자. 시계의 분침이 어떤 숫자를 가리킬 때 35분이 될까? 분침이 7에 있으면 35분이 되므로 '35÷5'는 7이 된다(5×7=35).

③ ÷9는 특별한 패턴이 있다. 학생으로 하여금 다음의 예시를 통해 ÷9의 규칙을 확인하도록 한다.

$$\begin{array}{r} 4 \\ 9\,\overline{)\,36} \end{array} \qquad \begin{array}{r} 6 \\ 9\,\overline{)\,54} \end{array} \qquad \begin{array}{r} 3 \\ 9\,\overline{)\,27} \end{array}$$

위의 예시와 같이 점선 안의 두 숫자를 살펴보면 두 수의 합이 10됨을 알 수 있다. 따라서 피제수의 일의 자리 수와 더하여 10이 되는 수를 찾으면 ÷9를 쉽게 해결할 수 있다.

나) 검산을 위한 곱하기

나눗셈의 답을 얻었다 할지라도, 가능하다면 다음과 같이 피드백을 해준다. "그래, 15÷5는 3이야. 왜냐하면 5×3=15이기 때문이지." 이러한 나눗셈과 곱셈 사이의 관계를 설명하기 위해 조작 자료를 사용하는 것도 좋은 방법이다. 15를 3개씩 나눈다. 그러면 5묶음이 나온다. 그리고 다시 3이 5개씩 있으면 15가 됨을 알게 한다.

다) 나눗셈과 곱셈의 관계

다음 그림 1)과 같은 학습지를 나누어 주고, 나눗셈을 통해 나온 답을 보고, 바른 곱셈을 찾아 줄로 잇도록 한다. 또한 2)의 그림처럼 앞면에는 나눗셈 문제를 두고, 뒷면에 곱셈을 두어 앞면과 뒷면을 번갈아가면서 살펴보도록 하여 답을 확인하는 활동을 하도록 한다.

1)

35 ÷ 5 = ____	· 5 × 6 = ____
	· 5 × 7 = ____

2)

앞 면	뒷 면
35 ÷ 5 = ____	5 × 7 = ____

<그림 4.43> 나눗셈과 곱셈의 관계 지도

나. 큰 수의 나눗셈 지도

1) 문제 영역 및 배경

나눗셈의 개념적 이해와 문제 풀이의 기술을 획득하는데 실패하고, 나눗셈을 위해 구체물을 사용하는 것으로부터 수식 등과 같은 상징적 수준으로 전이 및 일반화에 어려움을 가진 학생들은 시각적 기억 및 절차기억, 고집성, 추론, 언어적 이해 등에 결함을 가진다.

이들은 나눗셈의 개념을 이해하는데 있어 구체물을 보조물로써 사용하면 상대적으로 쉽게 할 수 있다. 그리고 나눗셈에는 기존의 연산기호 외에 나눗셈 기호(⟌)를 사용하게 되는데 수식의 사용에서 반전 경향 때문에 시각적으로 혼동하는 경우가 많다. 이러한 학생에게 구체물의 사용은 많은 도움을 줄 수 있다.

나눗셈에도 좋은 수 감각과 추정 능력은 매우 중요한 선수 기술이 된다. 따라서 피제수와 제수에 대한 좋은 수 감각은 나눗셈 결과에 근접한 추정값을 산출하도록 돕는다. 이에 대한 숙달이 부족하면 나눗셈 문제풀이에서 어려움을 겪게 된다. 특히 나눗셈에서는 문제풀이의 절차가 복잡하므로, 나눗셈 문제풀이에 대한 표준적인 알고리즘을 정확하게 이해하고 숙달되도록 지도되어야 할 것이다. 다음의 활동들은 학습장애 학생들의 나눗셈 지도에 효과적인 활동들이다.

2) 학습 지도 활동

가) 구체물 사용하기

나눗셈에 대하여 수식을 활용하기 전에 구체물을 통한 직접적인 활동을 해보도록 한다. '52÷7'의 경우 낱개 모형 52개를 학생에게 제공해주고, 7개씩 묶어나가면 몇 묶음이 되는지 살펴보도록 한다.

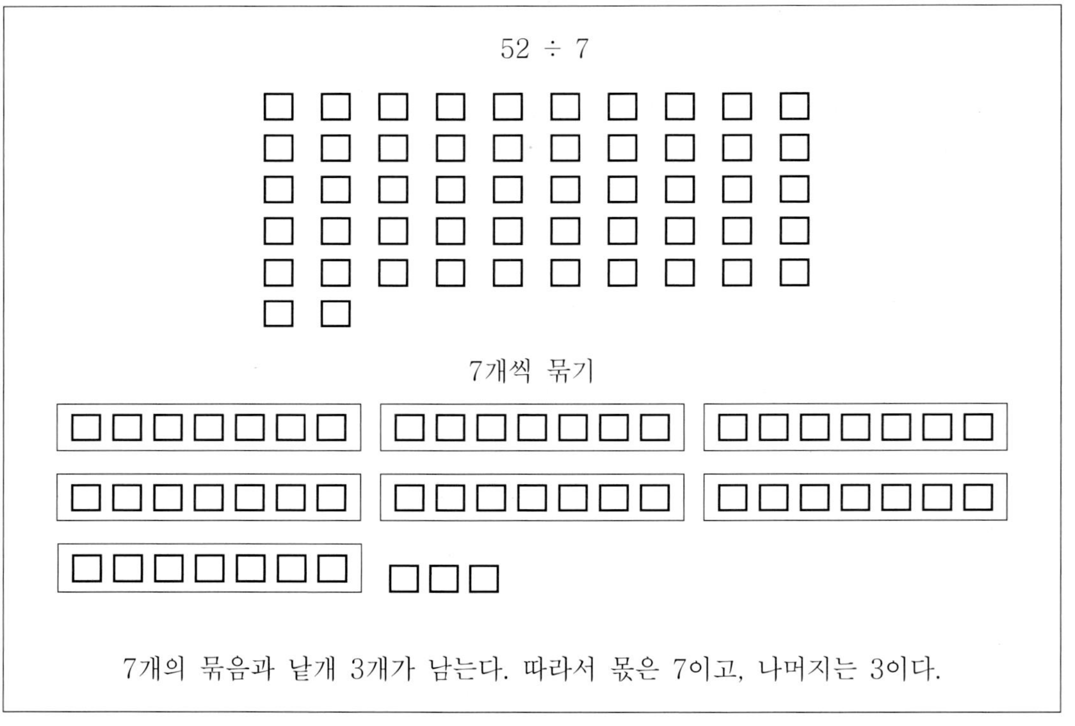

<그림 4.44> 묶음짓기를 통한 나눗셈 지도의 예

나) 퍼즐 맞추기

나눗셈 수식을 풀기 전에 다음과 같은 퍼즐을 만들어 활용한다.

① 가령 '6÷2'에 해당하는 퍼즐은 다음과 같이 만든다. 또한 나눗셈 기호(⟌)를 두꺼운 마분지 등으로 만들어서 바둑알과 함께 나누어 준다.

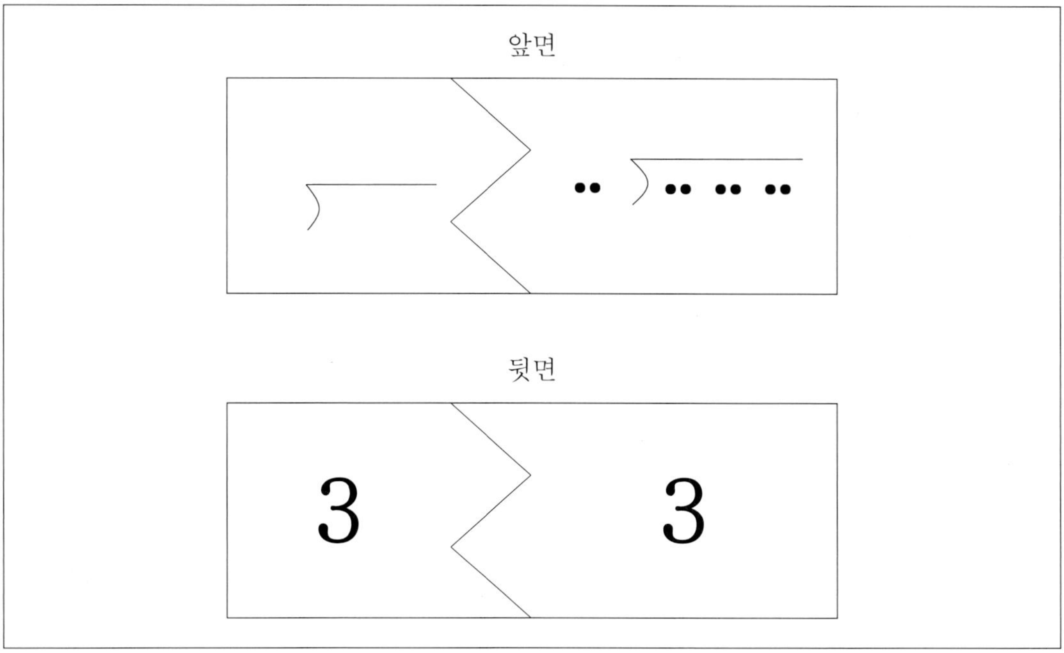

<그림 4.45> 나눗셈 수식 퍼즐

② 학생들에게 '6÷2'의 문제를 제시한다.

③ 위 그림과 같이 앞면에서 왼쪽 퍼즐 조각만 잘라서 나누어 주고, 나눗셈에 있는 숫자들을 어디에 적어야 하는지 가르친 후 직접 숫자를 써 넣도록 한다.

④ 이제 나눗셈 기호와 바둑알을 사용하여 6÷2를 풀어보게 한다. 나눗셈 기호의 제수 칸에 2개의 바둑알을 두게 하고, 피제수 칸에 6개의 바둑알을 두게 한다. 제수만큼(2)씩 피제수(6)를 묶어나가도록 한다. 몇 묶음이 되는지 말해보게 한다.

활동이 끝나면 왼쪽 퍼즐 조각과 맞물리는 카드를 찾아 연결하게 하고, 자신이 활동한 모습과 오른쪽 카드가 같은지, 그리고 뒷면(나눗셈의 답)으로 뒤집어 숫자가 같은지 확인한다.

다) 사각형에 알맞은 수 쓰기

나눗셈 문제 옆에 다음 그림과 같이 사각형이 몇 개 그려져 있는 학습지(①번 그림)를 나누어 준다. 가령 '9÷2'와 같은 문제는 문제 옆의 사각형 속에 점(●)을 2개씩 그려나가도록 하고(②번 그림처럼), 더 이상 2개씩 묶음을 지어 나갈 수 없을 때(나머지가 남을 때) 묶음짓기를 멈추도록 한다. 묶음의 수를 몫의 자리에 적고, 나머지를 다음 빈 칸에 적도록 한다.

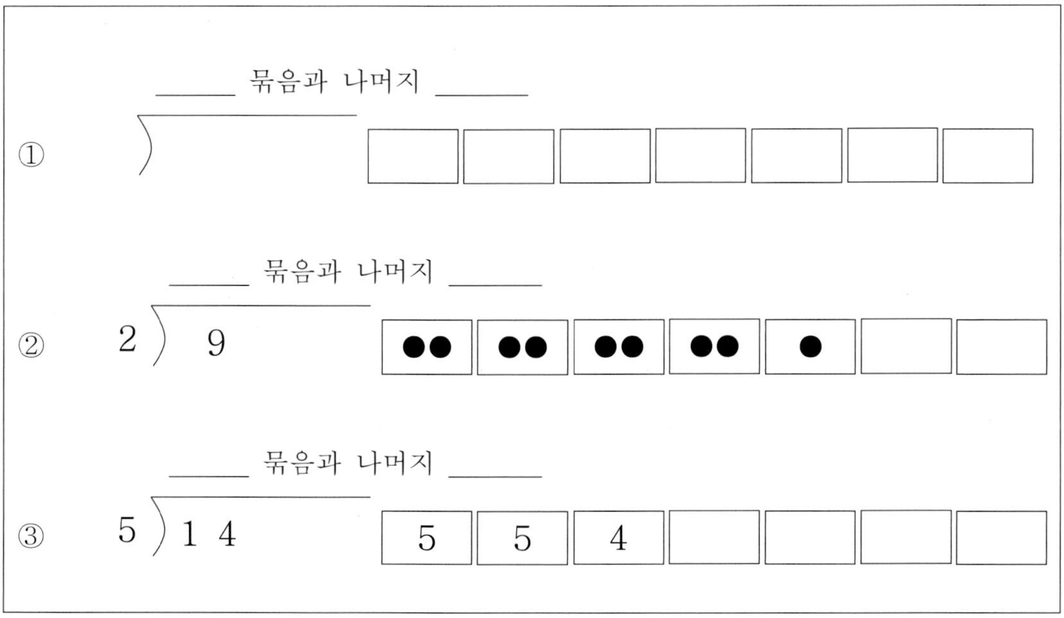

<그림 4.46> 사각형에 묶음짓기를 통한 나눗셈 지도 학습지①

①, ②번 학습지에 익숙해지면 ③번 그림과 같은 학습지 활동으로 발전시킨다. 예를 들어 '14÷5'와 같은 문제에서 왼쪽 나눗셈 기호 속에 제수와 피제수를 알맞은 자리에 적도록 하고, 오른쪽 사각형 안에 나눌 수 있는 만큼 제수를 적어나가도록 한다. 이것을 마치면 다시 나눗셈으로 돌아와 문제풀이를 완성한다.

두 번째 예제는 첫 번째 예제와 같이 사각형의 단서가 더 이상 필요하지 않지만 그래도 약간의 단서가 필요한 경우 활용할 수 있다.

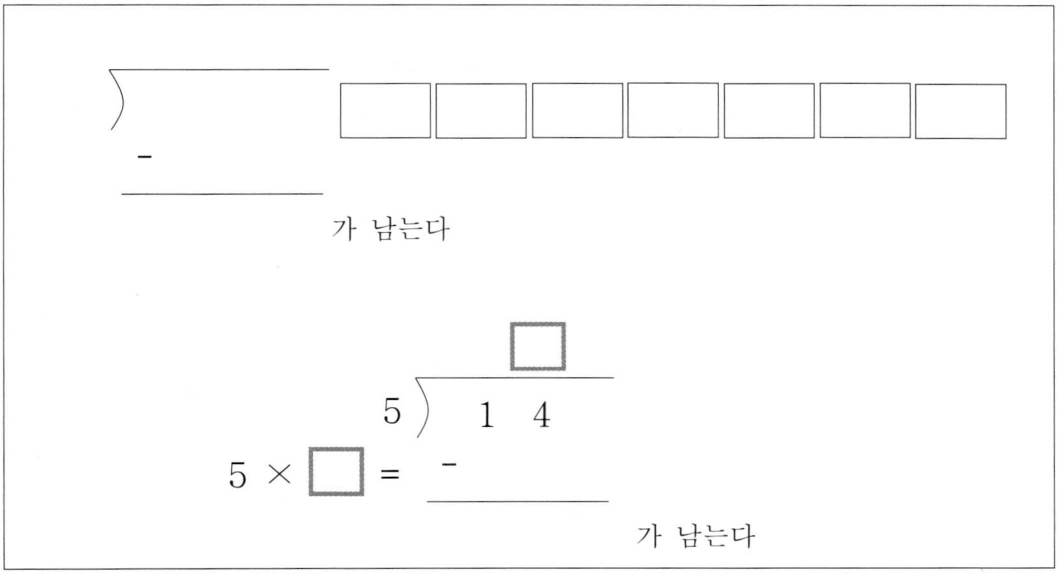

<그림 4.47> 사각형에 묶음짓기를 통한 나눗셈 지도 학습지②

라) 비슷한 문제 이용하기

나눗셈의 문제에서 몫이 어느 정도 되는지 빨리 알아내지 못하는 학생에게 다음과 같은 학습지가 도움이 될 수 있다. 각 문제의 오른쪽에 비슷한 문제의 몫이 나타나 있다. 이것을 참고로 하여 왼쪽 문제를 풀이하도록 돕는다.

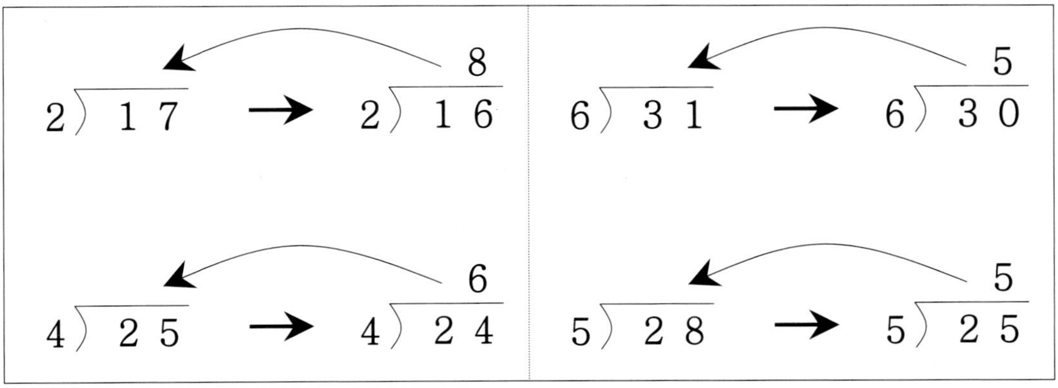

<그림 4.48> 비슷한 문제를 통한 나눗셈 지도

마) 채워넣기

다음 활동은 나머지가 남는 나눗셈을 풀이하는 순서에 대해 학생들이 그들의 생각을 조직하고, 마음 속으로 문제풀이의 순서를 세워나가도록 돕는 방법을 나타낸다.

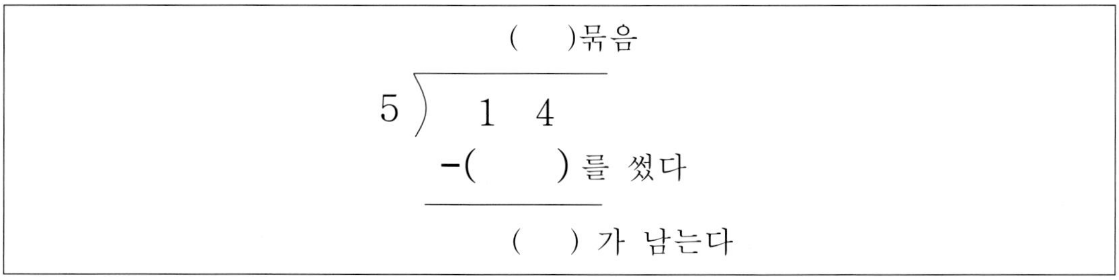

<그림 4.49> 채워넣기

'14÷5'의 경우 나눗셈의 문제풀이 과정에 따라 언어적 단서(예를 들어, '~를 썼다', '~가 남는다' 등)를 주고, 그 구절들을 읽으면서 나눗셈의 과정을 상기하도록 한다. 즉 14 안에는 '5의 묶음'이 몇 개인지 생각하고, 2묶음이라면 10을 쓰고, 그것을 14에서 빼면 '4'가 남게 되는 과정을 빈칸을 채워나가는 방식으로 풀이하게 하는 것이다.

바) 좀 더 긴 문제들

나눗셈 문제의 유형에 따라 나누기를 여러 번 해야 할 필요가 있다. 이처럼 풀이과정이 좀 더 길어지고 더 복잡해지면, 학생들은 일반적으로 정확한 자릿수를 찾는데 많은 어려움을 겪게 된다.

다음 그림은 이런 상황을 다루는 하나의 방법을 제시한다. 문제 풀이 순서에 따라 조직된 나눗셈 그림을 제공하고, 그 과정을 언어로 표시하여 준다. 예를 들어 '37÷2'의 나눗셈 문제는 ① 3을 2로 나누어 2와 1을 곱하고, ② 3에서 2를 빼고, ③ 뺀 값과 일의 자리 수 7을 내리고, ④ 다시 그 과정을 반복해야 한다.

다음의 나눗셈 그림과 언어 단서는 학생들이 긴 나눗셈의 과정을 체계적으로 할 수 있도록 돕는다. 이 경우 언어 단서는 학생들이 암기하도록 하는 것이 효과적이다.

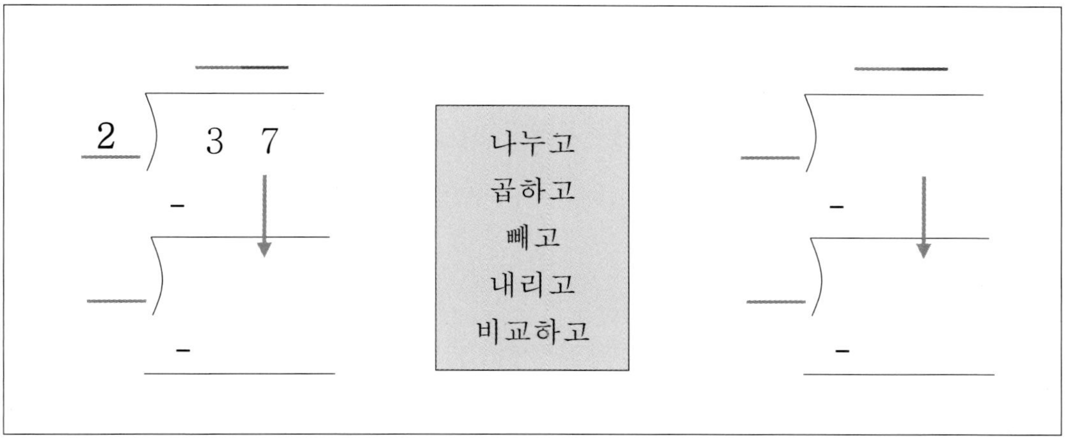

<그림 4.50> 긴 나눗셈 지도

사) 슬라이딩 카드

시지각에서의 결함(예: 반전, 전경-배경)의 혼란이 있는 학생들에게는 다음 그림과 같은 슬라이딩 카드를 준비한다. 슬라이딩 카드로 지금 당장 나눗셈을 하는데 필요치 않은 숫자들은 가려준다. 이러한 슬라이딩 카드는 학생들이 해당숫자에 주의하여 정확하게 숫자를 파악하도록 돕는다.

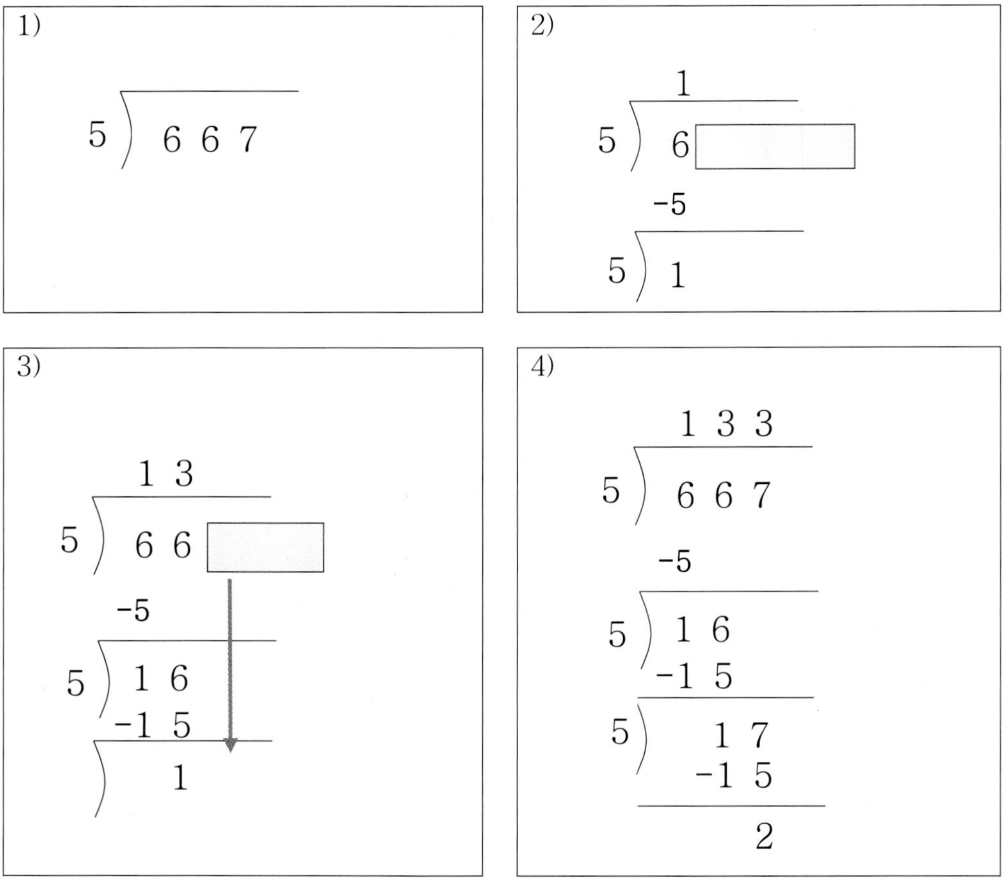

<그림 4.51> 슬라이딩 카드를 활용한 나눗셈 지도

요 약

1. 사칙연산 관련해서 시·청각적 처리과정, 절차기억 및 작업기억, 추론, 표현 및 수용언어, 운동 협응 등에 결함을 가진 학습장애 학생들은 사칙연산의 주요한 개념 이해, 문제의 기호 식별 및 연산과정의 절차, 문제해결 과정 및 답에 대한 점검 등에 어려움을 보인다.

2. 연산학습의 선수 요인에는 수에 대한 반응에 관련된 수 감각, 앞으로 세기, 뒤로 세기 및 뛰어 세기 등의 수 세기 전략, 두 수의 결합에 관련된 구구에 대한 숙달도, 읽기와 관련된 언어능력 등이 필요하다.

3. 일상생활에서 사칙연산과 관련한 문제해결 경험의 부족, 표현-수용언어에 대한 이해 능력과 내적 심상화 능력이 포함된 추론 등에서의 결함으로 사칙연산의 개념이 부족한 학습장애 학생들을 위해 구체물 조작, 이야기 활용, 도식을 이용한 부분과 전체 이해, 연산 기호에 색 단서 제공하기 등의 방법을 활용할 수 있다.

4. 학습장애의 학생들의 경우 열등한 주의집중 및 기억과 회상, 시·청각적 결함, 알고리즘의 이해와 적용 방법 그리고 수용언어와 표현언어 등의 부족으로 구구 학습에 어려움을 겪고 있다. 이러한 학생들의 지도를 위해 진단평가, 구구 유형, 보고 쓰기, 추적하기, 따라 쓰기, 알고 있는 구구 등의 방법을 활용할 수 있다.

5. 학습장애 학생들은 추론 과정, 단기기억, 절차기억 및 작업기억, 주의집중 등에 결함이 있거나 부족한 수 감각, 기본 구구에 대한 미숙함과 어림하는 능력의 부족 등으로 인하여 결과의 추정에 어려움이 있다. 이러한 경우 지도를 위해 앞자리수 추정, 추정값과 실제값 비교하기, 가까운 수 찾아 어림하기 및 가

운데 값 이용하기 등을 활용할 수 있다.

6. 학습장애 학생들의 덧셈 구구 지도를 위해 사용될 수 있는 전략에는 교환법칙, 0 또는 1을 더하기, 같은 수 더하기, 10 만들기 등이 있다. 그리고 덧셈 학습 지도를 위해 하나씩 세기, 주사위 놀이, 카드 놀이, 10-모형틀, 도미노 게임 등을 활용할 수 있다. 또한 받아올림이 있는 덧셈을 위해 상자 단서와 안내선, 십 모형과 낱개 모형, 십의 자리로 옮기기 등을 활용할 수 있다.

7. 학습장애 학생들의 뺄셈 구구 지도를 위한 기본 전략으로는 0과 1 사용하기, 두 배, 뒤로 세기, 계속 세기 등이 있다. 그리고 뺄셈 학습 지도를 위해 구체물, 10-모형틀, 게임, 여러 가지 세기 등을 활용할 수 있다. 또한 받아내림이 있는 뺄셈을 위해 공정한 교환, 색 단서, 상자 단서 등을 활용할 수 있다.

8. 학습장애 학생들의 곱셈 구구 지도를 위한 전략에는 특정한 규칙이 있는 구구단(2단, 5단, 9단 등) 먼저 학습하기, 0과 1 곱하기, 교환법칙, 여러 가지 게임 등을 활용할 수 있다. 그리고 곱셈 지도를 위해 구체물 사용하기, 관계짓기, 색 단서와 안내선 사용하기, 10 곱하기, Lattice 지도법 등을 활용할 수 있다.

9. 학습장애 학생들의 나눗셈 구구 지도를 위한 전략에는 나눗셈과 곱셈의 관계, 관련지어 답하기 등을 활용할 수 있다. 그리고 나눗셈 지도를 위해서는 구체물 사용하기, 퍼즐 맞추기, 비슷한 문제 이용하기, 채워넣기, 슬라이딩 카드 등을 활용할 수 있다.

제 5 장

화폐 지도

화폐는 우리의 생활에 있어서 꼭 필요한 물건 중의 하나로 예를 들면 학용품을 구입하거나, 버스를 타거나, 물건을 사고 거스름돈을 받는 등 일상생활에서 많이 사용된다. 많은 아동들은 화폐와 관련된 학습을 하기 전에 동전과 지폐를 구별할 수 있고, 돈을 이용하여 물건을 구입하기도 한다. 또한 대부분의 학생들은 취학 후 경험이 넓어지고 관련된 학습량이 많아짐에 따라 화폐에 대한 감각과 이해가 계속 발전하게 되는데, 예를 들면 특정 물건을 구입하기 위하여 얼마의 돈이 필요한지, 거스름돈은 얼마인지, 그리고 필요한 돈이 모일 때까지 얼마나 기다려야 하는지 등을 알게 된다.

화폐에 대한 사용 기술이 발달되어감에 따라 학생들은 화폐에 관련된 수용언어나 표현언어를 더 많이 필요로 하며, 새로운 상황 속에서 관련된 어휘를 활용할 수 있어야 한다. 그리고 학년이 올라갈수록 돈을 효율적으로 사용하도록 하는 요구가 많아짐에 따라 학생들은 근본적인 개념을 확실하게 이해하도록 지도되어야 한다. 초등학교 3, 4학년은 큰 금액의 화폐 계산까지 학습한다.

그러나 학습장애 학생들은 화폐와 관련된 개념과 기술을 익히는데 어려움이 있으며, 정확하지 않는 개념 정립과 숙달되지 않는 기술은 낮은 학업 성취를 가져오고 지속될 경우 생활 및 사회적 상호작용에 어려움이 있다. 예를 들면 버스 요금이 얼마인지, 물건 값을 얼마나 지불해야 하는지를 알지 못하거나, 거스름돈이 얼마인지 알지 못한다. 따라서 학습장애 학생들이 동전이나 지폐를 구별하고, 그 돈이 나타내는 금액을 알며, 물건 값을 지불하고 거스름돈을 받는 일에 능숙할 수 있도록 지도되어야 한다.

이 장에서는 학습장애 학생들의 화폐와 관련된 어려움을 살펴보고, 이러한 문제를 해결하기 위해 필요한 다양한 지도 전략을 제시하였다.

1절. 화폐 학습의 개요

1. 학습 내용

학습에 어려움을 보이는 발달이 늦은 학생이거나 수 개념이 형성되지 않은 학생일지라도 돈을 알고 사용하는 경우가 많다. 하지만 화폐에 대한 정확한 개념이 형성되지 않은 상태에서 사용하므로 물건을 구입하거나 일상생활을 하는데 어려움이 많다. 따라서 모든 학생들이 구체물을 조작하는 활동에서부터 가게에서 직접 물건을 구입하는 활동까지를 통하여, 생활에서 기초가 되는 돈에 대한 개념을 형성시키고 돈을 바르게 사용할 수 있도록 지도되어야 한다.

이러한 돈에 대한 학습 활동은 상대적 또는 추상적인 것에 대한 이해가 어려운 학습장애 학생에게 인지력을 높여 줄뿐만 아니라 교환 가치를 이해하게 하여 사회의 소비자 및 생산자로서의 독립적인 생활을 영위하게 하도록 한다. 그러므로 실생활과 관련된 학습일수록 효과적인 지도가 될 수 있다. 이 장에서는 다음과 같은 내용들을 지도하는 방법을 제시하고자 한다.

1. 화폐 구별하기
2. 화폐의 금액 알기
3. 물건의 값을 지불하고 거스름돈 받기

2. 학습을 위한 준비

화폐와 관련된 학습을 하기 위하여 학생들은 첫째, 수 개념을 이해하여 수를 세고 읽을 수 있어야 하며, 수의 크기를 비교할 수 있어야 한다. 둘째, 수 세기가 필요한 상황에서 묶어 세기 및 뛰어 세기를 할 수 있는 수준의 학습도 이루어져야 한다. 셋째, 일(1), 십(10), 백(100), 천(1,000), 만(10,000)까지의 수를 읽고 쓰며, 자리값의 의미와 위치적 기수법을 이해할 수 있어야 한다. 넷째, 화폐 계산과 관련된 학습을 위하여 덧셈과 뺄셈의 의미를 알고 덧셈과 뺄셈이 이루어지는 상황을 알며, 받아올림이 있는 덧셈과 받아내림이 있는 뺄셈을 할 수 있어야 한다.

구체적인 교수·학습 자료와 실생활의 적용은 학생들이 화폐의 개념과 사용을 알고 자신감을 가지는데 도움을 준다. 돈과 관련된 학습에 필요한 자료는 진짜 돈, 모형 동전과 모형 화폐, 동전 스탬프와 지폐 스탬프, 코팅 동전, 주사위 게임과 돈을 이용한 다양한 게임에 필요한 자료, 다양한 학습지 등이다.

처음 화폐와 관련된 학습을 할 때는 진짜 돈을 활용하는 것이 보다 효과적이다.

특히 진짜 돈을 사용함으로써 저학년 학생들에게 돈의 소중함을 알고 잃어버리지 않게 돈을 다루는 것도 가르칠 수 있다. 학습이 전개될 동안 가능하면 진짜 돈을 사용하도록 하는 것이 좋으나, 현실적으로 어려운 경우 모형 화폐를 사용할 수 있다. 이 때 모형 화폐는 가능하면 진짜 돈과 비슷한 것을 사용하는 것이 바람직하다. 왜냐하면 학습장애 학생들이 진짜 돈과 비슷하지 않아서 학습에 흥미를 잃는 경우가 없도록 하고, 학습의 효과를 높이기 위함이다. 특히 모형 화폐는 동전과 지폐의 구별을 가르치고 강화시킬 때, 또는 전경-배경 문제를 가진 학생들을 가르칠 때 활용하면 유용하며, 이러한 모형 화폐를 사용한 반복학습을 통하여 기억을 강화시킬 수 있다.

2절. 화폐 학습 지도의 실제

1. 화폐 구별하기

가. 문제 영역 및 배경

취학 전 아동들은 접시의 크기와 동전의 크기처럼 큰 차이는 금방 알 수 있지만, 10원짜리와 100원짜리 동전과 같은 미세한 크기 차이를 구별하는데 어려움을 가질 수 있다. 그래서 이들은 손가락으로 따라 그려보면서 크기별로 동전을 구별하거나, 동전 위에 다른 동전을 올려놓아 비교를 통하여 크기를 구별할 수 있게 된다. 이러한 반복된 경험과 주의 깊은 교수를 통해 아동들은 주어진 동전에 대해 올바르게 이해할 수 있다. 그래서 6세나 7세쯤이면 대부분의 아동들은 동전의 크기와 화폐의 가치를 정확하게 연결시킬 수 있다.

그러나 다음의 예와 같이 학습장애 학생들은 시각 변별 능력, 전경-배경, 작업기억, 수용언어나 표현언어 등에 어려움을 갖기 때문에 동전을 구별하지 못하는 경우가 많다.

· 교사: 동전 주머니에서 10원짜리, 50원짜리, 100원짜리 각 1개씩을 꺼내어 봅시다.
· 학생: …

· 교사: 10원짜리 동전에는 탑(뒷면-10), 50원짜리 동전에는 벼 이삭(뒷면 -50) 그리고 100원짜리 동전에는 이순신 장군(뒷면-100)의 그림이 그려져 있고 뒷면에는 숫자가 있습니다. 또 10원짜리 동전의 크기가 가장 작고, 그 다음은 50원짜리 동전이고 100원짜리 동전이 가장 큽니다.(그림 5.4 참고)

따라서 다음에 제시된 것과 같은 구체적인 전략이 필요하다. 이와 같은 전략은 학생의 현재 능력에 따라 수정하여 활용할 수 있다. 이 과제는 생활에서 기초가 되는 화폐에 대한 개념을 형성시키고 바르게 사용하게 하기 위한 것으로서, 여러 가지의 동전과 지폐 중에서 같은 것끼리 모으고 분류해 보는 활동이다. 그러므로 선수 학습으로써 여러 가지 사물을 준거에 의하여 모으고 나누게 하는 활동을 통하여 사물의 같고 다름을 인식하는 것이 형성되어야 한다.

나. 학습 지도 활동

1) 동전 판화 만들기

① 학생들에게 여러 가지의 동전 스탬프를 도화지에 찍어 동전의 모양이 나타나도록 한다.

② 또는 여러 가지의 동전을 스케치북에 올려놓고 도화지로 그 위를 덮게 한 후 색연필 또는 크레파스로 문지르게 하여 동전의 모양이 종이 위에 나타나게 한다.

③ 동전 판화를 가위로 오리게 하여 동전의 금액을 확인하게 한다.

2) 동전과 지폐 구분하기

① 여러 종류의 실제 돈 또는 모형 동전과 지폐를 책상 위에 늘어놓고 학생들에게 동전과 지폐를 구분하여 나누어 넣도록 한다.

· "어느 것이 동전일까요? 동전끼리 모아 봅시다." 라고 학생들에게 이야기를 하여 동전을 찾아 동전 분류함에 넣도록 한다.

· "어느 것이 지폐일까요? 지폐를 찾아 모아 봅시다." 라고 학생들에게 이야기를 하여 지폐를 찾아 지폐 분류함에 넣도록 한다.

② 여러 가지 동전과 지폐를 책상 위에 흩어 놓고, 10원짜리, 50원짜리, 100원짜리, 500원짜리 등 동전끼리 모으게 하여 동전을 알도록 하고, 천원짜리, 오천원짜

리, 만원짜리 등 지폐끼리 모으도록 하여 지폐를 알게 한다. 그리고 이런 활동을 통하여 돈에는 지폐와 동전이 있음을 알도록 한다.

3) 10원을 찾아라

① 각 학생에게 10원짜리 동전을 12개씩 준다.

② 그림과 같은 학습지를 제공한다.

③ 학생들은 학습지에 그려진 여러 가지 동전들 중에서 10원짜리 동전을 찾아 그 위에 진짜 동전을 놓는다.

④ 학습지의 동전 그림에 색깔이 없다할지라도 학생들이 가진 동전과 같은 그림과 같은 크기를 가진 동전을 찾도록 한다.

⑤ 바르게 찾아 놓았다면 동전들은 '숫자 10'을 만들 것이다.

⑥ 이와 같은 방법을 다른 동전 찾기에도 활용하도록 한다.

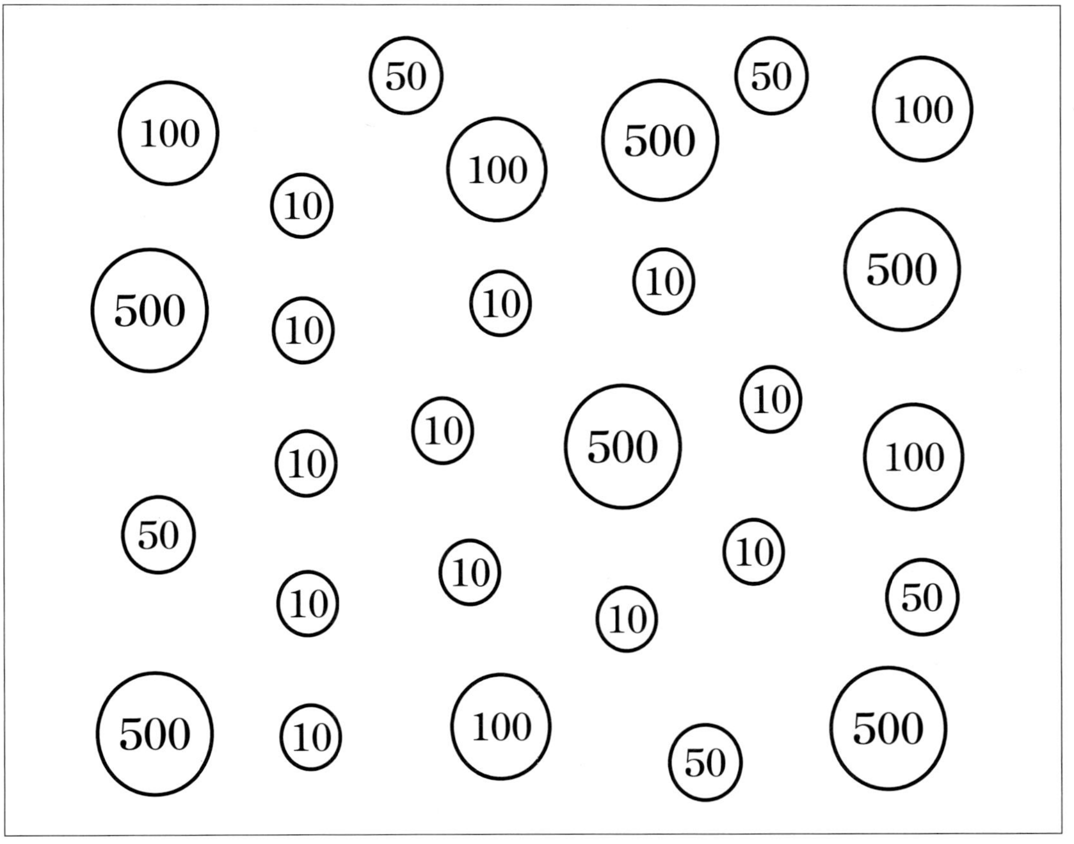

<그림 5.1> 10원 찾기

4) 같은 동전을 찾아라

① 학생들에게 여러 가지의 동전을 책상 위에 펼쳐 놓고 동전의 크기와 모양을 알도록 한다.

② 다음의 상자와 같이 10원, 50원, 100원, 500원이라는 표시를 해 놓고 거기에 해당하는 동전을 찾아 분류하여 넣도록 한다.

③ 정확하게 분류한 동전의 개수를 헤아려 가장 많은 학생이 게임의 승자가 된다.

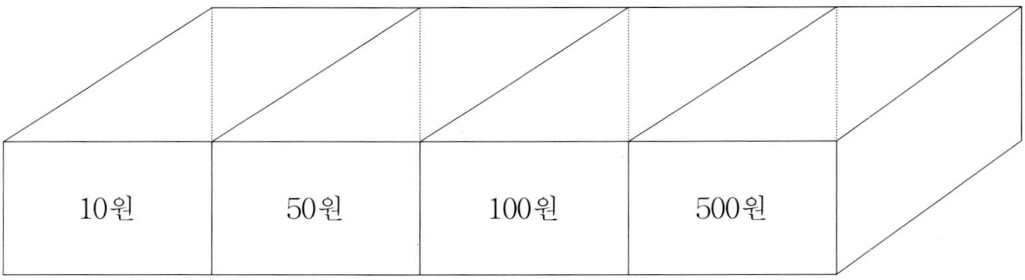

<그림 5.2> 동전 상자

5) 같은 금액의 동전 탑 쌓기

① 책상 위에 10원, 50원, 100원, 500원짜리 동전을 늘어놓는다.

② 교사는 "500원짜리 동전탑을 쌓으세요."라고 요구한다.

③ 학생들은 500원짜리 동전만을 사용하여 탑을 쌓는다.

④ 가장 높이 쌓은 학생이 승자가 된다.

<그림 5.3> 동전탑

6) 동전의 앞·뒷면 짝짓기

① 10원, 50원, 100원, 500원짜리 실제 동전을 제시하고 각 동전의 앞·뒷면의 특

징을 이야기하게 한다.

• 10원짜리 동전: 앞면은 '다보탑' 그림과 한글 '십원', 뒷면은 숫자 '10'과 발행 연도, 발행처 '한국은행' 표기

• 50원짜리 동전: 앞면은 '벼' 그림과 한글 '오십원' 뒷면은 숫자 '50'과 발행 연도, 발행처 '한국은행' 표기

• 100원짜리 동전: 앞면은 '이순신 장군'의 초상과 한글 '백원', 뒷면은 숫자 '100', 그리고 발행 연도, 발행처 '한국은행' 표기

• 500원짜리 동전: 앞면은 '학'이 날아가는 그림과 한글 '오백원'이, 뒷면은 숫자 '500'과 발행 연도, 발행처 '한국은행'이 표기되어 있음을 실물을 제시하여 설명해 준다.

② 실제 동전 또는 모형 동전을 준비한다. 앞·뒷면의 구분보다는 금액이 같은 동전의 앞·뒷면 짝짓기에 중점을 둔다.

③ 10원, 50원, 100원, 500원짜리 동전의 앞면을 보이게 하고 이에 해당되는 뒷면을 짝짓게 하는 놀이를 통하여 같은 금액의 동전 앞면과 뒷면을 알게 한다.

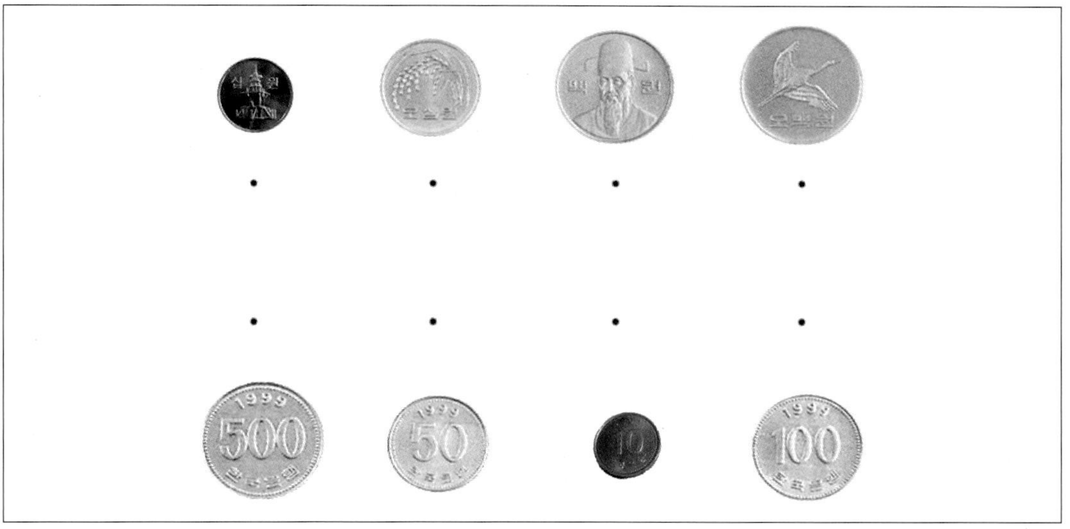

<그림 5.4> 동전 앞·뒷면 짝 찾기

7) 동전 빙고 게임

① 빙고 게임은 동전 공부에 대한 흥미를 가져올 수 있는 재미있는 놀이이다. 빙

고 게임을 위해 부르는 카드, 빙고판, 게임판 위에 올려둘 동전 그림 등을 준비한다.

② 각 줄에 서로 다른 동전 그림을 한 개씩 올려놓는다.

③ "첫줄에 있는 10원" 또는 "둘째 줄에 있는 50원"이라고 부르면 그 줄에 있는 해당 동전에 색칠을 한다.

④ 한 줄이 완성되면 "빙고"라고 크게 외치는 학생이 승리한다.

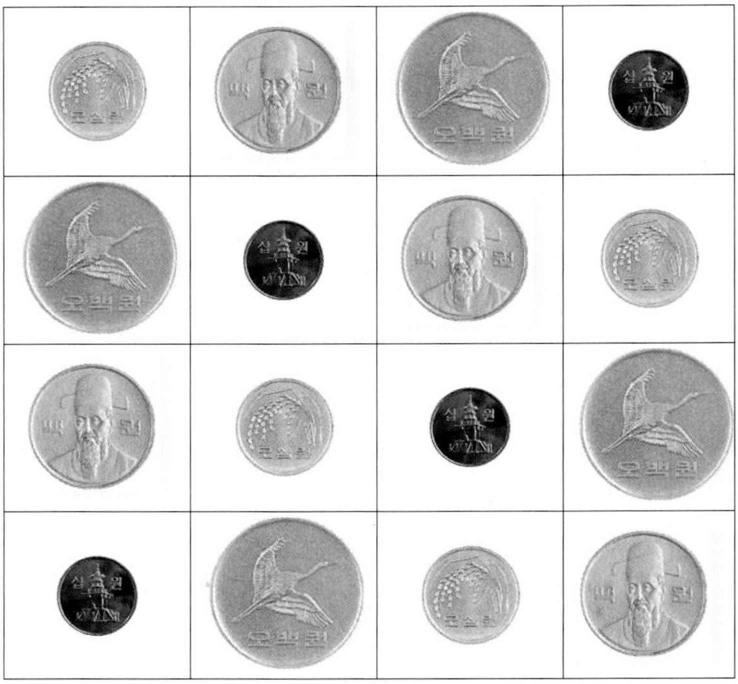

<그림 5.5> 동전 빙고 게임판

8) 지폐 구별하기

① 학생들에게 1,000원, 5,000원, 10,000원 권의 모형 지폐를 한 장씩 나누어준다.

② 같은 금액의 돈을 가지고 있는 친구끼리 모이도록 한다.

또는 여러 가지의 실제 지폐와 모형 지폐를 비교하면서 지폐의 종류를 익힌다.

① 여러 가지의 모형 지폐와 실제 지폐를 책상 위에 놓고 1,000원짜리 지폐를 찾도록 한다.

② 1,000원에 그려져 있는 그림을 살펴보고 구별하도록 한다.

③ 1,000원짜리 지폐를 잘 찾으면 다음으로 5,000원, 10,000원도 차례차례 구별할 수 있도록 연습한다.

9) 같은 지폐 분류하기 게임

위 활동 4(같은 동전 찾기)와 같이 같은 지폐끼리 분류하는 게임이다. 방법은 똑같다.

10) 지폐의 앞·뒷면 짝짓기

① 위 활동 6(동전의 앞 · 뒷면 짝 짓기)과 같이 1,000원, 5,000원, 10,000원짜리 지폐의 앞·뒷면 특징을 이야기하게 한다.

② 모형 지폐를 준비한다. 앞·뒷면의 구분보다는 금액이 같은 지폐의 앞·뒷면 짝짓기에 중점을 둔다.

③ 1,000원, 5,000원, 10,000원짜리 지폐의 앞면을 보이게 하고 이에 해당되는 뒷면을 짝짓게 하는 놀이를 통하여 같은 금액의 지폐의 앞면과 뒷면을 알게 한다.

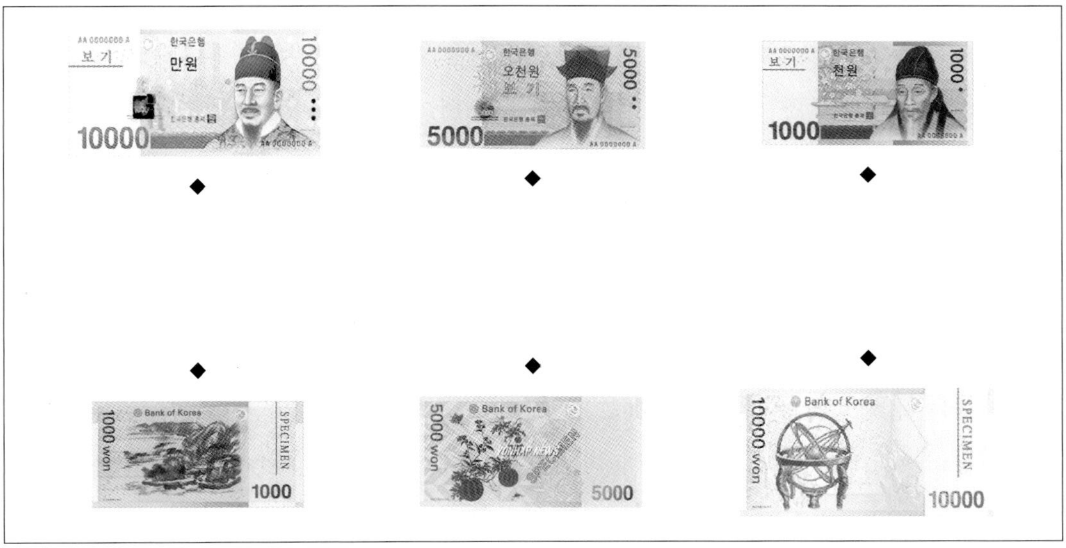

<그림 5.6> 같은 지폐 찾기

2. 화폐의 금액 알기

가. 문제 영역 및 배경

각 동전의 차이를 인식하고 동전의 값(가치)을 익히고 나면 여러 개의 동전이 나타내는 금액을 알게 된다. 처음 학습은 100원까지의 값으로 시작해서 점차로 1,000원과 그 이상까지의 금액을 세는 것으로 확대할 수 있다. 그리고 동전의 금액을 알고 나면 10원짜리 10개와 100원짜리 1개는 똑같이 100원임을 알아야 한다.

그러나 다음의 예와 같이 학습장애 학생들은 동전의 금액을 정확하게 파악하지 못하는 경우가 있다.

· 교사: 100원짜리 3개와 500원짜리 1개는 얼마입니까?
· 학생: 400원입니다.
· 교사: 그 이유는 무엇입니까?
· 학생: 100원 - 200원 - 300원 - 400원이기 때문입니다.

이 학생의 경우는 100원의 크기(금액)와 500원의 크기를 정확하게 알지 못하고 단지 동전의 개수로만 금액을 인식하기 때문이다. 이와 같이 여러 개의 동전값을 정확히 알기 위해서는 뛰어 셀 수 있는 능력과 중간부터 셀 수 있는 능력 그리고 개수는 다르지만 금액이 같음을 이해하는 능력이 필요하다. 그러나 학습장애 학생들의 경우 시지각(특히 전경-배경), 절차기억 및 작업기억, 표현언어 등에 어려움을 갖고 있기 때문에, 여러 개의 동전 금액을 결정하는데 어려움을 갖는다(Bley & Thornton, 2001).

또한 학습장애 학생들은 돈을 세는데 어떤 크기의 금액을 사용하는지, 하나의 금액에서 다른 크기의 금액으로 언제 바뀌었는지 등을 알지 못할 수도 있다. 이런 문제들에 대처하도록 학생을 도와주는 활동들을 설명하기 전에, 학생들은 다음의 전제 조건들을 숙달해야 한다.

첫째, 학생들은 돈과 별도로 숫자를 다룰 때, 2씩, 5씩, 10씩 뛰어 세기를 알아야 한다.

둘째, 학생들은 뛰어 세는 것을 바꿀 수 있도록 지도해야 한다.(예: 5씩 뛰어 세

기를 시작하여 다음에 10씩 뛰어 셀 수 있어야 한다. 5-10-15-20-30-40-50)

셋째, 학생들은 자동적으로 다음과 같은 덧셈 상황을 알아야 한다.(예: 10원짜리 5개는 50원이고, 50원짜리 2개는 100원이며, 100원짜리 5개는 500원과 같다)

나. 학습 지도 활동

1) 동전 수직선

① 동전 수직선은 여러 개의 동전을 수직선 위에 늘여 놓고 동전의 총액을 결정할 수 있도록 돕는다.

② 각 동전을 금액만큼 수직선 위에 올려놓는다.

③ 큰 금액의 동전부터 차례로 두어 마지막에 놓인 동전이 있는 수직선의 숫자를 읽는다.

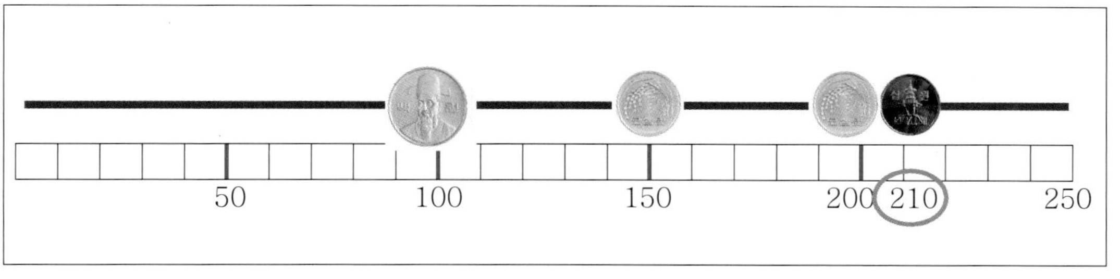

<그림 5.7> 동전 수직선

2) 금액이 같은 동전

① 여러 개의 동전 중에 금액이 같은 동전끼리 모으기

② 먼저 500원짜리 동전의 개수를 세어 총액이 얼마인지 확인한다.

③ 다음으로 100원짜리, 50원짜리, 10원짜리 순으로 각각의 총액을 확인한다.

동전의 금액	500원	100원	50원	10원
수	개	개	개	개
총 금액	원	원	원	원

<그림 5.8> 동전 세기

3) 빈칸 메우기

동전의 금액을 말하는 표현언어에 어려움을 가진 학생들을 위해 실제 동전을 사용한 빈칸 메우기 활동을 통하여 쉽게 익힐 수 있다.

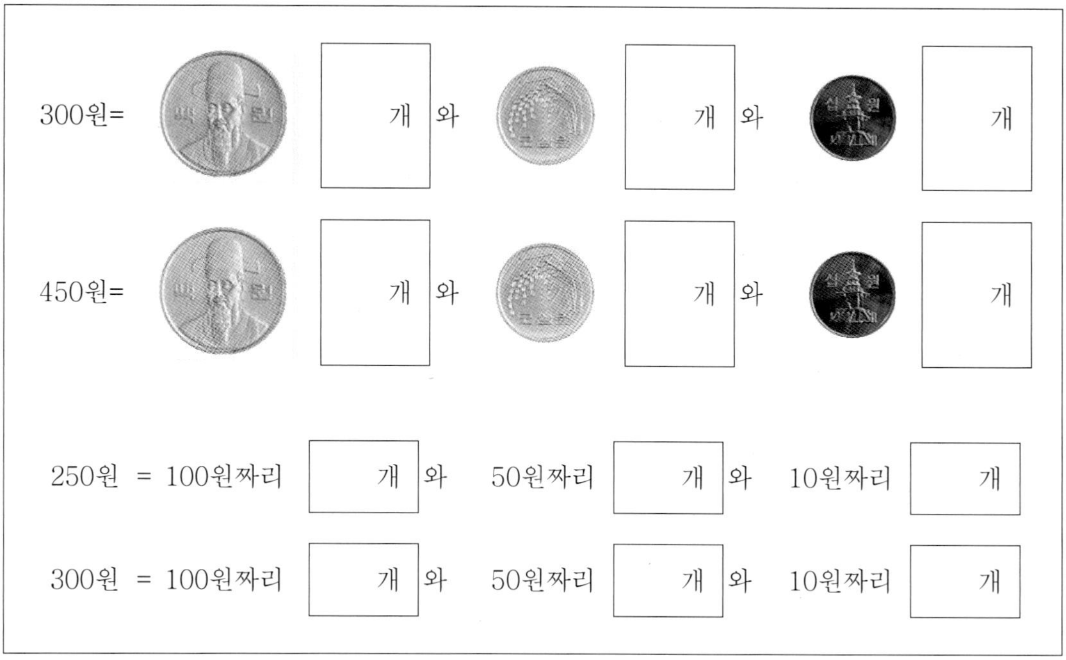

<그림 5.9> 빈칸 메우기

4) 같은 금액 찾기 게임

① 다음 그림과 같은 동전 그림 카드를 20장 만들어 자른다.

② 왼쪽에 있는 동전의 금액과 오른쪽에 있는 동전의 금액이 같은 것을 찾아 짝을 맞춘다.

③ 금액을 바르게 짝지우면 카드를 가져간다.

④ 정해진 시간에 짝을 많이 맞추는 학생이 승리한다.

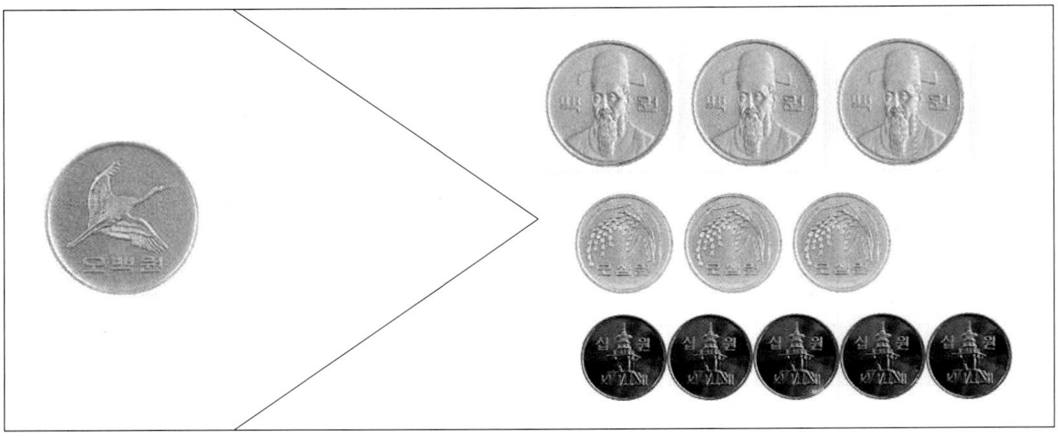

<그림 5.10> 카드 맞추기

5) 동전 주사위

① 10원짜리 동전 그림 2면, 50원짜리 동전 그림 2면, 100원짜리와 500원짜리 동전 모양을 각각 1면씩 붙인 주사위 1개, 각 동전 모형을 20개씩 준비한다.

② 주사위를 던져 나온 동전의 금액만큼 모형 동전을 가져간다.

③ 각각 5번씩 던져 동전의 금액이 큰 학생이 승리한다.

6) 물건 값 찾기

① 오른쪽 그림을 보고 사고 싶은 물건의 값만큼 필요한 지폐를 찾을 수 있다.

② "인형의 값을 알아봅시다. 얼마입니까?" 라고 질문을 하면 학생이 5,000원짜리 1장과 인형에 붙어 있는 지폐와 짝을 짓도록 한다.

3. 물건 값을 지불하고 거스름돈 받기

가. 문제 영역 및 배경

동전 여러 개의 가치를 결정하는 것은 동전 더미에서 물건 값에 필요한 금액만큼 동전들을 선택하는 능력이 필수적이다. 다음의 능력은 일상생활에서 한 가지 물건 또는 여러 가지 물건을 사기에 충분한 돈이 있는지를 살펴보기 위해 돈을 확인하는데 필요하다. 학습장애 학생들은 실생활에서 이 기술을 적용하는데 어려움을 보이는데, 왜냐하면 전경-배경 장애 또는 시각적 변별 장애를 가지고 있기 때문에 여러 가지 동전 중에서 필요한 동전을 찾는데 어렵다.

물건을 살 때 어떤 돈이 얼마나 필요한지를 결정하는 것은 정확한 동전과 지폐의 묶음을 단순하게 인지한다는 것 이상이다. 그것은 물건을 사기 위해 필요한 돈을 가지고 있을 때, 얼마나 많이 지불해야 하는지 그리고 거스름돈 확인을 어떻게 하는지를 안다는 것을 의미한다. 실생활에서 만약 계산기가 자동적으로 금액을 빼고 난 거스름돈의 양을 표시하지 않는다면, 거스름돈을 확인하기 위해 물건의 가격으로부터 지불된 액수에 도달할 때까지 세어야만 할 것이다.

거스롬돈의 양을 결정하는 것은 새로운 계산 과정이 요구된다. 그것은 구입 가격을 기억 속에서 유지하면서 먼저 작은 액수의 돈을 사용하여 가격으로부터 세어 나가는 것이 필요하다. 다른 돈들은 지불된 값이 채워질 때까지 더해진다. 작업기억과 절차기억 문제를 가진 아동은 대개 이러한 부분에서 매우 어려움을 나타낸다.

이와 같이 시각적 전경-배경, 시각적 변별, 절차기억, 작업기억 및 실행기능 등에 결함을 가진 학생들은 물건을 사기 위해 여러 개의 동전 중에 필요한 만큼의 동전을 선택하는데 어려움을 가진다. 또한 거스름돈을 받는데도 어려움을 느낀다. 따라서 다음과 같은 활동이 도움 될 것이다.

나. 학습 지도 활동

1) 물건 값 지불하기

가) 역할극으로 알아보기

① 다음 그림처럼 물건 값이 적혀 있는 물건을 진열한다.

② 실제 돈을 가지고, 두 사람이 짝이 되어 다음과 같은 활동을 한다.

③ 한 사람은 손님이 되고 다른 한 사람은 주인이 된다.

④ 손님 역할을 맡은 학생이 "이 양말은 얼마입니까?"라고 묻는다.

⑤ 주인 역할을 맡은 학생은 "800원입니다."라고 말한다.

⑥ 손님 역할을 맡은 학생은 자기가 가진 돈에서 800원을 지불한다.

· 다른 물건의 값에 대해서도 연습한다.

· 역할을 바꾸어서 실시한다.

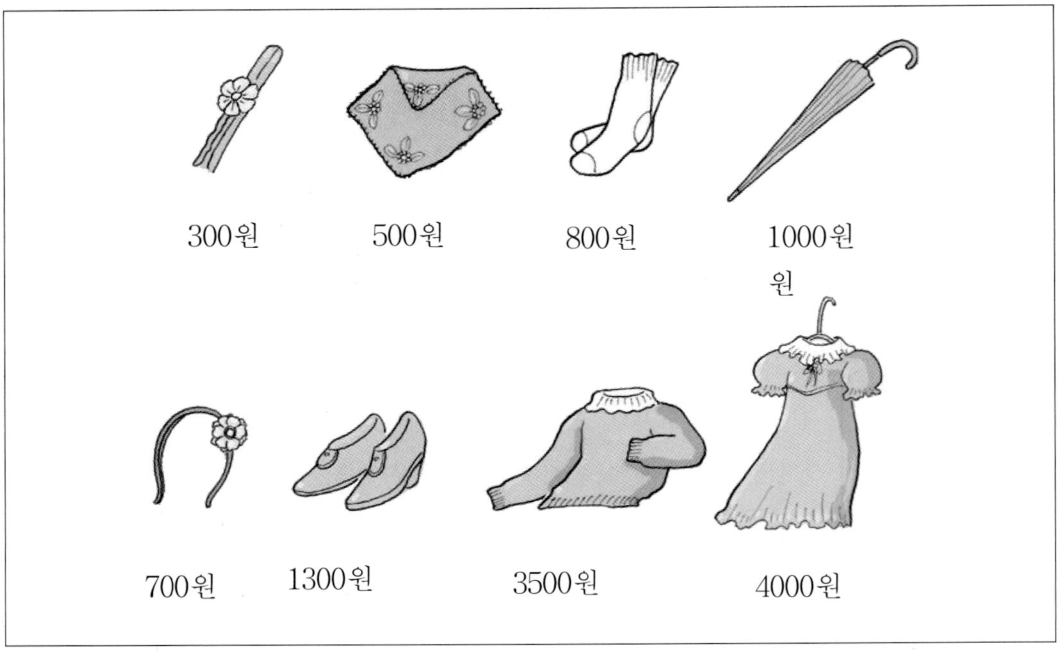

<그림 5.11> 물건 정가표

나) 지불할 돈 알기

전경-배경 결함 또는 시각적 변별에 어려움을 가진 학생들은 많은 동전 중에서 그들이 원하는 물건을 사기 위해 지불해야할 동전을 확인하는 것에 어려움을 가진다. 그들에게 그림과 같은 필요한 물건의 가격표와 동전의 묶음들은 유용하게 사용될 수 있다. 가격표는 특정 물건을 구입하기 위해 지불되어야 하는 동전의 양을 나타내고, 학생은 물건을 사기 위해 동전에서 필요한 양만큼 연필로 동그라미를 한다. 이러한 활동은 물건 구입에 필요한 동전에 대한 인식을 돕는다.

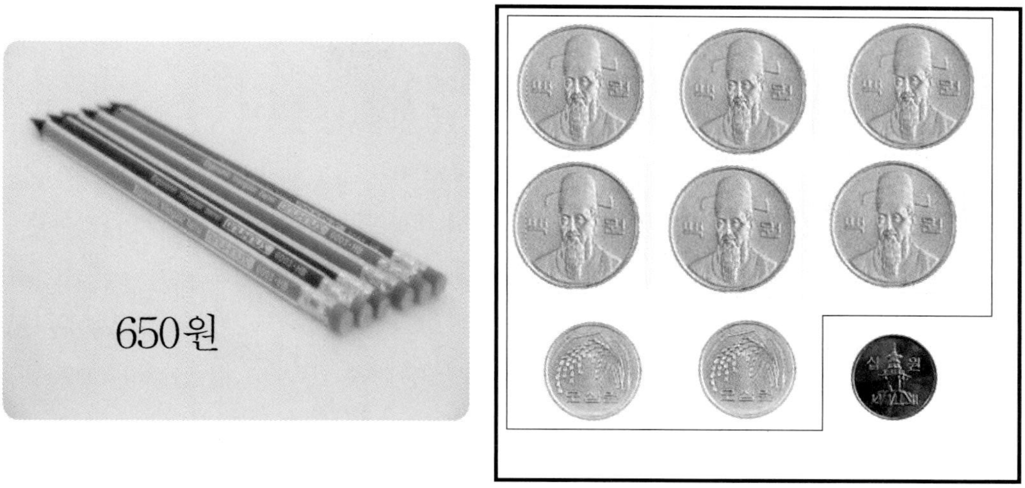

<그림 5.12> 물건값과 지불할 돈

다) 쇼핑하기

① 교실에 미니 시장을 설치하고 각 아동에게 모형 돈이 든 지갑을 준다.

② 물건에는 가격표를 붙여둔다.

③ 학생은 물건 값을 계산하기 위해 필요한 동전을 준비한다.

④ 교사는 학생이 물건 값을 지불하기 위해 준비한 동전을 살펴보고 더 나은 방법을 찾을 수 있도록 유도한다. 예를 들어, 아동은 150원짜리의 물건을 사기 위해 100원짜리 동전 1개와 10원짜리 동전 5개를 선택할 수도 있다. 교사는 학생을 칭찬하고 다른 방법은 없는지 물어본다. 또는 동전의 개수를 줄이는 방법을 유도한다. 100원짜리 1개와 50원짜리 1개로 지불할 수도 있다.

라) 버스표 사기

① 가격표를 보고 각자 가고 싶은 곳을 정한다.

② 버스 요금이 얼마인지 확인한다.

③ 가고 싶은 곳의 버스 요금에 맞는 돈을 준비한다.

· 쇼핑하기에서와 같이 900원짜리 버스표를 살 때 돈을 지불하는 방법을 500원짜리와 100원짜리를 섞어서 준비해보고, 100원짜리와 50원짜리로 섞어서 준비하는 등 다양한 방법을 유도하여 지도한다.

2) 거스름돈 받기

가) 동전 수직선을 이용한 거스름돈 알기

거스름돈을 알기 위하여 물건의 가격에서부터 지불한 금액까지를 세어나가는 방법으로 그림과 같은 돈 수직선 위에 동전을 늘여놓을 수 있다. 이러한 방법은 거스름돈 세기 과정을 구체화시키고 시각기억, 작업기억 및 절차 등을 돕는다.

① 그림에서와 같은 가격표 카드를 준비한다.

② 학생은 어디에서 세기 시작할지를 결정하기 위해 가격표 카드를 동전 수직선 위에 놓는다.

③ 카드에 붙은 화살표가 가리키는 다음부터 동전을 놓아가며 액수를 센다.

④ 10-20-30-40. 따라서 물건 값을 지불하고 남은 돈이 40원임을 알 수 있다.

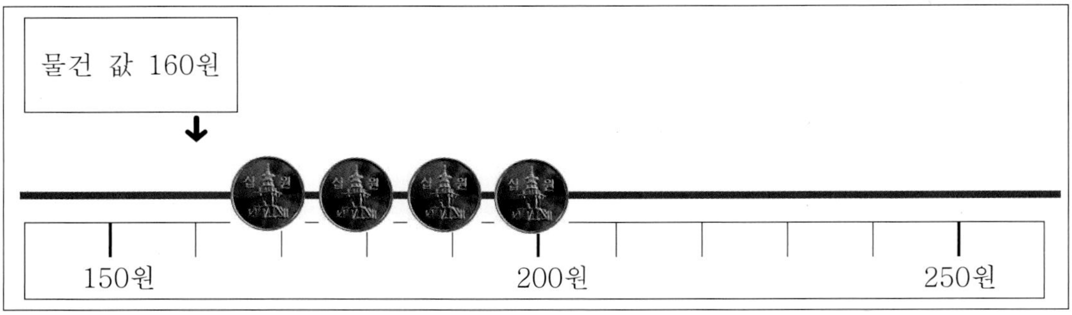

<그림 5.13> 동전 수직선

나) 거스름돈 세기

위 방법은 미숙한 학생 또는 읽기 문제를 가진 학생들을 위한 것이다. 두 번째는 예는 좀 더 능숙한 학생 또는 요구된 수준에서 읽기를 수행하는 학생들을 위한 것이다.

학생들은 먼저 네 개의 빈칸에 알맞은 숫자를 쓴다. 그런 다음 물건의 가격(160원)에서 자신이 지불한 돈(200원)만큼의 액수까지 세어보고 필요한 동전에 ○표한다.

여기서 학생들에게 색 단서를 제시할 수 있다. 예를 들면 색연필 값은 출발점으로 파란색으로 쓰고, 내가 낸 돈은 멈춤으로 빨간색으로 쓴다. 답을 쓰는 칸 역시 단어와 색으로 일치하여 단서를 제공할 수 있다. 점차적으로 색 단서와 다른 정보는 제거되고, 학생이 사고 과정으로 내면화 하도록 지도한다.

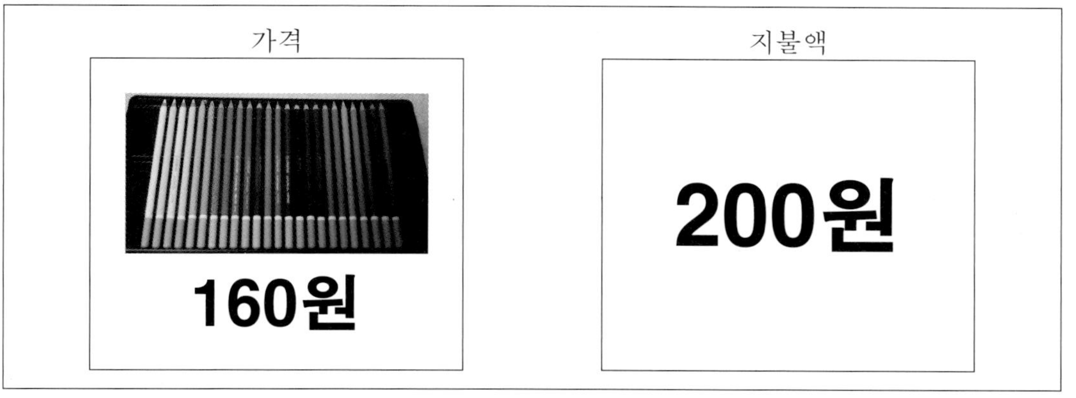

<그림 5.14> 물건과 가격

· 요 약

1. 많은 학습장애 학생들은 시지각, 절차기억과 작업기억, 수용 · 표현언어 및 추론 등에 결함이 있기 때문에 돈(화폐)과 관련된 개념과 기술을 학습하는데 어려움을 있고, 이것은 학교 및 사회생활에 영향을 미친다.

2. 화폐와 관련된 학습을 위해서는 첫째, 수 세기, 수 읽기 및 크기 비교를 할 수 있어야 하고, 둘째, 일(1), 십(10), 백(100), 천(1,000), 만(10,000)까지의 수를 읽고 쓰며, 자리값의 의미와 위치적 기수법을 이해할 수 있어야 하며, 셋째, 화폐 계산과 관련된 덧셈과 빼셈을 할 수 있어야 한다.

3. 학습장애 학생들에게 화폐 학습 지도를 위한 자료로는 진짜 돈, 모형 동전과 모형 화폐, 동전 스탬프와 지폐 스탬프, 코팅 동전, 주사위 게임과 돈을 이용한 다양한 게임에 필요한 자료 및 다양한 학습지 등이 있다.

4. 시지각 변별 및 전경-배경, 작업기억, 수용 · 표현언어 등의 결함으로 화폐 구별이 어려운 학습장애 학생들의 지도를 위해 동전판화 만들기, 동전과 지폐 구분하기, 동전 찾기, 동전탑 쌓기, 동전의 앞 · 뒷면 짝짓기, 빙고게임, 같은 지폐 분류하기 게임, 지폐의 앞 · 뒷면 짝짓기 놀이 등을 활용할 수 있다.

5. 시지각, 작업기억과 절차기억 및 표현언어 등의 결함으로 화폐 금액 알기가 어려운 학습장애 학생들의 지도를 위해 동전 수직선, 금액이 같은 동전 찾기, 빈칸 메우기, 같은 금액 퍼즐 놀이, 동전 주사위 놀이, 물건 값 찾기 놀이 등을 활용할 수 있다.

6. 시각적 전경-배경과 변별, 작업기억과 절차기억 및 실행기능 등에 결함을 가진 학생들은 정확한 물건 값을 지불하고, 거스름돈을 받는데 어려움이 있다. 이러한 학생들을 위해 역할극, 쇼핑하기, 버스표 사기, 동전 수직선, 거스름돈 세기 등의 활동을 활용할 수 있다.

제 6 장

시간 지도

시각과 시간은 우리의 생활과 밀접한 관계를 가지고 있다. 취학 전 아동들은 어제, 오늘, 내일, 모레, 아침, 점심, 저녁, 지금 등과 같은 어휘를 사용하여 때를 나타내기도 하며, 어느 정도의 시간 감각이 발달되어 시 단위로 시각 읽기를 배우기도 한다. 예를 들어 8시가 아침 식사 시각이라면 "짧은 바늘이 8에 가 있을 때가 아침 먹을 시각이고, 짧은 바늘이 7에 있으면 아침 먹을 시각이 아니다."는 것을 안다.

학생들은 초등학교 과정에서 처음으로 시각에 대한 학습을 시작한다. 시각 학습을 통해 1학년 학생들은 하루 동안 생활 속에서 일어나는 직접적인 경험을 소재로 하여 시각에 대한 관심을 가지게 하고, 몇 시와 몇 시 30분으로 시각을 말할 수 있다. 그리고 시계를 보고 일어난 순서대로 상황을 말할 수 있다. 또한 2학년에서는 분 단위로 시각을 읽을 수 있어 몇 시 몇 분으로 말할 수 있다. 학생들은 시계 보기와 시각에 대해 배움으로써 시각에 대한 개념을 발달시키고, 시계를 바르게 읽을 수 있다. 그리고 이에 기초하여 일상생활에서 시각을 이용할 수 있고, 시간이라는 양의 측정에 대한 이해를 하게 되는 것이다. 예를 들면 학생들은 방송 프로그램 편성표, 버스, 기차, 지하철 등의 운행 시간표 및 학교 시간표 등과 같이 시각 및 시간이 필요한 상황에서 이를 보고 이용하는 안목을 기를 수 있다.

시간과 관련된 경험이 증가하고 학년이 올라갈수록 학생들은 시간에 관련된 어휘를 더 많이 필요로 하며, 새로운 상황 속에서 관련된 어휘를 활용할 수 있어야 한다. 예를 들면 "10분 전", 또는 "반시간 후"와 같은 어휘를 포함한 표현들을 이해하고 사용할 수 있다. 따라서 학생들은 시각 및 시간에 대한 기본적인 개념을 확실하게 이해할 수 있어야 한다.

그러나 학습장애 학생들은 시간에 대한 정보처리과정의 결함으로 시간과 관련된 개념과 기술을 익히는데 어려움을 가진다. 예를 들면 친구들과 만날 시각이 언제인지, 학교에서 언제 집으로 돌아와야 하는지 등을 알지 못하기 때문에 일상생활이나 학교생활 및 사회생활에서 어려움을 가진다. 따라서 학습장애 학생들도 기본적인 시각을 읽을 수 있어야 하고, 시각의 다양한 표현을 알며, 시간을 이해하고 계산할 수 있어야 한다.

이 장에서는 학습장애를 가진 학생들이 일상생활에 보다 잘 적응하며 생활할 수 있도록 하기 위해 시각 및 시간을 읽고, 쓰고, 계산하며 문제를 해결하기 위해 필요한 다양한 지도 전략을 제시하였다.

1절. 시간 학습의 개요

1. 학습 내용

시간에 관한 기본 개념과 관련 기술은 초등학교 시기에 정식으로 도입되지만, 대부분의 취학 전 아동들은 어느 정도는 시간에 대한 감각이 발달되어 있다. 늦은 저녁 아빠가 퇴근하실 시간이 한참 지났다거나, 텔레비전의 만화를 보던 중 꽤나 시간이 흘렀다는 것을 은연중에 느낀다. 시간과 관련된 학습이 미리 이루어진 아동의 경우는 몇 시 또는 몇 분 단위의 시각을 읽을 수도 있다. 또한 시간과 관련한 다양한 어휘 즉, 어제, 오늘, 내일, 빨리, 천천히, 조금 전, 지금 등과 같은 어휘들을 필요한 곳에 적절하게 사용하기도 한다.

비록 이러한 시간에 대한 감각과 어휘가 부정확하고 미숙하다할지라도, 시간에 관해서는 거의 자유로웠던 입학 전 생활에 비해 초등학교 입학 이후에는 보다 다양하고 복잡한 시간 생활이 이루어진다. 예를 들면 아침에 8시 30분까지 학교에 등교하기 위해서는 언제 일어나야한다든지, 1교시가 마친 후 쉬는 시간은 몇 분이므로 재빨리 화장실에 다녀와야 한다는 것을 감각적으로 알고 있어야 한다. 아울러 11시 10분전까지(몇 시 몇 분이 아닌) 운동장에 모여야 한다거나, 숙제를 하는데 걸린 시간은 몇 분인가와 같은 지금까지 전혀 들어보거나 사용하지 않은 시간에 대한 어휘들이 학생들을 혼란스럽게 한다.

따라서 시간에 대한 감각과 시간을 읽고 쓸 줄 알며 생활에 활용할 수 있는 기술은, 초등학교 저학년 시기에 완전하게 이해되고 숙달되어야만 할 것이다. 보통 2학년 때, 학생들은 시계에 나타난 시각을 분의 단위까지 읽을 수 있으며, 시간에 관한 새로운 어휘들(예: 10분 전, 30분 후, 나중에 등)을 사용할 수 있게 된다.

이러한 시간과 관련된 많은 과제들은 시각 변별, 단기기억 및 작업기억, 표현언어 기술 등이 필요하다. 그러나 학습장애 학생들은 정보처리과정의 결함으로 시간의 개념과 관련된 기술을 획득하고 숙달되는데 어려움을 가진다. 이러한 문제가 지속되면 자립적인 생활을 영위하거나 사회적 관계에 영향을 미칠 수 있다. 여기에서는 학습장애를 가진 학생들이 시간에 관한 기술을 알고 숙달하는데 있어 직면하는 몇 가지 공통적인 문제들을 다룬다.

1. 시각 읽기
2. 짧은 바늘(시침) 바르게 읽기
3. 시각의 다양한 표현 알기
4. 시간 알아보기
5. 시간 계산

2. 학습을 위한 준비

시간과 관련된 학습을 하기 위해 학생들이 가지고 있어야 할 선행지식은 0에서 60까지의 수 개념을 이해하여 수를 세고 읽고 쓸 수 있어야 하며, 60까지 수 범위에서 수 계열을 이해하고 5씩 또는 10씩 뛰어 세기를 할 수 있어야 한다. 또한 시간의 계산을 위해 두 자리 수의 덧셈과 뺄셈을 할 수 있어야 한다. 나아가 1주일, 1개월, 그리고 1년 사이의 관계를 이해해야 한다. 또한 효과적인 시간 학습을 위해서는 시계가 유용한데 예를 들면 다음과 같다.

· 대부분 교실에는 벽시계가 있지만, 학습을 위해 교재용 모형시계나 시계그림 등을 준비해 두어야 한다.

· 그림으로 된 시계는 흔히 사용하는 일반적인 시계 형태로 된 것뿐만 아니라 (몇) 시만 표시된 것, 분이 표시된 것, 몇 시에 숫자가 쓰여 있는 것 등 다양한 형태의 시계그림을 준비하도록 한다.

· 짧은 바늘(시침)과 긴 바늘(분침)의 색깔이 서로 다르면 더욱 좋다. 그렇지 않다면 스티커나 매직 등으로 서로 구별되게 색칠을 하는 것이 도움이 된다.

· 아날로그 시계와 디지털 시계, 바늘을 움직일 수 있도록 뒤에 손잡이가 있는 수동시계 등 다양한 형태의 시계 종류를 준비하도록 한다.

· 시계 그림을 찍을 수 있는 스탬프 도장 등도 유용하다.

개인용 모형시계는 시지각 변별에 결함을 가진 학생들에게 유용하다. 왜냐하면 이러한 학생에게 너무 멀리 있는 벽시계는 긴 바늘과 짧은 바늘을 분명하게 변별하기에 어려움이 있으므로 활용하기가 곤란하다. 다음 그림은 활용하기에 적절한 크기와 모양을 가진 탁상용 시계의 예이다. 이런 시계는 긴 바늘과 짧은 바늘의 크기가 분명하게 차이나고, 분을 나타내는 눈금은 학생이 손가락 또는 연필로 가리킬 수 있을 만큼 간격이 넓게 되어 있을 때 더욱 효과적이다. 또한 이런 시계는 시지각 또는 공간적 결함을 가진 학생에게 요구되는 운동감각적 접근을 제공하는데, 이런 활동은 시간을 '몸으로 느끼도록' 하는데 유용하다.

<그림 6.1> 모형 시계

그에 비해 벽시계와 같은 큰 시계는 학습과정에 대근육 운동이 종종 요구되는 어린 학생에게 유용하다. 진짜 시계로 시각(시간)을 가르쳐야 하겠지만, 학습과정에서는 모형시계가 오히려 좋은 도구가 될 수 있다. 왜냐하면 학생들은 긴 바늘과 짧은 바늘이 어떻게 다른 속도로 돌아가는지를 볼 수 있기 때문이다. 그들은 긴 바늘이 돌아가는 속도에 비해 대조적으로 짧은 바늘이 느리게 돌아간다는 것을 '느낄' 수 있다. 디지털 시계가 일반화되어 있으므로 학생들은 이것 역시도 읽는 법을 배워야 한다. 일단 학생들이 디지털 시계의 시각을 읽을 수 있게 되면, 그것을 아날로그 시계와 연결짓도록 지도하여야 한다.

2절. 시간 학습 지도의 실제

1. 시각 읽기

가. 문제 영역 및 배경

초등학교 저학년 학생들에게 시각의 개념이나 시계가 필요한 경우는 자기에게 중요한 일이 시작되는 시각이다. 시간 생활에 관해서는 거의 자유로웠던 시기로부터 초등학교에 입학하게 되면 아침에 일어나는 시각, 학교에 등교하는 시각, 1교시가 시작되는 시각 등 제약을 받는 환경으로 바뀌게 된다. 뿐만 아니라 다른 사람과의 약속 시각, 텔레비전 프로그램 방송 시각 등 일상생활에서 시각을 체험하는 경우가 많아진다. 그러므로 학생들이 자신에게 필요한 시각을 확인하고, 시간의 흐름을 자연스럽게 느끼게 하면서 시각을 정확하게 읽는 것이 목표가 될 것이다.

따라서 시계보기를 익히기 전까지는 부모님이나 형제들에게 시각을 묻거나, 단순히 아침, 점심, 저녁 때, 밤, 낮, 아까, 지금, 그전에 등과 같은 어휘를 사용하여 시각을 말하는 일이 많았으나, 시각에 대한 학습을 하게 되면 보다 정확한 시각을 말할 수 있다. 그러나 학습장애 학생들은 다음과 같은 시각 읽기의 어려움을 보인다.

· 교사: 오늘 아침 선생님이 일어났을 때의 시계를 보여줄 것입니다. 선생님이 일어난 시각은 언제인지 잘 살펴보고 말하여 봅시다.

<그림 6.2> 시계

잘 살펴보았습니까? 시계는 몇 시 몇 분을 가리키고 있나요?

· 철수: 저는 12시 30분이라고 생각합니다.
· 교사: 그렇게 생각한 이유가 무엇인가요?
· 철수: 긴 바늘이 12를 가리키는 것은 12시를 나타내고, 짧은 바늘이 6을 가리키는 것은 30분을 나타내기 때문입니다.

위와 같은 상황은 교실에서 흔히 나타날 수 있는 시각 읽기의 오류 유형이다. 철수는 긴 바늘과 짧은 바늘을 구별하지 못하고, 긴 바늘과 짧은 바늘이 무엇을 나타내고 있는지를 알지 못하기 때문에 시각을 바르게 읽을 수 없었다. 이와 같이 시각을 바르게 읽지 못하는 학생은 시지각 변별, 단기기억, 절차기억, 작업기억 및 표현언어 등에 결함을 가지고 있기 때문이다.

저학년 학생들의 경우 감각을 통한 지각에 기초를 둔 직관적인 판단에 의한 직관적 시간에서 논리적인 사고에 의존하는 조작적 시간으로 점차 발달하게 된다. 조작적 시각을 정확하게 읽지 못하는 학생들에게 아날로그 시계로 시각 읽기를 가르치는데 사용되어질 수 있는 공통적이고 일반적인 몇 가지 절차들은 다음과 같다.

- '몇 시' 단위의 시각 읽기
- '몇 시 30분' 단위의 시각 읽기
- '15분(또는 10분)' 단위의 시각 읽기
- '5분' 단위의 시각 읽기
- '1분' 단위의 시각 읽기

위의 연속적인 과제들은 시각에 대한 변별 문제를 가진 학생들에게 큰 단위의 시각으로부터 보다 작은 단위의 시각으로 나아가도록 하기 때문에 효과적이다. 그러나 기억과 절차에 결함을 가진 학생들은 처음에는 '몇 시' 단위의 시각 읽기를 학습한 후 30분, 15분, 5분 등의 단위로 작은 단위로 시각을 학습하기 보다는 '5분' 단위의 시각 읽기 학습이 효과적이다. 왜냐하면 이것은 시계 바늘이 돌아가는 순서대로 시각 읽기를 학습하기 때문이다.

학생들의 일상과 연관지어 시각을 지도하는 것은 좋은 방법이지만, 유사한 내용이 계속 반복될 때 학습장애 학생들은 쉽게 흥미를 잃어버리고, 학습의욕이 떨어지며 학습활동에 참여하지 못하게 되어 결국 학습에서 실패하게 된다. 그러므로 반복해서 조작활동을 하면서도 흥미를 가지고 시각 읽기 기능을 익힐 수 있는 여러 가지 놀이 활동이 필요하다. 또한 시각 읽기 기능을 익힐 때 가장 중요한 요소는 시각을 하나씩 따로따로 익히는 것보다, 시간의 흐름 속에서 익히는 것이 효과적이다. 따라서 생활 속에서 지속적으로 시계보기에 관심을 가지도록 의도적으로 선행경험을 제공할 필요가 있다. 다음은 시각 읽기에 어려움을 가진 학습장애 학생들에게 유용하게 사용될 수 있는 여러 가지 활동들이다.

나. 학습 지도 활동

1) 시계판 만들기

① 시간에 대한 학습은 말로 지도하는 것보다 실제적인 조작활동을 통하여 지도하는 것이 더욱 효과적이다. 이러한 활동을 유도하기 위해서는 큰 시계나 모형시계 또는 두꺼운 하드보드를 이용한 시계를 준비한다.

② 시계 보기에서 가장 먼저 알아야할 것은 시계판의 구조이다. 그림과 같이 숫자가 쓰여지지 않은 시계판에 숫자를 배치하도록 하는 활동을 하도록 하는데, 칠판에 시계판을 그리거나 모형시계판을 준비하고 카드 또는 지점토를 이용하여 숫자를 만든 다음, 시계에 만든 숫자를 붙이도록 한다. 이 경우 그림과 같이 처음에는 숫자가 모두 있는 시계를 먼저 도입하고, 다음으로 몇 개의 숫자가 있는 시계 그리고 숫자가 없는 시계 등의 순으로 지도하도록 한다.

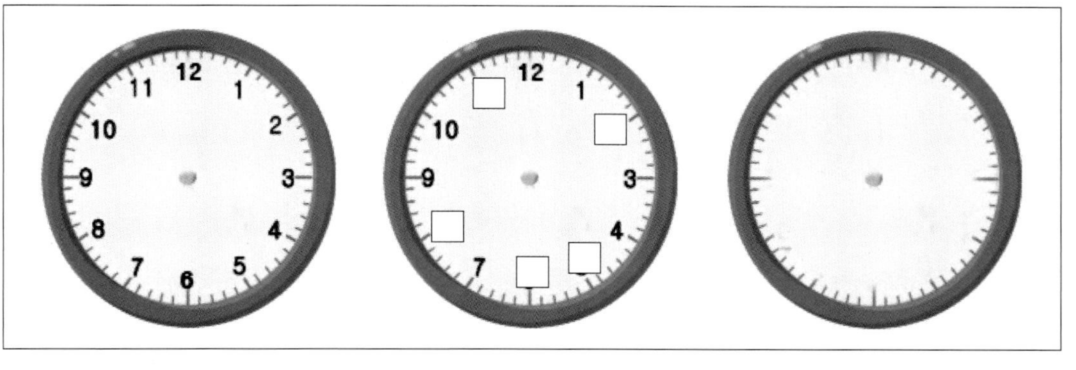

<그림 6.3> 시계판 만들기

③ 시계 바늘을 소개하는 과정이다. 이때 첫 단계로는 학생들에게 진짜 시계를

한 바퀴 돌려서 긴 바늘(분침)은 '분'을 나타내고 짧은 바늘(시침)은 '시'를 나타낸다는 것을 알려준다. 그 다음은 '짧은 바늘이 7을 가리키고, 긴 바늘이 12를 가리키고 있으면 7시'라고 안내한다. 그리고 바늘을 돌리면서 몇 가지의 시각을 보여주도록 한다.

2) '몇 시'의 단위 시각 읽기

'몇 시'를 가르칠 때 교사들은 시계를 단순화할 필요가 있다. 짧은 바늘(시침)만 있는 시계를 사용하는 것은 시각 읽기에 어려움을 보이는 학생들에게 가능한 한 빠르게 시각(몇 시)을 읽을 수 있도록 한다.

<그림 6.4> 짧은 바늘만 있는 시계

짧은 바늘만 있는 경우 이 짧은 바늘만을 돌려가며 바늘이 가리키는 수를 말함으로써 시각(몇 시)을 읽을 수 있다. 학생들이 이 방법으로 짧은 바늘이 가리키는 시각을 읽을 수 있게 되면, 교사는 짧은 바늘과 긴 바늘이 모두 있는 시계로 지도할 수 있다. 그림에서처럼 짧은 바늘과 긴 바늘이 모두 있는 시계에서 시각 읽기를 연습하도록 한다. 만약 이 때 학생이 어려워하면 처음에는 긴 바늘을 가리고 시각 읽기를 한다.

<그림 6.5> 짧은 바늘과 긴 바늘이 모두 있는 시계와 긴 바늘이 가려진 시계

가) 시각 뒤집기 게임

① 큰 시계판 위에 그림 6.6처럼 '몇 시'를 나타내는 눈금 대신에 작은 원을 그리거나 붙인다.

② 다음 그림과 같이 시계판의 작은 원과 크기가 같은 작은 원 카드 52장을 만든다.

③ 작은 원 카드에 1부터 13까지의 숫자(각 숫자별 4장씩 만들기)와 숫자를 가리키는 짧은 바늘(시침)을 그린다. 이때 짧은 바늘과 숫자는 같은 색이 되도록 한다. 예를 들면 짧은 바늘이 파란색이면 숫자도 파란색이 되도록 한다.

④ 시계판의 '몇 시'를 나타내는 원 위에 카드를 순서대로 한 장씩 뒤집어 놓는다. 13번째 카드는 중앙에 놓아둔다. 이러한 순서로 시계판 위에 카드 52장이 놓여질 때까지 계속 쌓는다.

⑤ 학생들은 팀을 나누고 한 팀이 먼저 하도록 한다. 팀에서 정한 순서대로 첫 번째 학생이 가운데 카드 더미에서 첫 번째 카드를 뒤집고, 그것을 카드에 그려진 시계 위치에 대응하는 작은 원 카드 더미 아래에 그림이 보이도록 둔다.

⑥ 학생은 작은 원 카드를 정확한 자리에 놓으며 큰 소리로 시각을 읽는다.

⑦ 다음 학생은 큰 소리로 시각을 읽은 카드 더미의 맨 위 카드를 뒤집어 위와 같이 시계의 위치에 맞게 갖다 놓으며 시각을 읽는다. 만약 숫자 '13' 카드가 뒤집어지면 중앙에 놓고 새로운 카드를 뒤집어 게임을 계속한다.

⑧ 한 팀의 학생들이 숫자 '13'이 쓰인 4장의 카드가 뒤집어지기 전에 시계판의

모든 '시'자리에 있는 원 카드들을 뒤집으면 게임에 이기게 된다.

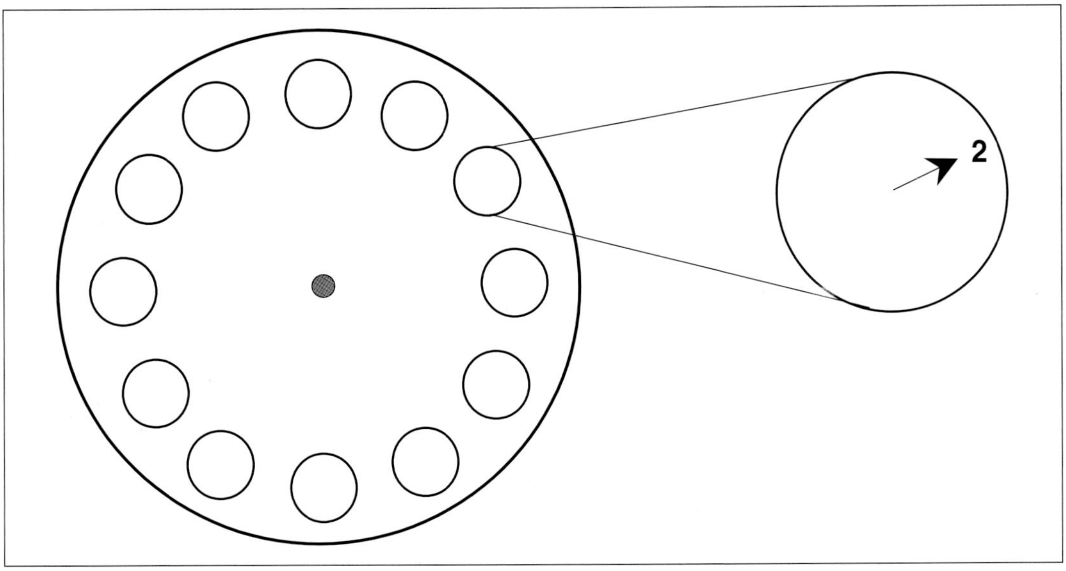

<그림 6.6> 시계판, 몇 시와 화살표가 그려진 작은 원

나) 가위-바위-보 시각 읽기 게임

① 모든 학생들은 모형시계를 공부가 시작되는 9시에 맞추어 놓는다.

② 짝과 함께 가위-바위-보를 한다.

③ 바위로 이기면 1시간, 가위로 이기면 2시간, 보로 이기면 3시간 돌린다.

④ 짧은 바늘을 돌린 학생은 시계를 보고 큰소리로 시각을 읽는다.

⑤ 이렇게 하여 다시 9시에 먼저 도착하는 학생이 이긴다.

다) 시각 맞추기 게임

① 전체 학생을 4모둠으로 나눈다.

② 몇 시가 적힌 시각 카드를 봉투에 담아둔다. 학생들은 모형시계를 준비한다.

③ 각 모둠 대표가 봉투 속에서 시각 카드를 꺼내 자기 모둠 학생들에게 보여준다.

④ 학생들은 시각 카드에 적힌 시각대로 모형시계를 돌려 정확한 시각을 맞춘다.

⑤ 시각을 정확하게 맞춘 학생들은 자리에서 일어난다. 모든 학생이 먼저 일어선 모둠 또는 시각을 정확하게 많이 맞춘 모둠에 점수를 준다.

⑥ 한 학생이 대표를 세 번쯤 하고 나면 다른 학생이 대표가 된다. 게임을 계속하여 점수가 많은 편이 승자가 된다.

⑦ 전체 놀이를 하고 4명을 한 모둠으로 하여 2명씩 짝을 지어 모둠 놀이를 하거나 개인별로 할 수도 있다.

⑧ 시각을 맞춘 후 큰 소리로 읽기도 함께 한다.

라) 시각을 찾아라

① 숫자를 가리키는 짧은 바늘(시침)만 있는 시계판을 칠판에 여러 장 붙인다.

② 2-3명이 칠판 앞으로 나와 준비를 한다.

③ 교사가 '몇 시'라고 외치면 학생들은 그 시각을 나타내는 시계판을 찾아 가진다.

④ 게임을 여러 번 반복한 후 시계판을 많이 가진 학생이 승자가 된다.

⑤ 모둠별로 할 경우 대표를 바꾸어가며 진행한다.

마) 시각 위, 아래 게임

① 한 학생이 대장이 되어 모형시계를 가진다.

② 대장은 시각을 맞춘다.

③ 다른 학생들은 대장이 맞추어 놓은 시각을 추측하여 발표한다.

④ 추측이 틀리면, 숫자를 올려야 하는 경우 '위', 내려야 하는 경우 '아래'라고 말하여 힌트를 주며 시각을 알아맞히게 한다.

⑤ 바르게 추측한 경우에는 시계를 보여 주며 다같이 시각을 말해 보게 하고, 정답을 말한 학생이 대장이 되어 놀이를 계속 진행한다.

바) 디지털 시계 읽기

① 두 명이 짝을 이루어 한 학생은 디지털 시계, 다른 학생은 모형시계(아날로그 시계)를 준비한다.

② 디지털 시계를 가진 학생이 시각을 맞추면 다른 학생은 모형시계에 시각을 맞춘다.

③ 시각을 맞춘 후 큰 소리로 시각을 읽는다.

④ 틀리면 바르게 읽을 때까지 계속 한다.

⑤ 바르게 표현하면 역할을 바꾸어 한다.

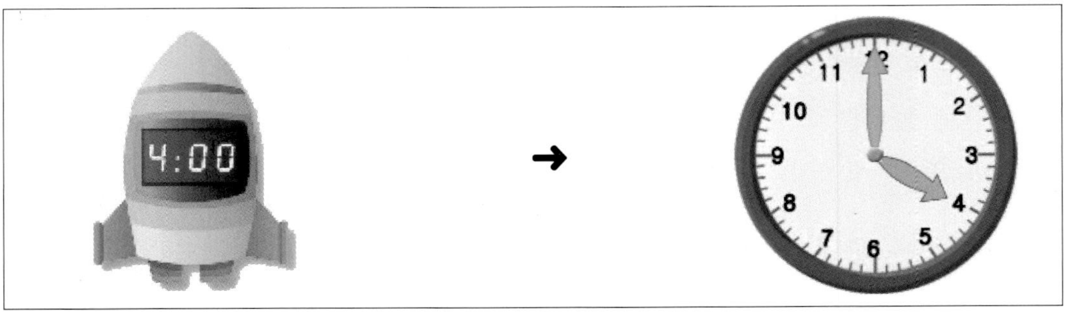

<그림 6.7> 디지털 시계와 모형 시계

3) '몇 시 30분', '5분' 단위의 시각 읽기 활동

지금까지의 시각(몇 시) 읽기 활동이 능숙하게 되면, 다음 활동인 '시'와 '분'을 함께 읽는 학습을 한다. 그림과 같이 짧은 바늘(시침)과 긴 바늘(분침)이 돌아가는 시계판을 활용하는 것이 효과적이다. 이때 짧은 바늘과 몇 시를 나타내는 숫자는 파란색으로, 긴 바늘과 몇 분을 나타내는 숫자는 빨간색이면 더욱 좋다. 이것은 시각 읽기 또는 시각 기억을 돕기 위한 시각적이고 논리적 구조를 제공한다. 이제 학생은 먼저 '시'를 읽고, 그런 다음 '분'을 읽음으로써 보다 자세한 시각을 말할 수 있게 된다.

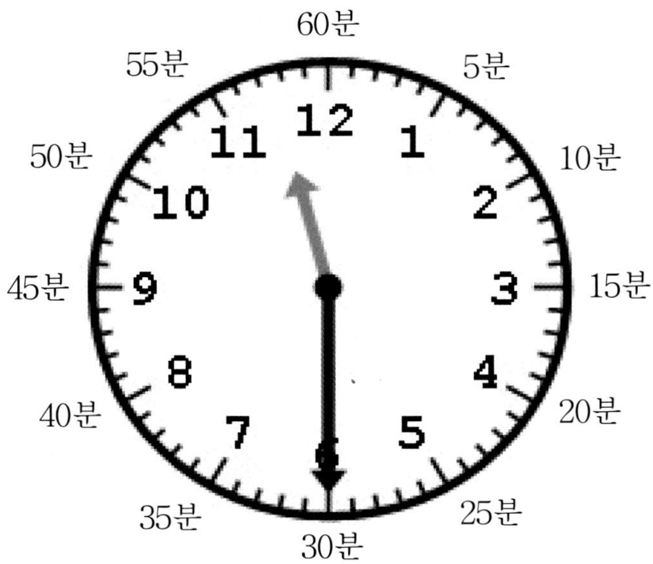

<그림 6.8> 분이 있는 모형시계

모형시계를 가지고 하는 많은 경험들은 학생들로 하여금 긴 바늘이 한 바퀴 돌아가는 것을 보며 어떤 시각으로부터 다음 시각까지 움직임을 알 수 있다. 좋은 시지각과 장기기억 능력을 가진 아동은 시각 읽는 것을 빨리 배울 수 있다. 즉 짧은 바늘(시침)은 긴 바늘(분침)이 한 바퀴 도는 동안 한 칸 이동한다는 것을 이해할 수 있다.

그러나 학습장애 학생들은 시각을 말하는 것에 있어 이러한 접근들조차 어려움을 나타낼 수 있다. 앞의 사례에서와 같이 한 가지 공통적인 문제는 짧은 바늘과 긴 바늘이 가리키는 정확한 위치 읽기의 어려움을 가진다는 것이다. 또 다른 문제는 짧은 바늘과 긴 바늘이 가리키는 시각을 읽기 위해 무엇을 말해야 하는지와 짧은 바늘과 긴 바늘을 정확하게 연합하지 못한다는 것이다. 예를 들어 5씩 뛰어 세기를 할 수 있는 학습장애를 가진 어떤 학생은 필요한 연합을 하기 위해 뛰어 세기를 반복하고서도 시각을 읽는데 어려워하기도 한다. 이런 경우 앞에서 소개된 활동들을 응용할 수도 있다. 예를 들면 '가위-바위-보' 게임은 5분-10분-30분으로 바꾸어 진행할 수도 있고, '시각 맞추기' 게임과 '시각을 찾아라'게임은 시와 분이 모두 나온 카드나 그림을 활용할 수도 있다. 다음 활동들은 이러한 어려움을 가진 학생들을 돕는데 유용하다.

가) 시각 빙고 게임

◈ 준비물: 시계 빙고판, 시계 그림 카드, 제시용 시계 그림

① 시계 빙고판과 시계 그림 카드(9장)를 나누어 준다.

② 학생들은 시계 빙고판에 시계 그림을 잘 섞어 놓는다.

③ 교사는 제시용 시계 그림을 차례로 보여준다.

※ 제시용 시계 그림의 짧은 바늘은 파란색, 긴 바늘은 빨간색을 사용하여 그린다.

④ 학생은 큰소리로 읽고 같은 시각을 나타내는 시계를 찾아 빙고판에서 뺀다.

⑤ 가로, 세로, 또는 대각선으로 줄을 맞추어 빈칸을 만든 학생은 '시계!'라고 외친다.

⑥ 가장 먼저 외친 학생이 승자가 된다.

<그림 6.9> 시계 빙고판(3×3)

※ 정각, 30분, 10분, 5분 등 큰 단위의 시각에서 작은 단위 시각으로 점차 확장하며 게임한다. 그리고 능숙하게 되면 시계 빙고판의 가로와 세로 칸을 더 많이 한다.

나) 분 뒤집기 게임

시각 뒤집기 게임과 유사한 게임으로 긴 바늘의 뛰어 세기를 강화하기 위해 활용될 수 있다.

◈ 준비물: 큰 시계판, 작은 원 카드 52장

① 시계판의 작은 원과 크기가 같은 작은 원 카드 52장을 만든다.

② 만들어둔 작은 원 카드에 00부터 60까지의 숫자(각 숫자를 4장씩 만든다)와 숫자를 가리키는 긴 바늘(분침)을 그린다. 숫자와 긴 바늘은 빨간색이 되어야 하고 긴 바늘은 짧은 바늘보다 많이 길어야 한다.

③ 시계판의 분을 나타내는 원 위에 카드를 순서대로 한 장씩 뒤집어 둔다. 13번

째 카드는 중앙에 놓아둔다. 이러한 순서로 시계판 위에 카드 52장이 놓여질 때까지 계속 쌓고 게임을 진행한다.

④ 게임 방법은 활동2의 '시각을 뒤집기 게임'과 같다.

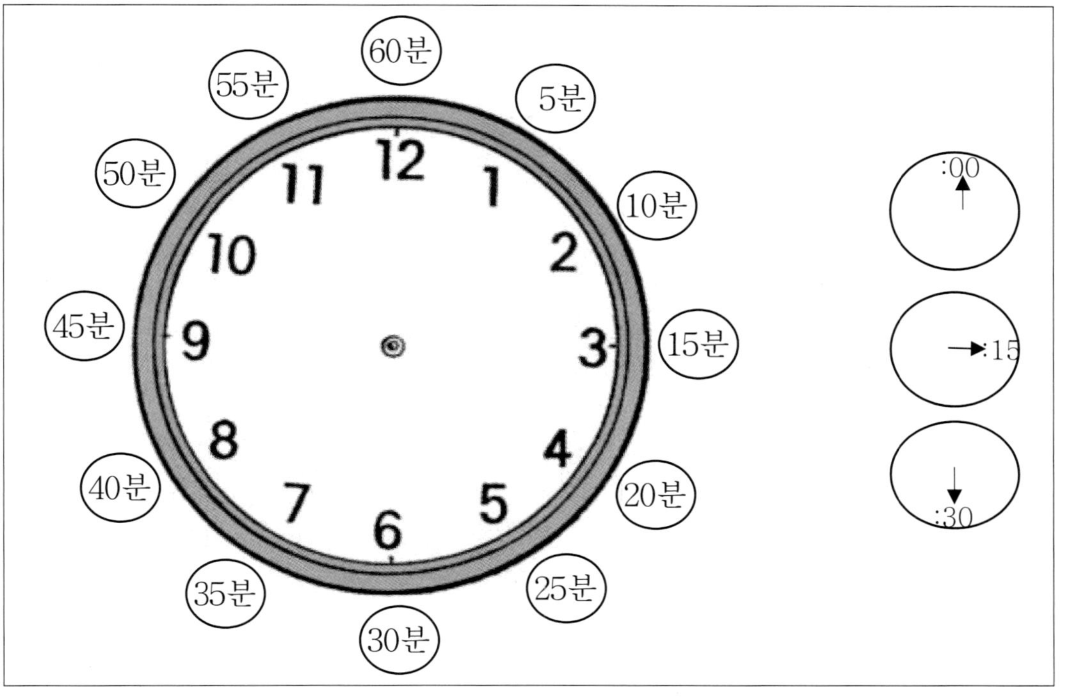

<그림 6.10> 그림 시계판과 작은 원 카드

다) 다섯 고개 놀이

◈ 준비물: 말판, 말 2개, 바둑돌 5개, 시계 그림 여러 장(시각을 5분 단위로 표시), 빈 상자1개

① 학생들을 두 모둠으로 나누어 놀이를 한다.

② 가위-바위-보로 공격과 수비를 정한다.

③ 수비편은 공격편이 모르게 시계 그림 한 가지를 골라 시각을 본 후 상자에 넣는다.

④ 공격편은 바둑돌 5개를 꺼내 놓고 질문을 한다.

⑤ 질문을 할 때마다 바둑돌을 하나씩 덜어낸다.

⑥ 공격편은 다음과 같은 질문을 하여 감추어진 카드의 시각을 추측한다.

- □시보다 늦은 시각입니까?
- □시와 □시 사이에 있습니까?
- □시 (30분 또는 15분 등) 입니까?

⑦ 수비편은 "예"와 "아니오"로만 대답하여야 한다.
⑧ 정답을 맞추었을 때 남은 바둑돌의 개수만큼 말판에서 말을 전진시킨다.
⑨ 공격과 수비를 번갈아 가며 놀이를 한다.
⑩ 목표에 먼저 도착한 팀이 이긴다.
⑪ 말이 서로 중복되는 경우 상대편의 말을 다시 출발점으로 보낼 수도 있다.

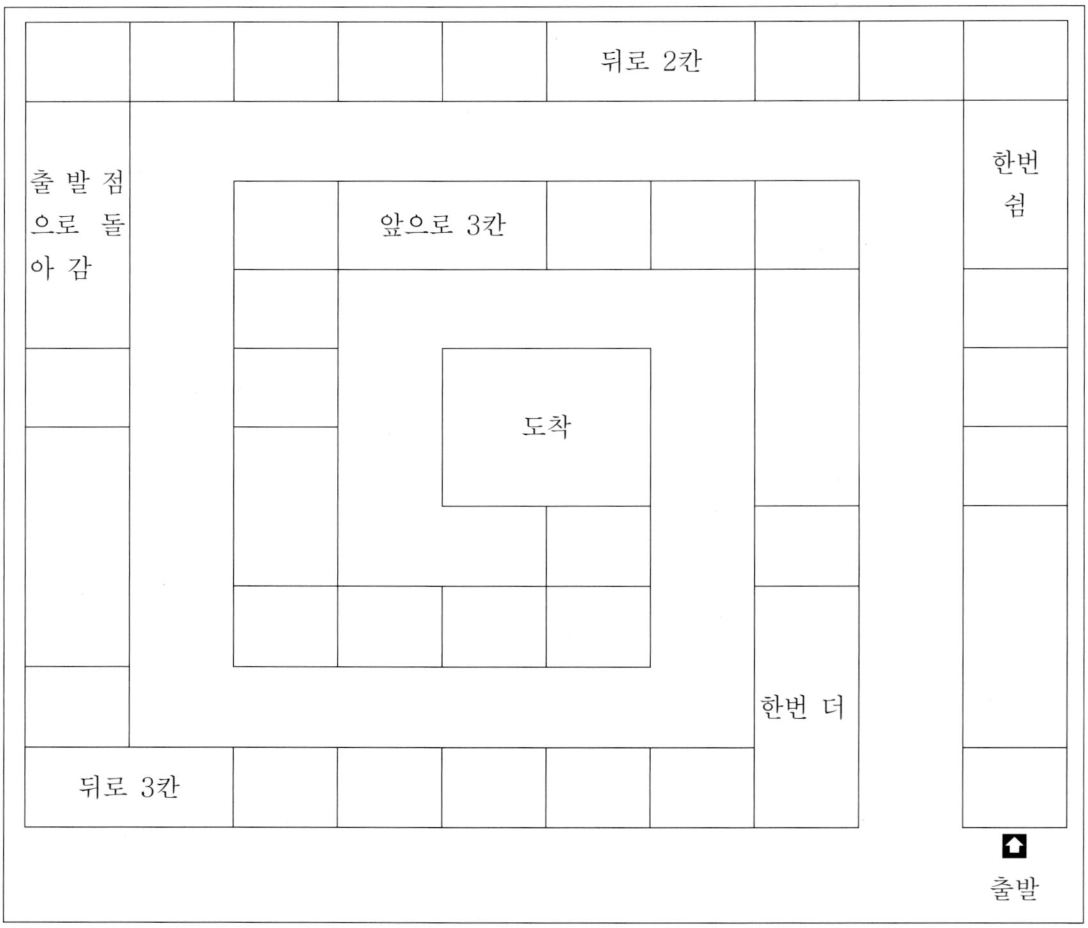

<그림 6.11> 다섯 고개 놀이 말판

라) 퍼즐 맞추기

◈ 준비물: 시계 그림 퍼즐, 시각이 표시된 퍼즐

① 여러 장의 퍼즐을 섞어 놓는다.

② 정해진 시간 동안(예: 3분) 시계 그림 퍼즐에 해당하는 시각 퍼즐을 많이 맞춘 학생이 이긴다.

③ 퍼즐 맞추기가 끝난 후 각자가 찾은 퍼즐을 큰 소리로 읽게 한다.

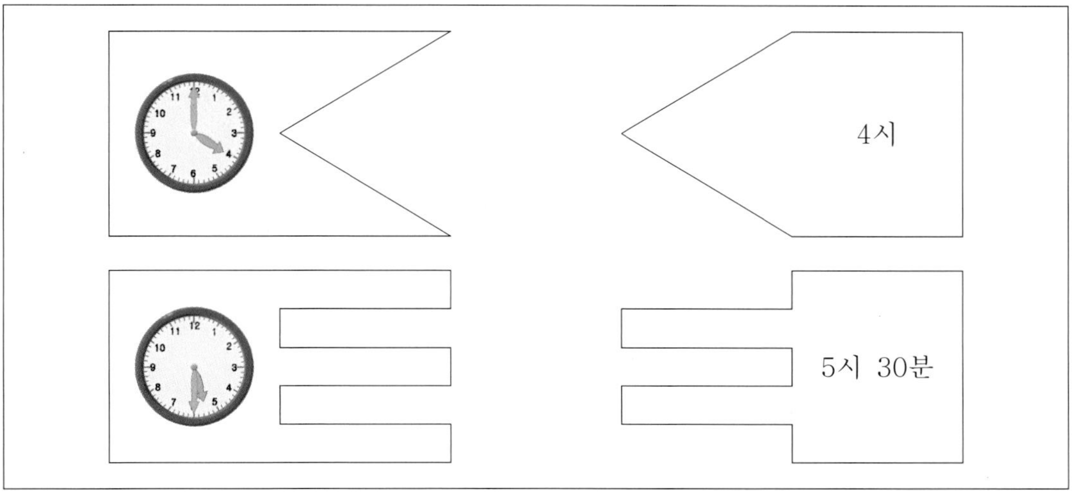

<그림 6.12> 시계 퍼즐

마) 시계 땅따먹기 놀이

◈ 준비물: 놀이판, 동전, 색연필

① 가위-바위-보로 순서를 정한다.

② 차례대로 동전을 튕긴다.

③ 동전이 들어간 칸에 있는 시각을 정확하게 읽으면 자기 색을 칠한다.

④ 많은 칸을 색칠한 사람이 이긴다.

몇 시일까요?

<그림 6.13> 시계 땅따먹기

2. 짧은 바늘(시침) 바르게 읽기

가. 문제 영역 및 배경

· 교사: 옛날에 돌쇠가 살았습니다. 돌쇠는 음식 먹는 것을 너무 좋아했어요. 어느 날 돌쇠는 맛있는 음식을 많이 가지고 소풍을 갔습니다. 그런데 돌쇠의 어머니께서는 돌쇠가 점심을 너무 일찍 먹으면 어쩌나 하고 걱정을 하였습니다. 그래서 돌쇠 어머니께서는 시계 그림을 한 장 주었습니다. 그림에 있는 시각이 되면 점심을 먹으라고 하였습니다.

(시계 그림을 보여주며) 돌쇠는 언제 점심을 먹어야 할까요?

<그림 6.14> 모형 시계

· 샛별이: 1시 30분이라고 생각합니다.

· 교사: 그렇게 생각한 이유가 무엇인가요?

· 샛별이: 짧은 바늘이 12와 1사이를 가리키기 때문에 1시이고, 긴 바늘이 6을 가리키기 때문에 30분입니다.

위와 같은 상황은 짧은 바늘(시침)이나 긴 바늘(분침)과 관련된 의미와 숫자가 무엇인지를 알고 있으며, 어떤 시계 바늘을 먼저 읽어야 하는지를 아는 학생임에도 불구하고, 짧은 바늘이 두 숫자 사이에 있을 때 어떤 숫자를 읽어야하는지를 알지 못하기 때문에 나타나는 시각 읽기의 오류 유형이다. 이러한 학생들은 공간적 방위, 시지각, 기억 및 언어 연상 등에 있어서 어려움을 보인다.

만약 공간적 방위 능력이 약한 학생들에게 "앞에 있는" 또는 시계 바늘 "전에 있는" 숫자를 읽어보라고 하는 것은 어려울 수 있다. 또한 그들에게 더 작은 숫자를 읽어보라고 요구하는 것도 혼란스러울 수 있다. "더 작은 숫자"란 무엇을 의미하는가? 샛별이의 사례에서와 같이 짧은 바늘이 12와 1사이에 있는 경우에 더욱 혼란스럽고 결국 시각 읽기 오류가 발생하게 된다. 다음의 활동들은 이러한 학생들에게 도움이 되는 유용한 방법들이다.

나. 학습 지도 활동

1) 꺾은 화살표 활용

① 그림과 같이 모형시계의 가장 자리에 '파란색의 꺾은 화살표'를 만들어 둔다.

② 학생들이 모형시계로 학습할 때 꺾은 화살표가 정확한 숫자(몇 시)를 가리킬 수 있도록 짧은 바늘(시침)에 화살표를 갖다 놓는다.

③ 꺾은 화살표가 가리키는 숫자를 '몇 시'로 읽는다.

④ 화살표를 조작하는데 어려움이 있다면 투명 비닐 종이를 사용하여 모형시계 위에 덧붙인다. 필요할 때 꺾은 화살표를 회전시켜 짧은 바늘에 맞추어 놓는다.

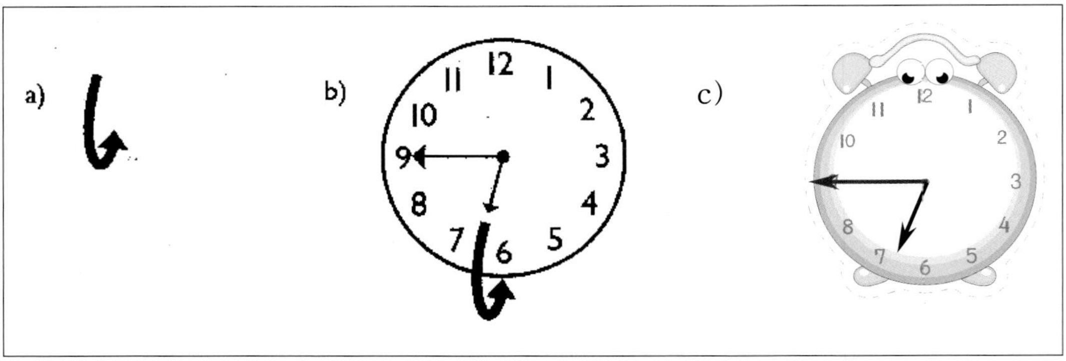

<그림 6.15> 꺾은 화살표와 시계

2) 학습지 활용

정확한 시각 읽기의 반복 학습을 위해 다음과 같은 학습지를 활용할 수 있다. 시각 읽기 학습지에 꺾은 화살표를 제공한다. 학생들이 시각을 읽기 위해 연필이나 손가락으로 꺾은 화살표를 따라 그리며 짧은 바늘이 나타내는 시각을 읽는 연습을 한다. 이러한 꺾은 화살표를 이용한 단서가 반복하여 주어지면 학습장애 학생은 시각을 읽기 위해 어떤 숫자에 초점을 맞추어야 하는지를 알 수 있을 것이다.

<그림 6.16> 아래 꺾은 화살표가 있는 학습지

3) 보물찾기 시계 놀이

◈ 준비물: 놀이판, 주사위, 말, 모형시계

① 주사위를 던져 나온 숫자만큼 말을 움직인다.

② 말이 놓인 곳의 시각을 모형시계에 표시하고 큰소리로 읽는다.

③ 모형시계에 정확하게 시각을 표시하고 읽었으면 말을 옮기고, 틀렸으면 말을 옮기지 않고 제자리에 있는다.

④ 보물시계까지 먼저 도착하는 사람이 이긴다.

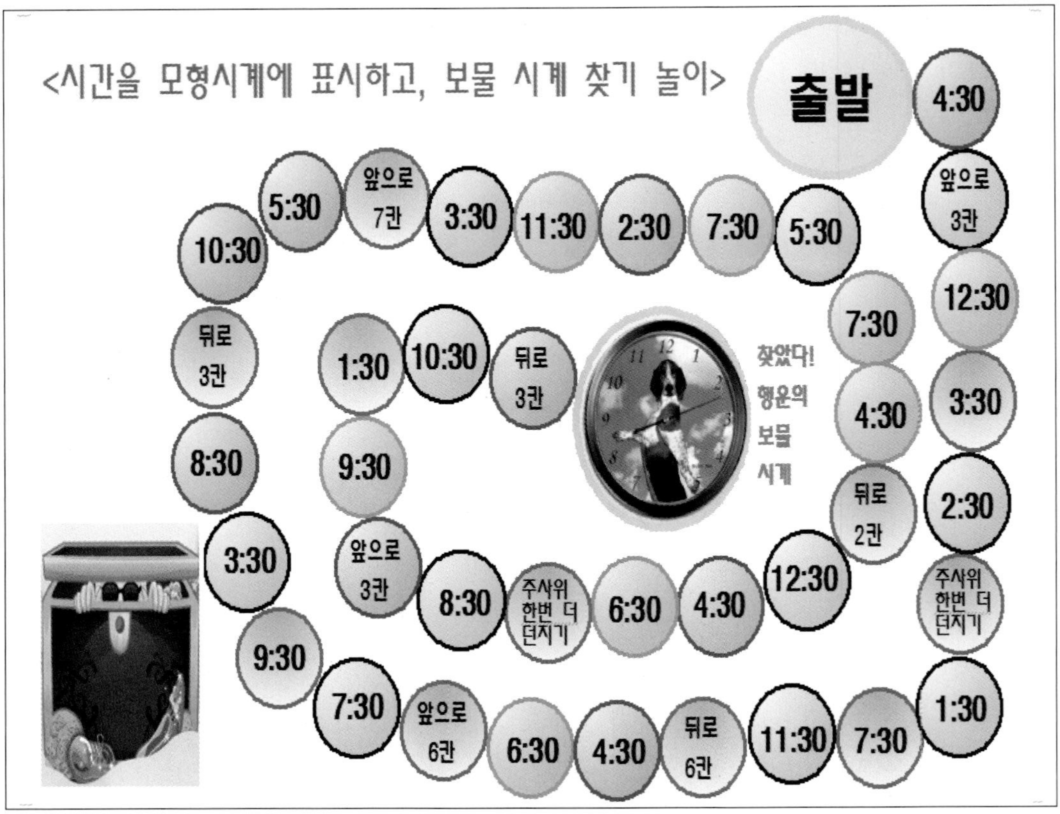

<그림 6.17> 보물찾기 시계 놀이판

3. 시각의 다양한 표현 알기

가. 문제 영역 및 배경

시각을 읽을 수는 있지만 시각을 나타내는 다양한 표현을 이해하지 못하는 경우가 있다. 예를 들어 3시 50분의 경우를 살펴보자. 학생들은 3시 50분이라고 잘 읽을 수 있을 지라도 "3시에서 50분이 지났어", "3시 이후 50분", "4시가 될 때까지 10분 남았어" 또는 "4시 10분 전" 등과 같은 표현에 어려움을 느낄 수 있다.

특히 수용언어, 표현언어 및 추론에 어려움을 갖는 학습장애 학생들은 이러한 표현을 이해하고 일상생활에서 사용하는데 힘들어 한다. 이들에게는 시각은 시계를 보고 숫자를 읽는 정도의 가치만을 가질 뿐이다. 이러한 시각에 대한 단순한 지식은 학생들이 학교에 도착해야할 시각은 언제인지 또는 몇 시까지 과제를 해결해야 하는지 등을 아는데는 도움이 될지는 모르나, 이런 능력만으로 학습장애 학생들이 시각을 예상하거나 시각을 계획하는 것은 어렵다.

일상적인 생활 속에서 반복적인 사용으로 일반학생들은 점차적으로 이러한 다양한 표현들을 이해하고 그들 자신의 언어로 다양한 표현들을 사용하기 시작한다. 그러나 학습장애 학생들은 특별한 도움 없이는 위에서 언급된 표현들을 사용하는데 상당한 어려움을 겪는다. 따라서 이들에게는 한 번에 하나씩 다른 표현을 가르칠 필요가 있다. 예를 들어 "1시 50분(1:50)"을 먼저 익히고, 다음으로 "1시에서 50분이 지났다"를 가르치고 이것이 이해되었을 때, "2시 10분 전"을 가르치도록 한다. 이와 같이 단계적인 학습으로 시각 읽기의 다양한 표현을 익힐 수 있다.

시각 읽기와 관련된 언어의 이해와 사용을 발달시키기 위해 필요한 선행조건들을 살펴보면 다음과 같다.

· 5씩 또는 10씩 뛰어 세기

· 순서에 맞게 계속적으로 뛰어 세기(5→10→15…)

· 긴 바늘이 더 빨리 움직이는지 알고 분과 빠르기를 연결하기

· 시계의 긴 바늘을 확인하고 '10분 후'인지 또는 '10분 전'인지 결정할 때까지 계속 세기

나. 학습 지도 활동

1) 시계 모양 회전판

시계 모양의 회전판을 활용하여 '전'과 '후'의 개념을 학습한다. 이는 시계바늘이 움직이면 시계의 숫자들이 커진다(또는 뒤로 움직이면 작아진다)는 것을 알고, 시각이 변한다는 것을 이해하도록 한다. 또한 시계를 볼 때 눈의 움직임을 정립하는데 도움을 줄 수 있다.

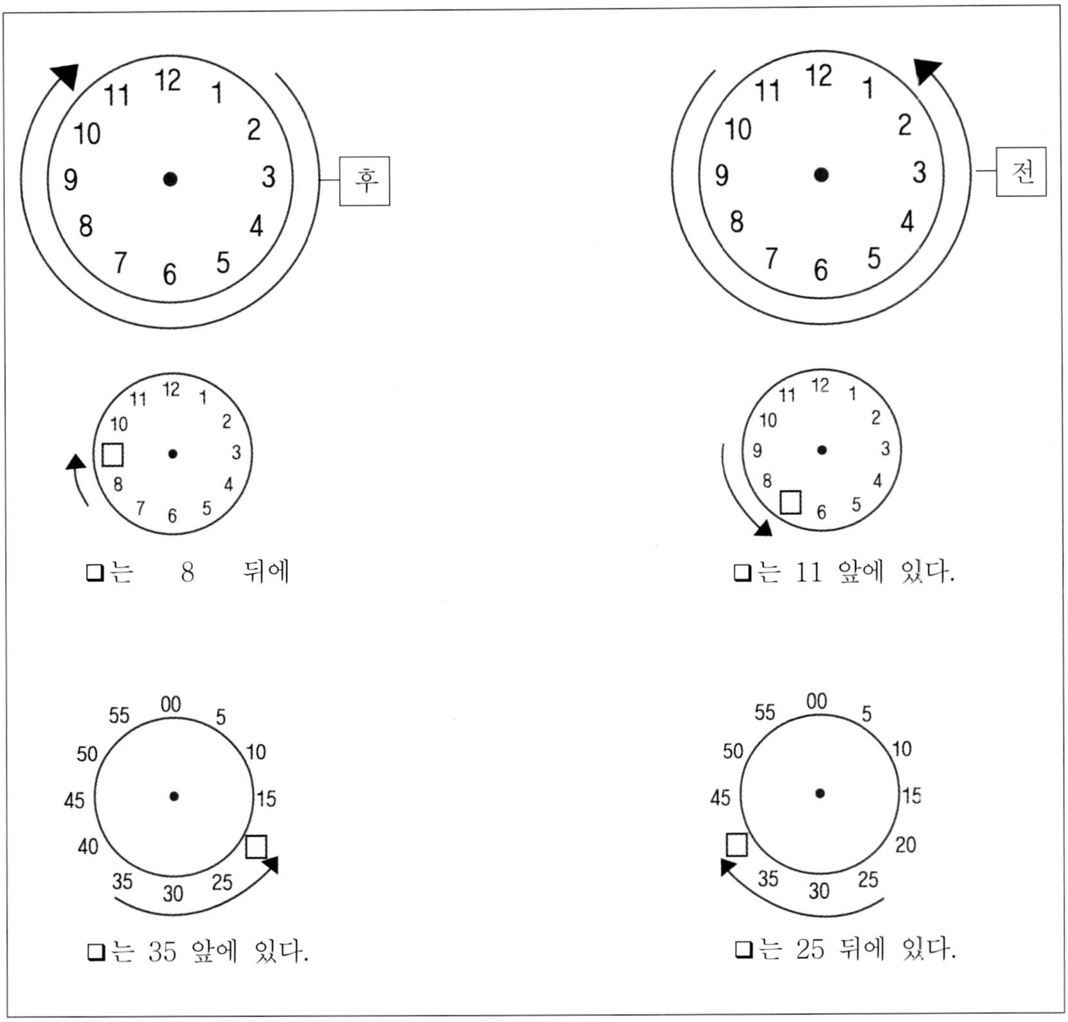

<그림 6.18> 시계 모양 회전판 학습지

2) 모형시계 활용

위 활동이 숙달되면 모형시계를 활용하여 시각에 대한 언어적 표현을 익힌다.

① 교사가 "2시에서 15분이 지났어요."라고 말하면 학생들은 모형시계에 2시 15분을 맞춘다.

② 짝과 함께 역할을 바꾸어가며 언어적 표현(예: 2시 5분 전입니다)을 익힌다.

③ 언어적 표현이 익숙해지면 다른 표현을 지도한다.

3) 학습지 활용

색 단서가 제공된 학습지를 활용하여 연습하는 것은 학습장애 학생들에게 또다른 단서를 추가하여 줌으로써 주의집중과 정보처리에 도움이 된다. 숫자 1, 2, 3, 4, 5는 파란색, 7, 8, 9, 10, 11은 빨간색을, 6과 12는 검정색을 활용하여 쓴다. 처음에는 한 가지 개념을 익히기 위한 간단한 학습지를 만들고, 점차 다양한 표현의 시각 읽기 학습지를 제작하여 활용한다. 다양한 시각 표현을 혼합하여 만드는 것은 고집성을 피하고 추리와 문제해결을 위한 기회를 제공할 수 있다.

숫자1-5 파란색, 7-11 빨간색, 6,12 검정색

현재 시각:____:____

_____시 ______분 (전 / 후)

전: 파란색, 후: 빨간색

<그림 6.19> 시각의 다양한 표현 학습지 1

이 활동에서 필요한 것은 시계의 어떤 바늘이 분을 나타내고 어떤 바늘이 시를 나타내는지 알고 있어야 한다. 그 다음에 '한 시간 전' 또는 '한 시간 후'에 분의 숫자를 결정할 때, 어떤 바늘을 보아야하는지 알고 있어야 한다. 또한 학생들은 어떤 주어진 시간으로도 다음에 몇 시가 될 것이라는 것을 알아야 한다. 그러한 능력은 학생들이 어떤 시간 앞에 오는 시간을 결정하는데 도움을 주기 위해 필요하다. 숙달되면 시계 바늘이 없는 시계 그림을 활용하여 스스로 짧은 바늘과 긴 바늘을 그린 후 시각을 써보게 할 수도 있다.

다음의 학습지 2는 시계가 없는 상태에서 '전'과 '후'의 개념을 정확히 알고 시각을 읽을 수 있도록 돕는 활동이다.

1시 50분 = _____시 ______분 (전 / 후)
2시 50분 = _____시 ______분 (전 / 후)
3시 55분 = _____시 ______분 (전 / 후)
__ 시 ___분 = _____시 ______분 (전 / 후)
__ 시 ___분 = _____시 ______분 (전 / 후)
__ 시 ___분 = _____시 ______분 (전 / 후)
__ 시 ___분 = _____시 ______분 (전 / 후)

전: 파란색, 후: 빨간색

<그림 6.20> 시각의 다양한 표현 학습지 2

4) 퍼즐 맞추기 놀이

시각 읽기와 관련된 '전'과 '후'의 개념을 익히기 위해 다음과 같은 퍼즐 맞추기 놀이를 할 수 있다.

① "몇 분 전"의 경우 시계 그림을 오른쪽, "몇 분 후"의 경우 시계 그림을 왼쪽에 둔다.

② 여러 장의 퍼즐을 섞어 놓는다.

③ 정해진 시간 동안 많은 퍼즐을 맞춘 학생이 이긴다.

④ 퍼즐 맞추기가 끝난 후 각자가 맞춘 퍼즐의 시각을 큰 소리로 읽게 한다.

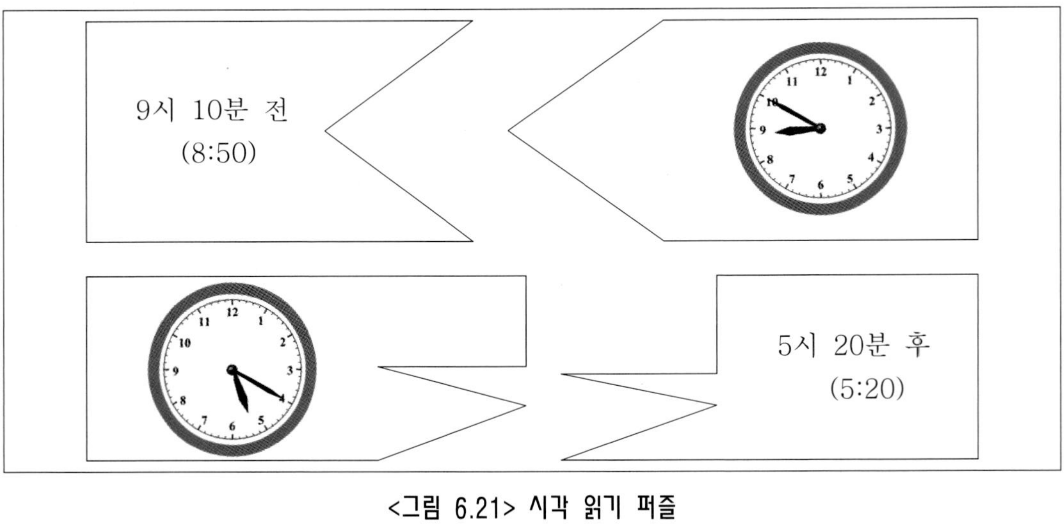

<그림 6.21> 시각 읽기 퍼즐

5) 몇 분 전, 몇 분 후 게임

모형시계나 디지털 시계를 활용하여 시각 맞추기 놀이를 한다.

① 여러 명이 한 팀을 만들어 한 사람이 술래가 된다.

② 술래가 처음에 "2시 10분"이라고 외치면 나머지 사람은 모형시계에 2시 10분을 맞춘다.

③ 다음 "10분 후"라고 외치면 학생들은 2시 20분을 맞추고 다같이 "2시 20분"이라고 외친다.

④ 5분 또는 10분 단위로 시각을 불러주고 맞추는 활동을 반복한다.

⑤ 시각을 못 맞추거나 틀리게 읽는 학생이 술래가 된다.

⑥ 처음에는 "몇 분 후"를 활용하고 다음에 "몇 분 전"의 활동을 한다.

⑦ 일단 학생들이 두 용어(전-후)의 차이를 인식하게 되면, 전-후의 개념을 섞어서 제시하여 시각 맞추기 활동을 한다.

이 활동의 주된 목표는 학생들이 지각적으로 두 표현(전-후)의 느낌을 발달시키는 것이다. 이렇게 되면 시계 바늘의 움직임이 없어도 감각적으로 시계를 읽을 수 있을 것이다.

4. 시간 알아보기

가. 문제 영역 및 배경

우리의 일상생활은 시간에 따라 규칙적으로 이루어지는 일정한 패턴을 가지는 것이 보통이다. 하루 중의 생활도 그렇지만 1주일, 1개월, 1년 단위로 규칙적으로 같은 일 또는 비슷한 일이 반복되며 그러한 규칙에 따라 생활하게 된다. 따라서 시계를 통해 시각을 읽고 시간을 알아보며, 달력을 보고 해석하는 것은 일상생활에서 꼭 필요하다.

시계를 보고 '몇 시 몇 분'이라는 시각을 이해하고 읽을 수 있다하더라도, 시각과 시각 사이의 간격 즉 시간의 흐름을 나타내는 또는 '몇 시간 몇 분'이라는 표현을 알지 못하는 경우가 있다. 이것은 시간에 대한 개념이 부족하기 때문이다. 이러한 시간에 대한 개념을 지도하기 위하여 학생들의 경험과 관련된 친숙하고 흥미 있는 소재를 도입하는 것이 효과적이다. 예를 들면 아침에 등교하는데 걸린 시간, 놀이를 하는데 걸린 시간, 식사를 할 때 걸리는 시간, 또는 숙제를 하는데 걸리는 시간 등 학생들이 일상생활에서 경험한 것들을 생각해 보고 어느 것이 얼마나 더 많이 걸렸는지, 또는 적게 걸렸는지를 말해 보게 하는 등 실생활 활동을 통해서 시간 개념을 배울 수 있도록 한다.

또한 학생들이 학교생활에서 시각과 시간 개념이 형성되도록 돕기 위해서는 항상 시계와 시간표를 비치하여 활용하도록 하는 것이 필요하다. 수업 시작 시각과 끝나는 시각, 점심 식사 시간, 하교 시각 등을 시계를 보면서 확인하는 것이 생활화되도록 지도한다. 그리고 어떤 상황에 대한 시간 비교를 통하여 시간 개념 형성을 돕도록 지도한다.

나. 학습 지도 활동

1) 1분 알아보기

1분이 어느 정도 시간인지를 다음과 같은 놀이로 느끼게 한다.

① 교사는 초시계를 들고 시간을 재면서 '시작' 소리와 함께 학생들이 눈을 감도록 한다.

② 1분이 다 되었다고 생각하는 학생은 손을 든다.

③ 교사는 1분에 가장 가깝게 손을 든 학생을 뽑아 승자로 한다.

④ 교사의 재량에 따라 1분 동안 다른 활동(예: 춤추기, 노래 부르기 등)을 하게 하여도 좋다.

2) 가위-바위-보를 통한 긴 바늘 움직이기

① 게임에 참여하는 모든 학생은 모형시계를 다음과 같이 맞춘다.

<그림 6.22> 모형시계

② 가위-바위-보를 하여 '가위'로 이기면 5분, '바위'로 이기면 10분, '보'로 이기면 15분씩 긴 바늘(분침)을 움직인다.

③ 먼저 12시에 도착하는 사람이 승자가 된다.

④ 이 활동을 통해 긴 바늘의 움직임과 시간의 흐름을 알 수 있다.

3) 1시간은 60분

긴 바늘(분침)이 한 바퀴 움직일 때 짧은 바늘(시침)이 얼마나 움직이는지 관찰한다. 모형시계를 이용하여 긴 바늘을 1분, 2분, ……, 60분까지 움직이면 긴 바늘은 한 바퀴 도는 것이 되며, 짧은 바늘은 숫자와 숫자의 한 칸을 움직인다는 것을 직접 확인하도록 한다. 이러한 활동을 통해 긴 바늘이 한 바퀴 돌면 60분 즉, 1시간이 된다는 것을 알게 한다.

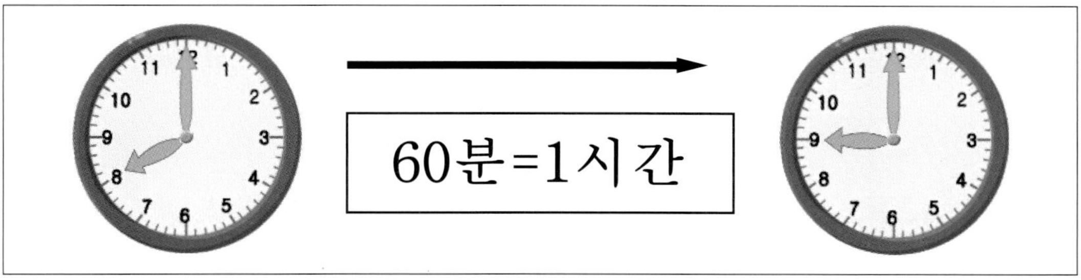

<그림 6.23> 시간 읽기

짝과 함께 모형시계를 이용하여 시간 맞추기 놀이를 한다.

① 똑같은 시각을 맞춘 후 짝이 "1시간이 지났습니다."라고 말하면 다른 친구는 긴 바늘을 한 바퀴 움직여 정확한 시각을 맞춘다.

② 서로 번갈아 가며 활동한다.

③ 능숙하게 활동하면 2시간 또는 3시간 지난 것도 맞추어 본다.

4) TV 시간표 보기

신문에 있는 TV 시간표를 준비한다. 자기가 좋아하는 방송 프로그램을 선택하여 시작 시각과 마치는 시각을 살펴보고, 얼마(몇 분) 동안 방송하는지 방송시간을 알아본다.

<그림 6.24> TV 프로그램 활용

예를 들어 "영어회화는 6시에 시작하여 6시 30분에 마치기 때문에 30분간 방송합니다."라고 말할 수 있다. 이 활동이 숙달되면 모둠별로 가장 오랜 시간 동안 방영하는 프로그램 찾기 또는 가장 짧은 시간 동안 방영하는 프로그램 찾기 등을 할 수 있다.

5. 시간 계산

가. 문제 영역 및 배경

철수는 버스를 타고 할머니 댁에 가고 있습니다. 버스가 출발한 시각은 3시 20분입니다. 50분 후에 도착할 예정입니다. 버스가 도착할 시각을 알아보는 문제에서 학생은 출발 시각이 '3시 20분'이라는 것도 알고 '50분 후'라는 말의 의미도 알고 있지만, 어떻게 계산하는지 알지 못하는 경우가 많다.

시간은 60진법, 24진법, 12진법이 혼합되어 있는 연산이므로 학생들이 더욱 어려워한다. 따라서 모형시계 및 띠 수직선을 충분히 활용한 후 다음과 같은 일반화 과정을 거쳐는 것이 효과적이다.

① 모형시계를 활용하여 시각과 시간의 개념을 익힌다.

② 띠 수직선을 이용하여 가로셈으로 해보게 한다.

③ 시각 + 시간을 세로셈으로 일반화시킨다.

나. 학습 지도 활동

1) 모형시계 활용

이미 학습한 '1시간=60분'을 이용하여 모형시계로 현재 시각을 맞추어 놓고, 필요한 시간만큼 시계 바늘을 조작하여 알아낼 수 있다. 예를 들면 현재 시각이 3시 20분이고 공부한 시간이 50분이라면, 다음과 같이 시계 바늘을 움직여 4시 10분을 찾을 수 있다.

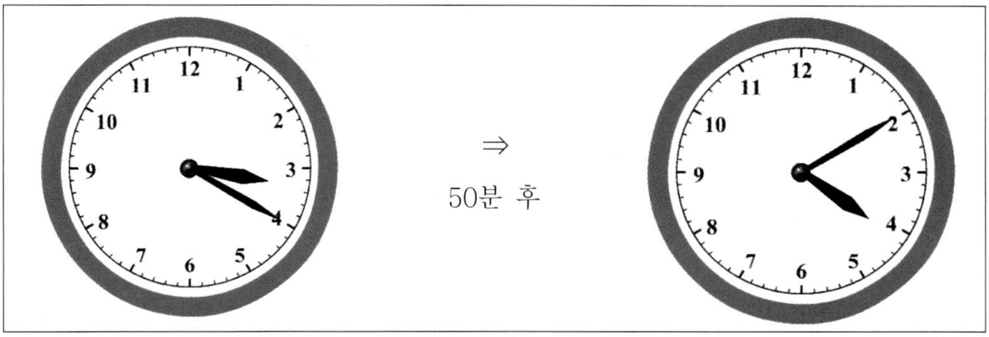

<그림 6.25> 모형시계 활용

2) 띠 수직선 활용

"웅진이는 어제와 오늘 책을 읽었습니다. 어제는 1시간 30분 동안 읽었고, 오늘은 1시간 40분 동안 읽었습니다. 웅진이가 어제와 오늘 책 읽은 시간은 모두 몇 시간 일까요?" 라는 문제에서 교사는 (시간)+(시간)은 (시각)+(시간)의 경우와 계산 과정 및 결과가 같다는 것을 알도록 지도 한다. 시간이 표시된 다음과 같은 띠 수직선을 이용하여 실제 책 읽은 시간을 찾을 수 있다. 그리고 같은 단위끼리 계산하고, 분 단위의 덧셈에서는 30분에서 40분을 더하면 받아올림이 되어야 함을 알게 하여, 1시간=60분의 관계를 이용하여 받아올림한다는 사실을 상기시켜 자연스럽게 세로셈 형식으로 계산하도록 한다.

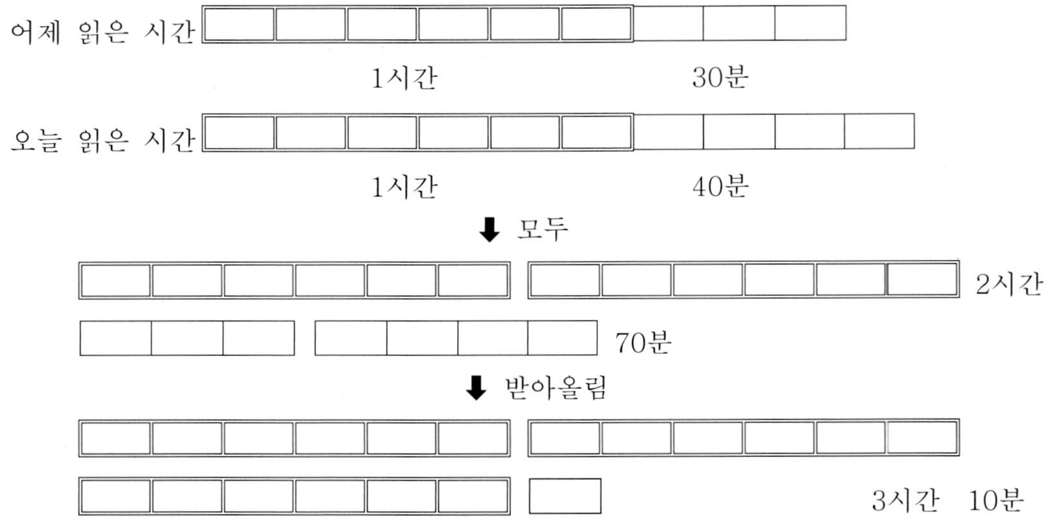


```
     1시간 30분
+    1시간 40분
---------------
     2시간 70분
     1    ←60
---------------
     3시간 10분
```

<그림 6.26> 시간 띠 수직선

요 약

1. 시각 및 시간에 대한 감각과 시간을 읽고 쓰고 생활에 활용할 수 있는 기술은 초등학교 저학년 시기에 완전하게 이해하고 숙달되어야 하지만, 이와 관련된 정보처리에 결함이 있는 학습장애 학생들의 경우 시각 및 시간 관련 학습에 어려움을 가진다.

2. 시간과 관련된 학습을 하기 위해서는 0에서 60까지의 수를 알고 뛰어 세기 및 두 자리수의 연산 등의 선행지식이 필요하다. 그리고 시간 학습 지도를 위해 필요한 자료에는 교재용 모형시계(아날로그 시계, 디지털 시계)나 시계그림, 시계 스탬프 도장 등이 있다.

3. 학습장애 학생들의 시각 및 시간 학습은 반복된 조작활동과 더불어 흥미를 가지고 시각을 익힐 수 있는 여러 가지 놀이 활동과 일상생활 및 시간의 흐름 속에서 익히는 것이 효과적이다.

4. 시지각 변별, 절차기억 및 단기기억, 표현언어 등에 어려움을 갖는 학습장애 학생들은 긴 바늘(분침)과 짧은 바늘(시침)의 구별 및 시각 읽기에 어려움을 보인다. 이러한 학생들은 대개 '몇 시' 단위의 시각 읽기를 학습한 후 30분, 15분, 5분 등의 작은 단위로 학습하는 것이 효과적이다.

5. 시각 읽기와 관련된 학습 지도 활동에는 시계판 만들기, 시각 뒤집기 게임, 가위-바위-보 시각 읽기 게임, 시각 맞추기 게임, 시각 찾기 게임, 시각 위·아래 게임, 시각 빙고 게임, 분 뒤집기 게임, 다섯 고개 놀이, 퍼즐 맞추기, 시계 땅따먹기 놀이 등을 활용할 수 있다.

6. 공간적 방위, 시지각, 기억 및 언어 연상 등에 있어서의 어려움을 느끼는 학습

장애 학생들은 짧은 바늘과 긴 바늘을 알면서도, 짧은 바늘(시침)이 두 숫자 사이에 있을 경우 시각을 정확하게 읽는데 어려움이 있다. 이를 지도하기 위하여 꺾은 화살표 활용, 다양한 학습지 활용, 보물찾기 시계 놀이 등을 활용할 수 있다.

7. 시각을 읽을 수는 있지만 시각에 대한 다양한 표현을 알지 못하는 학습장애 학생들은 수용언어, 표현언어 및 추론 등에 결함이 있다. 이를 지도하기 위해서는 시계모양 회전판, 모형시계, 학습지 및 퍼즐 맞추기와 몇 분 전·후 게임 등을 활용할 수 있다.

8. 시각을 이해하고 읽을 수 있지만, 시간의 흐름이나 '몇 시간 몇 분'이라는 표현을 알지 못하는 시간 개념이 부족한 학생들을 위하여, 1분 알기, 가위-바위-보 놀이, 1시간은 60분, TV 시간표 보기 등의 활동을 활용할 수 있다.

9. 시간에 대한 계산은 60진법, 24진법, 12진법이 혼합되어 있는 연산이므로 학습장애 학생들이 더욱 어려워한다. 따라서 모형시계와 띠 수직선을 활용하여 시각과 시간의 개념 익히기 및 계산하기(가로셈과 세로셈) 등을 지도할 수 있다.

제 7 장

분수 지도

1절. 분수 학습의 개요
2절. 분수 학습 지도의 실제

수학에서 분수는 특별히 어려운 영역으로 생각되어 왔다. 그 이유 중 하나는 학생들이 분수에 대한 정확한 개념적 기초를 확립하지 못한 상태에서 교사가 기호화와 계산을 지도하였기 때문일 것이다. 그러나 분수도 지금까지 다루어 온 것과 같은 수 체계의 한 연장선상에서 생각해야 한다. 분수에 대한 감각을 가지는 것은 자연수에 대한 확실한 이해와 상대적 크기에 대한 인식능력이 필요하다.

어떤 수의 전체가 아닌 부분만을 이야기할 경우 분수 또는 소수의 두 가지 방식으로 표현할 수 있다. 분수 또는 소수와 관련된 개념을 학습할 때 꼭 알아야 할 개념은 '분할'과 '동치'이다. 분할은 등분의 과정이고, 동치는 같은 양의 다양한 표현에 초점을 두고 있다.

분수 또는 소수에 접근하는 첫걸음은 학생들에게 생소하게 느껴질지 모르나, 실제로는 이미 학생들이 알고 있는 것을 다시 한 번 관찰해 보는 것으로부터 시작할 수 있다. 학생들과 함께 주변의 사물들, 예를 들면 피자나 케이크 등과 같이 둥그런 모양을 몇 조각으로 잘라 보기도 하고, 과일도 4등분해보면서 분수의 개념을 정립시킨다. 이와 같이 이미 알고 있는 것으로부터 출발하는 것이 학생들의 이해를 돕는 방법이다.

일반적인 학교 교육과정에서 분수에 대한 초기 학습은 소수 학습 보다 앞선다. 그러나 대부분의 수업은 분수와 관련된 주제를 다루기 전에 소수와 관련된 주제에 먼저 접하게 된다. 왜냐하면 분수의 계산보다 소수 계산이 일반적으로 더 쉽고, 자연수 계산에 보다 관련이 있으며, 계산기와 컴퓨터도 소수 표기법을 사용하기 때문이다. 그러나 다음에 언급되겠지만, 학습장애를 가진 몇몇 학생들에게 초기 발달의 과정에서 분수의 사용은 다른 기술보다 더 효과적이다. 왜냐하면 분수는 훨씬 구체적인 접근이 가능하고, 분수에 대한 기초가 형성되면 더 쉽게 소수 및 다른 종류의 수들과의 관계를 이해할 수 있게 된다.

이 장에서는 분수 학습에 어려움이 있는 학생들의 분수에 대한 수 감각의 발달과 이를 다양한 방법으로 읽고, 쓰고, 계산할 수 있도록 하는 방법들에 대해 알아보고자 한다.

1절. 분수 학습의 개요

1. 분수 학습 준비

유아기의 아동들은 대부분은 물건 개수 세기, 분류하기 및 정렬하기 등과 같은 수학적 활동을 좋아하고 재미있게 생각하지만, 초등학교에서 교육을 받으면서부터 점점 수학학습에 대해 낮은 자신감과 부정적인 태도를 갖게 되는 경향이 있다. 특히 분수는 자연수를 확장하여 새로운 수를 형성하는 것으로, 학생들이 어려워하며 교사들 또한 지도하기 힘들어하는 영역이다.

이와 같이 분수에 관한 학습이 어려운 이유를 살펴보면, 첫째, 자연수에 익숙한 학생들에게 분수는 새로운 수의 확장으로 이론 중심으로 지도되고, 실생활과의 연계적인 지도가 이루어지지 않기 때문이다. 둘째, 분수의 구성요소가 다양한데, 그것들이 통합적으로 지도되지 못하고 분절적인 학습으로 이루어지기 때문이다. 셋째, 분수는 자연수의 지도보다 더 많은 조작활동이 필요한데, 조작활동이 적고 상징적인 수식과 기호 중심의 지도가 이루어지기 때문이다.

이러한 분수 학습의 문제점을 해결하기 위해서는 분수의 도입 단계에서 실생활을 통해 분수의 본질과 필요성을 느낄 수 있게 해야 하며, 구체적 조작기인 초등학교 단계의 학생들에게 분수의 도입에서부터 분수의 연산까지 조작활동을 통한 학습이 필요하다. 그럼으로써 분수에 대한 관계적 이해가 형성되도록 해야 한다. 특히 학습장애를 가진 학생들에게는 꼭 필요한 과정이라 할 수 있다.

2. 분수의 개념

분수 개념은 초등학교 학생들이 어려워하는 수학 개념 중의 하나인데, 이는 분수의 개념 구성요소가 여러 개여서 하나의 구성요소만으로는 설명하기 어렵기 때문이다. 이러한 분수의 개념 구성요소는 전체-부분의 관계, 몫, 연산자, 비 그리고 양 등이다.

가. 전체-부분의 관계

전체-부분의 개념은 분수 개념에서 가장 기초적이고 중요한 개념이다. 전체에 대한 부분을 분수로 나타내는 능력은 연속량이나 이산량을 똑같은 크기의 부분이나 집합으로 분할하는 능력과 관련되고, 이것은 나중에 분수를 읽는데 중요한 역할을 하기 때문이다(신준식, 1996). 예를 들어 $\frac{3}{5}$을 분수로 인식하기 위해서는 전체-부분의 관계를 양적으로 나타낼 수 있어야 하는데, 전체-부분의 관계는 전체에 대한 부분의 크기를 비교하여 그 결과를 수로 나타낸다는 것을 의미한다.

초등학교 수학과 교육과정에서도 그림 7. 1과 같이 전체-부분 관계로 분수 용어와 기호를 도입하고 있는데, $\frac{1}{3}$에 대한 전체-부분의 관계는 전체가 3개의 부분으로 등분되고, 이들 부분 중에서 1개 부분을 가진다는 것이다.

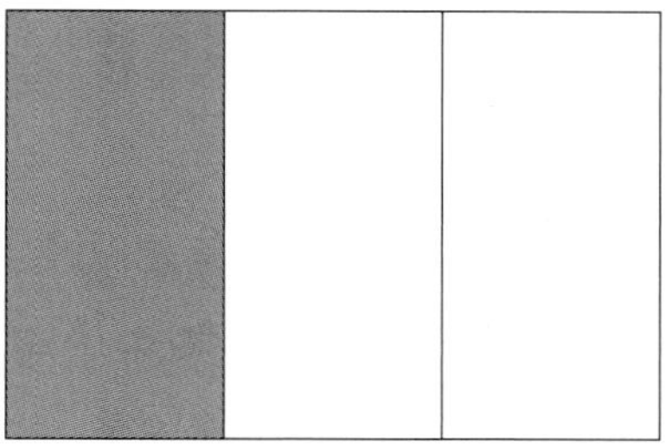

색칠한 부분은 전체를 똑같이 3부분으로 나눈 것 중의 1부분입니다.

이것을 '$\frac{1}{3}$'이라 쓰고 '삼분의 일'이라 읽습니다.

<그림 7.1> 분수의 의미

나. 몫의 의미

몫의 의미로 분수는 $2\div3=\frac{2}{3}$ 또는 $4\div5=\frac{4}{5}$와 같이 분수를 나눗셈의 결과로 해석하는 것에 해당한다. 정수에서의 나눗셈은 피제수가 제수보다 작거나, 둘 사이의 공배수가 없을 때는 나머지 없이 그 결과를 나타낼 수 없는데, 이런 경우 몫으로 나타낼 수 있도록 확장시킨 것이 몫으로서의 분수인 것이다(오유경, 2009).

유리수는 방정식 $ax=b$(a, b는 정수, $a\neq0$)의 해를 의미한다(신준식, 1996). 이 때 x의 값이 몫이 되며 $\frac{b}{a}$로 나타낼 수 있는데, 즉 $\frac{3}{5}$은 $3\div5$의 몫으로 생각할 수 있다. 예를 들어 "사과 20개를 6명에게 똑같이 나누어주려면 한 사람에게 몇 개씩 주면 되는가?"의 문제 상황은 한 사람의 몫을 묻고 있다. 이 문제의 답은 $3\frac{1}{3}$인데, 이 때 분수 $3\frac{1}{3}$은 몫의 의미를 지닌 분수이다.

예) 3m짜리 색 테이프를 4명이 똑같이 나누어 가지려고 한다. 한 사람이 가질 수 있는 색 테이프의 길이는 얼마인가?

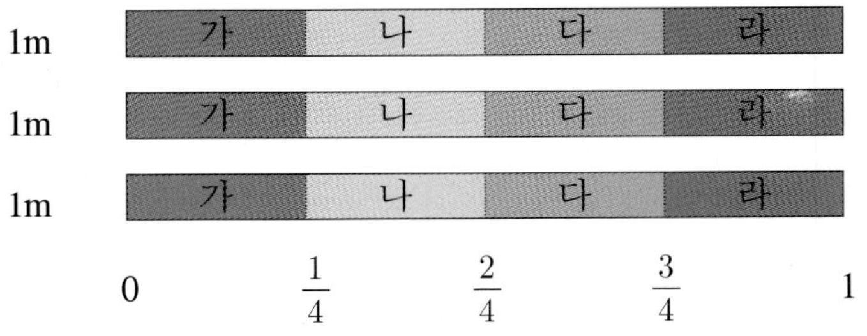

가, 나, 다, 라 4명은 각각 $\frac{1}{4}$씩 갖게 된다. 그러므로 각 개인은 $\frac{1}{4}+\frac{1}{4}+\frac{1}{4}$을 가지므로 $\frac{3}{4}$ 또는 $3 \div 4 = \frac{3}{4}$이다.

다. 연산자의 의미

연산자로서의 분수의 의미는 도형을 $\frac{a}{b}$배 만큼 축소·확대하거나, 한 집합을 그 집합의 원소의 개수를 $\frac{a}{b}$배만큼 늘이거나 줄이는 것으로 생각할 수 있다. 예를 들면 분수 $\frac{2}{3}$는 원래 개수를 $\frac{2}{3}$만큼의 개수로 변환시킨 것이다. 연산자로서의 분수 개념은 고학년에서 도형의 합동과 닮음(확대, 축소)등을 이해하는데 필수적이다.

라. 비의 의미

분수 $\frac{3}{5}$은 여자 5명에 대한 남자 3명과 같은 비율 상황을 나타내기도 한다. 비(ratio)는 수라고 하기보다는 비교 지표(comparative index)라고 하는 것이 더 정확할 것이다. 등분할 상태를 나타내는 $\frac{1}{2}$과 $\frac{2}{4}$는 분수 자체의 의미는 다르지만, 두 양의 상대적인 크기를 나타내는 비의 의미에서는 같은 수를 나타낸다. 또 서로 다른 크기에서도 전체에 대한 부분의 상대적인 크기가 $\frac{1}{2}$과 같다고 생각할 수 있을 때, 비의 개념을 이해했다고 볼 수 있다. 따라서 분수의 본질적인 개념을 이해하기 위해서는 상대적인 크기를 나타내는 비의 의미를 이해하여야 한다(신준식, 1999). 이러한 비의 의미는 분수에 대한 다른 해석과는 많이 다르다는 것을 알 수 있다.

마. 양의 의미

분수는 양을 나타내기 위한 적절한 수의 단위가 필요한 것으로부터 시작되었다. 즉 주어진 양을 측정하였을 때 자연수로 측정하고 남은 부분을 나타내기 위해서는 자연수의 단위보다 더 작은 어떤 단위가 있어야 하는데, 이를 위해 분수가 도입되었다. 따라서 분수 또한 양을 나타내기 위한 하나의 수로 사용된다.

3. 분수 지도에서 일반적 어려움

어떤 학생들은 분수 관련 학습에 대한 이해가 제한적이고 불완전한데, 분수 학습에서 학생들이 경험하는 일반적인 어려움은 다음과 같다. 따라서 이러한 어려움은 학습장애 학생들의 분수 지도에서도 충분히 고려되어야 할 것이다.

1) 수업에서 종종 원 모양(예: 피자나 파이)을 많이 사용하기 때문에 많은 학생들은 다른 연속량 모델(예: 직사각형의 조각), 수직선 표현과 이산량 모델과 분수 개념을 관련시키는 데 어려움을 느낀다.

2) 많은 학생들은 전체에서 부분을 나타내기 위해서는 전체를 동일한 크기의 부분으로 분할하는 것이 필요하다는 것을 이해하지 못하고, 그림 7.2와 같은 실수를 한다. 즉 학생들은 대체적으로 분수가 등분할 상황을 나타낸다는 사실을 이해하지 못한다.

※다음 떡에서 먹은 부분(색칠한 부분)을 분수로 나타내면? $\frac{1}{3}$

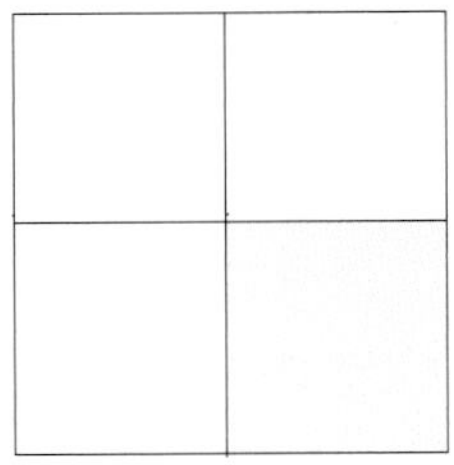

<그림 7.2> 분수로 나타내기

3) 어떤 학생들은 분수가 전체의 부분을 나타낸다는 것을 알지 못하고, 그 대신에 부분을 전체의 남은 부분과 비교한다.

A. 다음 도형의 색칠한 부분을 분수로 나타내면? = $\frac{2}{3}$

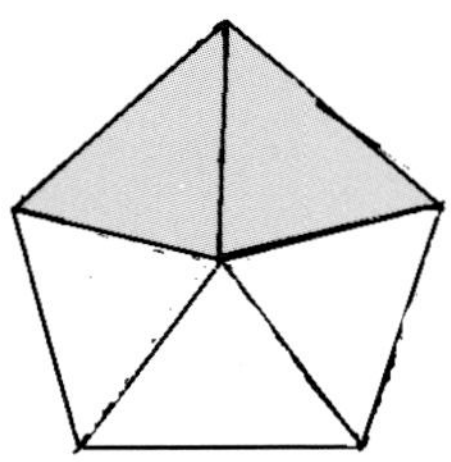

B. 검은 색 바둑알을 분수로 표현하면? $\frac{2}{3}$

<그림 7.3> 분수로 나타내기

4) 많은 학생들은 분수의 크기에 대한 감각이 부족하다. 그들은 모든 분수는 단위 분수로 만들어진다는 것을 이해하지 못한다. 예를 들면 $\frac{3}{4}$은 글자 그대로 $\frac{1}{4}$이 3개($\frac{1}{4}+\frac{1}{4}+\frac{1}{4}$ 또는 $\frac{1}{4}\times 3$)라는 것을 인식하지 못한다. 더욱 그들은 분수에 대한 질적인 추론에 어려움을 가지고 있는데, 예를 들면 만약 분모가 더 큰 수로 바뀐다면 분수의 크기가 어떻게 되는지를 잘 알지 못한다.

5) 많은 학생들은 크기가 같은 분수를 인식하지 못한다. 그들은 직접 대응 모델은 성공적으로 표시하거나 창조할 수 있지만, 간접 대응 모델은 그렇게 하지 못한다. 예를 들면 한 학생이 ●●○○○○에서 검은 바둑돌을 $\frac{2}{6}$라고 표시하는데는 별 어려움이 없는데, 왜냐하면 이 모델은 분수와 직접적으로 대응하기 때문이다. 그러나 이것이 $\frac{1}{3}$로 표시되어질 수도 있다는 것을 인식하지 못하는데, 왜냐하면 이 모델은 간접적으로만 대응하기 때문이다. 더욱 많은 학생들이 분수가 곱셈적 관계라는 것을 알지 못하기 때문에 $\frac{3}{4}$을 $\frac{6}{8}(\frac{3\times2}{4\times2}=\frac{6}{8})$보다는 $\frac{6}{7}(\frac{3+3}{4+3}=\frac{6}{7})$과 동치라고 생각하는 오류를 범한다.

6) 학생들은 분수에 대한 어림 능력이 부족하다.

7) 학생들은 종종 분수가 특정한 양의 크기나 항목의 개수가 아니라, 관계를 나타낸다는 것을 이해하지 못한다.

8) 많은 학생들은 분수의 크기를 비교하는 데 어려움을 느낀다. 예를 들어 3이 2보다 크기 때문에 $\frac{1}{3}$이 $\frac{1}{2}$보다 크다고 믿는다.

2절. 분수 학습 지도의 실제

1. 분수 읽기와 쓰기

가. 문제 영역 및 배경

여러 가지 활동을 통하여 분수 개념이 습득되면 학생들은 숫자를 읽고 쓰는데 어려움이 거의 없다고 가정되는 것이 일반적이다. 그러나 어떤 학생들은 분수에서 숫자를 쓰는 순서를 알지만, 공간적으로 그 숫자를 적절하게 위치시킬 수 없을 수도 있다. 예를 들면 $\frac{3}{4}$ 대신에 4-3으로 쓰는 것과 같이 학생들은 분수를 듣고 기호와 숫자를 연계시킬 수도 있지만, 분수를 올바르게 쓰는 것은 다른 문제가 될 수 있다. 이와 같이 분수를 정확하게 쓰는 것은 매우 어렵다. 특히 공간 조직, 눈과 손의 협응 및 수용적 언어 등에 어려움을 가진 학생들은 더욱 분수 학습에서 어려움을 보인다.

다음의 대화는 초등학교 3학년 교실에서 분수 수업을 할 때 흔히 볼 수 있는 오류의 예이다.

· 교사: (전체에 대하여 색칠한 부분의 크기를 분수로 나타내기 위하여) 다음 그림에서 색칠한 부분의 크기는 전체에 대하여 얼마라고 생각하는지 분수로 나타내어 보세요.

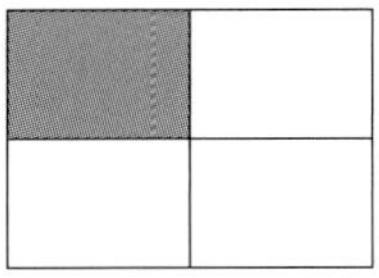

· 찬호 : 색칠한 부분의 크기는 $\frac{1}{3}$이라고 생각합니다.

· 교사: 찬호는 왜 $\frac{1}{3}$이라고 생각합니까?

· 찬호: 색칠한 부분은 1개이고, 색칠하지 않은 부분은 3개이기 때문에 $\frac{1}{3}$이라고 생각합니다.

· 교사: 색칠한 부분의 크기를 다르게 생각하는 사람은 없습니까?

· 지은: 색칠한 부분은 $\frac{1}{4}$이라고 생각합니다.

· 교사: 왜 지은이는 색칠한 부분의 크기를 $\frac{1}{4}$이라고 생각했습니까?

· 지은: 색칠한 부분은 1개이고, 전체는 4개로 나누어지기 때문에 색칠한 부분의 크기는 $\frac{1}{4}$이라고 생각합니다.

· 교사: 찬호와 지은이 중에서 누구의 말이 옳은지 어떻게 알아보면 좋겠습니까?

· 종민: 색칠한 부분의 크기와 전체의 크기를 직접 비교하여 보면 알 수 있습니다.

· 교사: 종민이의 말처럼 색칠한 부분의 크기와 전체의 크기를 비교하여 봅시다.

이처럼 일부 학생들 또는 학습장애를 가진 학생들은 분수를 읽고 쓰는 것이 어렵기 때문에 특정한 연습을 제공하는 것이 필요하다. 특히 학습목표(예: 분수 그림에 대해 올바른 분수를 찾는 것이 목표인가?, 들은 분수를 쓰는 것인가? 또는 쓰여진 분수를 읽는 것인가? 등)에 따라 특정한 연습의 제공이 필요하다.

다음에 제시된 다양한 활동들은 분수를 올바르게 쓰고 읽을 수 있도록 하는데 도움을 주는 방법들이다.

나. 학습 지도 활동

1) 촉각과 운동감각 단서를 활용한 분수 읽고 쓰기

분수 학습에서 가장 먼저 이루어져야 할 내용이 분수의 읽기와 쓰기이다. 일반학생들은 분수를 따라 읽고 쓰는데 큰 어려움이 없지만, 학습장애 학생들의 경우 부가적인 단서의 제공이 필요하다. 따라서 분수 쓰기를 배울 때 다양한 색깔의 펠트로 만든 숫자를 이용하거나, 모래나 색소금 접시 등을 이용할 수 있다. 이러한 활동은 시각에 더하여 촉각과 운동감각을 이용함으로써 학생들이 보다 효과적으로 분수 학습을 할 수 있다.

2) 색 단서 제공

그림과 같은 학습지를 이용하여 분자와 분모를 정확한 위치에 쓸 수 있다. 이러한 활동의 목적은 시지각과 운동감각을 활용하여 분수의 위치에 대한 공간을 조직하고 구성하는 능력을 개발시킬 수 있다. 색 단서는 쓰는 순서와 숫자 위치를 안내하기 위해 사용된다. 전체를 나타내는 분모는 파란색으로, 낱개(부분)를 나타내는 분자는 빨간색으로 숫자를 써 넣을 수 있다. 마지막에는 색 단서 없이 혼자서 분수를 다시 쓰도록 한다.

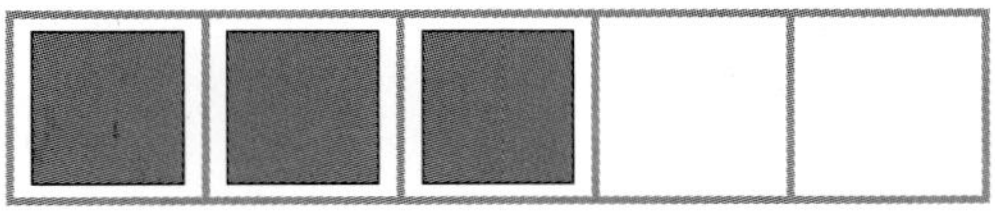

$= \frac{3}{5} = \frac{\square}{\square} = \underline{\quad}$

5와 분모 □ = 파란색, 3과 분자 □ = 빨간색

$= \frac{\square}{\square} = \underline{\quad}$

분모 □ = 파란색, 분자 □ = 빨간색

<그림 7.4> 색 단서 기본 활동

위의 학습이 숙달되면 다음과 같은 학습지 활동을 통하여 바른 분수를 찾을 수 있다.

※다음 중 그림에 맞는 분수를 찾아 ○표 하세요.

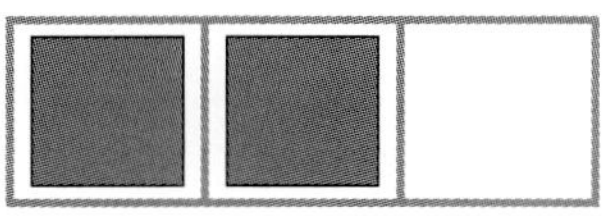

$\frac{2}{3}$ $\frac{2}{1}$ (빨간색) (파란색)

<그림 7.5> 색 단서 심화 활동

3) 똑같은 방 만들기

분수를 이해하고 응용할 수 있는 놀이로 두 명이 한 쌍이 되어 할 수 있다.

① 한 학생은 점판(또는 기하판) 위에 도형을 그린다.
② 다른 학생은 한 학생이 그린 도형을 똑같이 나누는(방을 만드는) 그림을 그린다.
③ 똑같이 나누어 그림을 그릴 경우 1점을 받는다.
④ 이것을 분수로 읽고 쓸 수 있으면 보너스 1점을 받는다.
⑤ 이와 같은 놀이를 교대로 한다.
⑥ 점수를 많이 모은 학생이 승리한다.

4) 색, 단어, 그림 단서 제공

많은 학생들은 분수에서 숫자의 올바른 위치와 숫자 단어를 연계시키는데 어려움을 가지고 있다. 예제 1과 같이 색 단서의 활용은 공간적 구조화와 언어 연계를 도와준다. 활동의 마지막 단계로 학생이 분수를 혼자서 다시 쓰도록 한다.

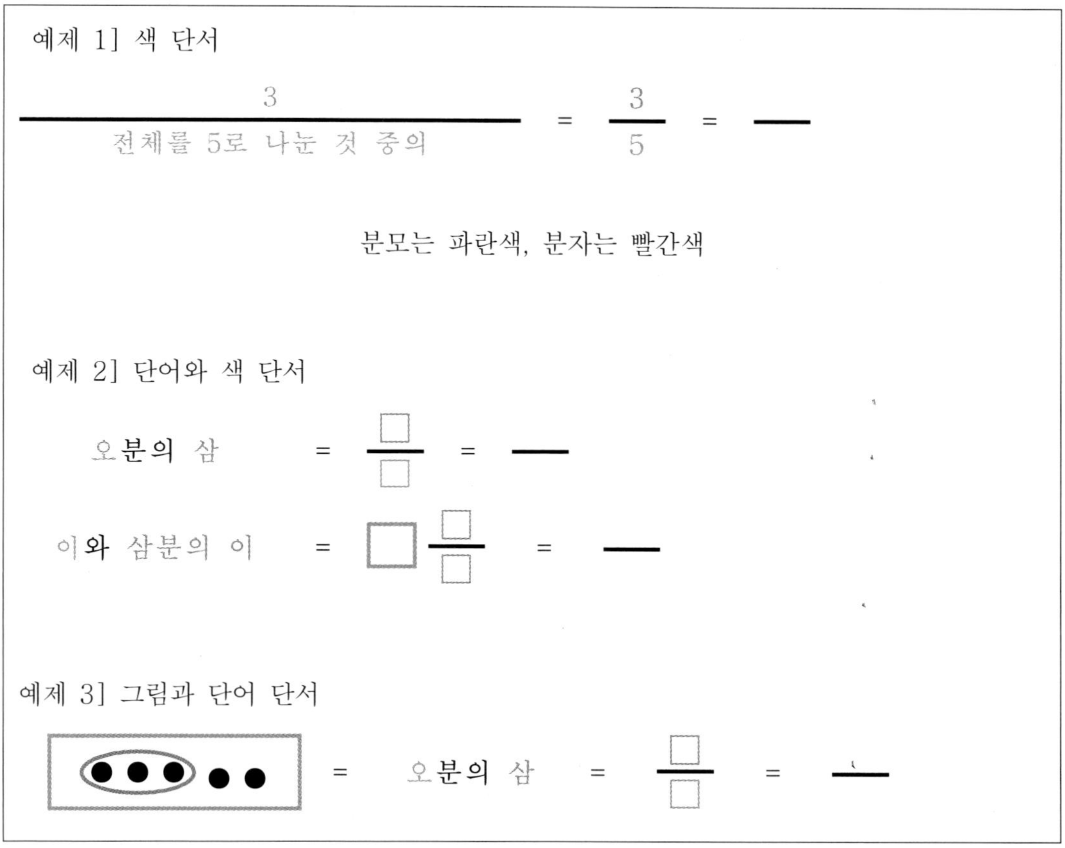

<그림 7.6> 여러 가지 단서 제공의 예

예제 1이 숙달된 후 예제 2는 단어와 색 단서를 제공하여 학생들이 단어를 읽고, 빈칸을 채우고 혼자서 분수를 쓸 수 있도록 제공되었다. 예제 3은 그림과 단어를 제공하여 분수를 쓰도록 하였다.

5) 분수 읽기 놀이

① 다양한 모양의 분수 카드(그림 7.7)를 여러 장 준비한다.

② 두 학생이 놀이를 한다.

③ 카드를 잘 섞어 뒤집어서 가운데 놓는다.

④ 두 학생이 순서를 정하여 한 학생이 먼저 카드를 한 장 가지고 온다.

⑤ 가져 온 카드에 자기가 생각한 분수만큼 색을 칠한 후, 색칠한 카드를 친구에게 보여준다.

⑥ 자기는 카드에 색칠한 부분을 분수로 쓰고, 친구는 색칠하지 않은 부분을 분수로 쓴다.

⑦ 분수를 바르게 썼는지 두 학생이 함께 확인한다.

⑧ 맞힌 학생은 1점을 얻고, 번갈아 가며 놀이를 한다.

⑨ 많은 점수를 받은 학생이 승리한다.

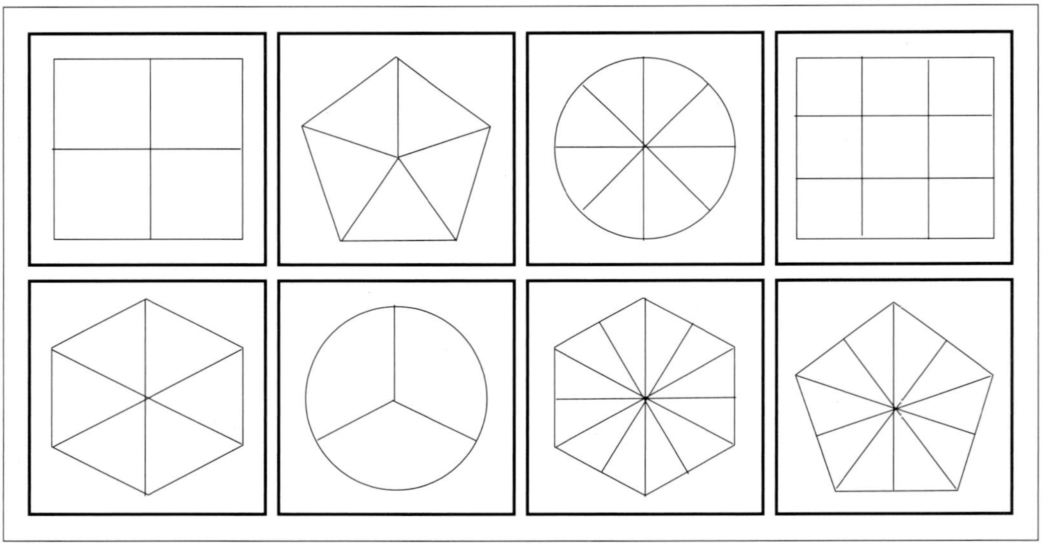

<그림 7.7> 분수 카드

이 놀이를 통하여 학생들은 분수를 읽고 쓸 수 있으며, 분수에 대한 양감을 기를 수 있고 합이 1이 되는 두 분수를 알게 된다. 즉 색을 칠한 부분을 나타낸 분수와 색을 칠하지 않은 부분을 나타낸 분수의 합은 1이 됨을 알 수 있다. 이것은 합이 10이 되는 두 자연수들이 연산에서 중요한 역할을 했던 것처럼 분수에서도 중요하다.

6) 대분수 쓰기

공간 관계에 결함을 가진 학생들은 대분수를 쓰는 것에 어려움이 있다. 다음 그림은 이러한 학생들을 돕기 위한 것이다. 색깔은 숫자를 쓰는 올바른 순서를 제시하고, 각각의 숫자에 대한 올바른 위치를 지정해주며, 숫자의 부분과 관련된 그림의 부분을 연계시켜주는데 도움을 줄 수 있다. 이 활동의 목표는 학생들이 공간적으로 대분수 쓰기를 구조화 하는데 도움을 주는 것이다.

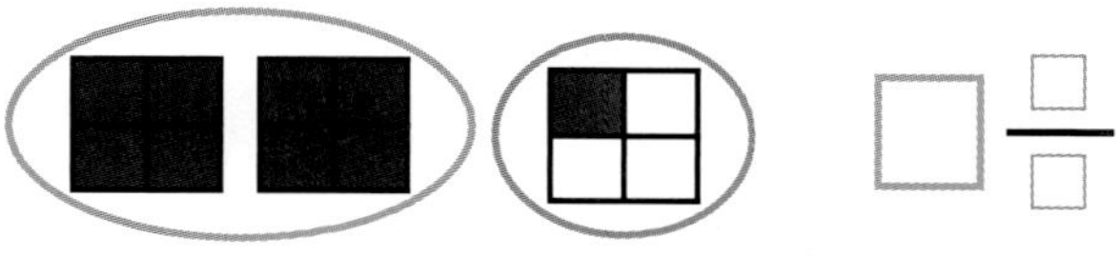

대분수의 자연수- 검정색, 분모 숫자- 파란색, 분자 숫자- 빨간색

<그림 7.8> 대분수 쓰기

7) 분수 빙고 게임

① 그림(분수카드 1, 2)과 같은 분수 카드를 9장 만든다.

② 2명이 모둠을 만든다.

③ 분수 카드를 보고 빙고판에 분수를 쓴다.

④ 카드를 잘 섞은 후 뒤집어 놓는다.

⑤ 가장 위에 있는 카드부터 차례로 보면서 빙고판의 분수를 찾아 색칠한다.

⑥ 가로, 세로, 대각선의 세 칸이 먼저 칠해진 학생이 '빙고'라고 외치면 승자가 된다.

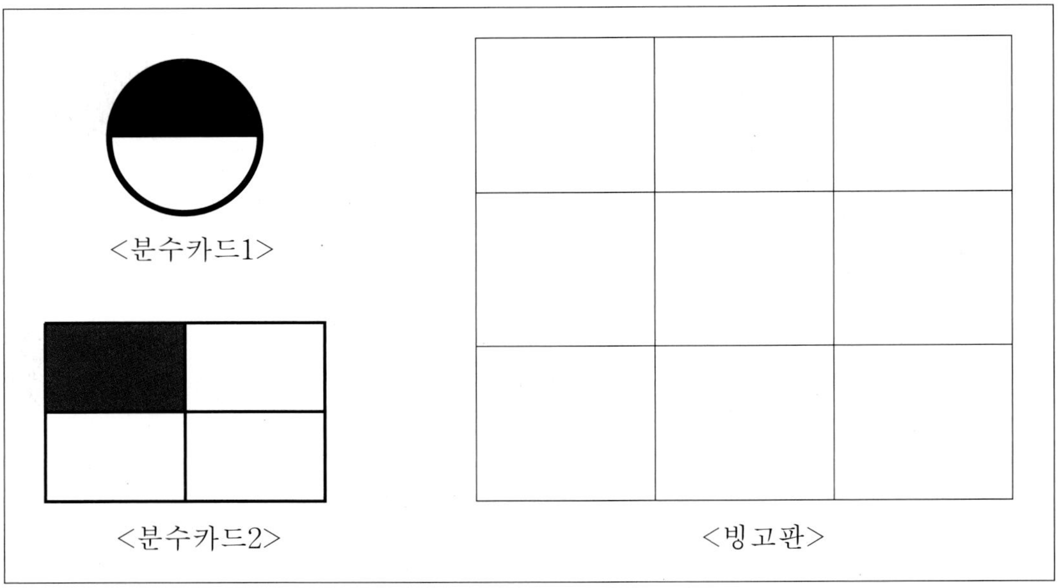

<그림 7.9> 분수 빙고 게임

8) 분수 땅따먹기

① 분수 카드, 동전, 놀이판을 준비한다.

② 두 명이 짝을 지어 차례로 동전을 튕긴다.

③ 분수 그림이 나오면 분수를 읽을 수 있고, 분수가 나오면 분수 카드 중에서 똑같은 것을 찾으면 그 칸을 자기 색(예: 파란색, 노란색 등)으로 색칠한다.

④ 자기 색을 많이 칠한 학생이 승리한다.

<그림 7.10> 분수 땅따먹기

2. 가분수와 대분수 쓰기

가. 문제 영역 및 배경

가분수를 읽고 쓸 수 있지만 가분수를 대분수로 바꾸는 데의 어려움 또는 몫을 대분수로 쓰는데 어려움을 가진 학생들을 많이 볼 수 있다. 이러한 어려움을 가진 학생들은 공간 조직화, 시각적 전경-배경, 추론 및 배열 등에 있어 결함을 가진다. 다음은 학습장애 학생들의 이러한 문제 해결을 돕기 위한 활동들이다.

나. 학습 지도 활동

1) 분수 모형 활용

블록 또는 타일 등과 같은 분수 모형을 통하여 자연스럽게 대분수와 가분수를 도입할 수 있는데 예를 들면 다음과 같다.

다음 모형의 가장 자연스런 분수 표현은 대분수 $2\frac{1}{4}$이다.

이 모형을 모두 4등분하면 9개의 $\frac{1}{4}$이 되고, 가분수 $\frac{9}{4}$라는 표현이 된다.

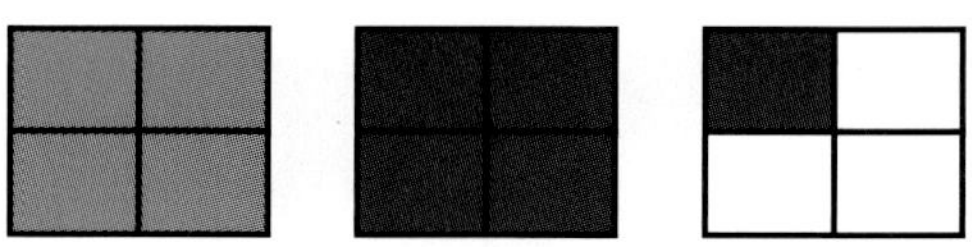

<그림 7.11> 분수 모형

학생들이 대분수와 가분수에 관한 경험을 하도록 하기 위해, 가능한 한 많은 모형을 사용하고, 그들에게 그 모형을 표현하기 위해 대분수와 가분수 둘 모두를 사용하도록 하는 것이 효과적이다. 학생들이 그러한 과정에 익숙해지면 분수 모형을 사용하지 않고, 하나의 형태에서 또 다른 형태로 바꾸는 연습이 필요하게 된다. 그

러나 대분수와 가분수의 변환은 서두르지 말고 다음과 같은 예를 활용하여 학생들이 충분한 생각을 할 수 있도록 격려해야 한다. 그런 후에야 학생들은 다음과 같이 생각할 수 있다.

7은 3개의 $\frac{1}{3}$이 7묶음, 또는 $\frac{1}{3}$이 21개

$7\frac{1}{3}$은 21개의 $\frac{1}{3}$과 1개의 $\frac{1}{3}$, 또는 $\frac{1}{3}$이 22개. 그래서 $7\frac{1}{3} = \frac{22}{3}$

※다음을 풀어 보시오.

(1) $1=\frac{\square}{4}$, 따라서 $5=\frac{\square}{4}$, $5\frac{3}{4}=\frac{\square}{4}$ (2) $\frac{\square}{5}=1$, 따라서 $\frac{40}{5}=\square$, $\frac{43}{5}=\square\frac{\square}{5}$

(3) $1=\frac{\square}{6}$, 따라서 $7=\frac{\square}{6}$, $7\frac{5}{6}=\frac{\square}{6}$ (4) $\frac{\square}{9}=1$, 따라서 $\frac{18}{9}=\square$, $\frac{20}{9}=\square\frac{\square}{9}$

2) 나눗셈과 색 단서

다음 그림에서와 같이 나머지가 있는 간단한 나눗셈을 이용하여 대분수를 지도할 수 있는데, 이 때 색 단서를 제공하도록 한다. 이러한 색 단서는 대분수의 구조를 이해하고 올바른 숫자의 위치를 아는데 도움을 준다. 먼저 학생들은 색 단서에 따라 올바른 빈칸에 숫자를 옮겨 쓴다. 그런 다음 강화를 위하여 학생이 대분수를 혼자서 다시 써보도록 한다.

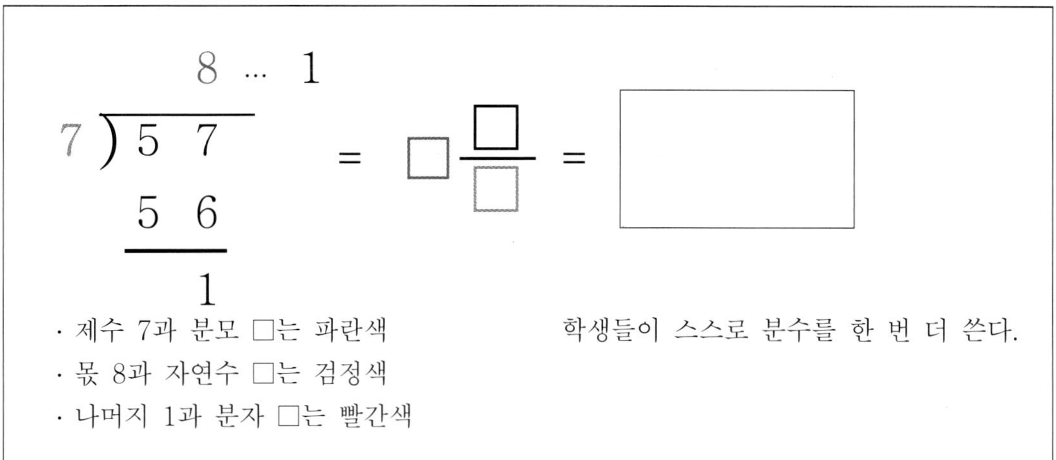

<그림 7.12> 색 단서를 활용한 나눗셈

학생들이 나눗셈을 대분수로 변환하는데 익숙해지면, 그들에게 나눗셈도 해보도록 한다. 또한 색 단서가 제공된 보기 문제를 학습지 윗부분에 제시하여 참고하도록 하고, 다른 문제에는 색 단서를 사용하지 않을 수도 있다.

3. 동치분수

가. 문제 영역 및 배경

학생들이 동치분수를 알기 위해서는 먼저 "등가"의 개념을 명확하게 이해해야 한다. 즉 다음 그림 A, B와 같이 크기가 다르게 보일지라도 결국 같은 값이라는 것을 이해해야 한다. 학습장애 학생들은 전경-배경 및 공간관계 또는 추론에 결함을 가지고 있기 때문에, 두 개의 그림에서 같은 크기의 공간이 색칠해져 있다는 것을 쉽게 알아채지 못한다.

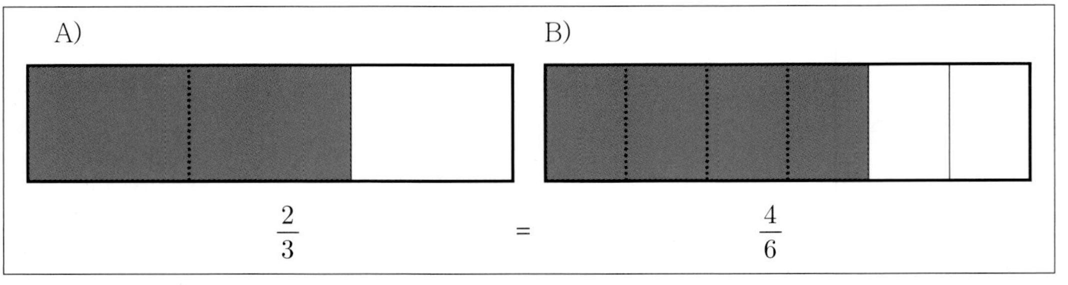

<그림 7.13> 동치분수

동치분수 지도를 위한 등가의 개념을 확립하기 위해 분자, 분모에 같은 수를 곱하여 동치분수를 만들 수도 있다. 예를 들면 처음에 $\frac{1}{1}$에서 분자, 분모에 2, 3, 4 등으로 같은 수를 곱하여 $\frac{2}{2}$, $\frac{3}{3}$, $\frac{4}{4}$와 같은 동치분수를 만든다. 다음으로 $\frac{2}{3}$는 $\frac{\square}{9}$와 같이 분모는 알려주고 분자를 맞추도록 한다. 이 경우 첫째, $3 \times \square = 9$에서 빠진 요소를 찾아야 하고, 둘째, 등식의 형식으로 사고 과정을 전환해야하며, 셋째, 분자를 결정해야 한다.

학습장애 학생들의 동치분수 학습에서는 또한 시각적 이미지 형성을 위해 실제적인 모델 또는 구체적인 그림 등의 사용이 필요하고, 소단계로 지도하며 반복학습을 하도록 한다.

나. 학습 지도 활동

1) 촉각 분수

학생들에게 다음 그림과 같이 분수로 나타낼 수 있는 색종이를 준다.

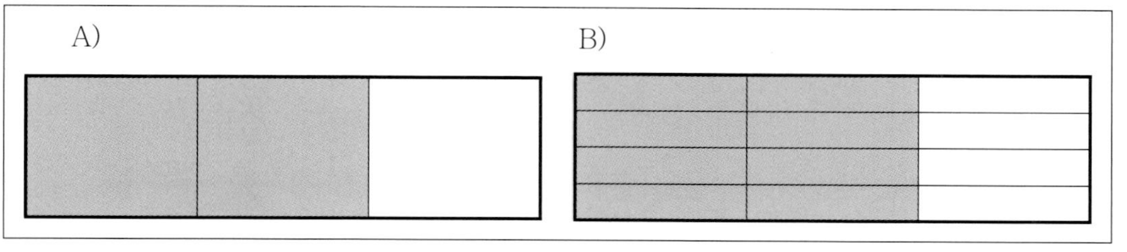

<그림 7.14> 촉각 분수

그리고 그림 A의 색칠된 부분의 분수를 말하게 한다. 이 때 학생들의 분수 인식을 돕기 위해 촉각적 단서를 제공할 수 있는데, 그림 A에서 색칠된 부분에 펠트 조각을 붙이거나, 풀칠을 한 다음 소금이나 모래를 뿌린 후 만져서 넓이를 느껴보게 한다. 그림 B에서도 위와 같은 절차를 반복한다. 학생들은 시각적으로 인지하고 촉각적으로 확인하여 그림 B가 A와 모양과 크기가 같다는 것을 알도록 한다. 마지막으로 확인을 위해 두 사각형을 포개어 볼 수도 있다.

2) 투명 덮개 활용

투명한 필름(예: OHP 필름)과 유성펜을 준비하여 그림 A와 같이 색칠된 부분이 있는 사각형을 그린다. 투명한 필름(A)과 합동되는 모양을 가진 학습지(B)를 함께 준비한다. 첫 번째 학습 활동으로 학생들은 투명한 필름과 같은 분수의 크기만큼 B에 색칠한다. 그런 다음 같은 분수만큼 칠한 것을 확인하기 위해 색칠한 그림(C)위에 투명한 필름을 놓아본다. 그래서 두 모양이 일치하는지를 유성펜으로 선을 그어 확인한다. 그리고 사각형의 색칠된 부분에 의해 표현되는 분수는 그림(D)에서처럼 사각형 밑에 써 보도록 한다.

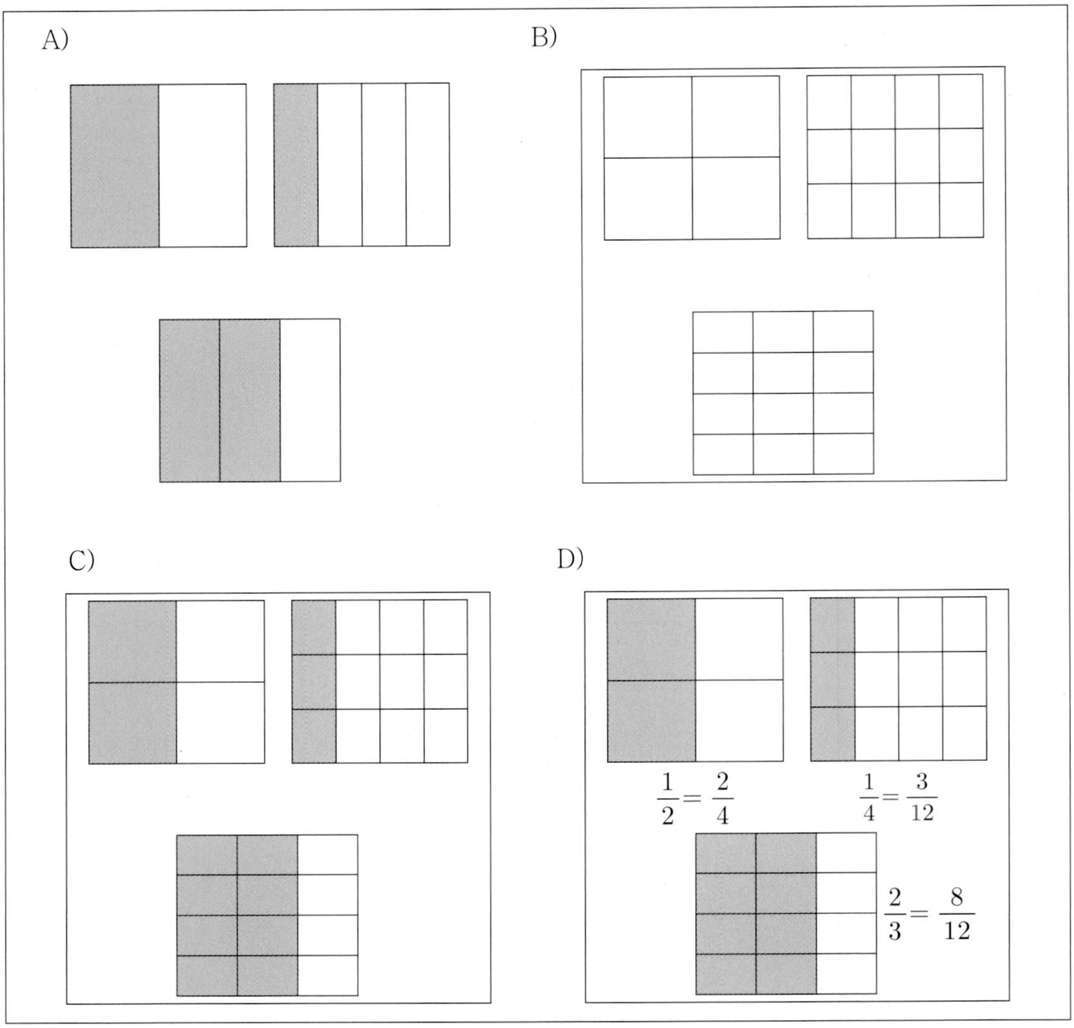

<그림 7.15> 투명필름과 분수 학습지

3) 점선 이용

색종이 2장을 준비하여 그림 7.16의 A, B와 같이 분수로 표현한다. 그리고 A를 B위에 가지런히 놓은 다음 점선을 그어 두 분수의 크기가 같다는 것을 알도록 한다. 이러한 활동은 시각적 혼동을 제거하고 주의집중력을 강화시키는데 도움을 준다.

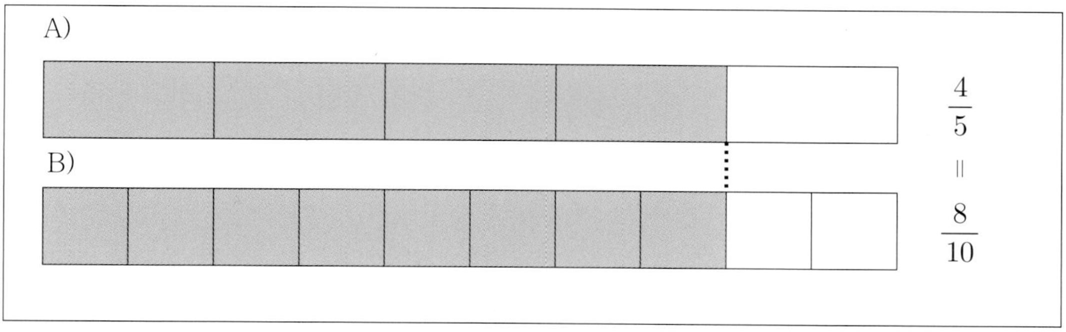

<그림 7.16> 색종이 분수

4) 종이 접기

동치분수를 구하기 위하여 종이 접기 활동을 할 수 있다. 먼저 종이 한 장을 4등분하여 $\frac{3}{4}$을 색칠하고(A), 다른 방향에서 반을 접는다(B). 종이를 반으로 접었을 때, 4등분된 부분에 어떤 일이 생겼는지 물어 본다. 똑같이 나눈 부분을 두 배로 만들면(4×2), 색칠한 부분의 개수도 두 배(3×2)가 된다.

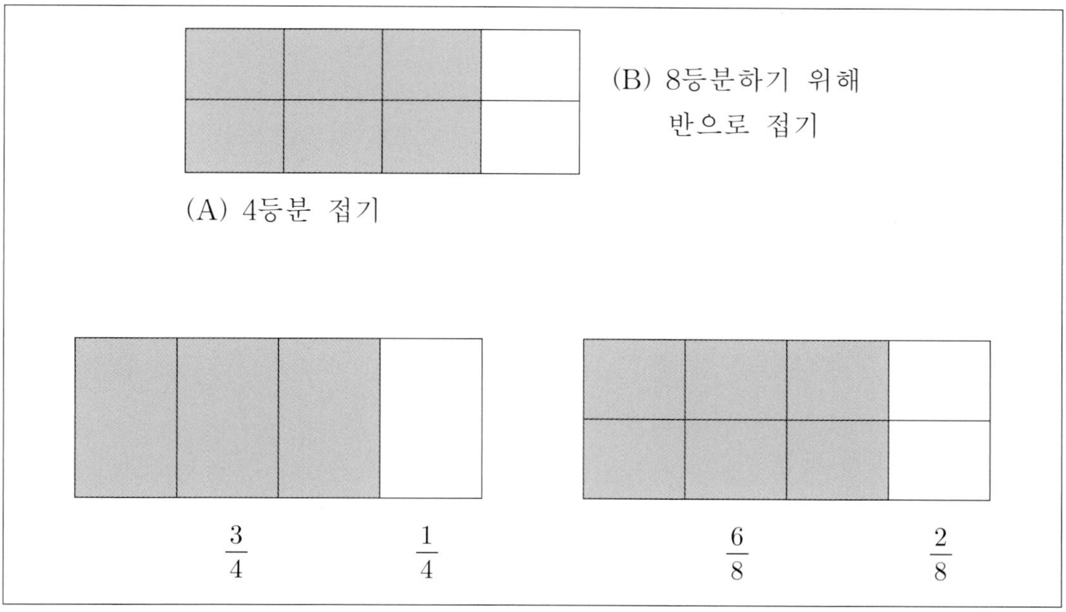

<그림 7.17> 종이 접기 활동

이 모형을 기호로 나타내면 $\frac{2\times3}{2\times4}$ 또는 $\frac{3\times2}{4\times2}$ = $\frac{6}{8}$이 된다. 이와 같은 예들을 더 많이 연습한 후 학생들은 분자, 분모에 같은 수를 곱해도 그 결과는 같다는 것을 알 수 있다. 반대로 8개의 부분 조각 모형에서 시작하여 4개의 부분 조각을 얻을 수 있는 방법을 설명함으로써 분자, 분모를 같은 수로 나눌 수 있다는 것을 알 수 있다. 즉 분자와 분모에 같은 수를 곱하거나 나누어도 크기가 같은 동치분수를 만들 수 있다는 것을 일반화할 수 있어야 한다.

5) 분모가 주어진 동치분수 구하기

학생들이 분자, 분모 양쪽에 같은 수를 곱하거나 나누어도 크기가 같다는 것이 일반화가 되었다면, 다음과 같은 문제를 해결할 수 있다.

A) $\frac{3}{4}=\frac{\square}{12}$　　　B) $\frac{6}{8}=\frac{\square}{4}$

A에서 '12가 되려면 분모 4에 얼마를 곱해야 하나?'를 먼저 생각해야 한다. 일단 그것이 3이라는 것을 알게 되면 다음과 같이 생각하고 써야 한다. $\frac{3\times3}{4\times3}$ = $\frac{9}{12}$

B에서 학생은 8이 2로 나누어져 4가 되었으므로 6도 역시 2로 나누어져야 한다는 것을 알 수 있다. $\frac{6\div2}{8\div2}$ = $\frac{3}{4}$

위의 2가지 예 모두는 공통분모를 구하는 사고형태에 기초하는데, A는 확장의 형태이고, B는 단순화의 형태이다. 이 경우에도 학생들의 이해를 돕기 위해 분자끼리 그리고 분모끼리 같은 색을 사용할 수 있다.

4. 기약분수 만들기

가. 문제 영역 및 배경

분수를 포함한 계산에서 답은 가장 간단한 형식으로 표현하는 것이 효율적이다. 그러나 절차, 추론, 표현언어 등에 결함을 가진 학습장애 학생들은 분수를 간단하게 나타내는 기약분수 만들기에 어려움을 보인다. 기약분수 즉 분수를 단순화하기 위해서는 먼저 동치분수를 알아야하고, 이에 기초하여 같은 수로 분자와 분모를 나누어야 하는데, 학생들은 이에 필요한 공약수를 모르거나, 더 단순화해야 할 필요성을 인식하지 못하기 때문에 기약분수를 만드는데 어려움을 갖는다.

따라서 학습장애 학생들의 기약분수 지도를 위해서는 $\frac{2}{3}=\frac{4}{6}$와 같이 동치분수에서 먼저 확장을 지도한 다음 $\frac{4}{6}=\frac{2}{3}$와 같은 단순화를 지도하도록 한다. 다음의 활동들은 학습장애 학생들의 기약분수 지도에 유용한 활동들이다.

나. 학습 지도 활동

1) 공약수와 최대공약수

기약분수란 약분을 통하여 "더 이상 누눌 수 없는 분수"로 만드는 것인데, 약분을 하기 위해서는 가장 큰 공약수이다. 다음의 예를 통하여 8과 12의 공약수와 최대공약수를 알아보자.

① 8의 약수: 1, 2, 4, 8 　　12의 약수: 1, 2, 3, 4, 6, 12

② 8과 12의 공약수: 1, 2, 4

③ 8과 12의 최대공약수: 4

2) 숫자 띠 활용

그림에서와 같이 2-9까지의 숫자가 적힌 숫자 띠를 준비한다. 칠판에 숫자 띠를 붙이거나, 학생은 개인적으로 참고할 수 있도록 준비한 개별 카드에 띠를 붙인다. 학생들이 기약분수를 만들기 위해 분수를 작은 수로 나눌 때, 학생들은 '분자와 분모를 나눌 수 있는 수(약수)나 가장 큰 수는 무엇입니까?' 라는 질문을 생각하면서, 사고를 돕기 위해 숫자 띠를 사용할 수 있다. 주어진 분수가 $\frac{6}{8}$이라면 최대공약수는 2이고, $\frac{12}{18}$는 한 번은 2로 나눌 수 있고 그런 다음 3으로 나눌 수 있다. 그러나 2와 3으로 두 번 나누는 것보다 최대공약수 6으로 한 번만 나누는 것이 더 효과적이다.

2, 3, 4, 5, 6, 7, 8, 9	2, 3, 4, 5, 6, 7, 8, 9
↑	↑
$\frac{6 \div 2}{8 \div 2} = \frac{3}{4}$	$\frac{12 \div 6}{18 \div 6} = \frac{2}{3}$

<그림 7.18> 숫자 띠를 활용한 기약분수

5. 분수의 크기 비교

가. 문제 영역 및 배경

동치분수와 기약분수를 알고 나면 분수의 크기 비교가 가능하다. 학습장애 학생들은 추론에 결함이 있기 때문에 분수의 크기 비교에 어려움을 보인다. 예를 들면 $\frac{3}{4}$과 $\frac{3}{8}$을 비교하여 $\frac{3}{8}$이 더 크다고 말한다. 이는 분수의 단위보다 단순히 숫자에 초점을 맞추기 때문이다. 따라서 이러한 학생들의 경우 먼저 분수 비교하기에 대한 절차를 가르치는 것이 필요하다. 그런 다음 분수의 크기를 증명할 수 있는 시각적인 단서를 도입하는 것이 효과적이다. 시각적인 단서로는 구체물, 그림, 수직선 등을 사용할 수 있다.

나. 학습 지도 활동

1) 퀴즈네어 색 막대

두 분수의 크기 비교를 위해 구체물을 사용할 수 있는데, 대표적인 구체물로는 벨기에의 조지 퀴즈네어(George Cusineaire)가 창안한 수학교구인 퀴즈네어 색 막대를 이용할 수 있다.

예를 들어 $\frac{5}{10}$(노란색)과 $\frac{7}{10}$(검정색)을 비교할 때, 두 막대를 서로 맞대어 봄으로써 두 분수의 크기를 비교할 수 있다.

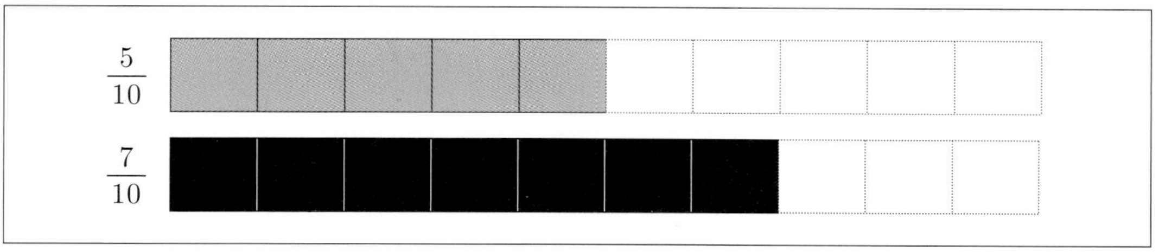

<그림 7.19> 퀴즈네어 색 막대

2) 분수 띠

그림 7.20과 같은 분수 띠로 분수의 크기를 비교할 수도 있다. 이들 모형은 척도가 정확해서 학생들로 하여금 $\frac{3}{4}$과 $\frac{2}{3}$중 어느 것이 더 큰지를 아는데 도움이 된다.

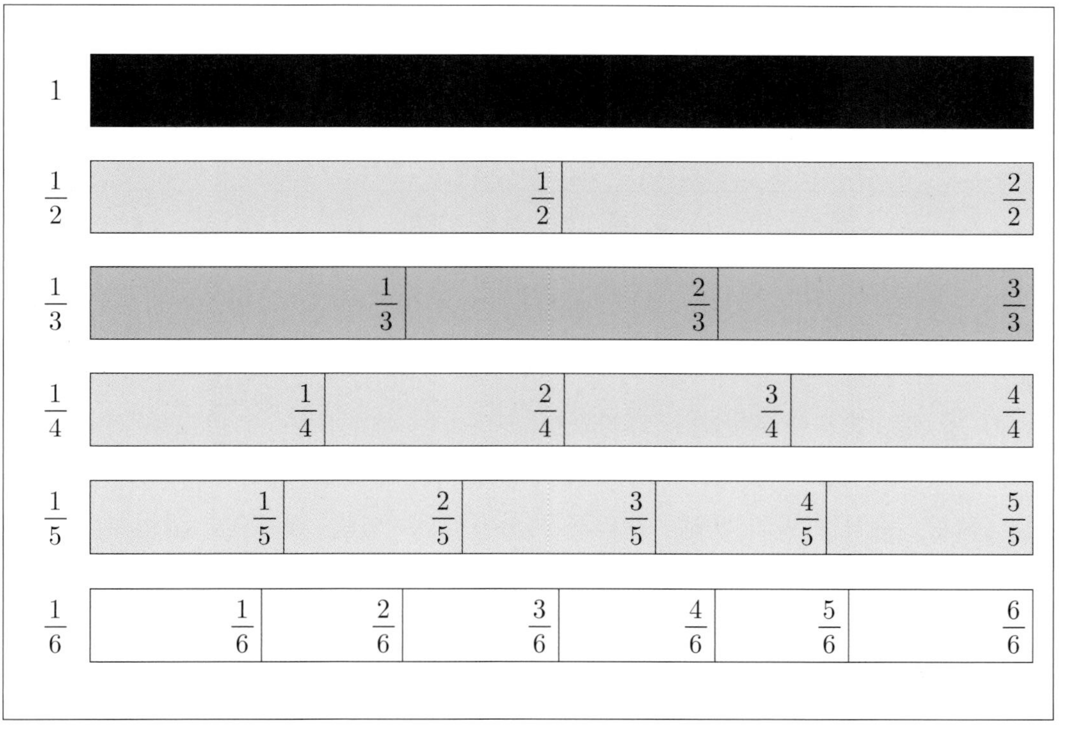

<그림 7.20> 분수 띠

3) 분수 조각판

분수의 크기 비교를 위해 더 구조화되고 조작적인 도움이 필요할 경우, 그림과 같은 분수 조각판을 활용할 수 있다. 분수 조각판은 분수 조각 각각 뿐만 아니라 한 세트를 시각 또는 촉각으로 비교할 수 있다. 특히 학생들이 스스로 분수 조각을 비교할 수 있고 미리 표시한 분할선을 따라 분수 조각을 조작할 수 있다. 예를 들면 분수 조각을 이용하여 $\frac{2}{2}$, $\frac{3}{3}$, $\frac{4}{4}$는 1임을 쉽게 알 수 있다. 또는 $\frac{1}{2}$과 $\frac{2}{3}$ 중에서 어느 것이 더 큰가를 알기 위해 $\frac{1}{2}$ 조각 위에 $\frac{2}{3}$ 조각을 두어 비교한다. 그런 다음 학생 스스로 비교 결과를 언어화하도록 하여 두 분수의 크기를 알도록 한다.

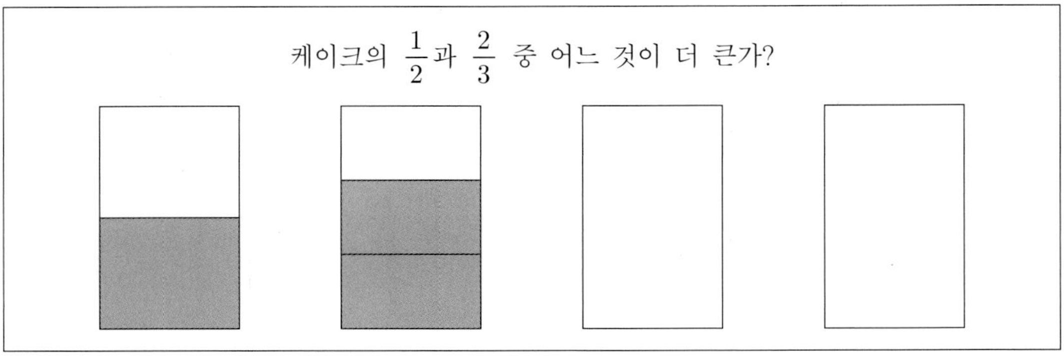

<그림 7.21> 분수 조각판

4) 대각으로 곱하기

분수의 크기 비교를 위해 그림에서 보여지는 것과 같이 분수끼리 대각(X자)으로 곱하기 방법을 활용할 수 있다. 대각으로 곱하기는 분수의 크기 비교를 위해 공통분모 만드는 과정을 건너 뛰어 바로 대각의 분자와 분모를 곱하는 과정이다. 대각으로 곱하는 순서를 알기 위해 색 단서를 사용할 수 있다. 대각으로 교차하여 곱하기 답을 찾을 때 먼저 파란색 화살표 숫자를 곱하고 나서, 빨간색 화살표 숫자를 곱하도록 한다.

A) $\frac{1}{2}$와 $\frac{2}{3}$

3 < 4

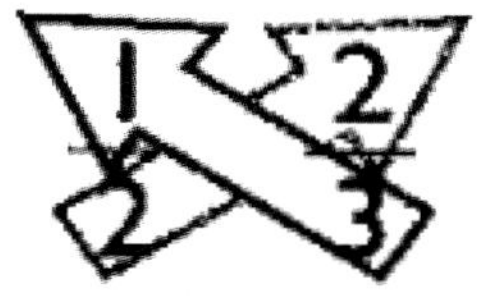

① 파란색 화살표(3×1),
② 빨간색 화살표(2×2)

$\frac{1}{2} < \frac{2}{3}$

확인

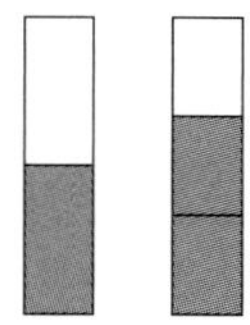

$\frac{1}{2}$ $\frac{2}{3}$

B) $\frac{7}{8}$와 $\frac{4}{5}$

35 > 32

$\frac{7}{8} > \frac{4}{5}$

확인

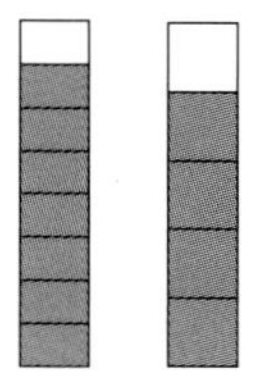

$\frac{7}{8}$ $\frac{4}{5}$

C) $\frac{1}{3}$와 $\frac{2}{6}$

6 = 6

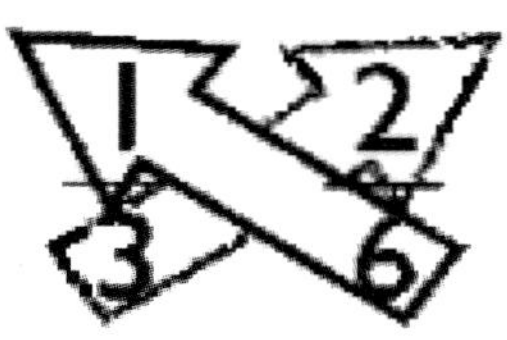

$\frac{1}{3} = \frac{2}{6}$

확인

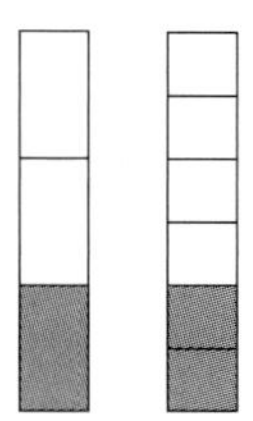

$\frac{1}{3}$ $\frac{2}{6}$

<그림 7.22> 대각 곱하기

6. 분수의 덧셈과 뺄셈

가. 문제 영역 및 배경

분수의 덧셈과 뺄셈은 자연수의 경우에서와 마찬가지로 첨가, 재그룹, 비교, 제거의 상황은 동일하다. 다른 점은 자연수 대신 분수를 다룬다는 것인데, 분수의 개념만 확실히 이해하고 있다면 분수의 덧셈과 뺄셈 상황을 쉽게 인식할 수 있다. 문제는 주어진 덧셈, 뺄셈 상황의 결과를 어떻게 나타내는가 하는 것이다. 자연수의 경우에 더하거나 빼는 단위는 수 자체의 자리값에 의해 결정되기 때문에 세기를 통해 간단히 해결된다. 그러나 분수의 덧셈과 뺄셈에서는 더하거나 빼는 단위가 분모에 의해 결정되고, 같은 단위에서 더하기와 빼기가 이루어져야 하기 때문에 앞에서 살펴본 동치분수에 대한 이해가 더욱 요구된다.

분수의 덧셈과 뺄셈에서 나타나는 오류 중 많은 부분을 차지하는 것은 통분하지 않고 분모는 분모끼리, 분자는 분자끼리 더하거나 빼는 경우, 자연수를 분수의 분자에 더하거나 빼는 경우와, 통분한 후 분수의 덧셈, 뺄셈을 곱셈으로 생각하여 계산하는 경우이다(김진석, 1995). 따라서 분수의 덧셈, 뺄셈의 경우 오류를 줄이기 위하여 계산의 단계별 지도가 강조되어야 한다.

일반적으로 분수의 덧셈과 뺄셈에서 적용되는 2가지 중요한 원칙은 다음과 같다. 첫째, 같은 단위끼리 더하거나 뺀다. 둘째, 분수 뺄셈의 경우 필요한 것을 빼기에 충분하지 않으면 받아내림을 한다.

1) 공통분모 만들기

분모가 다른 분수의 덧셈과 뺄셈에서 첫 번째 중요한 것은 같은 분모를 만드는 것이다. 예를 들면 학생들은 $\frac{1}{3}$과 $\frac{1}{4}$의 계산에서 먼저 공통분모를 찾아야 하는 것을 인식해야 한다. 그러므로 분수의 덧셈과 뺄셈에서 성공하기 위해 공통분모 찾는 기술을 숙달해야 한다. 다음의 방법들은 공통분모를 찾기 위해 사용할 수 있는 방법들이다.

가) 확인하기: 한 분모가 다른 분모의 배수인가? 문제의 답을 찾기 위해 배수 띠

를 사용한다. 아래와 같이 $\frac{1}{2}+\frac{3}{4}$에서 2와 4의 배수가 있는 띠가 사용되었다. 2와 4의 배수 띠에 4가 공통으로 들어 있다. 4는 두 수의 최소공배수가 되고, 최소공분모로 두 분수를 위해 새로운 분모로 사용될 수 있다.

$\frac{1}{2}$	2	④	6	8	10	12	14	16	18	20
$+\ \frac{3}{4}$	④	8	12	16	20	24	28	32	36	40

<그림 7.23> 최소공배수를 이용한 통분

나) 한 분모가 다른 분모의 배수가 되지 않으면 공통분모를 찾기 위해 분모의 두 수를 곱한다. 이 단계는 항상 최소공분모를 제공하는 것은 아니다.

또한 교사는 분수를 비교하거나 더하거나 빼기를 할 때 최소공분모를 찾기 위해 다음과 같은 대안적인 방법을 사용할 수 있다.

다) 분모의 최소공배수를 찾기 위해 배수 띠를 사용한다. 최소공배수를 찾을 때까지 위에 있는 배수 띠를 고정시키고 아래에 있는 배수 띠를 움직이며 학생을 도와준다. 그리고 두 수의 공배수에 동그라미를 한다. 동그라미가 그려진 공배수 중에 최소공배수는 12가 된다.

$\frac{1}{4}=\frac{\square}{12}$		4	8	⑫	16	20	㉔	28	32	36	40	
$-\ \frac{1}{6}=\frac{\square}{12}$	→		6	⑫	18	㉔	30	36	42	48	54	60

<그림 7.24> 배수 띠를 활용한 통분

라) 각각의 분모의 소인수를 찾고 곱한다. 각 분모 숫자의 배수를 만들기 위해 필요한 소수 중 가장 작은 수만 인수로 사용하도록 주의한다.

위와 같이 배수 띠를 이용한 공통분모 찾기가 익숙해지면 다음은 배수 띠를 이용하지 않고 최소공배수를 찾도록 한다. 이 때 학습장애 학생들의 경우 배수 나열에서 조직화를 돕기 위해 다음 그림과 같은 모양 단서나 색 단서를 제공할 수 있다.

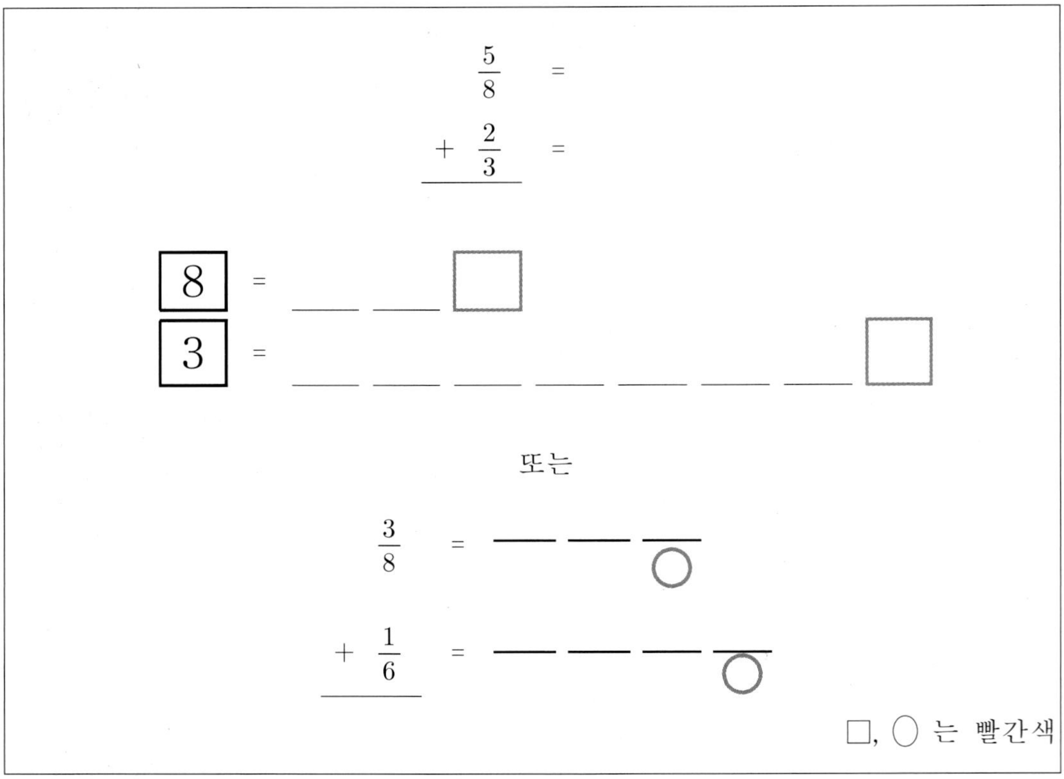

<그림 7.25> 단서를 활용한 통분

2) 분수 뺄셈에서 받아내림 하기

학생은 언제 그리고 왜 받아내림을 해야 하는지 알고 있을지라도, 받아내림하는 방법을 잘 모를 수 있다. 이런 학생은 다음과 같은 실수를 한다. 학생은 십의 자리에서 1을 줄이고, 일의 자리에 10을 더하는 자연수 절차와 같은 방법으로 받아내림을 하여 분수의 뺄셈을 했다.

※철수는 색테이프를 $3\frac{1}{8}$m 가지고 있었는데 미술시간에 $1\frac{5}{8}$m를 사용하였다. 남은 색테이프는 몇 m인가?

$$\begin{array}{r} 11 \\ 2 \\ \not{3}\frac{\not{1}}{8} \\ -1\frac{5}{8} \\ \hline 1\frac{6}{8} = 1\frac{3}{4} \end{array}$$

초기 학습동안 이와 같은 어려움을 예상하여 많은 교사는 대분수를 가분수로 바꾸어 가르친다. 위의 문제에서 철수가 사용한 색테이프의 길이 $3\frac{1}{8}$m는 자연수 1을 $\frac{8}{8}$로 바꾸고 8분의 전체수를 쓴다($\frac{9}{8}$). 대분수를 가분수로 바꾸는 활동에 대한 반복된 경험은 학생들에게 다음의 뺄셈 문제에서 받아내림을 하는 절차를 올바르게 적용할 수 있게 한다.

A)

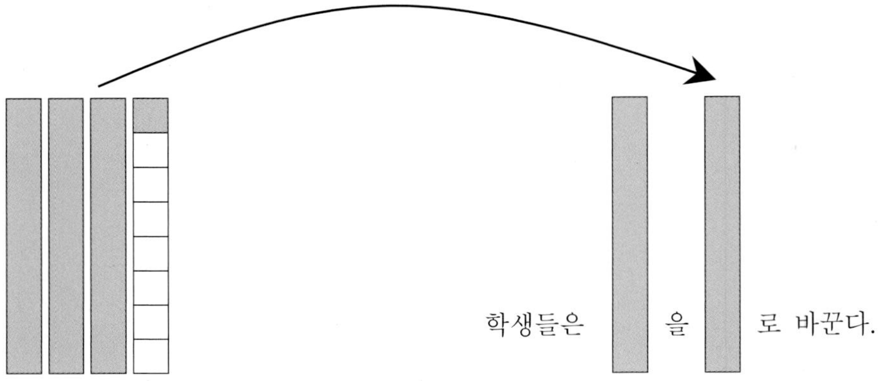

자연수	분수
3	$\frac{1}{8}$

학생들은 자연수 1을 $\frac{8}{8}$로 바꾼다.

자연수	분수
2 $\cancel{3}$	$\frac{\cancel{1}}{8}$ 9

B)

$$\overset{2}{\cancel{3}}\frac{\overset{9}{\cancel{1}}}{8}$$

$$-1\frac{5}{8}$$

$$1\frac{4}{8}=1\frac{1}{2}$$

<그림 7.26> 분수의 뺄셈

그러나 몇몇의 학생은 상징에 대한 추론 및 절차기억의 결함으로 대분수를 가분수로 만들지 못한다. 이러한 학생들을 위해 뺄셈에서 받아내림하기 전에, 뺄셈문제의 피감수로 나타내어져야하는 수를 새롭게 지정하는 것에 초점을 맞추어라.

나. 학습 지도 활동

1) 미션! 분수의 덧셈과 뺄셈

가) 덧셈의 경우

① 놀이판을 준비하고 주사위 두 개를 던져 나온 수를 분자로 하여 덧셈을 한다. 분모는 7로 정해 놓는다.

② 계산한 결과의 분자만큼 이동한다.

③ 덧셈 결과가 가분수일 경우, 대분수로 고친 후의 분자만큼 이동한다.

(단, $\frac{7}{7}$은 가분수 상태의 분자만큼 이동한다.)

④ 미션을 만날 경우 미션을 수행해야 한다. 수행하지 못하면 이전 자리로 되돌아간다.

⑤ 결승점에 먼저 도착하는 학생이 승리한다.

나) 뺄셈의 경우

① 주사위 두 개를 던져 나온 수를 분자로 하여 뺄셈을 한다. 분모는 7로 정해 놓는다.

② 계산한 결과의 분자만큼 이동한다. 뺄셈 결과가 0일 경우 제자리에 머무른다.

③ 미션을 만날 경우 미션을 수행해야 한다. 수행하지 못하면 이전 자리로 되돌아간다.

④ 결승점에 먼저 도착하는 학생이 승리한다.

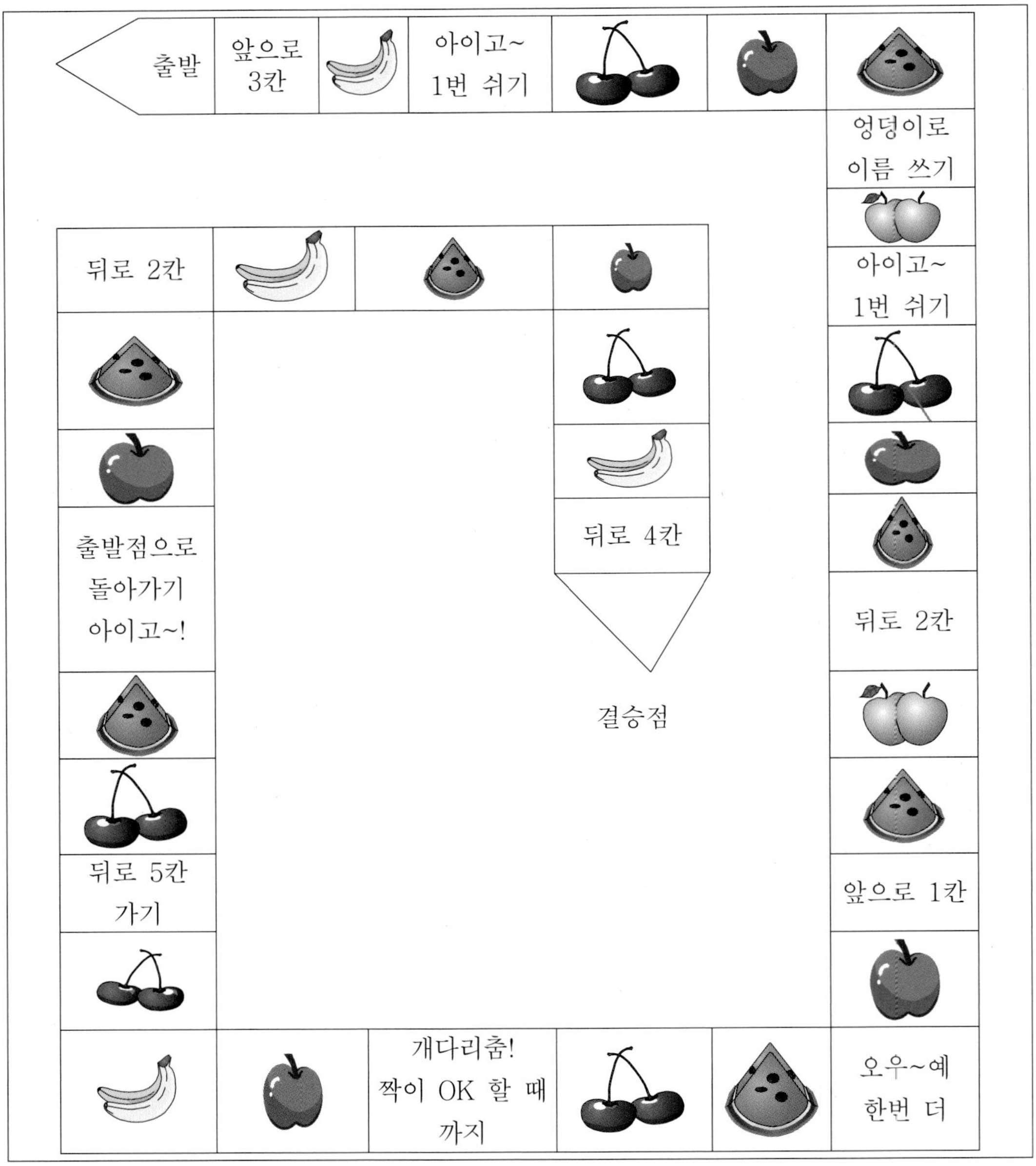

<그림 7.27> 주사위 놀이

2) 분수 모형판 덧셈과 뺄셈

① 다음과 같은 분수 모형판을 준비한다.

② 학생은 자신이 표현하고 싶은 분수만큼 색칠을 한다.

③ 색칠한 분수끼리 더하거나 뺀 후 아래에 색칠한다.

④ 분수의 덧셈식 또는 뺄셈식으로 표현해본다.

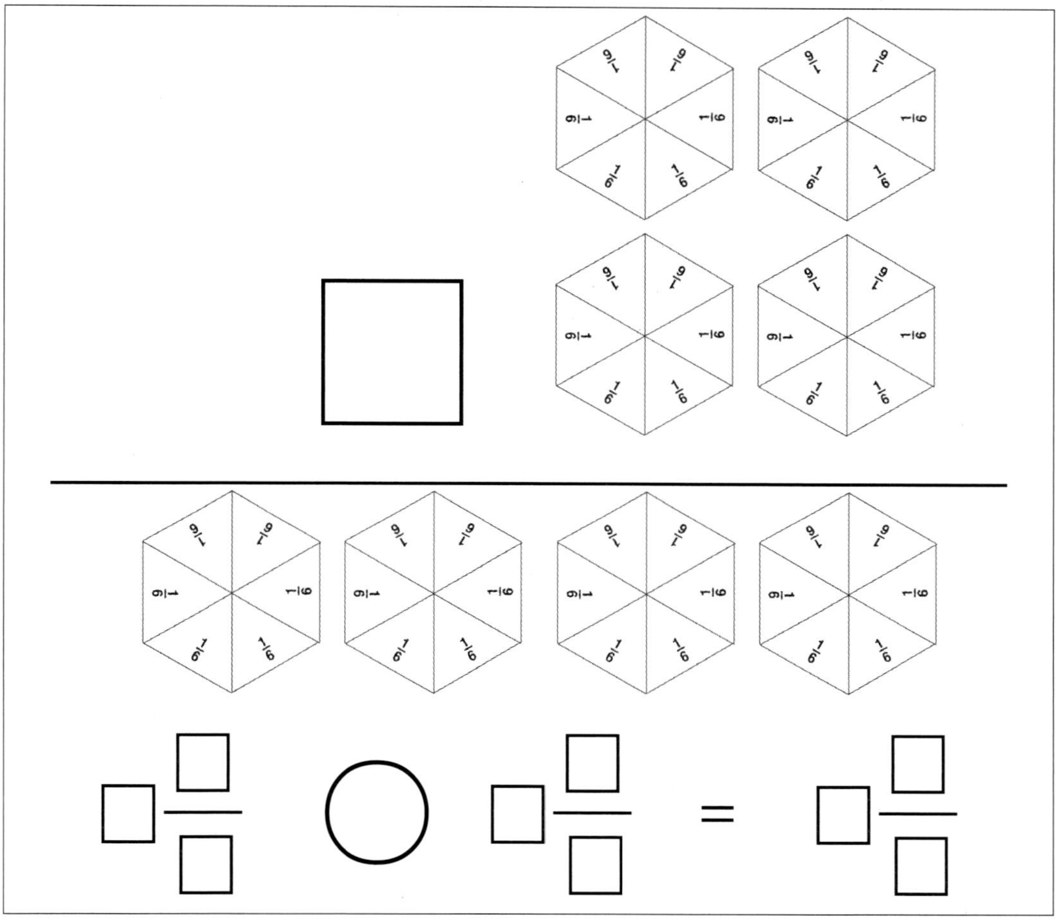

<그림 7.28> 분수 모형판

3) 암호를 풀어라

① 다음 각 문제에서 분수의 합 또는 차를 먼저 구한다.

② 각 문제의 답에 해당하는 글자를 찾아 문장을 만들어 본다.

① $\frac{1}{4}+\frac{2}{4}=$	② $\frac{4}{7}+\frac{2}{7}=$	③ $\frac{6}{7}-\frac{2}{7}=$	④ $\frac{8}{9}-\frac{3}{9}=$
⑤ $\frac{5}{6}-\frac{4}{6}=$	⑥ $\frac{3}{8}+\frac{5}{8}=$	⑦ $\frac{3}{5}+\frac{1}{4}=$	⑧ $\frac{3}{8}-\frac{2}{9}=$

$\frac{4}{7}$=있　　$\frac{6}{7}$=미　　$\frac{11}{72}$=이　　$\frac{5}{9}$=는

$\frac{3}{4}$=재　　$\frac{17}{20}$=놀　　$\frac{8}{8}$=수　　$\frac{1}{6}$=분

정답 : □ □ □ □ □ □ □ □

<그림 7.29> 암호 풀기

4) 크기가 1인 분수 만들기

크기가 1인 분수를 이해하고 만들 수 있도록 하기 위한 놀이이다.

① 분모가 12인 분수 카드 11장을 두 벌 준비한다. $\frac{1}{12}, \frac{2}{12}, \frac{3}{12}, \frac{4}{12} \cdots \frac{10}{12}, \frac{11}{12}$

② 둘이 짝이 되어 놀이를 시작한다.

③ 순서를 정하여 한 학생이 분수 카드 하나를 내려놓으면, 다른 학생은 먼저 내린 분수와 합이 1이 되는 분수 카드를 내려놓는다.

④ 이와 같은 놀이를 교대로 한다.

⑤ 합이 1이 되지 않으면 내려진 분수 카드 두 장을 모두 가져간다.

⑥ 먼저 분수 카드를 모두 내려놓는 학생이 이긴다.

5) 1에서 뺀 후 남는 분수 찾기

① 위 활동 4)와 같이 분수 카드를 2벌 만든다.

② 순서를 정하여 한 학생이 분수 카드 하나를 내려놓으면, 다른 학생은 1과 먼저 내린 분수와의 차가 되는 분수 카드를 내려놓는다.

③ 이와 같은 놀이를 교대로 한다.

④ 잘못된 분수 카드를 내리면 내려진 분수 카드 두 장을 모두 가져간다.

⑤ 먼저 분수 카드를 모두 내려놓는 학생이 이긴다.

6) 같은 분수 만들기

① 분모가 10인 분수 카드를 9장($\frac{1}{10}, \frac{2}{10}, \frac{3}{10}, \cdots, \frac{8}{10}, \frac{9}{10}$)과 가로와 세로가 각각 3칸씩인 놀이판을 준비한다.

② 가로, 세로, 대각선에 놓인 분수들의 합이 모두 같도록 분수 카드를 놀이판 위에 먼저 놓으면 이긴다.

놀이판

정답 예시

$\frac{8}{10}$	$\frac{1}{10}$	$\frac{6}{10}$
$\frac{3}{10}$	$\frac{5}{10}$	$\frac{7}{10}$
$\frac{4}{10}$	$\frac{9}{10}$	$\frac{2}{10}$

<그림 7.30> 분수 놀이판

7) 카드놀이

① 분수 카드 36장($\frac{1}{2}, \frac{1}{3}, \frac{2}{3}, \frac{1}{4}, \frac{2}{4}, \frac{3}{4}, \frac{1}{5}, \cdots, \frac{8}{9}$)과 바둑알 10개를 준비한다.

② 분수 카드를 골고루 잘 섞는다.

③ 분수 카드를 2장씩 뽑아 합을 구하여 합이 큰 학생이 바둑알을 하나씩 가져간다.

④ 바둑알을 많이 가져가는 학생이 승리한다.

⑤ 분수의 차를 구하는 것으로 하거나 학생의 수에 따라 세 분수의 덧셈으로 하

여도 된다. 처음에는 지필 계산으로 시작하고 차츰 숙달되면 어림을 통해 놀이를 하도록 한다.

7. 분수의 곱셈

가. 문제 영역 및 배경

우리는 일상에서 가끔 분수의 곱셈을 해야 할 경우가 있다. 예를 들면 "한 사람이 피자 1판의 $\frac{1}{2}$씩 먹을 경우 4명이 먹는다면 모두 얼마의 피자가 필요할까?" 라는 문제의 경우 이를 해결하기 위해서는 분수의 곱셈이 필요하고, 또한 분수의 곱셈을 알면 생활에 유용하다.

그러나 공간관계, 절차기억, 추론 및 수용언어 등에 어려움을 가진 학습장애 학생들은 분수의 곱셈에 어려움을 가진다.

분수의 곱셈은 분수의 덧셈과 뺄셈에 비해 상대적으로 가르치기 쉬운데, 왜냐하면 분수의 곱셈은 기본적으로 '분모는 분모끼리', '분자는 분자끼리' 곱하면 되기 때문이다. 따라서 분수의 곱셈을 위해서는 먼저 곱셈을 할 수 있어야 한다.

다음의 방법들은 학습장애를 가지고 있는 학생에게 성공적으로 사용될 수 있다. 이러한 방법들은 특별한 욕구를 충족시키는 데 있어서 도움이 되는 대안적 기술뿐만 아니라 기본적인 절차를 포함한다.

나. 학습 지도 활동

1) 색칠된 원형판

조각으로 나누어진 색칠된 원을 이용하여 분수의 곱셈을 할 수 있다. 예를 들면 $\frac{1}{3}$ 조각이 색칠된 6개의 원형판이나 종이에 만든 원을 사용한다. 색칠된 부분을 설명하는 분수의 곱셈식을 쓰도록 돕는다. 예: $\frac{1}{3} \times 6 = 2$.

$\frac{1}{3} \times 6 = 2$

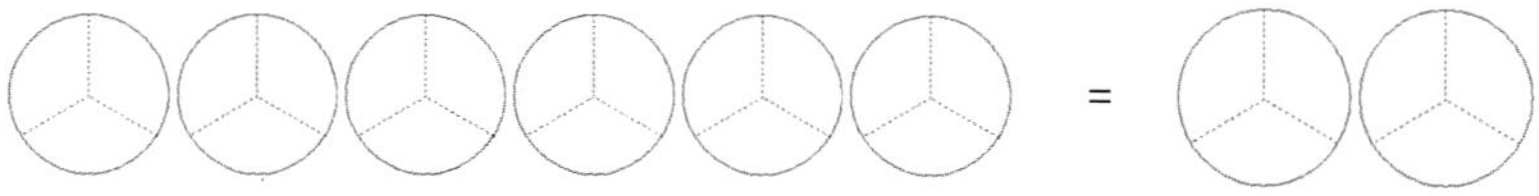

<그림 7.31> 분수 원형판

2) 여러 모양의 도형으로 분수 곱셈하기

그림과 같은 기하학적인 도형을 포함하는 학습지를 제공한다. 학생들은 $\frac{1}{2}\times2$, $\frac{2}{3}\times6$, $\frac{2}{3}\times9$ 등에 색칠하기 위해 연필이나 크레파스를 사용할 수 있다. 위 활동 1)에서처럼 색칠된 부분을 설명하기 위해 학생이 분수의 곱셈식을 쓰도록 안내한다.

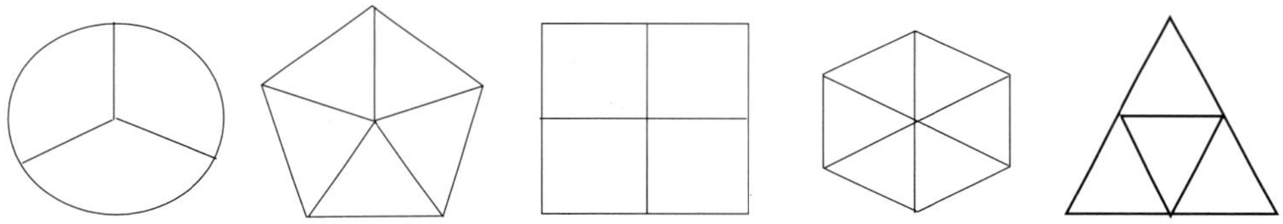

<그림 7.32> 분수 학습지

3) 나누기 먼저

절차에 문제를 가진 학생들은 먼저 나누기 패턴을 계산하고 나서 곱하기 패턴을 제안하는 것이 효과적이다. 예를 들어 $63\times\frac{2}{3}$에서 먼저 63을 똑같이 3묶음으로 나눈다(한 묶음은 21). 그런 다음 한 묶음을 2배하면 42가 된다. 다음 그림은 어떻게 색 단서가 이러한 생각을 지원하는 데 사용할 수 있는지를 설명한다.

$$16 \times \frac{5}{8}$$

□을 5배 하면 □가 된다.

$$16\times\frac{5}{8}=\square$$

아래 그림 ①은 단위 분수 이외의 인수를 위해 색 단서의 변화를 나타낸다. 이 예에서 학생의 주의는 먼저 16이 나누어지는 똑같은 묶음의 숫자 8에 초점을 맞춘다. 그리고 나서 사용되기 위한 묶음의 수(16)에 초점을 맞춘다. 학생이 곱셈을 그리도록 도와주기 위해, 그림 ②의 학습지와 크기가 같은 칩 16개를 준다. 학생은 문제를 해결하기 위해 학습지에 칩을 둔다(그림 ③ 참고).

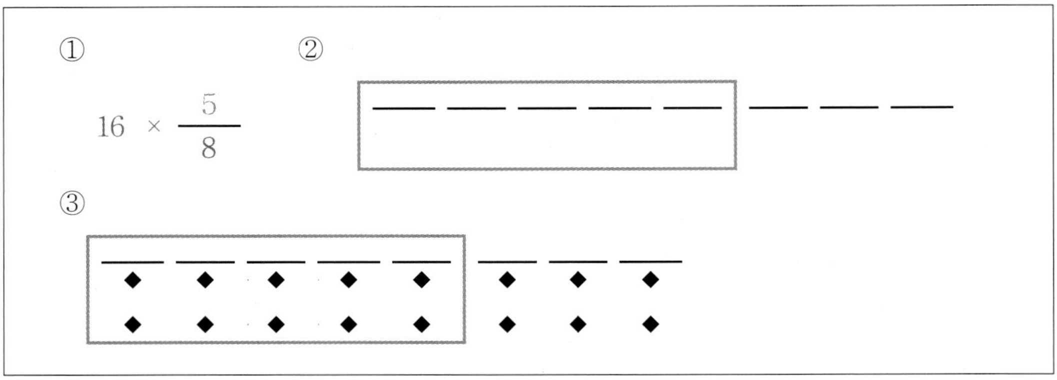

<그림 7.33> 분수 나눗셈

이 예에서 학생은 16개 칩을 가지고 하나씩 하나씩 16개의 칩 모두가 나누어질 때까지 학습지에 놓는다. 그리고 그들은 16개 중 10개의 칩이 붉은 네모 안에 있다는 것을 이해한다. 학생들이 이와 같은 시각적 또는 조작적인 도움이 필요없을 때, 그림 ①에 있는 것처럼 색 단서 숫자는 여러 모양의 칩으로 앞에서 활동한 것을 생각나게 하기 위해 제공할 수 있다.

4) 자연수×대분수

몇몇 학생들은 계산을 하기 위하여 대분수를 가분수로 변환하는데 어려움을 가진다. $4\times2\frac{3}{5}$같은 문제가 주어지면, $\frac{3}{5}$의 분자와 분모 모두에 4를 곱할지도 모른다. 이럴 경우 혼란을 방지하기 위해 배분법칙을 사용하여 대분수에 자연수를 곱하도록 가르치는 것이 유용하다.

$$
\begin{aligned}
4\times 2\frac{3}{5} &= 4\times\left(2+\frac{3}{5}\right)\\
&=(4\times 2)+\left(4\times\frac{3}{5}\right)\\
&=8+\frac{12}{5}\\
&=8+2\frac{2}{5}\\
&=10\frac{2}{5}
\end{aligned}
$$

5) 동전 튕기기 놀이

분수판으로 동전을 튕겨 동전이 위치한 분수들을 가지고 분수의 곱셈을 하는 놀이이다. 동전이 어느 위치에 있을 때, 상대방을 이길 수 있는지 생각하야 하기 때문에 학생들이 흥미를 가고 분수의 곱셈을 할 수 있다.

① 동전과 분수판을 준비한다.

② 두 사람이 분수판의 동전 위치에 동전을 놓고 한 번씩 손가락으로 튕긴다.

③ 동전이 걸친 부분에 쓰여진 수 중에서 두 수를 선택하여 가장 큰 수가 나오도록 곱한다.

④ 동전이 하나의 숫자에만 위치할 경우에는 그 수를 2번 곱한다.

⑤ 동전이 분수판 밖으로 완전히 나갈 경우는 한 번 더 기회를 준다. 두 번째도 밖으로 나갈 경우에는 두 수의 곱을 0으로 한다.

⑥ 곱셈의 결과가 큰 학생이 승리한다.

$2\frac{1}{2}$	$\frac{3}{8}$	$1\frac{1}{5}$	6
$\frac{6}{7}$	$\frac{3}{5}$	2	$1\frac{3}{8}$
$\frac{7}{10}$	4	$\frac{2}{3}$	$4\frac{3}{8}$
$\frac{3}{11}$	$\frac{7}{3}$	$4\frac{5}{6}$	$6\frac{1}{6}$

<그림 7.34> 동전 튕기기 분수판

8. 분수의 나눗셈

가. 문제 영역 및 배경

많은 학습장애 학생들은 분수의 나눗셈에 대한 이해가 부족한데, 이는 제수와 피제수의 관계를 알고 분수의 적용을 알아야 하기 때문이다. 다음 활동은 이러한 문제를 해결하는데 있어서 도움이 된다.

나. 학습 지도 활동

1) 역수 곱하기(뒤집고 곱하기)

$\frac{3}{4} \div 5 = \square$와 같은 문제를 해결하는 방법을 찾아보면 쉽게 이해할 수 있다.

예로 “전체 피자의 $\frac{3}{4}$이 있다. 이것을 5명이 똑같이 나누어 먹으려고 할 때 한 사람이 먹는 피자는 얼마나 될까?”를 그림으로 그리면 다음과 같다.

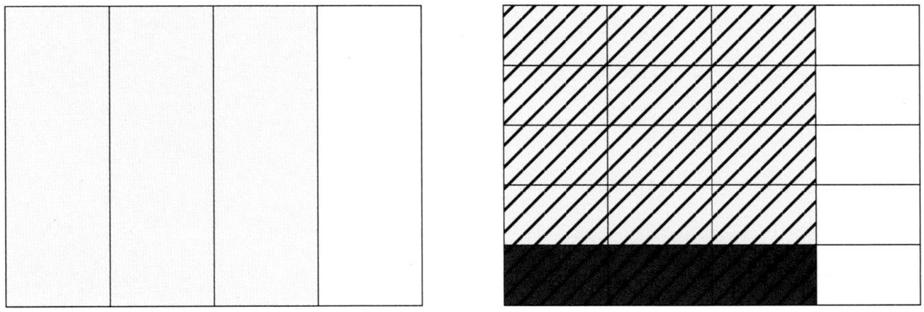

전체의 $\frac{3}{4}$ 전체의 $\frac{3}{20}$

<그림 7.35> 역수 곱하기

각 사람은 20조각 중 3개씩 먹게 된다. 즉 $\frac{3}{4} \div 5 = \frac{3}{20}$, 이 그림은 $\frac{3}{4} \times \frac{1}{5} = \frac{3}{20}$과 같은 그림이 된다는 것을 알게 될 것이다. 따라서 이 문제는 다음과 같이 바꾸어 쓸 수 있다. $\frac{3}{4} \div 5 = \frac{3}{4} \times \frac{1}{5}$. 즉 제수의 역수를 곱하여도 값은 같다는 것을 이해시켜야 한다.

2) 제수의 강조

분수의 나눗셈을 위해 제수를 역으로 하여 곱한다. 학생이 이 개념을 이해할 때, 분수가 역으로 되어야하는 것을 강조하기 위한 문제에 있는 제수에 색 단서를 제공하거나 네모 또는 원으로 강조하면 더욱 효과적이다.

3) 작은 수 만들기

분수 나눗셈의 계산 과정을 이해하고, 여러 가지 형태의 분수 나눗셈에서 몫이 작은 수가 되는 나눗셈식을 만들도록 하여, 분수 나눗셈을 능숙하게 할 수 있도록 한다.

① 진분수 카드 6장, 대분수 카드 6장, 가분수 카드 6장을 준비한다.
② 카드를 뒤집어 놓는다.
③ 가위-바위-보로 순서를 정한다.
④ 뒤집어 놓은 분수 카드를 차례로 2장씩 가져간다.
⑤ 가져간 분수카드로 나눗셈의 몫이 작게 나오도록 나눗셈식을 만든다.
⑥ 나눗셈의 몫이 작은 학생이 상대편의 분수 카드를 가져온다.
⑦ 분수 카드가 없어질 때까지 계속한다.
⑧ 분수 카드를 많이 모은 학생이 승리한다.

4) 내가 분수왕

① 분수 나눗셈이 적혀 있는 문제 카드와 계산 결과 카드 20세트를 만든다.
(예 $\frac{3}{4} \div 5$와 $\frac{3}{20}$카드가 한 세트)
② 문제 카드는 가운데 뒤집어 놓고, 결과 카드를 10장씩 나눠 가진다.
③ 번갈아가며 문제카드를 뒤집는다.
④ 문제 카드의 정답이 적혀있는 결과 카드를 내려놓는다.

[문제 카드] $\frac{3}{4} \div 5$ 일 경우, [결과 카드] $\frac{3}{20}$이 정답

(정답이 아닌 결과 카드를 내면 다른 사람의 결과 카드를 1장 받아온다.)
⑤ 먼저 결과 카드를 모두 내려놓은 학생이 이긴다.

5) 분수 나눗셈 할리갈리

① 그림과 같은 분수 카드를 48장 만든다.
② 모둠원(6명)이 똑같은 수(8장씩)만큼 분수 카드를 나누어 가진다.
③ 분수 카드를 한 장씩 낸다.
④ 똑같은 수를 나타내는 분수 카드가 2장 이상 나왔을 때, 가운데 종을 먼저 울리고 같은 수를 나타내는 분수 카드를 가지고 간다. 정답인지 모둠 친구 모두가 확인한다.
⑤ 만약 실수로 종을 쳤을 때는 분수 카드를 모둠원 친구들에게 한 장씩 주어야 한다.

⑥ 분수 카드를 모두 잃은 학생이 있을 때, 분수 카드를 가장 많이 모은 학생이 승리한다.

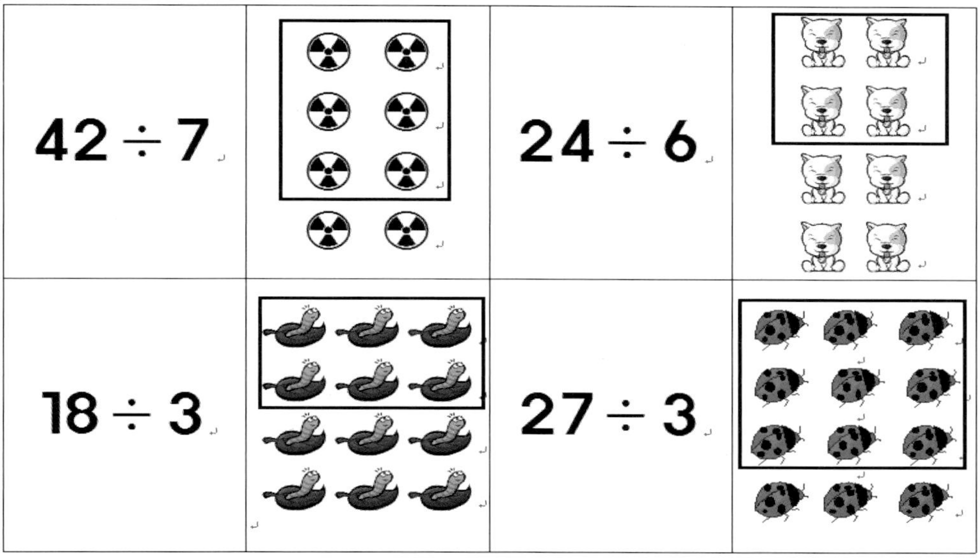

<그림 7.36> 분수 카드

요 약

1. 자연수에 익숙한 학생들에게 분수는 새로운 수의 확장으로 분수에 대한 학습이 어려운 이유는, 첫째, 실생활과의 연계적인 지도가 아닌 이론 중심으로 지도되고 있고, 둘째, 다양한 분수의 구성요소가 통합적으로 지도되지 못하고 분절적인 학습으로 이루어지고 있으며, 셋째, 조작활동이 적고 상징적인 수식과 기호 중심의 지도가 이루어지기 때문이다.

2. 분수의 개념을 구성하는 요소에는 첫째, 전체에 대한 부분의 크기를 나타내는 전체-부분의 관계, 둘째, 분수를 나눗셈의 결과로 해석하는 몫, 셋째, 도형의 합동과 닮음(확대, 축소)등을 이해하는데 필요한 연산자, 넷째, 상대적인 크기를 나타내는 비, 다섯째, 양을 나타내기 위한 수의 필요성 등이다.

3. 분수 학습에서 일반적인 어려움은 첫째, 원 모양에 익숙한 결과 다른 연속량 모델 또는 이산량 모델로의 일반화 어려움, 둘째, 분수가 등분할 상황을 나타낸다는 사실을 이해하지 못함, 셋째, 분수가 전체의 부분을 나타냄을 알지 못함, 넷째, 분수의 크기에 대한 감각 부족과 분수 크기 비교의 어려움, 다섯째, 분수에 대한 어림 능력 부족, 여섯째, 분수가 관계를 나타냄을 알지 못함 등이다.

4. 학습장애 학생들은 눈과 손의 협응, 공간 조직 및 수용언어 등의 결함으로 분수를 읽고 쓰는 데 어려움이 있다. 이러한 학생들의 지도를 위해 촉각과 운동감각 단서를 활용한 분수 읽고 쓰기, 색 단서 학습지 제공, 똑같은 방 만들기 게임, 색-단어-그림 단서 제공, 분수 읽기 놀이, 대분수 쓰기, 분수 빙고 게임 및 분수 땅따먹기 등을 활용할 수 있다.

5. 시각적 전경-배경, 공간 조직, 청각적 처리 및 추론 등의 결함으로 가분수를 대분수로 바꾸는데 어려움이 있는 학습장애 학생들을 위해 분수 모형 활용,

나눗셈과 색 단서 제공 등을 활용할 수 있다.

6. 동치분수의 학습에 어려움이 있는 학습장애 학생들을 위해 촉각 분수 놀이, 짝짓기 활동, 투명 덮개 활용, 점선 이용, 종이 접기 활동 및 분모가 주어진 동치분수 구하기 등을 적용할 수 있다.

7. 절차, 추론 및 표현언어 등에 어려움이 있는 학습장애 학생들의 기약분수 지도를 위해 공약수와 최대공약수 및 숫자 띠를 활용할 수 있다.

8. 학습장애 학생들에게 분수의 크기 비교를 가르치기 위해 퀴즈네어 색 막대, 분수 띠, 분수 조각판 및 대각으로 곱하기 활동 등을 적용할 수 있다.

9. 학습장애 학생들의 분수의 덧셈과 뺄셈의 오류를 줄이기 위해서는 계산에서 단계별 지도가 강조되어야 하고, 공통분모 만들기 및 분수 뺄셈에서 받아내림이 지도되어야 한다. 분수의 덧셈과 뺄셈 지도에 활용할 수 있는 방법에는 미션! 분수의 덧셈과 뺄셈, 분수 모형판을 이용한 덧셈과 뺄셈, 암호 풀기, 크기가 1인 분수 만들기, 1에서 뺀 후 남는 분수 찾기, 같은 분수 만들기 및 카드놀이 등이 있다.

10. 분수의 곱셈은 기본적으로 '분모는 분모끼리', '분자는 분자끼리' 곱해야 한다. 이러한 분수의 곱셈에 어려움이 있는 학습장애 학생들을 위해 색칠된 분수 원형판, 종이에 그려보기, 나누기 먼저, 자연수×대분수 및 동전 튕기기 놀이 등을 활용할 수 있다.

11. 학습장애 학생들의 분수 나눗셈 지도를 위해 역수 곱하기, 제수의 강조, 작은 수 만들기, 내가 분수왕 놀이, 분수 나눗셈 할리갈리 등을 활용할 수 있다.

제 8 장

소수 지도

초등학교에서 다루는 수는 자연수, 분수, 소수 등으로 각각의 수 개념을 순차적으로 학습하고 있다. 자연수를 이용하여 분수라는 새로운 수를 확장하게 되고, 분수 중 십진분수를 이용하여 소수라는 새로운 수를 확장해 감으로써 그 영역을 넓혀 간다. 즉 학생들은 자연수와 분수의 선수 학습을 바탕으로 소수에 대해 학습하게 된다(안영욱, 2007).

소수란 소수점을 이용하여 표기하는 수로, 우리 생활에서 무게나 길이 및 백분율 등을 나타낼 때 편리하고 효과적으로 사용되며, 수학 학습에서도 예를 들면 수의 크기를 비교할 때 분수보다는 소수가 편리하다. 이와 같이 소수는 생활 및 수학에서 꼭 필요한 개념임에도 불구하고 그 개념이 여러 가지로 해석될 수 있고, 자연수에 비해 친근한 영역이 아니며, 자연수와 분수를 다룬 다음 학습하여 선행 학습과 관련하여 여러 가지 결손이 발생하기 쉽기 때문에 학생들이 이해하기에는 어려운 영역이다(Resnick et al., 1989). 현행 초등학교 수학과 교육과정에서도 소수를 여러 단원에서 제시하고 있으며, 실제 교수 과정에서도 다른 영역에 비하여 많은 시간과 노력을 할애하고 있지만 많은 학생들은 이해에 어려움을 겪는다. 특히 학습장애 학생들은 자연수와 분수 등 소수와 관련된 선행 배경지식의 부족으로 소수 학습에 더욱 어려움을 겪고 있다.

따라서 학습장애 학생들의 소수 학습을 위해서는 자연수와 0, 그리고 분수에 대한 이해를 바탕으로, 블록, 수직선, 띠 등의 다양한 구체물을 활용한 조작 활동을 포함한 다양한 방법을 통한 소수의 학습이 필요하다.

이 장에서는 학습장애 학생들의 소수 학습에 도움이 되는 여러 가지 전략들에 대해 살펴보고자 한다.

1절. 소수 학습의 개요

1. 소수 학습 준비

소수는 어떤 양을 정해진 단위로 측정할 때 그 단위량의 몇 배가 될 때는 정수로 나타낼 수 있으나 보통은 나머지가 생긴다. 그 나머지 부분을 수치로 나타내자면 단위량을 몇 개로 등분한 것을 새로운 단위로 하여 측정해야 할 것이다. 이렇게 해서 얻어진 것이 분수와 소수이다.

앞에서 학습한 분수는 소수의 다른 표현이므로 모든 분수는 소수로 나타낼 수 있다. 소수가 분수와 같은 의미라면 왜 소수를 만들었을까? 이 문제의 답은 첫째, 다음의 두 문제를 비교해보면 쉽게 이해할 수 있다. $\frac{7}{10}$과 $\frac{11}{15}$ 중에서 큰 수를 알기 쉬운가? 아니면 이 분수와 크기가 같은 소수 0.7과 0.73 중에서 큰 수를 알기 쉬운가? 답은 분수에 비해 소수가 쉽고 빨리 알 수 있는데, 왜냐하면 소수는 소수점에 기초하고 있기 때문이다. 둘째, 소수를 활용하면 편리한 상황이 많기 때문이다.

2. 소수의 개념

소수는 0보다 크고 1보다 작은 수를 십진법의 관점에서 분모가 10인 거듭 제곱인 분수의 형태로 나타낸 것에서 나와서 십진분수란 의미를 갖고 있지만, 통상적으로 이를 소수점을 사용하여 십진기수법으로 나타낸 수를 말한다. 따라서 소수는 분수의 다른 표현이라는 관점과 십진기수법의 연장으로 보는 관점으로 사용되어 왔다. 그러나 소수 개념의 중요성이 강조되면서 소수 개념에 대한 다양한 관점이 제시되고 있다. 변희현(2005)은 소수 개념의 현상학적 분석을 통해 소수의 본질을 9가지 소수 개념 요소(측정수, 십진기수법, 분수, 비, 작용소, 통약불가능성, 무한 근사, 실무한, 계산수)로 추출 정리하였다. 여기에서는 소수의 기본 개념인 측정수, 십진분수 및 십진기수법 등에 대해 살펴보도록 하자.

가. 측정수

연속량의 측정값은 정수, 분수, 소수로 표현 가능하나 일반적으로 실제적인 측정에 사용되는 수는 소수이다. 소수는 단위의 세분에 의한 측정 과정에 기원을 둔다. 예를 들면 0.35는 주어진 선분을 10등분하여 얻은 $\frac{1}{10}$단위가 3번 포함되고, 남는 부분은 $\frac{1}{10}$단위를 다시 10등분하여 얻은 $\frac{1}{100}$단위가 5번 포함됨을 의미한다. 여기서 소수는 분수와는 달리 자동적이고 기계적인 방식의 단위 세분과정을 통하여 측정의 정확도를 높일 수 있다. 소수에 의한 측정은 십진기수법의 관점 즉 '0.35=3×0.1+5×0.01'을 사용한다. 그러므로 $\frac{1}{10}$단위는 $\frac{1}{100}$단위 10개로 구성된다는 관계에 주목하면 소수 0.35는 결과적으로 하위단위인 $\frac{1}{100}$단위가 35번 포함되는 것과 같은 의미이며 $\frac{35}{100}$와 같다. 이처럼 구체적인 측정 과정과 관련지어 소수의 특징을 살펴보면 $\frac{1}{10}$단위, $\frac{1}{100}$단위 등으로 세분된 단위를 사용하여 작은 부분까지 측정할 수 있고, 측정의 과정과 결과를 모두 나타낼 수 있다.

나. 십진분수

"십진분수는 분모가 10 또는 10의 거듭제곱인 분수"로 분수 지도와 소수 지도 사이에 개념적 교량역할을 한다. 실제 우리나라 교육과정에서도 소수를 십진분수로 도입하고 있는데, 분수 $\frac{1}{10}$의 다른 표기법인 0.1을 소수로 정의하고 있다. 거꾸로 말하면 소수는 십진법화한 분수 즉, 분모가 10의 거듭 제곱의 형태인 십진분수이다. 이처럼 다른 표기라는 점에서 소수 개념에는 분수의 요소가 내포되어 있다. 그러나 소수는 분수의 십진법화를 넘어 모든 실수의 십진법화를 가능하게 한다. 따라서 실수 범위에서 다루어지는 소수는 분수의 다른 표현이라는 수준을 넘어선다고 할 수 있다.

다. 십진기수법

십진기수법이 10을 단위로 커지는 것으로 생각한다면, 소수는 반대로 $\frac{1}{10}$, $\frac{1}{100}$, … 씩 줄어든다고 생각하면 된다. 이런 생각에서 소수의 개념이 생겨나게 되고 실생활에서 좀 더 편리하게 사용되게 된 것이다. 십진기수법의 완성을 통해 10개의 숫자 0, 1, 2,…, 9를 가지고 모든 실수에 유일한 기호 표현을 가능하게 한다. 이는 역사적으로 볼 때 1585년 Stevin이 보통 분수를 사람들에게 익숙한 십진법의 형태로 표현하기 위해 그의 저서 "The Art of Tenths or Decimal Arithmetic"에서 처음으로 소수를 형식적으로 정의함으로써(변희현, 2005) 정수의 십진기수법 아이디어가 소수 부분까지 확장·종합되어 이루어졌다.

2절. 소수 학습 지도의 실제

1. 소수의 읽기와 쓰기

가. 문제 영역 및 배경

소수는 보통 그림 8.1에서와 같은 수 모형을 사용하여 소개한다. 일반학생들은 이러한 수 모형 없이도 소수를 이해할 수 있지만, 시각·청각 변별과 기억, 추론 및 표현언어 등에 결함을 가진 학습장애 학생들은 수 모형과 같은 시각적 단서가 없다면, 소수를 해석하며 읽고 쓰는데 어려움이 있다. 또한 학습장애 학생들의 소수 지도를 위해 분수와 관련시키는 방법도 있다. 예를 들면 0.1은 하나의 단서만 있지만 0.1을 분수 $\frac{1}{10}$로 바꾸어 함께 지도한다면 관계적 학습이 이루어져 소수의 해석과 관련 학습에 보다 효과적일 것이다.

다음의 방법들은 소수를 분수와 관련시킴으로써 학생들이 소수를 쓰고 읽을 수 있도록 도와주기 위한 단계를 알려 준다.

나. 학습 지도 내용

1) 수 모형으로 소수 익히기

그림 8.1과 같은 3개의 수 모형(블록)으로 먼저 분수를 표현해 본다. 그런 다음 소수로 표현해 보는데, 분수의 분자와 분모 사이에 "—"가 있듯이 소수에는 소수점이 있음을 알게 한다. 즉 전체 10등분 중에 1부분은 $\frac{1}{10}$이고 이것을 소수로 하면 0.1이 됨을 알도록 한다. 소수점이 분수에서 "—"와 같은 역할을 하고, 소수점 아래의 숫자가 분수의 분자에 해당하는 것임을 강조한다. 이 때 학생의 이해를 돕기 위해 분수의 "—"와 소수의 소수점에 색 단서를 제공하여 강조할 수도 있다.

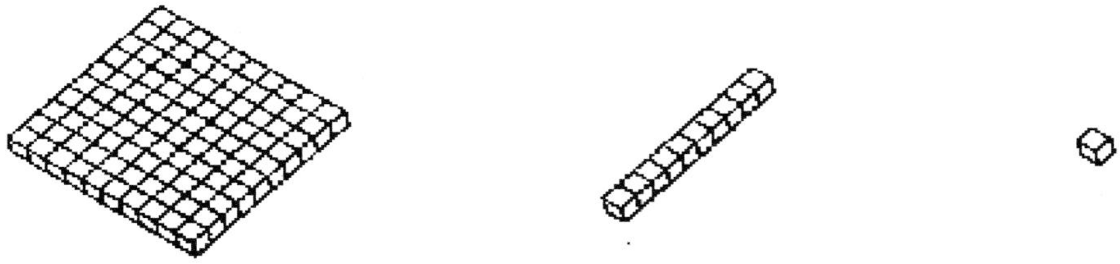

1	$\frac{1}{10}$ (10분의 1)	$\frac{1}{100}$ (100분의 1)
	0.1(영점 일)	0.01(영점 영일)

<그림 8.1> 수 모형을 활용한 소수 지도

2) 분수와 크기가 같은 소수

그림과 같은 학습지를 준비한다. 처음에는 학습지의 아랫부분을 덮고, 학생들이 실제 수 모형을 조작하여 윗부분에 보여지는 수 모형을 만들어 분수와 소수를 학습한다. 그런 다음 학습지 아래에 제시된 수 모형 그림대로 수 모형을 조작하여 분수를 먼저 쓰고, 그 분수와 크기가 같은 소수를 쓰도록 한다.

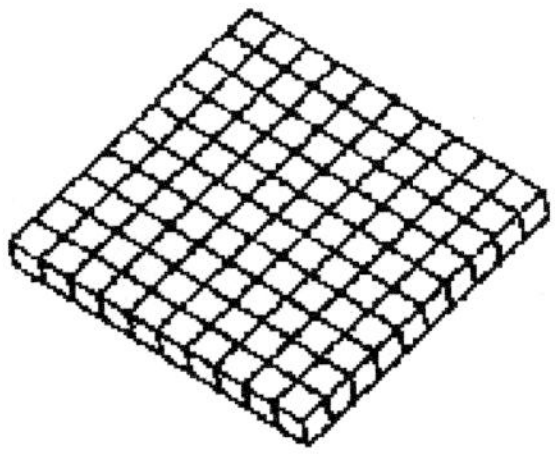 1	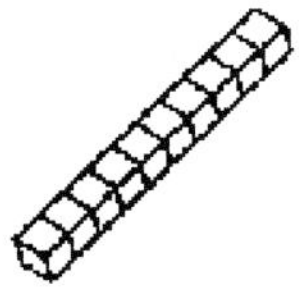 $\frac{1}{10} = 0.1$	 $\frac{1}{100} = 0.01$
	분수	소수
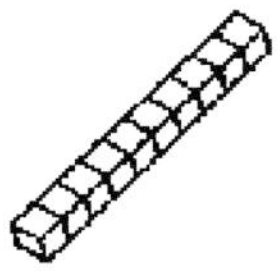 짜리 3개		
 짜리 15개		
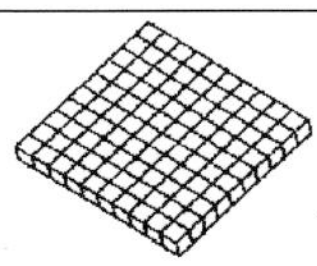 짜리 4개와  짜리 8개		

<그림 8.2> 분수와 소수 쓰기 학습지

3) 분수와 소수의 관계

소수에 대한 이해를 돕기 위해 분수 표기법과 소수 형식을 관련시키도록 한다. 즉 분수 $\frac{1}{10}$과 크기가 같은 소수는 0.1인데, 분모 10에서 0이 1개이기 때문에 소수

0.1에서도 소수점 이하의 수가 1개이고, 분수 $\frac{1}{100}$과 크기가 같은 소수는 0.01인데, 분모 100에서 0이 2개이기 때문에 0.01에서도 소수점 이하의 수가 2개가 된다. 따라서 분수의 분모에서 0의 의미(개수)는 소수에서 곧 소수점 이하의 자리수를 나타낸다는 것을 알도록 한다.

그리고 분수를 소수로 또는 소수를 분수로 바꾸는 연습을 한다. 이런 활동을 통하여 분수와 소수의 관계를 보다 확실히 알도록 한다. 이 경우에도 그림을 제시하여 시각적 단서를 제공하거나 수 모형으로 조작활동을 하는 것이 도움이 된다.

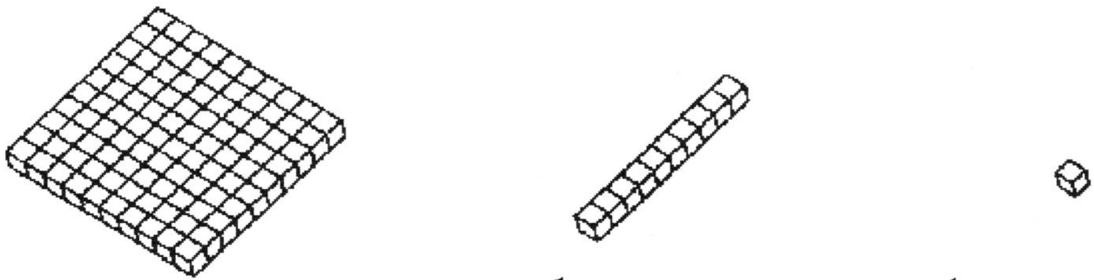

1 $\qquad \frac{1}{10} = 0.1 \qquad \frac{1}{100} = 0.01$

1. 위 그림을 보고 다음 분수를 소수로 바꾸어 쓰세요.

1) $\frac{2}{10} =$ 2) $\frac{7}{10} =$ 3) $\frac{1}{10} =$

4) $\frac{37}{100} =$ 5) $\frac{69}{100} =$ 6) $\frac{1}{100} =$

2. 위 그림을 보고 다음 소수를 분수로 바꾸어 쓰세요.

1) 0.9 = 2) 0.2 = 3) 0.36 =

4) 0.07 = 5) 1.38 = 6) 1.24 =

7) 0.82 = 8) 0.09 = 9) 1.78 =

<그림 8.3> 분수와 소수의 관계 기본학습지

[보기] $\frac{6}{100}$ = 100분의 6 = 0.06 　　 $\frac{9}{10}$ = 10분의 9 = 0.9
1. 빈칸에 알맞은 분수와 소수를 쓰시오. 분수로 쓰기 　 소수로 쓰기 10분의 4 = ________ = ________ 100분의 18 = ________ = ________ 100분의 7 = ________ = ________
2. 빈칸에 알맞은 소수를 쓰시오. 100분의 9 = ________ 100분의 16 = ________ 10분의 5 = ________

<그림 8.4> 분수와 소수의 관계 심화학습지

2. 소수의 크기 비교

가. 문제 영역 및 배경

공간 조직, 기억 및 추론 등에 결함을 가지고 있는 학습장애 학생들은 소수의 크기 비교에서도 어려움을 보인다. 이는 분수의 크기 비교와 마찬가지로 소수에서도 소수의 단위를 생각하지 않고 단순히 숫자에 초점을 맞추기 때문이다. Resnick (1989)은 학생들이 소수의 크기를 비교할 때에 범하는 부적절한 오류를 세 가지로 나누어 설명하고 있다.

첫째, 소수 부분의 자리수가 많은 수를 큰 수인 것으로 인식하는 오류이다. 즉 4.514가 4.8보다 크다고 생각하는데, 왜냐하면 소수 부분의 자리수가 .514가 많으므로 .8보다 크다고 생각한다. 이것은 소수의 크기 개념을 0과 자연수의 연장선에서 보기 때문이다.

둘째, 첫째와 반대로 소수 부분의 자리수가 적을수록 소수가 크다고 인식하는 것으로, 예를 들면 7.2가 7.354보다 큰 수로 인식하는 오류이다. 이것은 소수 끝자리 값이 소수점에서 멀어질수록 작아지므로 전체의 소수 값이 작아진다고 생각하는 것이다.

셋째, 소수점 바로 다음에 0이 오는 수가 작다고 보는 오류인데, 0은 수의 값이 0이고 소수점 바로 다음에 오기 때문에 소수 전체가 작다고 보는 것이다. 예를 들면 3.09가 2.89보다 작다고 인식하는 것이다. 이러한 오류가 학생이 분수적 지식이 부족한 상태에서 소수에서 0과 자연수 지식을 적용하려고 하기 때문이다.

소수는 십진기수법을 통해 표시하므로 크기 비교는 자연수의 크기 비교와 같은 방법으로 한다. 비교의 순서는 소수 첫째 자리수, 소수 둘째 자리수, 소수 셋째 자리수 등의 순으로 한다. 소수의 크기를 비교하는 데 있어서 먼저 다양한 모델을 통해 직관적으로 비교하는 과정이 필요하다. 다음의 방법들은 소수 비교에 어려움이 있는 학생들에게 유용한 방법들이다.

나. 학습 지도 내용

1) 소수 띠 활용

다음 그림과 같이 소수 띠를 활용하는 것은 한 자리 수의 소수를 비교할 때 효과적인 방법으로, 두 소수 띠를 맞대어 색칠된 부분의 크기를 비교한다. 이러한 시각적 단서는 학습장애 학생들에게 소수의 크기를 구체화하고 관계적 이해를 가능하게 한다.

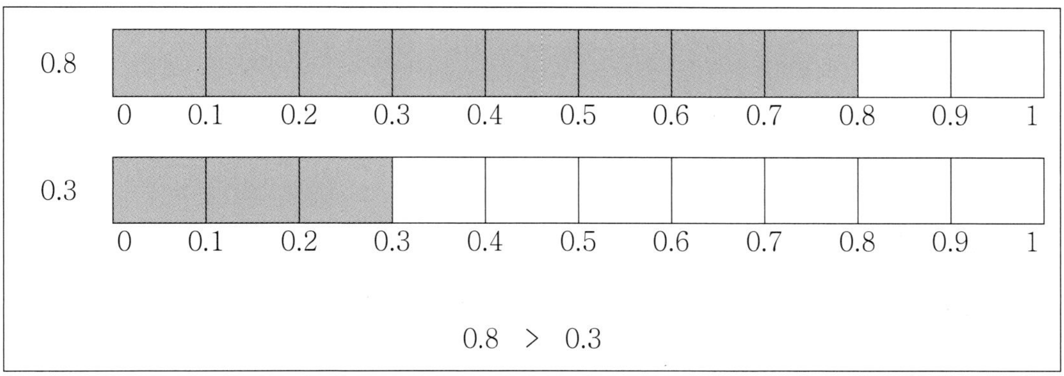

<그림 8.5> 소수 띠

2) 정사각형 색칠하기

소수 한 쌍이 주어지면 어느 것이 더 큰지 알아보기 위하여 학생은 그림과 같이

100칸 정사각형에 색칠을 하여 어느 쪽이 더 많이 색칠되었는지 비교할 수 있다. 이와 같은 정사각형 모형은 두 자리 수의 소수를 비교할 때 효과적이다.

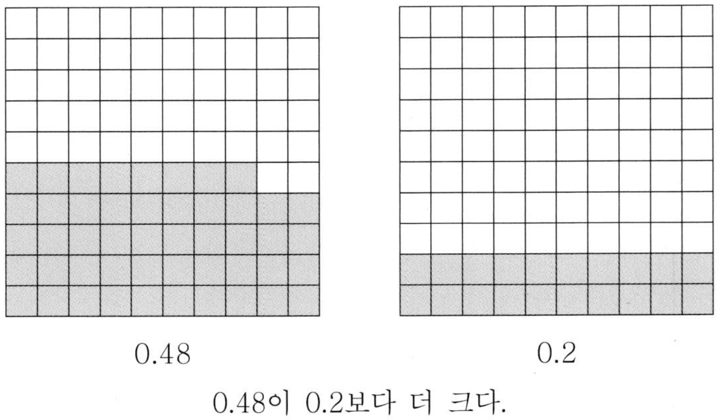

<그림 8.6> 100칸 색칠하기를 통한 소수의 크기 비교

3) 수직선 활용

공간 조직에 어려움이 있는 학생의 경우 배열을 통한 비교를 돕기 위해 수직선 위에 소수를 위치시켜 크기를 비교할 수 있다. 이 방법은 작은 소수에서 큰 소수로 이동하여 위치를 알 수 있기 때문에 공간조직에 어려움이 있는 학생에게 유용하다. 물론 이 경우에도 손으로 수직선을 추적하면서 학습하면 더욱 효과적이다.

※작은 소수부터 수직선에 표시하세요

0.6, 0.4, 1.4, 1.2

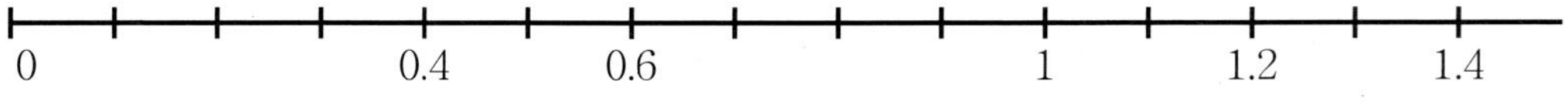

<그림 8.7> 소수 수직선

4) 소수점 정렬하기

소수 비교에서 가장 먼저 해야 할 일은 소수점을 같이 맞추는 소수점 정렬이다.

그런 다음 숫자 비교를 위해 왼쪽에서 오른쪽으로 한 자리씩 읽어나간다. 학생은 손가락으로 추적하여 각 자리수를 비교하고 차이를 발견할 때, 더 큰 숫자를 가진 수가 더 크다는 것을 알 수 있다.

0.68	〉	0.46
0.46	〉	0.046
6이 4보다 크기 때문에 0.68이 0.46보다 크다.		4가 0보다 크기 때문에 0.46이 0.046보다 크다.

<그림 8.8> 소수점 정렬

5) 색 단서

색 단서는 비교에서 중요한 숫자에 주의를 끌 수 있다. 이러한 색 단서는 전경-배경 또는 다른 지각의 결손을 가진 학생에게 초기 학습 동안 특별히 도움이 된다. 소수 비교의 경우 소수점 이하 자리별로 색을 달리하여 숫자를 쓴다면 비교하기에 더욱 효과적이다.

0.68 0.46	0.46 0.046
소수 첫째 자리수 - 파란색 소수 둘째 자리수 - 빨간색	소수 첫째 자리수 - 파란색 소수 둘째 자리수 - 빨간색 소수 셋째 자리수 - 보라색

<그림 8.9> 색 단서

6) 소수 자리수에 0 추가하기

어떤 학생들은 주어진 두 소수의 자리수가 다를 때, 크기를 비교하는데 어려움을 보인다. 이럴 경우 다음 그림처럼 별도의 0을 추가시켜 소수 전체의 자리수를 맞춘 다음 비교하는 것이 더 쉽다. 왜냐하면 $\frac{240}{1000}$은 $\frac{24}{1000}$보다 크다는 것을 명확하게 알 수 있는 것처럼, 소수의 비교에서도 0을 추가하여 자리수를 같게 하여 비교하는 것이 효과적이다: $\frac{240}{1000}$은 $\frac{24}{1000}$보다 명확히 크다 - "우리는 1을 만들기 위해 필요한 1000개 중 24개보다 더 많은 1000개 중 240개를 가지고 있다."

0.024 0.24	0.024 0.240
자리수 비교에 어려움이 있음	0을 추가하여 자리수가 같아져 비교하기 쉬움

<그림 8.10> 0 추가하여 비교하기

3. 소수의 덧셈과 뺄셈

가. 문제 영역 및 배경

일반적으로 소수 계산을 위한 기초는 정수 계산 절차와 같다. 그러나 이 때 주의해야 할 것은 소수점이다. 이러한 소수 계산에서 학습장애 학생들은 처음에 분수보다 더 어려움을 가지는데, 왜냐하면 첫째는 소수에 대한 시각적 이미지 형성 및 이해가 부족하고, 둘째는 소수점이 있으므로 해서 연산을 할 때 소수점을 고려해야 하기 때문이다.

다음 그림 8.18은 학생들이 소수 계산에서의 일반적인 오류들이다. 그림 A에서 철수는 소수점보다 숫자를 중심으로 정렬하였다. 영희는 계산의 첫 번째 단계로 5에 잘못하여 4를 더했고 마지막 단계에서, 덧셈을 완성하기 전에 2에 정수 8을 더했다. 그림 B에서 학생은 3을 아래로 내리는 것부터 시작하여 자연수의 빼기와 같은 방법으로 뺄셈을 마무리했다. 그림 C에서는 소수 부분이 먼저 더해지고 나서 정수 부분이 더해졌으며, 두 개의 하위 계산은 독립적으로 기록되었다.

이와 같은 오류가 때때로 부주의한 것일지라도, 그것들은 특별히 이 장의 시작부분에서 확인된 특정 결함으로부터 생길 수 있다. 다음의 방법들은 소수의 덧셈과 뺄셈에 관련된 문제를 해결하는데 도움을 줄 것이다.

A) 덧셈 3.5 + 0.24 + 8.3

철수

```
  1
  3.5
 0.24
+ 8.3
-----
 1.42
```

영희

```
  1
   3.5
  0.24
+  8.3
------
 14.09
```

B)

```
 6 12
 7.2
-0.63
-----
 6.63
```

C)

```
  6.3
+ 3.8
-----
 9.11
```

<그림 8.11> 소수의 계산 오류

나. 학습 지도 내용

1) 10-모형 활용

소수 도입하기에서 사용된 10-모형(또는 모눈종이 조각)을 소수 계산에서도 활용할 수 있다. 소수에서 10-모형은 기본적으로 0.1이 된다. 10-모형이나 모눈종이를 실제로 조작해 봄으로써 소수의 연산에 대한 개념 형성에 도움을 준다.

2) 말로 표현하기

수 모형을 조작할 때 학생들이 하는 활동을 말로 표현하도록 한다. 처음에는 교사가 시범을 보여준다. 예를 들면 "0.1+0.04에서 0.1은 $\frac{10}{100}$이고, 0.04는 $\frac{4}{100}$이므로 더하면 $\frac{14}{100}$가 된다. 따라서 이를 소수로 바꾸면 0.14가 된다." 이렇게 소수의 계산을 말로 표현하는 것은 주의집중을 유지시키고, 자신의 말을 청각적으로 들음으로써 점검의 기회를 제공해주기 때문에 소수의 연산 과정을 보다 명확하게 이해하는데 도움을 준다.

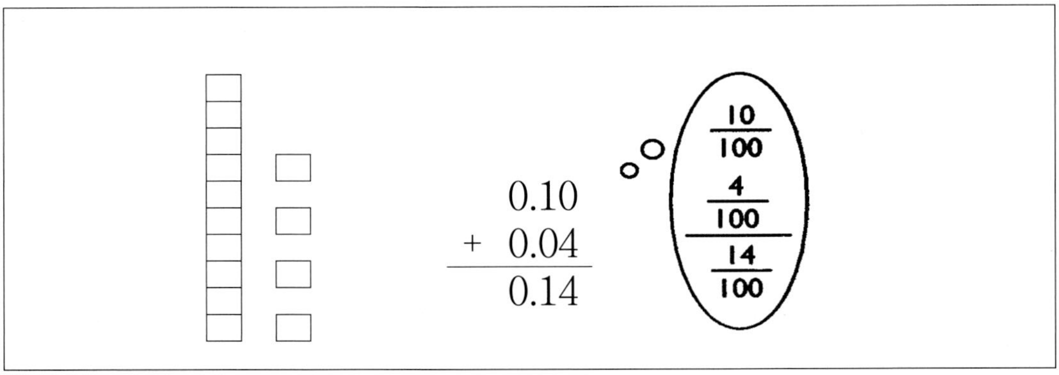

<그림 8.12> 소수 계산을 말로 표현하기

3) 주사위와 소수 놀이판

주사위와 소수 놀이판을 이용한 게임을 통하여 소수의 덧셈과 뺄셈을 학습할 수 있도록 한다. 이러한 게임의 이용은 흥미와 더불어 연산에 대한 반복학습을 가능하게 한다.

① 주사위, 놀이판, 말을 준비한다.

② 주사위를 던져 나온 수만큼 말을 움직인다.

③ 해당하는 칸의 문제를 해결하면 주사위를 던진 만큼 말을 움직일 수 있지만, 문제를 해결하지 못하면 이전의 자리로 돌아간다.

④ 미션을 만날 경우 미션을 수행해야 한다. 수행하지 못하면 이전 자리로 되돌아간다.

⑤ 도착점에 먼저 도착하는 학생이 승리한다.

<그림 8.13> 소수 놀이판

4. 소수의 곱셈

가. 문제 영역 및 배경

소수의 곱셈은 자연수의 곱셈능력을 기본으로 한다. 그리고 이에 더하여 소수점 찍기가 중요하다. 소수의 곱셈에서 학생들이 하는 흔한 실수 중의 하나는 1.2×0.4=4.8

과 같이 소수점을 잘못 찍는 경우이다. 즉 소수의 곱셈에서 소수점 찍기는 소수의 덧셈, 뺄셈에서의 소수점 찍기와는 차이가 있는데, 공간, 절차 및 작업기억 등에 어려움을 갖고 있는 학습장애 학생들은 소수의 덧셈이나 뺄셈과 같이 소수점 찍기를 한다.

따라서 이러한 학생들은 먼저 곱셈 능력을 연습하고, 다음으로 소수점의 위치 정하는 방법을 지도하는 것이 필요하다. 다음의 방법들은 소수의 곱셈에 어려움을 가지는 학생들에게 적용할 수 있는 방법들이다.

나. 학습 지도 내용

1) 블록 및 수직선 이용

블록을 이용하여 학생들이 조작해 봄으로써 소수의 곱셈에 대한 이해를 높일 수 있다. 예를 들면 0.8×3은 0.8을 3번 더함으로 쉽게 이해될 수 있기 때문에 다음과 같이 블록을 준비하여 계산에 도움을 줄 수 있다.

① 그림과 같이 블록 10개가 들어가는 빈통 3개와 낱개 블록을 준비한다.

② 각 통에 8개의 블록을 담는다.

③ 마지막 통에 들어 있는 블록을 다른 2개의 통에 가득 채워 넣는다.

④ 놓여진 블록을 확인한다.

<그림 8.14> 블록을 활용한 소수 곱셈

또한 수직선을 이용함으로써 소수의 곱셈에 대한 이해를 높일 수 있는데, 수직선은 특히 곱셈의 결과를 연속량으로 표현해 줌으로써 학생들의 이해에 더욱 도움이 된다. 예를 들면 0.5×3은 다음 수직선에서와 같이 0.5씩 3번 뛰어 세면 1.5가 되기 때문에 쉽게 이해될 수 있다.

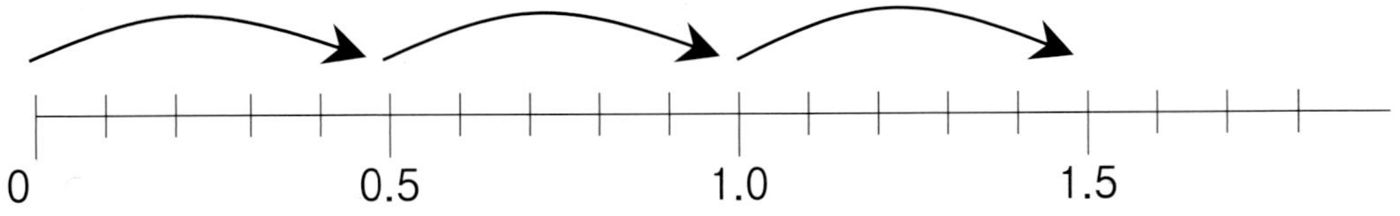

$0.5 \times 3 = 0.5 + 0.5 + 0.5 = 1.5$

<그림 8.15> 수직선을 활용한 소수 곱셈

2) 소수를 분수로 바꾸어 계산하기

소수의 곱셈에서 절차 또는 기억 문제 및 추론 등에 결함을 가진 학생은 다음 접근법이 효과적이다. 만약 학생이 분수 곱셈을 잘 할 수 있고 소수를 분수 형식으로, 분수를 소수 형식으로 바꾸는 것에 어려움이 없다면, 다음 그림에서 설명되어진 순서로 소수의 곱셈 문제를 풀 수 있다. 처음에는 암산으로 쉽게 계산되어질 수 있는 문제를 선택한다면 더욱 효과적이다.

단계 1) 소수를 분수로 바꾸기
단계 2) 분수의 곱셈하기
단계 3) 분수를 소수로 바꾸기

A) 단계 1과 2 — 단계 3

$0.4 \times 0.03 = \frac{4}{10} \times \frac{3}{100} = \frac{12}{1000}$ — 0.012

B) 단계 1과 2 — 단계 3

$0.8 \times 0.6 =$

※ A)를 보고 B)에 연습한다.

<그림 8.16> 소수를 분수로 바꾸어 계산하기

3) 색 단서를 이용한 소수점 찍기

소수의 곱셈은 자연수의 곱셈과 같다. 여기에 소수점을 소수점 이하의 자리수 만큼 찍으면 되는데, 곱셈식 문제(좌변)의 소수점 자리수와 답(우변)의 소수점 자리수는 같다는 것을 강조한다. 따라서 다음 그림과 같은 색 단서를 이용하여 소수점 이하의 수를 표시하도록 한다. 즉 소수의 곱셈식 문제(좌변)에서 소수점 이하 수는 파란색으로 표시하여 학생들이 소수점 이하의 숫자가 몇 개인지 파악하도록 한다. 그러면 답에서 소수점 이하 자리수는 문제(좌변)의 자리수와 같으므로 쉽게 소수점을 찍을 수 있다.

A)

```
    0.8  - 8은 파란색
×   0.9  - 9는 파란색
─────────────────────
  0.72  -  72는 파란색
```

: 문제에 두 자리 소수가 있다(파란색 숫자 2개).
결과는 두 자리 소수가 있다(파란색 숫자 2개).
따라서 문제와 답에 있는 소수의 자리 수는 똑같다.

B)

① 1.2 × 3 = 3.6 곱셈식의 문제 .2와 답의 .6은 파란색
② 1.2 × 0.3 = 0.36 곱셈식의 문제 .2, .3과 답의 .36은 파란색
③ 1.2 × 0.03 = 0.036 곱셈식의 문제 .2, .03과 답의 .036은 파란색

☞ 색 단서를 통하여 곱셈식 문제(좌변)의 소수점 이하 자리수와 답(우변)의 소수점 이하 자리수는 같음을 알게 한다.

<그림 8.17> 색 단서를 활용한 이용한 찍기

4) 소수점 찍기

소수의 곱셈에서 소수점 위치에 대한 패턴을 강화하기 위해 일반적으로 다음과 같은 문제를 보여준다. 학생은 곱셈에서 소수점을 찍는 각 문제의 마지막 단계만을 완성한다.

$$\begin{array}{r} 7.2 \\ \times\ 0.6 \\ \hline 4\,3\,2 \end{array} \qquad \begin{array}{r} 9.6 \\ \times\ \ 3 \\ \hline 2\,8\,8 \end{array} \qquad \begin{array}{r} 5.41 \\ \times\ \ 4 \\ \hline 2\,1\,6\,4 \end{array}$$

<그림 8.18> 소수점 찍기

5) 계산기 사용하기

여러 가지 방법으로 소수의 곱셈을 지도하여도 소수의 곱셈에 어려움이 있는 학생의 경우 계산기 사용을 고려해 볼 수 있다. 이 경우에도 단순히 계산 결과만 구하기보다는 소수의 곱셈 계산 과정에 대한 이해를 강조하면서 계산기를 사용하도록 한다.

5. 소수의 나눗셈

가. 문제 영역 및 배경

우리는 일상생활에서 많은 경우 자연수÷자연수의 연상을 다룬다. 그러나 예를 들면 “5.2L의 우유를 4명이 똑같이 나누어 마시면 한 사람이 얼마의 우유를 마실 수 있는가?” 와 같이 소수로 된 어떤 양이나 길이를 등분할 경우가 생긴다. 이럴 경우 소수의 나눗셈이 필요하다. 그러나 공간관계 결함으로 소수점의 위치잡기가 어렵고, 절차기억 및 실행기능 등에 어려움이 있는 학습장애 학생들은 소수의 나눗셈에 어려움을 겪는다. 다음의 방법들은 소수의 나눗셈에 어려움을 가지는 학생들에게 적용할 수 있는 방법들이다.

나. 학습 지도 내용

1) 블록 활용 및 색칠하기

블록(수 모형) 조작활동은 학생들이 소수의 나눗셈을 이해하는데 도움이 된다. 따라서 그림과 같은 블록을 이용하여 조작활동을 해 보도록 한다.

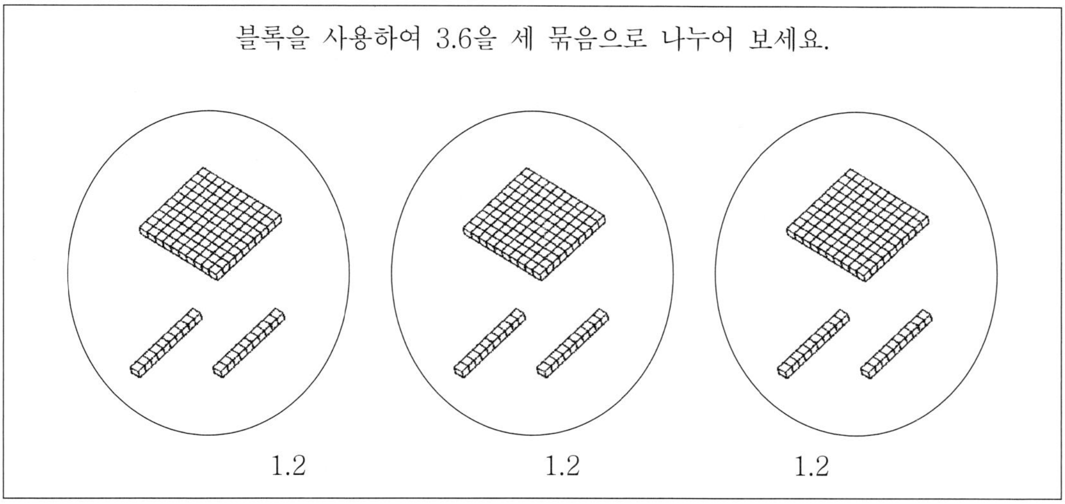

<그림 8.19> 블록을 사용하여 나누기

또는 소수의 나눗셈 이해를 돕기 위하여 다음과 같은 색칠하기 활동을 이용할 수 있다. 예를 들어 2.8÷2가 얼마인지 알아보기 위하여 2.8L를 2개의 비커 그림에 나누어 색칠하여 보게 한다.

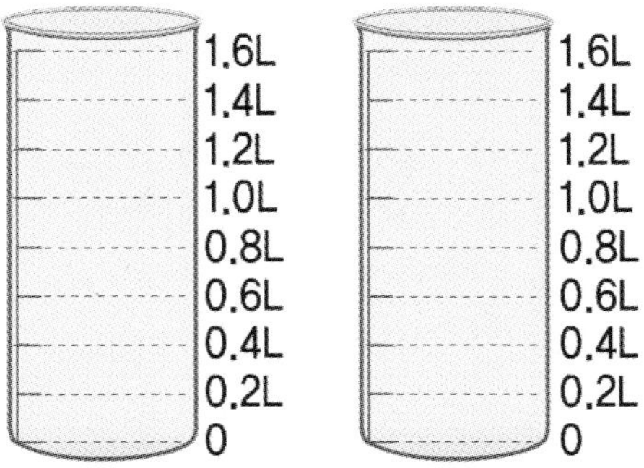

<그림 8.20> 색칠하여 나누기

2) 몫과 피제수에 색 단서 이용하기

소수의 나눗셈에서 세로셈인 경우 몫과 피제수에 색 단서를 이용한다. 즉 피제수와 이에 해당하는 몫의 숫자를 같은 색으로 하여 학생들이 소수의 나눗셈 관계를 보다 확실하게 알도록 한다. 예를 들면 3.27 ÷ 3의 경우 다음 나눗셈에서 피제수 3

과 몫 1은 검정색, 2와 0은 파란색, 7과 9는 빨간색 등으로 같은 색을 사용한다.

$$\begin{array}{r} 1.09 \\ 3\overline{)\,3.27} \end{array}$$

3) 분수 활용

만약 학생이 소수를 해석하는 것에 어려움이 있다면 소수의 나눗셈에 분수를 활용할 수 있다. 학생은 단계 1) 분수로 고쳐 쓰고 나누기, 단계 2) 대분수로 답 쓰기, 단계 3) 마지막으로 소수로 고쳐 쓰게 함으로 소수 나눗셈 방법이 쉽다는 것을 알 수 있다. 다음 그림은 지각, 기억, 절차 또는 공간 조직에 어려움을 가진 학생을 돕기 위해 사용될 수 있는 분수를 활용한 소수의 나눗셈을 색으로 강조한 학습지이다.

단계 1) 분수로 고쳐 쓰고 나누기
단계 2) 대분수로 답을 쓰기
단계 3) 소수로 다시 쓰기

단계 1	단계 2	단계 3
(파란색)	(검정색)	(빨간색)

<그림 8.21> 분수를 활용한 소수의 나눗셈

4) 계산기 사용하기

소수의 곱셈과 마찬가지로 여러 가지 방법으로 소수의 나눗셈을 지도하여도 어려움이 있는 학생의 경우 계산기 사용을 고려해 볼 수 있다.

요 약

1. 소수란 소수점을 이용하여 표기하는 수로, 생활이나 수학학습에서 편리하고 효과적으로 사용된다. 그러나 학습장애 학생들은 자연수나 분수 등의 선행 지식의 부족과 정보처리과정의 결함으로 소수 학습에 어려움을 보인다.

2. 시각·청각 변별과 기억, 추론 및 표현언어 등의 결함으로 인해 시각적인 단서의 도움 없이는 쓰여진 소수를 읽거나 쓰기에 어려움을 가진 학습장애 학생들이 소수를 분수와 관련시킴으로써 소수를 쓰고 읽을 수 있도록 도와주기 위한 지도 방법에는 수 모형으로 소수 익히기, 분수와 크기가 같은 소수 찾기, 분수와 소수의 관계 알기 등이 있다.

3. 공간 조직, 기억 및 추론 등에 관련된 어려움을 보이는 학생들은 소수의 단위를 생각하지 않고 단순히 숫자에 초점을 맞추기 때문에 소수의 크기 비교에서 많은 오류를 범한다. 따라서 소수의 크기를 비교할 때 다양한 방법을 통해 직관적으로 비교하는 과정을 먼저 거치면 효과적이며 소수 띠 활용, 정사각형 색칠하기, 수직선 활용, 소수점 정렬하기, 색 단서 주기, 0 추가하기와 같은 방법들을 활용할 수 있다.

4. 학습장애 학생들은 소수에 대한 시각적 이미지 형성 및 이해가 부족하고, 소수점이 있으므로 해서 연산을 할 때 소수점을 고려해야 하기 때문 분수 계산보다 소수 계산에서 더 많은 어려움을 가진다. 따라서 소수의 덧셈과 뺄셈 지도를 위해 10-모형 활용, 말로 표현하기, 소수 놀이판 등을 활용할 수 있다.

5. 소수의 곱셈에서 학생들이 하는 흔한 실수 중의 하나는 소수점을 잘못 찍는 경우이다. 소수의 곱셈에서 소수점 찍기는 소수의 덧셈, 뺄셈에서의 소수점 찍기와는 차이가 있는데 공간, 절차 및 작업기억 등에 어려움을 갖고 있는 학습

장애 학생들은 종종 이와 같은 오류를 범한다. 소수의 곱셈 지도를 위해 블록 및 수직선 이용, 소수를 분수로 바꾸어 계산하기, 색 단서를 이용한 소수점 찍기, 계산기 사용 등을 활용할 수 있다.

6. 공간관계, 절차기억 및 실행기능 등에 어려움이 있는 학습장애 학생들에게 소수의 나눗셈을 지도할 때 활용할 수 있는 방법에는 블록 조작 활동, 색칠하기, 색 단서 주기, 분수 활용하기, 계산기 사용 등이 있다.

참고문헌 Reference

강문봉, 강완, 김남희, 김수환, 나귀수, 박경미, 박영배, 백석윤, 송상헌, 유현주, 이경화, 이중권, 임문규, 임재훈, 장혜원, 정동권, 정영옥, 정은실, 허혜자 공역(1999). 초등 수학 학습지도의 이해. 서울: 양서원.

강영란, 남승인(1999). 수학 수업에서의 관찰평가 방안. 초등수학교육, 3(2), 143-149.

계영희, 김진숙(2003). 우리아이 수학 가르치기. 서울: 경문사.

곽금주, 박혜원, 김청택(2001). 한국 웩슬러 아동 지능검사(K-WISC-III) 지침서. 서울: 특수교육.

교육과학기술부(2009). 2009 특수교육연차보고서.

교육과학기술부, 한국교육과정평가원(2009). 초등학교 3학년 국가수준 기초학력진단평가.

국립특수교육원(2009). 특수교육학용어사전. 서울: 하우.

김동일(2007). 기초학습기능 수행평가체제: 수학검사. 서울: 학지사.

김동일(2008). 기초학습기능 수행평가체제: 읽기검사, 쓰기검사. 서울: 학지사.

김동일, 이대식, 신종호(2009). 학습장애아동의 이해와 교육(2판). 서울: 학지사.

김석우, 김명선, 강태용, 정혜영(2000). 포트폴리오 평가의 이론과 실제. 서울: 학지사.

김숙자, 김현정(2005). 유아 수놀이 교육. 서울: 문음사.

김용욱, 변찬석, 박찬웅, 우정한, 이근용(2002). 학습장애아 교육의 이론과 실제. 경산: 대구대학교출판부.

김용욱, 변찬석, 우정한, 김남진, 이창섭, 이근용, 박정식 역(2009). 현장 중심의 학습장애아동 교육. 서울: 시그마프레스.

김윤옥(2006). 학습장애 판별을 위한 중재반응모형(RTI)의 이상과 함정. 특수교육학연구, 41(3), 141-161.

김응태 · 박한식 · 우정호(2001). 수학교육학개론(제2증보). 서울: 서울대학교출판부.

김이내(2007). 수학기초학습부진아동들의 수 감각 특성 분석 연구. 석사학위 논문. 경인교육대학교 교육대학원.

김정권, 여광응(1987). 학습준비도검사. 서울: 특수교육.

김정혜(2008). 생활분수를 활용한 학습활동이 수학학습부진아의 분수개념 이해에 미치는 효과. 석사학위 논문. 단국대학교 특수교육대학원.

김진석(1995). 국민학교 아동의 분수 계산에서 오류 유형 분석. 석사학위 논문. 한구교원대학교 교육대학원.

김희선(1999). 수 감각 발달을 위한 학습 프로그램 개발 연구: 초등학교 1학년을 중심으로. 석사학위 논문. 이화여자대학교 교육대학원.

남화선(2002). 이분모 분수의 연산 지도 프로그램 개발 연구. 석사학위 논문. 서울교육대학교 교육대학원.

류근행(2004). 수학학습에서의 이해 및 적용에 관한 연구. 박사학위논문. 공주대학교 대학원.

문수백, 변창진(1997). 한국 카우프만 아동용 지능검사(K-ABC). 서울: 학지사.

문용권 역(1998). 피아제가 보여주는 아이들의 인지세계. 서울: 학지사.

박경숙, 김계옥, 송영준, 정동영, 정인숙(2005). KISE-기초학력검사 개발연구. 경기: 국립특수교육원.

박경숙, 윤점룡, 박효정(1989). 기초학습기능검사. 서울: 한국교육개발원.

박덕규(1992). 피아제의 발생학적 인식론과 구조론. 서울: 민성사.

박미향, 박성택(2006). 수학학습 이론의 효과 고찰. 한국초등수학교육학회지, 10(2), 151-169.

박보영(2009). 활동중심 수 감각 학습이 수학학습장애 위험학생의 수학 성취도에 미치는 영향. 석사학위 논문. 서울교육대학교 교육대학원.

박성우, 권택환, 우이구, 김의정, 김형일, 한현민(2006). 특수교육요구학생 실태조사. 경기 안산: 국립특수교육원.

박성택(2006). 수학학습심리와 교수-학습전략. 서울: 경문사.

박정래(2003). 분수와 소수에 대한 수 감각 계발 지도를 위한 연구 : 초등학교 6학년을 대상으로. 석사학위 논문. 한국교원대학교 교육대학원.

박현(2007). Touchmaths 원리와 직접교수를 적용한 프로그램이 수학 학습장애 학생의 곱셈과 나눗셈 연산능력에 미치는 효과. 석사학위 논문. 단국대학교 대학원.

박혜원·곽금주·박광배(1996). 한국 웩슬러 유아 지능검사. 서울: 특수교육.
방정숙(2004). 초등학교 학생들의 계산 능력과 수 감각 연구. 한국학교수학회 논문집 8(4), 제4호, 423-444.
법제처(2007). 법률 제8483호 장애인 등에 대한 특수교육법.
변희현(2005). 소수 개념의 교수학적 분석. 박사학위 논문. 서울대학교 대학원.
변희현(2007). 초등수학에서 소수 곱셈의 지도에 관한 소고. 한국수학사학회지, 20(2), 89-108.
성승현, 정찬식, 노은환(2008). 수 감각 증진 프로그램의 개발 및 적용에 대한 효과 분석. 한국수학교육학회지 시리즈 A <수학교육>, 47(1), 61-74.
소연이(2000). 수 감각 발달을 위한 효과적 지도 방안에 관한 연구. 석사학위 논문. 서울교육대학교 교육대학원.
송근영(2007). 소수에 관한 예비초등교사의 교수학적 내용 지식 분석. 석사학위 논문. 한국교원대학교 대학원.
신준식(1996). 실제적 접근 방법에 의한 분수 교수 학습에 대한 연구. 박사학위 논문. 한국교원대학교 대학원.
신희영, 고은성, 이경화(2007). 수학영재교육에서의 관찰평가와 창의력평가. 학교수학, 9(2), 241-257.
아드리엔 캐츠(1996). 엄마랑 같이 하는 수학놀이. 사계절.
안영욱(2007). 초등학교 학생들의 소수 개념 이해에 대한 실태 분석. 석사학위 논문. 한국교원대학교 교육대학원.
안영욱(2007). 우리나라 4,5,6학년 학생들의 소수 개념 실태 분석. 교원교육, 23(4).
안정애(2009). 학교기반 중재반응모형에 의해 진단된 학습장애 학생의 읽기 수행 특성. 박사학위 논문. 대구대학교 대학원.
양민화 & Landrum, T. (2005). 미국의 학습장애 판별과정과 교육. 학습장애연구, 2(2), 103-121.
오유경(2009). 분수 개념에 대한 초등학생들의 비형식적 지식 분석 : 1~3학년 중심으로. 석사학위 논문. 대구교육대학교 교육대학원.
우정한, 김영걸, 신재훈(2007). 초등학교 수학학습장애 학생의 연산 오류 특성. 특수교육저널: 이론과 실천. 8(3), 575-596.
우정호(2000). 수학 학습-지도 원리와 방법. 서울: 서울대학교출판부.

윤광보, 김용욱, 최병옥(2008). 교육방법과 교육공학의 이해. 서울: 양서원.
윤용광(1995). 자기교시훈련이 산수학습장해아의 곱셈 학습에 미치는 효과. 석사학위 논문. 공주대학교 교육대학원.
여광응(1989). 시지각발달검사. 서울: 특수교육.
이경미(2007). 자기교시훈련이 수학학습부진아의 분수학습능력에 미치는 영향. 석사학위 논문. 단국대학교 특수교육대학원.
이근후 외 14명 역(1995). 정신장애의 진단 및 통계편람 제 4판(미국정신의학회 저). 서울: 하나의학사(1995).
이성환(2008). 중재반응모델이 수학 학습부진아의 연산능력과 수학 학습장애아의 판별 적합성에 미치는 영향. 박사학위논문. 대구대학교 대학원.
이용률(1997). 수학지도의 기초 기본(수학의 지도1). 서울: 경문사.
전평국(1998). 초등수학교육 이론과 실제. 서울: 교학사.
전평국(2006). 국제적 우등생은 10살 전에 키워진다. 서울: 삼성출판사.
정대영, 정동영(1996). KISE 학습장애 선별척도. 경기 안산: 국립특수교육원.
정동영, 김형일, 정동일(2001). 특수교육 요구아동 출현율 조사 연구. 경기 안산: 국립특수교육원.
정옥분(2007). 아동발달의 이해. 서울: 학지사.
정희영(2008). 피아제와 교육. 서울: 교육과학사.
조성실(2003). 아이들과 함께하는 놀이 수학. 우리교육.
조성실(2004). 즐거운 수학 시간 만들기2. 우리교육.
초등학교 교사용 지도서 수학 1-1(2009). 교육과학기술부.
초등학교 교사용 지도서 수학 1-2(2009). 교육과학기술부.
초등학교 교사용 지도서 수학 2-1(2009). 교육과학기술부.
초등학교 교사용 지도서 수학 2-2(2009). 교육과학기술부.
초등학교 교사용 지도서 수학 3-1(2010). 교육과학기술부.
초등학교 교사용 지도서 수학 3-나(2005). 교육과학기술부.
초등학교 교사용 지도서 수학 4-1(2010). 교육과학기술부.
초등학교 교사용 지도서 수학 4-나(2005). 교육과학기술부.
초등학교 교사용 지도서 수학 5-가(2003). 교육인적자원부.
초등학교 교사용 지도서 수학 5-나(2005). 교육인적자원부.

초등학교 교사용 지도서 수학 6-가(2003). 교육인적자원부.

초등학교 교사용 지도서 수학 6-나(2005). 교육인적자원부.

특수학교 기본교육과정 교사용 지도서 수학1(2009). 교육과학기술부.

특수학교 기본교육과정 교사용 지도서 수학2(2009). 교육과학기술부.

특수학교 기본교육과정 교사용 지도서 수학3(2009). 교육과학기술부.

한국정신지체아교육연구회(1993). 특수아동의 교육·심리진단 이론과 실제. 서울: 특수교육.

허승준(2005). 학습장애 진단 및 평가: 기존 모델의 문제점과 시사점. 학습장애연구, 2(2), 31-53.

현종익(1999). 7차 교육과정을 반영한 초등수학교육론. 서울: 학문사.

황혜정, 나귀수, 최승현, 박경미, 임재훈(2007). 수학교육학신론(개정판). 서울: 문음사

Ariel, A. (1992). Education of children and adolescents with learning disabilities. NY: Merrill.

Baroody, A. J. & Standifer, D. J. (1993). Addition and substraction in the primary grades. In L. A. Penner (Ed.), Research Ideas for the Classroom. Early Childhood Mathematics(pp. 72-102). New York: Macmillan Publishing Company.

Baroody, A. J., & White, M. S. (1983). The developmental of counting skills and number conservation. Child Study Journal, 13, 95-105.

Berch, D. B. (2005). Making sense of number sense: Implications for children with mathematical disabilities. Journal of Learning Disabilities, 38, 333-339.

Berch, D. B. & Mazzocco, M, M. (2007). Why is math so hard for some children?: The nature and origins of mathematical learning difficulties and disabilities. Paul H. Brookes Publishing Co. Inc.

Bird, R. (2007). The dyscalculia toolkit. Paul Chapman Publishing. London.

Bley, S. N., & Thornton, C. A. (2001). Teaching mathematics to students with learning disabilities(4th ed). Austin, TX: Pro-ed.

Bruner, J. S.(1966). Toward a theory of instruction. New York : Norton.

Carey, J. T. (1972). Problems of access and risk in observing drug scenes. In: Douglas, J.D., ed. Research on Deviance. New York: Random House.

Case, L. P., Harris, K. R., & Graham, S. (1992). Improving the mathematical problem-solving skills of students with learning disabilities: Self-regulated strategy development. The Journal of Special Education, 26, 1–9.

Chin, S (2007). Dealing with dyscalculia. Souvenir Press. London.

Cohen, L. G., & Speciner, L. J. (2003). Assessment of children and youth with special needs. Boston: Allyn & Bacon.

Cone, T., & Wilson, L. (1981). Quantifying a severe discrepancy: A critical analysis. Learning Disability Quarterley. 4. 359-372.

DeFries, J. C., Gillis, J. J., & Wadsworth, S. J. (1993). Genes and genders: A twin study of reading disability. In A. M. Galaburda(Ed). Dyslexia and development: Neurological aspects of extra-ordinary brains(pp. 187-204). Cambridge, MA: Harvard University Press.

Fletcher, J. M., Lyon, G. R., Barnes, M., Stuebing, K. K., Francis, D. J., Olson, R. K., Shaywitz, S. E. (2002). Chapter Ⅲ. Classification of learning disabilities: An evidence-based evaluation. In R. Bradley, R. Danielson, L., & Hallahan, D. P.(2002). Identification of learning disabilities: Research to practice. Lawrence Erlbaum Associates, Inc.

Francis, D. J., Shaywitz, S., Steubing, K., Shaywitz, B., & Fletcher, J. (1994). The measurement of change: Assessing behavior over time and within a developmental context. In G. R. Lyon (Ed.), Frames of reference for the assessment of learning disabilities: New views on measurement (pp. 29–8). Baltimore: Brookes.

Fuchs, D., Morgan, P. L., & Young, C. L. (2003). Responsiveness to intervention: Definition, evidence and implications for learning disabilities construct. Learning Disabilities Research & Practice, 18, 157-171.

Fuchs, L. S., Fuchs, D., & Prentice, K. (2004). Responsiveness to mathematical problem-solving instruction: Comparing students at risk of mathematics disability with and without risk of reading disability. Journal of Learning Disabilities, 37, 293–306.

Lerner, J. W., & Johns, B. (2009). Learning disabilities and related mild disabilities:

Characteristic, teaching strategies, and new directions (11th). NY: Houghton Mifflin.

Garnett, K.(1998). Math learning disabilities: Discussion for Learning Disabilities, Journal of the Council of Exceptional Children. Retrieved April 14.

Geary, D. C. (1990). A componential analysis of an early learning deficit in mathematics. Journal of Experimental Child Psychology, 49, 363–83.

Geary, D. C. (1993). Mathematical disabilities: Cognitive, neuropsychological, and genetic components. Psychological Bulletin, 114, 345–62.

Geary, D. C. (1999). Mathematical disabilities: What we know and don't know. http://www.ldonline.org/article/Mathematical_Disabilities.

Geary, D. C. (2003). Learning disabilities in arithmetic; Problem solving differences and cognitive defects. In H. L. Swanson, K. R. Harris, & S. Graham(Eds.), Handbook of learning disabilities (pp. 199-212). New York: Guilford Press.

Geary, D. C. (2004). Mathematics and learning disabilities. Journal of Learning Disabilities, 37, 4–15.

Geary, D. C., Hamson, C. O., & Hoard, M. K. (2000). Numerical and arithmetical cognition: A longitudinal study of process and concept deficits in children with learning disability. Journal of Experimental Child Psychology, 77, 236-263.

Geary, D. C., & Hoard, M. K. (2001). Numerical and arithmetical deficits in learning disabled children: Relation to dyscalculia and dyslexia. Aphasiology, 15(7), 635-947.

Gersten, R. & Chard, D. (1999). Number sense: Rethinking arithmetic instruction for students with mathematics disabilities. The journal of special education, 33(1). 18-28.

Gersten, R., & Jordan, N. C., & Jonathan, R. (2005). Early identification and interventions for students with mathematics difficulties. Journal of learning disabilities, 38(4), 293-304.

Ginsburg, H. P., & Opper, S. (1988). Piaget's theory of intellectual development. Pearson Education. 김정민 역(2006). 피아제의 인지발달이론. 서울: 학지사.

Ginsburg, H. (1989). Children's Arithmetic: How They Learn It and How You Teach It.

Austin, TX: Pro-ed.
Goldman, S. R., Pellegrino, J. W., & Mertz, D. L. (1988). Extended practice of basic addition facts: Strategy changes in learning disabled students. Cognition and Instruction, 5, 223–265.
Griffin, S. A., Case, R., & Siegler, R. S. (1994). Rightstart: Providing the central conceptual prerequisites for first formal learning of arithmetic to students at risk for school failure. In K. McGilly (Ed.), Classroom lessons: Integrating cognitive theory and classroom practice (pp. 24-49). Cambridge, MA: MIT Press.
Grimes, J. (2002). Responsiveness to interventions: The next step in special education identification, service and exiting decision making. Paper presented at Office of Special Education Programs LD Summit Conference, Washington, DC.
Hanich, L., Jordan, N., Kaplan, D., & Dick, J. (2001). Performance across different areas of mathematical cognition in children with learning disabilities. Journal of Educational Psychology, 93, 615-626.
Hasselbring, T. S., Goin, L. I., & Bransford, J. D. (1988). Developing math automaticity in learning handicapped children: The role of computerized drill and practice. Focus on Exceptional Children, 20(6), 1-7.
Individuals with Disabilities Education Improvement Act(IDEA) (1997). P.L. 105-17. 105th Cong, 1st Sess.
Individuals with Disabilities Education Act of 2004. P.L. 108-446. 108th Cong, 2nd Sess.
Jordan, N. C., & Montani, T. O. (1997). Cognitive arithmetic and problem solving: A comparison of children with specific and general mathematics difficulties. Journal of Learning Disabilities, 30, 624–34.
Jordan, N., Hanich, L., & Kaplan, D. (2003). A longitudinal study of mathematical competencies in children with specific mathematics difficulties versus children with comorbid mathematics and reading difficulties. Child Development, 74, 834–850.
Katz, A. (2002). Numb to numbers. http://www.ldonline.org/article/numbtonumbers.
Kavale, K. K., Holdnack, J. A., & Mostert, M. P. (2005). Responsiveness to

intervention and the identification of specific learning disability: A critique and alternative proposal. Learning Disability Quarterly, 28(1), 2-16.

Lerner, J. W., & Johns, B. (2009). Learning disabilities and related mild disabilities: Characteristics, teaching strategies and new directions(11th ed). Boston: Houghton Mifflin.

Mather, N., & Healey, W. C. (1990). Disposing aptirude-achievement discrepancy in the emperial criterion for learning disabilities. Learning Disabilities: A Multidisciplinary Journal, 1, 40-48.

Mather, N., & Roberts, R. (1994). Learning Disabilities: A field in danger of extinction? Learning Disabilities Research and Practice, 9(1), 49-58.

Mclntosh, A., Reys, B., & Reys, R. (1997). Number sense: Simple effective number sense experiences for grades 1-2. Dale Seymour Publishing.

McNanara, B. E. (2007). Learning disabilities: Bridging the gap between research and classroom practice. Boston: Pearson Education.

Mellard, D. F., & Johnson, E. (2008). Rti: A practitioner's guide to implementing response to intervention. Corwin press.

Mercer, C. D., & Pullen, P. C.(2005). Students with learning disabilities(6th ed.). Upper Saddle River, NJ:Merrill/Prentice Hall.

Miller, S., & Mercer, C.(1997). Education aspects of mathematics disabilities. Journal of Learning Disabilities, 30(1), 47-56.

National Center for Learning Disabilities (2006). Dyscalculia. http://www.ldonline.org/article/Dyscalculia.

National Center for Learning Disabilities (2006). Learning disabilities cheeklist. http://www.ncld.org.

National Research Council. (2001). Adding it up: Helping children learn mathematics. J. Kilpatrick, J. Swafford, & B. Findell (Eds.), Mathematics Learning Study Committee, Center for Education, Division of Behavioral and Social Sciences and Education. Washington, DC: National Academy Press.

NCTM (1989). Curriculum and Evaluation Standards for School Mathematics. Reston, VA: NCTM.

NCTM (2000). Principles and Standards for school Mathematics. Reston, VA: NCTM.

Okamoto, Y., & Case, R. (1996). Exploring the microstructure of children' central conceptual structures in the domain of number. Monographs of the Society for Research in Child Development, 61, 27–9.

Oosterhof, A. (2000). Classroom Applications of Educational Measurement(3rd ed). Upper Saddle River, New Jersey: Prentice Hall.

Ostad, S. A. (1997). Developmental differences in additional strategies: A comparison of mathematically disabled and mathematically normal children. British Journal of Educational Psychology, 67, 345–57.

Resnick, L. B., Nesher, P., Leonard, F., Magone, M., Omanson, S., & Peled, I. (1989). Conceptual bases of arithmetic errors: The cases of decimal fractions. Journal for Research in Mathematics Education, 20(1), 8-27.

Resnick, L. B., Sharon L., & Victoria B. (1990). From Protoquantities to number sense. Center for Technology in Education, New York, (ERIC Document Reproduction Service No. ED 335 420).

Reynolds, C. (1985). Critical measurement issues in learning disabilities. Journal of Special Education, 18, 451-475.

Reys, R. E.(1992). Research on computational estimation: What tell us and some questions that need to be addressed. Hiroshima Journal of Mathematics Education, 1, 105-112.

Reys, B. J.(1992). Curriculum and Evaluation Standards for School Mathematics Addenda Series, Grades 5-8, Developing Number Sense in the Middle Grades. National Council of Teachers of Mathematics, INC.

Reys, Robert E. Der-Ching Yang, St. John's & St. Mary(1998). Relationship between computational Performance and number sense among sixth- and eighth-grade students in taiwan. Journal for Research in Mathematics Education, 29, 225-237.

Richek, M., & Caldwell, J., Jennings, J., & Lerner, J.(1996). Reading problems: Assessment and teaching strategies. Needham Heights, MA:Allyn & Bacon.

Ross, G., Lipper E, G., & Auld P, A. (1991). Educational status and school related abilities of very low birth weight premature children. Pediatrics, 88(6),

1125-1134.

Rovet, J. F., Ehrlich, R. M., Czuchta, D., & Akler, M. (1993). Psychoeducational characteristics of children and adolescents with insulin-dependent diabetes mellitus. Journal of Learning Disabilities. 26(1), 7-22.

Siegel, L. S. (1999). Issues in the definition and diagnosis of learning disabilities: A perspective on Guckenberger v. Boston University. Journal of Learning Disabilities, 32(4), 304-319.

Siegler, R. S., & Shrager, J. (1984). Strategy choice in addition and subtraction: How do ch S., & know what to do? In C. Sophian (Ed.), Origins of cognitive sk Sls (pp. 229–93). Mahwah, NJ: Erlbaum.

Skemp, R. R. (1993). Psychology of Learning Mathmatics. Penguin UK. 황우형 역(2001). 수학학습 심리학. 서울: 사이언스북스.

Smith, C. R. (2004). Learning disabilities: The interaction of students and their environment(5th ed). Boston: Pearson Education.

Sousa, D. A. (2006). How to special needs brain learns. Corwin press.

Sowder, J. T. (1988). Mental computation and number comparison: Their roles in the development of number sense computational estimation. Number Concepts and Operation in the Middle Grage. pp.182-197. VA; The National Council of Teachers of Mathematics, Inc.

Spear-swerling, L. (2005). Components of effective mathematics instruction. http://www.ldonline.org/article.

Speece, D. L., Case, L. P., & Molloy, D. E. (2003). Responsiveness to general education instruction as the first gate to learning disabilities identification. Learning Disabilities Research & Practice, 18(3), 147-156.

Stenmark, J, K (1991). Mathematics assessment: Myths, models, good questions, and practical Suggestions. National Council of Teachers of Mathematics.

Swanson, H. L.(1993). An information processing analysis of learning disabled children's problem solving. American Educational Research Journal, 30, 861-893.

Taylor, H, G., & Schatschneider, C. (1992). Academic achievement following childhood brain disease: Implications for the concept of learning disabilities. Journal of

Learning Disabilities, 25, 630-638.

Telzrow, C. F., McNamara, K., & Hollinger, C. L. (2000). Fidelity of problem-solving implementation and relationship to student performance. School Psychology Review, 29, 443-461.

U.S. Department of Education Institute of Education Sciences(2009). Children 3 to 21 years old served under Individuals with Disabilities Education Act. http://nces.ed.gov/programs/digest/2009menu_tables.asp.

Van de Walle, J. A. (1993). Early development number sense. Elementary and middle school mathematics: Teaching developmently. NY: Longman.

Vaughn, S., & Fuchs, L. S. (2003). Redefining learning disabilities as inadequate response to intervention: The promise and potential problems, Learning Disabilities Research & Practice, 18(3), 137-146.

Woodcock, R., & Johnson, M. (1990). Woodcock-Johnson psycho-educational battery: Test of achievement. Chicago: Riverside.

Witzel, B. S., Ferguson, C. J., & Brown, D. S. (2007). Developing Early Number Sense for Students with Disabilities. http://www.ldonline.org/article/Developing_Early_Number_Sense_for_Students_with_Disabilities.

Wright, C. C. (1996). Learning Disabilities in Mathematics. http://www.ldonline.org/article/Learning_Disabilities_in_Mathematics.